O trabalho da política

EDITORA AFILIADA

Conselho editorial
da Área de Serviço Social

Ademir Alves da Silva
Dilséa Adeodata Bonetti
Maria Lúcia Carvalho da Silva
Maria Lúcia Silva Barroco

Dados Internacionais de Catalogação na Publicação (CIP)
(Câmara Brasileira do Livro, SP, Brasil)

Faleiros, Vicente de Paula
    O trabalho da política : saúde e segurança dos trabalha-
dores / Vicente de P. Faleiros. — 2. ed. — São Paulo : Cortez,
2010.

    ISBN 978-85-249-1609-0

    1. Brasil - Política social - História 2. Brasil - Políticas públicas
3. Higiene do trabalho - Política social - Brasil - História 4. Segurança do trabalho - Política social - Brasil - História I. Título.

10-05634   CDD-361.61

Índices para catálogo sistemático:

1. Brasil : Política de saúde e de segurança no trabalho :
Política social : Bem-estar social   361.61

Vicente de P. Faleiros

O trabalho da política
Saúde e segurança dos trabalhadores

2ª edição

O TRABALHO DA POLÍTICA: saúde e segurança dos trabalhadores
Vicente de Paula Faleiros

Capa: aeroestúdio
Revisão: Solange Martins
Composição: Linea Editora Ltda.
Coordenação editorial: Danilo A. Q. Morales

Nenhuma parte desta obra pode ser reproduzida ou duplicada sem autorização expressa do autor e do editor.

© 1992 by Vicente de Paula Faleiros

Direitos para esta edição
CORTEZ EDITORA
Rua Monte Alegre, 1074 — Perdizes
05014-001 — São Paulo-SP
Tel.: (11) 3864-0111   Fax: (11) 3864-4290
E-mail: cortez@cortezeditora.com.br
www.cortezeditora.com.br

Impresso no Brasil — julho de 2010

Sumário

Nota de esclarecimento, reconhecimento e dedicatória 9

Prefácio à 2ª edição 11

INTRODUÇÃO 15
   1. As questões em jogo 15
   2. O conteúdo da política de saúde e de segurança no trabalho.. 21
   3. As relações entre o Estado, a economia e as forças sociais no processo de formulação das políticas 25
   4. A metodologia 34
   5. O plano da exposição 37

PRIMEIRA PARTE
Acumulação do capital, forças sociais e Estado na formulação da política de saúde e segurança no trabalho

CAPÍTULO 1 — As políticas de segurança no trabalho e de saúde do trabalhador do Estado liberal 41
   1. O contexto econômico e social 42
   2. As forças sociais e a regulação estatal 61
   3. Os resultados políticos 82
   4. Sumário e conclusões 86

CAPÍTULO 2 — As políticas de saúde e segurança no trabalho do
Estado corporativista 88

1. Crise da oligarquia e revolução de 1930 89
2. Contexto econômico e social 102
   Regulação estatal e forças sociais em 1932 113
4. Regulação estatal e forças sociais em 1944 131
5. Sumário e conclusões 143

CAPÍTULO 3 — As políticas de saúde e de segurança no trabalho
do Estado populista 147

1. O contexto econômico e social 147
2. As forças sociais e a regulação estatal 165
3. Os resultados 190
4. Síntese e conclusões 193

CAPÍTULO 4 — As políticas de saúde e de segurança no trabalho
do Estado militar-tecnocrático 195

1. O contexto econômico e social 196
2. Regulação estatal pela privatização do seguro de acidente
   do trabalho 212
3. Forças sociais e estatização do seguro de acidentes do
   trabalho 216
4. O complexo socioindustrial: controle dos trabalhadores,
   retorno ao trabalho, produtividade e diminuição dos custos 234
5. Forças sociais e regulação estatal em 1976 253
6. Os resultados 273
7. A exclusão e a incorporação dos trabalhadores rurais 277
8. Síntese e conclusões 282

SEGUNDA PARTE
Questões teóricas

CAPÍTULO 5 — Acumulação de capital e legislação social............... 287

CAPÍTULO 6 — Forças sociais e processo político............................. 303

CAPÍTULO 7 — Formas e mecanismos de intervenção do Estado..... 314

CONSIDERAÇÕES FINAIS 325

BIBLIOGRAFIA GERAL 333

ANEXO 1 — Personalidades entrevistadas 357

ANEXO 2 — Siglas utilizadas 358

Nota de esclarecimento, reconhecimento e dedicatória

Esta publicação corresponde, com algumas alterações, à minha tese de doutorado, defendida na Universidade de Montreal em janeiro de 1984. As alterações foram feitas durante a tradução que realizei em 1986/87, sem contudo modificar a estrutura original do trabalho.

A elaboração e a defesa da tese teriam sido impossíveis sem a colaboração de inúmeras pessoas a quem agradeço. Não poderia deixar de mencionar Denise Ventelou, Laurent Dominati, Rosa Maria Godoy Silveira, Yvan Labelle, Pierrette Jean, Pierre Desrochers, que leram partes do manuscrito em francês e fizeram sugestões de redação e correções no francês. Elzir Irineu ajudou-me a obter documentos e dados na Câmara de Deputados. Teresa Sheriff e Denise Ventelou foram incansáveis nas providências para a entrega e defesa da tese. O pessoal da biblioteca da FIESP em São Paulo, da biblioteca do IRB no Rio de Janeiro, do Arquivo do Estado de São Paulo foi extremamente solícito a qualquer pedido. Collete Dubeau, France Peticlerc e Micheline Vachon datilografaram o texto em francês. Romes de Souza Ramos, Rosane Gonçalves dos Santos e Ermelina de Paula datilografaram a tradução brasileira. Zélia Lobato realizou a revisão do português. A banca examinadora foi composta dos seguintes professores: Thomas Bossert (examinador externo, da Harvard University), Philippe Faucher (Ciência Política), Marie France Bich (Direito), Mohamed Sfia (Sociologia), Marc Renaud (Orientador) da Universidade de Montreal. A Capes me concedeu a passagem de ida e volta a Montreal para defesa da tese, tendo sido esta a única ajuda recebida para realizá-la. À minha família, o agradecimento por ter suportado o tempo difícil da elaboração da tese. Os erros e as falhas são da responsabilidade do autor. Este trabalho é dedicado a Alfredo Garcia Vega, colega de trabalho desaparecido nas garras da ditadura chilena, e a Eva, minha companheira nesses anos todos de trabalho.

Prefácio à 2ª edição

A reedição de *O Trabalho da Política*, dezessete anos depois da primeira edição (1992), tem o significado de retomar a discussão sobre o processo de formulação das políticas sociais brasileiras no período republicano de 1889 até 1984, tendo como foco a questão da saúde e da segurança dos trabalhadores.

Na abordagem dessa questão inscreve-se uma análise das políticas sociais brasileiras em diferentes contextos ou conjunturas nesse período. O fundamento da mesma é a relação entre estrutura e história das políticas sociais. Além disso, o livro traz na segunda parte, uma fundamentação teórica sobre a relação entre o processo de acumulação do capital, as formas do Estado e a legislação social na relação de forças políticas de hegemonia e contra-hegemonia.Trata-se de uma análise marxista do processo de *policy making* ou como denominamos do "trabalho da política".

A formulação de políticas sociais é tratada como um processo de relação entre estado, sociedade e economia em que são destacadas as forças em presença nas diferentes conjunturas. O método escolhido foi o da reconstrução minuciosa da conjuntura em que são articuladas e contrapostas as forças presentes na formulação da política. Nesse sentido, a perspectiva de análise é a da confrontação de interesses e de projetos que se manifestam na arena política e na arena das lutas sociais. Busca-se conjugar as lutas sociais com as disputas na arena política, construção inspirada na proposta de Marx e Gramsci de considerar o processo político como lutas de classe e lutas sociais expressas nas forças que se colocam no espaço político público. Esse espaço, estruturado pela acumulação capitalista, é também estruturante de políticas na regulação das forças/projetos em presença.

Na segunda parte do livro explicitamos o duplo olhar que a teoria marxista tem desenvolvido sobre as políticas sociais. Ao mesmo tempo em que essas políticas se articulam à estrutura dominante de acumulação do capital, elas respondem a pressões das forças organizadas e ao tipo de intervenção do Estado que estabelece uma regulação que visa dar conta da complexidade do próprio capitalismo e das forças capitalistas e também das forças anticapitalistas ou de pressão sobre as condições de reprodução da força de trabalho. Essa regulação não se revela na arena política de forma maniqueísta, mas interagindo com as pressões dos blocos em presença e num processo de institucionalização e de mediação das forças instituintes. A relação entre a ação pública e as forças em presença muda conforme o desenvolvimento do capitalismo, do Estado e da lutas de classes.

A pesquisa mostrou que a política social expressa tanto a relação capital/trabalho, as lutas de classes e a hegemonia burguesa, como as lutas entre os diferentes setores do capital e a relação com a burocracia e os interesses políticos. Desta forma a política de saúde e segurança no trabalho vai se constituindo de forma diferençada, conforme a complexidade dessa relação. O livro aborda quatro grandes conjunturas: a da velha república, a do corporativismo getulista com industrialização, a da democratização populista e industrialização com participação do capital internacional e a da ditadura de 1964,com aprofundamento da internacionalização ou mundialização do capitalismo brasileiro.

Em cada uma dessas conjunturas muda-se a forma de se fazer política, o processo da relação de forças, com expressões diferençadas dessas forças e de institucionalização da política. Ou seja, as políticas sociais são historicamente e estruturalmente condicionadas pela correlação entre a heterogeneidade da acumulação capitalista e a expressão das forças em presença e as formas de intervenção do Estado. Assim, uma institucionalização, uma regulamentação, um dispositivo, uma normativa, um ato administrativo não são fatos isolados ou eventos burocráticos. Ao contrário, toda a costura da pesquisa está na busca da complexidade dos confrontos de manifestações das forças em presença e dos resultados ou resultantes. Em realidade, as políticas concretas são arranjos do bloco no poder que expressam as condições de sua legitimidade e das forças políticas que o sustentam frente aos conflitos entre interesses e pressões de grupos e organizações na cena sociopolítica. As classes e grupos se manifestam na cena política por meio de movimentos, protestos, reivindicações com organizações que os sustentam e que adquirem maior ou menor expressão no cenário conforme o poder de pressão, seja na rua seja nos bastidores ou na chamada opinião pública.

Em cada um dos capítulos são apresentados e discutidos os achados dessa complexidade dinâmica estruturada e estruturante das lutas sociais e de sua expressão política na legislação social. Ao mesmo tempo, realiza-se uma discussão com as interpretações salientadas por vários cientistas ou intelectuais que estudaram a questão. São considerados também os discursos e as práticas dos diferentes grupos e forças para justificar ou fazer legitimar determinada política. Assim, na República Velha surge uma política com o discurso liberal da "não intervenção do Estado" articulada a uma proposta de culpabilização dos trabalhadores e patrões pelos acidentes de trabalho. Na era getulista justifica-se a política intervencionista do Estado com o discurso da harmonia social e do nacionalismo e com o incentivo ao processo de industrialização capitalista e de controle e integração dos trabalhadores. No período do pós guerra, a urbanização e a pressão das massas exigem novas articulações políticas assim como o aumento da produtividade, que por sua vez, enfrenta pressões sindicais, sendo que a institucionalização expressa um forte debate entre o setor privado e o setor público. Esse debate se aprofunda no período ditatorial chegando-se a estatizar e a privatizar os seguros de acidente do trabalho num curto período.

A formulação de políticas sociais e sua implementação não são, portanto, consensuais e articulam processos complexos de busca de legitimidade política articulada à acumulação do capital no seu conjunto, mas com fortes disputas entre setores capitalistas. O livro discute a ação pública do Estado em sua dinâmica e funcionamento no entrevero dessas relações, sem pretensão de dar conta de uma totalidade estática da estruturação econômica, mas buscando entender o processo dinâmico da relação entre sociedade. Política e economia. Em cada conjuntura essa relação se produz de forma complexa.

O interesse da publicação desse livro é contribuir para o aprofundamento do debate sobre a construção de políticas sociais no Brasil, pois toma como período de análise seis décadas. Parta essa edição não foi necessária nenhuma revisão dos dados considerando que todas as fontes consultadas foram devidamente e rigorosamente citadas, compreendendo jornais, relatórios, legislações, comentários, dados estatísticos oficiais, estudos históricos e teóricos. Para realizar a pesquisa vários acervos foram investigados como bibliotecas públicas, bibliotecas especializadas e bibliotecas dos setores industriais e de companhias de seguro também foram realizadas sete entrevistas com especialistas na área.

Há muito tempo o livro está esgotado e sua reedição coloca em foco não só uma periodização de sessenta anos, mas joga luz sobre a heterogeneidade da acumulação capitalista no Brasil e as articulações de políticas como processo ao longo do período republicano constituindo-se num estudo de duração significativa e de consideração teórica e metodológica que mostra possibilidade de se empregar o método gramsciano de correlação de forças no estudo da história.

No período de democratização com a Constituição de 1988 o Estado se configurou mais permeável às pressões sociais. Com Fernando Collor e Fernando Henrique Cardoso, na ótica neoliberal, a estratégia governamental foi de redução do Estado e de fundamentalismo do mercado como agente central de regulação. Com Lula e seu bloco heterogêneo no poder com forças sindicais e patronais, a disputa entre público e privado continuou na arena social e política, adotando-se uma política de capitalismo popular, com transferência de renda aos mais pobres para estímulo do consumo de massa, o que também contribuiu para redução da pobreza. Ao mesmo tempo o governo adotou uma política externa menos dependente do centro hegemônico internacional ao defender mais articulações Sul-Sul.

No entanto a disputa entre setores capitalistas se expressa não somente na grande quantidade de fusões de empresas e de internacionalização do capital como na disputa pelo "mercado social" dos seguros e dos serviços, inclusive relativos a acidentes do trabalho. O processo de regulação das políticas sociais tem se voltado para a focopolítica nos mínimos sociais que tem implicado também disputas político-eleitorais.

A reedição livro pretende, assim, será uma contribuição não só sobre o debate das políticas sociais do século passado, mas daquelas que vão se propondo e se efetivando no presente, e se atualizando na atual correlação de forças na relação entre o processo de acumulação de capital, o processo político institucional e as forças em presença na arena sociopolítica.

Brasília, 20 de dezembro de 2009.

Introdução*

1. As questões em jogo

O presente ensaio é um estudo de caso da política de saúde e de segurança no trabalho, considerada como política dos acidentes de trabalho no Brasil. O objetivo da análise é o processo de elaboração dessa política ao longo da sua história. Nossa perspectiva coloca-se em nível macrossocial, na medida em que nos interrogamos sobre as relações existentes entre esse processo de elaboração, as forças sociais e políticas, o desenvolvimento do capitalismo brasileiro e as formas do Estado.

Nosso objeto empírico de análise é uma política pública[1], isto é, a legislação de saúde e de segurança no trabalho, sua regulamentação e as práticas das companhias de seguro, das instituições do Estado e das empresas industriais nessa área.

Analisaremos o processo de elaboração da política de saúde e de segurança no trabalho em nível federal, sem levar em consideração as leis e os regulamentos dos Estados da Federação nesse campo. Foi nesse nível global que as principais formas legais para regulamentar a questão do trabalho constituíram-se no Brasil. A "questão social" ou a questão

---

* Tradução de Ellen Nakamizu, com supervisão do prof. Danilo Lobo. Oficina de Tradução, LET, UnB.

1. Empiricamente falando, "as políticas públicas correspondem ao que os governos decidem fazer ou não", in LANDRY, Jean (org.), *Introduction à l'Analyse des Politiques*, Québec, Les Presses de l'Université Laval, 1980, p. 3.

do trabalho está sob controle do governo central. Assim, a escravidão, a imigração, o contrato de serviços, a deportação de trabalhadores, o regime de assalariamento foram regulamentados nessa instância de governo.

A legislação em questão compreende as leis, os decretos-leis, as resoluções ministeriais (portarias), os decretos. Não sendo jurídico, mas sociológico, o nosso estudo também toma como objeto de análise o discurso e as justificativas que legitimam e acompanham essa legislação, incluindo os discursos parlamentares. Ao estudar a formação de uma política em um processo complexo, analisamos, ao mesmo tempo, os discursos e as práticas dos patrões, das companhias de seguro e dos trabalhadores industriais e rurais.

A análise da legislação, do discurso e das práticas implica, simultaneamente, o político, o ideológico e o econômico. O político e o ideológico são definidos por intermédio da luta pelos espaços de decisão e pela apropriação e distribuição de recursos e por intermédio do processo de legitimação e legislação das ações e práticas. O econômico refere-se ao processo de acumulação e de valorização do capital a partir das relações sociais de produção. Esses níveis não se encontram separados em nossa análise. Os agentes não são vistos como suportes das relações econômicas, mas em suas relações políticas que mantêm o todo econômico e político[2]. Essas relações refletem interesses contraditórios e implicam forças desiguais, conforme o peso econômico e político de cada uma.

As relações entre os agentes não são vistas de maneira estática, mas em sua dinâmica social, que permite considerar a sua força ou a sua debilidade nas mudanças de conjuntura. A lógica dessas relações não segue um modelo racionalista. Cada força não obtém, nessa dinâmica social, o máximo de vantagens com um mínimo de custos. São forças contraditórias, envolvidas em uma luta, com pleitos específicos que se alteram no curso da história.

No que concerne a essas lutas e pleitos, o peso econômico e o peso político de cada força é definido, no âmbito da estrutura do Estado, como

---

2. Ver, nesse sentido, LEFEBVRE, Henri, *De L'État*, Paris, Union Générale d'Éditions, 1978, Coleção 10/18, t. IV, p. 54.

organização tanto da classe dominante como do conjunto da sociedade. A luta e as relações de forças são regidas pelo Estado, não como um árbitro neutro das forças em confronto, mas como uma articulação complexa de uma heterogeneidade social e econômica.

A legislação social é uma intervenção do Estado. Alguns a veem como uma evolução[3], em um modelo gradualista, segundo o qual a intervenção do Estado segue uma prática permanente de redução dos problemas e da modificação dos meios adotados, com vistas à melhor obtenção dos objetivos permanentes estabelecidos. Por outro lado, a política de saúde e de segurança no trabalho sofreu grandes transformações ao longo da história, tanto em termos de meios como em termos de objetivos em cada conjuntura. Os objetivos formulados para a indenização são completamente diferentes dos objetivos considerados para a prevenção. Estudamos o desenvolvimento da política brasileira de saúde e de segurança no trabalho sob uma perspectiva ao mesmo tempo estrutural e conjuntural.

A perspectiva estrutural volta-se para o processo de acumulação e das relações entre o Estado, a economia, as classes e forças sociais nos moldes de um capitalismo dependente. Do ponto de vista conjuntural, essas relações são analisadas em momentos específicos, tomando-se como referência as intervenções do Estado na política de saúde e de segurança no trabalho, tanto dos trabalhadores industriais quanto dos trabalhadores agrícolas.

No que diz respeito a essas intervenções, nós nos perguntamos por que uma determinada política foi adotada em um dado momento da conjuntura e qual foi a sua relação com a estrutura econômica. É, pois, dentro de uma perspectiva histórico-estrutural que situamos a problemática das intervenções do Estado no domínio da saúde e da segurança no trabalho.

As estratégias da pesquisa sobre a formação das políticas públicas levam em consideração ou o processo de elaboração dessas políticas, ou seus resultados (*outcomes*) quanto ao seu efeito de redistribuição, partindo de uma situação ideal, ou dos objetivos estabelecidos por essa política.[4]

---

3. MARSHALL, T. A., *Política Social*, Rio de Janeiro, Zahar, 1967, p. 118.

4. Ver, por exemplo, LANDRY, Jean (org.), op. cit.

Contrariamente à conduta idealista que considera os objetivos como ponto de partida da análise das políticas, Oscar Oszlak e Guillermo O'Donnell[5] propõem o seguinte modelo metodológico: determinar o pleito em questão (*la cuestión*), seu desenvolvimento histórico, a tomada de decisão por parte do Estado perante esse pleito e sua ligação com os agentes. Essa conduta privilegia o processo sobre o resultado, o histórico sobre os objetivos permanentes e os conflitos sobre os consensos, embora se detenha num nível descritivo.

Aqui vamos estudar uma política pública a partir do seu conteúdo, da sua expressão primeira como "questão", para chegar à sua formulação mais sistemática como resultado final de um processo complexo. É evidente que a elaboração de uma política social põe em confronto vários agentes, bem como a ação do Estado como organizador geral da sociedade.

Essa formulação nos leva a questionar o surgimento de uma política em um dado momento da história, a relação entre as mudanças sociais e as mudanças políticas, a expansão da intervenção do Estado e as formas dessa intervenção, as relações entre a ação estatal num domínio específico e os outros domínios políticos. O estudo do conteúdo e da formação da política nos leva a colocar as seguintes questões: Por que a política de segurança e de saúde no trabalho foi constituída nesta ou naquela outra conjuntura? Qual é a sua história? Quais foram os determinantes políticos e econômicos que condicionaram as modificações dessa política? Quais foram as forças em confronto? Os interesses das forças dominantes sempre tiveram prioridade? Qual foi a participação das forças subalternas na formação dessa política? Será que houve ganhos para os trabalhadores nesta política em relação a outras políticas?

Essa estratégia de pesquisa histórico-estrutural leva-nos a considerar, preferencialmente, o processo de elaboração de uma política à sua eficácia. Esse processo não é compreendido como sendo uma conduta administrativa e jurídica que se origina com a apresentação de um projeto do Parlamento e termina com a sua publicação oficial.

---

5. Ver OSZLAK, Oscar e O'DONNELL, Guillermo, *Estudo y Política Estatales en América Latina: Hacia Una Estratégia de Investigación*, Buenos Aires, Cedes/Clacso, 1976, Doc. Cedes/G. e E. Clacso, n. 4, mimeo.

Não estudamos a política de saúde e de segurança no trabalho sob a perspectiva linear, mas em função do seu processo de elaboração. Analisamos os seus diversos conteúdos em momentos diferentes da história do país.

A relação entre um determinado conteúdo da política de saúde e de segurança no trabalho e os processos mais complexos é um elemento central para a compreensão dessa política. Trata-se de saber se o conteúdo presente em uma política de saúde e de segurança no trabalho está ligado — e de que modo — ao processo político e econômico, e quais são esses conteúdos em momentos diferentes.

A análise das políticas, como bem ressalta Claus Offe[6], não é somente uma questão de conteúdo (problemática ou pleito), mas também de forma, forma sob a qual o Estado estabelece uma determinada política, isto é, regras de procedimento e de institucionalização. Assim, a análise de uma política deve levar em consideração as formas de organização do Estado e da sua relação com a sociedade civil no conjunto da dinâmica social e econômica.

A partir dessa perspectiva, questionaremos a forma de organização do Estado na sociedade latino-americana e, especificamente, na sociedade brasileira. A análise do desenvolvimento do Estado é um ponto central para verificar se as políticas públicas são elaborações articuladas de cima para baixo, impostas pelo Estado a uma sociedade frágil, incapaz de articular os interesses dos grupos em confronto, ou se elas correspondem a um movimento dialético de cima para baixo e de baixo para cima.

É a política pública no Brasil o resultado do autoritarismo, da dominação política? Quais são as relações entre a dominação política, como elemento geral do Estado, a elaboração das políticas e a sociedade civil?

Podemos ir ainda mais longe e nos interrogarmos sobre as relações existentes entre o desenvolvimento do capitalismo brasileiro e as formas políticas de institucionalização dos conflitos sociais. Essa institucionalização não é a manobra política permanente arquitetada por uma classe para

---

6. Ver OFFE, Claus, "The Theory of Capitalist State and Problem of Policy Fotmation", in LINDBERG, L. (org.), *Stress and Contradictions in Modern Capitalism*, Toronto, Lexington Books, 1975, p. 125-245.

manter a sua dominação, nem um processo resultante da inexorabilidade da economia. A ligação do Estado com os grupos dominantes da sociedade e com o processo de desenvolvimento capitalista da industrialização tardia não é mecânica.

Sem considerar as formas de articulação do Estado com os processos de acumulação e as manifestações de forças sociais, é impossível compreender a formulação das políticas sociais na América Latina.

Assim, a articulação de políticas relativas à classe operária está ligada não somente à sua inserção heterogênea no processo contraditório de acumulação, mas também às relações sociais que a organização e a mobilização dessa classe podem representar para alterar a ordem estabelecida dentro de uma conjuntura específica. São as políticas de segurança e de saúde no trabalho políticas de controle do movimento operário? São políticas de legitimação? São políticas de preparação de forças de trabalho para a industrialização? Nesse processo de industrialização, deve o Estado preparar a mão de obra para, em seguida, desenvolver a industrialização?

Três tipos diferentes de questões podem ser então depreendidas:

1) as que se referem ao desenvolvimento do capitalismo brasileiro, notadamente na sua relação com a legislação social;

2) as que dizem respeito à relação de forças em uma determinada conjuntura e à proposta das políticas de saúde e de segurança no trabalho;

3) as que se relacionam às formas de institucionalização do Estado e de controle das crises e conflitos pela sociedade política.

Essa divisão não significa que se vá realizar uma separação entre o desenvolvimento do capitalismo, a organização da sociedade e as formas do Estado. Há, ao contrário, uma relação dialética entre essas dimensões analíticas. Dessa forma, faz-se necessário definir tais relações a fim de situar o conteúdo das políticas de saúde e de segurança no trabalho ao longo do desenvolvimento do Estado capitalista brasileiro.

Vamos definir o conteúdo da legislação brasileira de segurança e saúde no trabalho, situar o debate teórico sobre a questão, que será objetivo de análise mais aprofundada nos três últimos capítulos.

2. O conteúdo da política de saúde e de segurança no trabalho

O conteúdo de uma política social não é simplesmente a definição legal do seu objetivo, nem o discurso tecnocrata que a justifica. Trata-se, primeiramente e antes de tudo, de um pleito, de uma questão disputada pelas diferentes forças sociais que manifestam as contradições da sociedade e dos interesses em confronto. Por essa razão, não podemos isolar a análise dos conteúdos dos contextos econômico e político. Ao considerarmos o movimento contraditório do desenvolvimento do capitalismo e do Estado brasileiro ao longo de sessenta anos é que procuramos situar o processo de elaboração da política de saúde e de segurança no trabalho.

Essa política diz respeito tanto às forças diretamente envolvidas na produção: os capitalistas e os trabalhadores, quanto às que nela estão indiretamente implicadas. Entre estas últimas, encontram-se as frações da burguesia que controlam o mercado de seguros, os tecnocratas, as categorias profissionais e os partidos políticos que não se interessam por essa questão senão como problema político. Ora, é como problema econômico que a questão do acidente de trabalho entra no cenário político, com uma definição jurídica[7].

Em 1904, o primeiro projeto de regulamentação dos acidentes de trabalho é apresentado ao Parlamento pelo deputado Medeiros de Albuquerque. Em 1908, um projeto semelhante tem por autor Graco Cardoso. Finalmente, em 1915, Adolfo Gordo apresenta um projeto que, após várias modificações, torna-se lei em 1919. É a primeira legislação social de alcance nacional no Brasil.

Graco Cardoso justifica o seu projeto de lei com argumentações sobre o aumento do maquinismo, as reclamações operárias, o desenvolvimento da teoria do risco profissional e a "pacificação social dos eternos conflitos entre o capital e o trabalho"[8].

---

7. Segundo K. MARX, "a relação jurídica, que tem por forma o contrato legalmente desenvolvido ou não, constitui somente a relação das vontades na qual se reflete a relação econômica" (in *Le Capital*, Paris Éditions Sociales, 1976, livro 1, p. 77).

8. Ver *Documentos Parlamentares de Legislação Social*, Rio de Janeiro, Tipografia do Comércio, 1919, v. 1, p. 18.

A primeira onda de expansão das fábricas e do maquinismo produz-se no início do século. É o período de hegemonia da oligarquia agroexportadora do café que se estende até a década de 1930. Esse período é denominado Velha República.

A lei de 1919 estabelece o regime de indenização para os trabalhadores, como uma forma de compensação das perdas e danos causados pelos acidentes de trabalho. Essa "compensação", essa "proteção dos mais fracos" reflete bem a ideologia liberal do discurso político da época e da Constituição Republicana de 1891.

A intervenção do Estado nesse momento, no que diz respeito à saúde dos trabalhadores, faz-se "fora" da fábrica e tem como objetivo compensar os trabalhadores acidentados por certas perdas, utilizando-se de meios indiretos de garantias privadas. O ambiente da fábrica aparece como um ambiente "natural", o próprio fruto do "progresso" econômico. Assim, a industrialização é, ao mesmo tempo, vista como um bem e um mal para os trabalhadores e para o país.

A primeira legislação é muito restritiva e só passou a vigorar após muitos anos de debate, para fazer frente ao movimento operário anarquista que agitava as fábricas da época com as greves "de ação direta".

Essa legislação não era respeitada, como aliás nem a acanhada regulamentação das condições higiênicas dos locais de produção. Por outro lado, várias críticas lhe foram feitas do ponto de vista jurídico, embora ela ostente o mérito de ter substituído a teoria da culpa pela teoria do risco profissional.

É somente após 1930, durante o reinado político de Getúlio Vargas, que a legislação de saúde e de segurança no trabalho vai ser modificada: em 1934 e em 1944. A primeira modificação não é profunda, mas a segunda estabelece maior intervenção do Estado no domínio dos seguros contra acidentes de trabalho e constitui os primeiros passos de uma política de reinserção do trabalhador na produção. Essas modificações não foram realizadas sem lutas e foram justificadas por um discurso de harmonia social e de colaboração de classe.

Essa ideologia corporativista de colaboração legitima o novo bloco, que em 1930 toma o poder em plena crise econômica e política da oligarquia reinante. Nesse contexto, o Estado encarrega-se da missão de controlar as crises das classes dominantes (Estado de compromisso) e de controlar as classes dominadas.

A política econômica de Vargas estimula a industrialização, que se desenvolve e se torna o setor hegemônico da acumulação. A política favorável à indústria é acompanhada por uma legislação de controle dos trabalhadores. Estes últimos, controlados, organizam-se e mobilizam-se para defender os seus interesses dentro de limites muito estreitos.

Nas leis de 1934 e 1944, os tecnocratas desempenham um papel de articulação dos interesses em confronto. O regime de indenização, mesmo sendo mantido, foi limitado a algumas companhias, e os seguros privados tornaram-se obrigatórios como forma de transição para a estatização. Essas medidas demonstram o compromisso das forças em confronto. Este Estado de compromisso modifica-se após a queda de Vargas em 1945. Entretanto, a mesma política dos acidentes de trabalho é consolidada em 1955 e, mais uma vez, na nova Lei de Previdência Social, em 1960, que definiu a regulamentação geral dos diferentes institutos. Nesse período, a aceleração da entrada das multinacionais favoreceu a internacionalização da economia brasileira.

O golpe de Estado de 1964 marca a chegada ao poder da aliança militares-tecnocratas-capitalistas internacionais, com uma política de ligação entre o Estado e o capital internacional. A industrialização de bens duráveis, baseada de preferência na produtividade do que no prolongamento da jornada de trabalho, adquire uma grande expansão.

Nessa conjuntura, o pleito[9] da política de saúde e de segurança no trabalho torna-se a prevenção dos acidentes de trabalho, com uma legislação promulgada em 1976, mas já preparada desde 1967 com a estatização dos seguros.

---

9. A expressão pleito corresponde à expressão francesa *enjeu*.

Apesar de os trabalhadores serem controlados, os sindicatos colocados sob tutela, as greves proibidas, eles são sempre vistos como uma ameaça para o bloco no poder. Após anos de luta, os trabalhadores obtêm a estatização dos seguros contra acidentes de trabalho, em uma conjuntura em que o Estado intervém na prevenção e no controle das condições de trabalho.

A prevenção é um pleito que interessa às novas formas de capital implantadas no país, mas implica uma intervenção do Estado no "interior" da fábrica. É pelo intermédio indireto de profissionais, médicos, engenheiros, supervisores de segurança, que o ambiente de trabalho se torna "controlado".

O poder dos trabalhadores sobre o ambiente é definido pela lei, assim como o poder de "fazer sugestão" o é pelo intermédio das Comissões Internas de Prevenção contra Acidentes (Cipas). Os trabalhadores são expropriados do saber. O controle do grupo acidentado permanece nas mãos dos profissionais da Previdência Social ou da empresa. As organizações profissionais intervêm, então, na política de saúde e de segurança no trabalho como pleito de empresas e interesses dessas organizações. Nosso objetivo não é analisar o profissionalismo, mas a articulação e a inserção dos profissionais no pleito da política de saúde e de segurança no trabalho.

O conteúdo dessa política, no caso dos profissionais, é enfocado do ponto de vista do seu "saber", da sua competência, da sua prática e especialidade. Essa prática se situa em uma articulação mais complexa da intervenção do Estado com as outras forças sociais. Os interesses dos profissionais não se definem somente pela defesa do seu saber, mas também pela defesa do seu poder e do seu emprego.

O conteúdo das políticas de saúde e de segurança no trabalho modifica-se segundo as conjunturas e as relações das forças em confronto. Assim, no processo de formação da política brasileira de segurança e de saúde no trabalho, escolhemos como momentos de análise aqueles em que houve definição de uma nova lei sobre os acidentes de trabalho. É nesse momento que as forças manifestam mais claramente seus interesses, estratégias e meios de pressão para definir o conteúdo de um novo controle estatal.

Ao se considerar a diversidade das formas e dos interesses envolvidos na definição de uma lei, a análise torna-se muito complexa. Em 1919, há uma batalha entre os que propõem a indenização e os que são a favor do regime de pensão. Em 1944, as companhias de seguro lutam contra a estatização, os industriais contra os custos elevados, os trabalhadores contra a privatização, os tecnocratas contra as companhias privadas. Em 1967, essas mesmas forças se manifestam. Em 1976, os industriais reacendem a batalha dos "bônus" e da tarifação.

O processo de elaboração da política deve ser assim situado em relação às forças em confronto, mas no momento concreto do desenvolvimento capitalista em interação com a forma de organização do Estado.

No que se refere ao eixo da elaboração das leis sociais, situamos a nossa análise em quatro momentos de sequência temporal e histórica: a lei de indenização no Estado oligárquico, a política de reinserção ao trabalho no Estado corporativista e no Estado populista e a política de prevenção no Estado autoritário. Essas políticas também correspondem a momentos diferentes do capitalismo brasileiro: o período do capitalismo agroexportador, o período da industrialização e o período da internacionalização da economia. Nesse contexto, a política de fiscalização foi sempre secundária por implicar a intervenção no poder de gerência do patrão.

3. As relações entre o Estado, a economia e as forças sociais no processo de formulação das políticas

Os problemas teóricos suscitados pela análise de uma política social têm origem não somente na complexidade dos pleitos, mas também na diversidade das perspectivas possíveis para abordar a questão.

As relações entre o Estado e a sociedade, segundo Alford[10], podem ser enfocadas sob três perspectivas ou paradigmas: o paradigma pluralista,

---

10. Ver ALFORD, Robeit R., "Paradigms of Relations Between State and Society", in LINDBERG, Leon, N., *Stress and Contradictions in Modern Capitalism*, ed. cit.

o paradigma da elite e o paradigma das classes sociais. O primeiro se refere às teorias que postulam uma sociedade aberta, em que os grupos de interesse podem fazer pressão sobre o Estado para obter vantagens. O segundo paradigma postula a formação de grandes organizações, nas quais as decisões são tomadas por uma elite dirigente. O último paradigma se baseia na teoria marxista de classes sociais e das lutas de classes.

Na análise da política brasileira, o paradigma pluralista não é utilizado como referência, nem mesmo pelos autores que o empregam em outros contextos[11]. Na verdade, em um regime político autoritário, não há espaço para a formação de grupos de interesse de pressão e de negociação. Segundo esse argumento, chegar-se-ia à conclusão de que a política social brasileira foi formulada "pelo alto", pelo aparelho burocrático, pela administração estatal. É assim que se exprime Malloy: "O desenvolvimento da política de segurança social no Brasil está diretamente ligado ao ressurgimento do poder executivo e a ascenção da dominação de um Estado patrimonial burocratizado"[12].

A presença do Estado autoritário em face de uma sociedade civil impotente, a grupos que não se articulam para impor seus interesses ao conjunto da sociedade, seria a estrutura permanente, própria e específica dos países de capitalismo tardio. As políticas sociais apareceriam como a obra e a formulação do executivo.

Esse paradigma de explicação leva em conta a forma do Estado, o aspecto político da organização do bloco no poder e, sob esse aspecto, o caráter autoritário do Estado, isto é, a ausência do pluralismo ou sua limitação. Essa perspectiva nos dá somente uma visão restrita da dinâmica social, da articulação dos interesses das classes e grupos da sociedade civil e da relação desta com o Estado. O Estado autoritário controla, sim, mas não elimina a luta das classes sociais nem a sua mobilização.

---

11. Ver SCHMITTER, Philippe C., *Interest Conflict and Political Change in Brazil*, Stanford, Stanford University Press, 1971.

12. Ver MALLOY, James, *The Politics of Social Security in Brazil*, Pittsburgh, University of Pittsburgh Press, 1979, p. 14.

A óptica do nosso trabalho não parte da análise da forma de Estado como instituição imutável, como pacto de dominação das elites, mas da análise da sua articulação com a dinâmica social, como condensação de forças, sob a hegemonia política das classes dominantes.

O ponto de vista de Malloy aproxima-se dos postulados do paradigma das elites. Estas últimas, na perspectiva em questão, são os administradores. São eles que, como uma elite de Estado, elaboram as políticas sociais. Essa teoria é diferente da postulada por Milliband[13], segundo a qual há uma preeminência dos *empresários* nas instituições do Estado, tornando-se este último um instrumento da classe dominante. Para Milliband, o controle político do Estado pela classe dominante está relacionado ao controle dos cargos e das instituições do Estado pelos representantes desta classe. Sob essa perspectiva, as políticas sociais teriam como objeto manter a dominação da elite por meios que provocassem o enfraquecimento dos trabalhadores, e o Estado seria, por essência, hostil aos trabalhadores.

A fraqueza política da sociedade civil ou a estratégia de debilitação dessa sociedade pelo Estado não eliminam as forças, as organizações e as lutas de classes nela presentes. A participação preeminente do Executivo na formulação das políticas da sociedade brasileira e seu controle sobre os trabalhadores manifestam justamente uma reação à ameaça real ou pressentida das classes subalternas à ordem estabelecida.

Tomando o paradigma das classes sociais, não queremos simplificar nossa análise a um esquema dualista de luta de classe contra classe, de burguesia contra proletariado. Essa divisão marxista refere-se apenas a um modelo abstrato das relações de classes na sociedade capitalista, baseada no eixo da propriedade dos meios de produção e das relações de exploração. No capitalismo, é a propriedade dos meios de produção, segundo Marx, a condição que possibilita a existência de classes sociais. Esta apropriação tem por consequência a separação dos trabalhadores dos meios de trabalho. Os meios de produção são, ao mesmo tempo,

---

13. Ver MILLIBAND, Ralph, *El Estado en la Sociedad Capitalista*, México, Siglo XXI, 1973.

meios de trabalho do qual podiam dispor os trabalhadores no sistema de produção feudal.

A separação dos trabalhadores dos meios de produção implica, pois, a sua dependência frente aos capitalistas para a obtenção de trabalho, o que tem como consequência a venda de força de trabalho "ao preço do mercado". As condições desse mercado de trabalho não são livres, mas determinadas pelos capitalistas e pelo Estado, que impõem os salários mínimos e o julgamento dos conflitos salariais: estas são as condições de obtenção do máximo de excedente da força de trabalho com um mínimo de garantias para a reprodução dessa mesma força. O processo capitalista é baseado na acumulação, isto é, na valorização do capital no que se refere à relação social da exploração da força de trabalho e da sua dominação. As relações de classes são, ao mesmo tempo, relações de valorização do capital e de opressão da classe dominada pelas classes dominantes. Essas relações são complexas e mediadas pelas diferentes modalidades de articulação da legislação social.

As relações capitalistas transformam não somente a dinâmica entre patrões e operários, mas o conjunto da sociedade concreta, que não se reduz à existência do modelo dualista dos proprietários e dos não proprietários dos meios de produção, dos opressores e dos oprimidos. As formas de produção não propriamente capitalistas são subordinadas ou articuladas à produção capitalista, e as classes e os grupos sociais vinculados às formas não capitalistas também se subordinam ou se articulam à forma capitalista. Esta, por sua vez, se modifica, constituindo-se camadas diferenciadas no processo de exploração e opressão e que têm projetos ou ações políticas diferenciadas, ou seja, as classes se constituem nas relações de propriedade, de apropriação dos excedentes produzidos e de poder social e político, configurando camadas e frações na dinâmica estrutural/conjuntural.

Os capitalistas tampouco formam um bloco homogêneo e coerente somente pelo fato de possuírem um ou outro tipo de propriedade. A coesão em torno da defesa da propriedade pode surgir no momento em que ela é seriamente ameaçada pelas classes subalternas. A dominação não é um fato mecânico, mas um processo de alianças, de formação de blocos e de divisão de frações. Nessa dinâmica, vamos fazer frequentes referências às relações de classes dominantes e subalternas, sob uma perspectiva ao mesmo tempo econômica e política[14].

A problemática das classes sociais deve ser diferenciada da relativa à estratificação com base nas características de salário, consumo, emprego ou qualquer outra. Por outro lado, trata-se de um problema situado historicamente. As classes sociais estruturam-se em sua relação, isto é, na luta por interesses antagônicos.

Essa luta não é uma prática isolada das relações estruturais nem uma relação mecânica, direta, imediata de classe contra classe. As relações de classes são estruturais, o desenvolvimento das forças produtivas está comprometido com as relações de produção entre proprietário e não proprietário, entre os meios de produção e a força de trabalho. Esse antagonismo estrutural, sendo condição para a luta de classes, é por ela transformado. Essas lutas são complexas, mediadas por organizações, forças sociais que podem ser uniclassistas ou pluriclassistas ou ainda serem constituídas somente por frações e camadas de uma só classe.

As forças sociais são movimentos históricos com a dupla dimensão da mobilização e da organização. A mobilização consiste em empregar energias e recursos em torno de um pleito que polarizava um determinado grupo de pessoas por um interesse imediato ou político. A articulação dessa energia em uma estratégia e uma divisão do trabalho consiste na organização. As classes ou suas frações formam movimentos em uma relação de forças em mutação, em equilíbrio instável. Nessa relação, as forças são desiguais. As classes e forças subalternas não dispõem de meios econômicos para impor seus interesses permanentes, nem de meios políticos para exercer uma coerção e/ou para desenvolver um consenso.

A política também não é o monopólio das forças dominantes. O Estado é uma condensação de uma relação de forças[15], uma arena de confronto

---

14. Sobre as classes sociais, ver o trabalho de síntese de DORE, Gérald, *La Politique Sociale Comme Pratique de Classes*, tese de doutorado, Québec, Université Laval, 1978.

15. Segundo Poulantzas, "o Estado capitalista não deve ser considerado como uma entidade intrínseca, mas como é, aliás, o caso do 'capital', *como uma relação, mais exatamente como a condensação*

das frações dominantes e do bloco no poder diante dos subalternos, o que não significa que as políticas sociais sejam sempre conquistas absolutas das classes subalternas, nem produto da sua pressão. As pressões das classes subalternas não têm as respostas mecânicas de uma concessão, por parte do Estado, dado que se situam em uma relação complexa de forças. A intervenção do Estado não contradiz o processo de acumulação de capital, pelo menos como limite negativo dessa intervenção, o que significa que, se a intervenção do Estado não contribui de maneira direta e positiva para a acumulação, ela não a contradiz em seu conjunto. É possível que os interesses de certos capitalistas, de frações ou grupos, sejam contrariados ou rearticulados em função do processo global de acumulação.

Ao mesmo tempo em que o controle do Estado não impõe a certas frações do capital restrições específicas, ele cria as condições para uma generalização dessas medidas para o conjunto dos capitalistas. Na América Latina, contudo, o processo de acumulação não é homogêneo no espaço e no tempo: disparidades regionais evidentes e a presença no processo de acumulação de temporalidades diferentes são fenômenos constantes. O controle estatal deve, então, levar em conta tal desigualdade para articular o conjunto heterogêneo do processo de acumulação. Essa heterogeneidade estrutural associa várias formas de produção de maneira complexa. Assim, a economia industrial não destruiu a economia de subsistência, mas utilizou-a para fazer baixar o preço dos produtos agrícolas. A legislação brasileira de saúde e de segurança no trabalho excluiu de suas disposições, por muito tempo, os trabalhadores rurais e das pequenas empresas. A regulamentação estatal não uniformiza as medidas de política social, não sendo, neste caso, estabelecidas em função dos cidadãos, mas da relação mais ou menos articulada dos setores hegemônicos. Se a regulamentação estatal pode penalizar certos capitalistas, ela também pode favorecer alguns grupos, frações ou setores para manter um "equilíbrio instável de compromisso", segundo a expressão de Gramsci[16].

---

material de uma relação de forças entre classes e frações de classe, tal como se exprime no seio do Estado, sempre de maneira específica" (sublinhado pelo autor, in L'État, le Pouvoir, le Socialisme, Paris, PUF, 1978, p. 141).

16. Ver GRAMSCI, A., Gramsci dons le Texte, Paris, Éditions Sociales, 1975, p. 499.

O TRABALHO DA POLÍTICA

Na interpretação de Marx, a legislação industrial é, tanto como as estradas de ferro, as máquinas automáticas e o telégrafo elétrico, "um fruto natural da grande indústria[17], e, também, "uma primeira concessão obtida do capital com muita luta"[18]. Sob essa perspectiva, a legislação de saúde e de segurança no trabalho insere-se no movimento contraditório do capital, do desenvolvimento das forças produtivas e das relações de produção. Marx também sublinha que a lei industrial foi generalizada, transformada de lei extraordinária para lei geral pela pressão da indústria sobre a manufatura.[19]

O processo de transformação da economia agroexportadora brasileira em economia industrial não segue o processo europeu de passagem da manufatura à indústria com a hegemonia da burguesia industrial. A industrialização brasileira foi dependente do Estado, tardia, limitada a certos setores, impulsionada desordenadamente pelas demandas do mercado interno e do capitalismo internacional. Nessas condições, a legislação industrial resulta das articulações complexas de forças e do desenvolvimento específico de um capitalismo que combina as formas de produção diversificada com a proteção do Estado e a dependência externa[20].

Nessas atuais circunstâncias de industrialização "tardia", a formação do proletariado também é complexa. No caso do Brasil, o regime escravagista desapareceu apenas em 1888. Os escravos eram utilizados nas oficinas e até mesmo em algumas indústrias. Um operário assalariado por vezes recebia uma remuneração inferior ao custo de manutenção de um escravo, sendo submetido a jornadas de trabalho de quinze horas e a um sistema de coerção muito acentuado. Nessas condições, os acidentes eram frequentes, e a "proteção" ao operário dependia do paternalismo industrial e do paternalismo estatal.

A reprodução da força de trabalho para o capital fazia-se, nessa época, em condições mínimas. A assistência pública era o único socorro em caso

---

17. MARX, K., *Le Capital*, Paris, Éditions Sociales, livre 1, p. 342.

18. MARX, K., op. cit., p. 347.

19. MARX, K., op. cit., p. 349.

20. Ver MELLO, João M. Cardoso de, *O Capitalismo Tardio*, São Paulo, Brasiliense, 1982.

de acidente. A primeira legislação dos acidentes favoreceu a implantação do seguro privado sob uma forma de transformação da questão do acidente em mercadoria, mas continuando a manter a assistência pública.

Com o desenvolvimento da industrialização, as relações entre o paternalismo, as forças mercantis de seguro e a estatização modificaram-se em uma articulação das frações capitalistas, de suas relações com os trabalhadores e do Estado com os trabalhadores. A extensão da intervenção do Estado a algumas categorias de trabalhadores e/ou a novos domínios representa uma articulação das relações de controle e de auxílio aos trabalhadores e aos capitalistas. A regulamentação estatal não significa uma uniformização das condições de reprodução da força de trabalho somente por estar sob a responsabilidade do poder público. Este último utiliza direitos sociais para fins políticos.

Não é como cidadão que, em alguns setores, o operário acidentado é enquadrado na lei, mas como operário lesado. Como o capitalismo não atravessou todos os setores, as organizações e as mobilizações diversificaram-se: o peso político das forças é desigual, e a política do Estado combina formas diferentes de repressão, controle, paternalismo e mercantilização frente à força de trabalho. A coerção estatal está ligada ao desenvolvimento das forças e das mobilizações das classes subalternas, o que significa o uso da violência física. O controle político estabelece mecanismos de punição e de prêmio segundo critérios burocratas ou profissionais. O paternalismo concede favores em troca da lealdade, e o processo de mercantilização consiste na transformação de uma relação social em relação de compra e venda, como o seguro. A perda da capacidade de trabalho, quando ela está garantida por seguros, passa a fazer parte do circuito capitalista pela regulamentação estatal. As condições de reprodução da força de trabalho, que não está disponível ao mercado de trabalho, que não é utilizada no processo de produção, são transformadas em fonte de lucros.

A intervenção do Estado toma diversas formas nas conjunturas que abordaremos em nosso trabalho, segundo o desenvolvimento do próprio Estado, do capitalismo e das forças sociais. A forma liberal da Velha República também é marcada pela repressão ao movimento operário ainda incipiente. O corporativismo da década de 1930 é uma combinação do controle e do paternalismo frente aos trabalhadores. Estes são reconhecidos politicamente, mas dentro dos limites impostos pelo bloco no poder. O populismo é uma forma que combina a mobilização dos trabalhadores e seu controle em função de vantagens imediatas. O autoritarismo tecnocrata exercido a partir de 1964 destrói e persegue o movimento dos trabalhadores para favorecer a internacionalização da economia.

As regulamentações da saúde e da segurança no trabalho, nas diferentes conjunturas, implicam confrontos de forças em condições estruturais de um capitalismo dependente e tardio e de um Estado superdimensionado. A articulação política dos conflitos e das crises com o processo de acumulação consiste no controle estatal.

O controle estatal da saúde e da segurança no trabalho corresponde a uma articulação das forças em nível político, sob a hegemonia do Estado (hipótese 1). Esse controle é um processo complexo que, ao mesmo tempo, reforça a heterogeneidade estrutural, consolida as práticas dos setores mais modernos do capitalismo e despolitiza ou desmobiliza as lutas dos trabalhadores por meio de uma concessão imediata (hipótese 2). O controle estatal da saúde e da segurança no trabalho põe em confronto várias forças (trabalhadores, patrões, seguradoras, profissionais, tecnocratas) em diferentes conjunturas econômicas e políticas. As modificações da política de saúde e de segurança no trabalho, particularmente da legislação dos acidentes de trabalho, transformam-se em pleitos diferentes segundo os interesses das forças em conflito (hipótese 3).

O mesmo acontece com o interesse dos patrões em conservar os custos da reprodução da força de trabalho mais baixos possíveis, enquanto os seguradores procuram garantir um mercado de seguros bastante rentável. Os trabalhadores lutam, em caso de perda da força de trabalho, por uma garantia da sua reprodução e de condições de segurança no trabalho. Os tecnocratas defendem a generalização e a uniformização do controle, e os profissionais, os empregos que essa legislação pode favorecer. Esses interesses não são atribuídos às forças sociais de maneira mecânica, mas estruturam-se no decorrer da luta e transformam-se na conjuntura. Em um determinado momento, por exemplo, os seguradores terão menos interesse nos seguros contra acidentes de trabalho devido a outros mercados que se abrem por meio da ação do governo. Nossa análise levará em consideração essas mudanças históricas dos interesses das forças em conflito nas suas relações com o pleito em questão. Esses interesses não são vantagens em um processo de negociação, mas relações contraditórias provenientes da situação de classe, das lutas e consensos de classe das organizações e da mobilização das forças.

4. A metodologia

Pretende-se demonstrar, neste estudo, como as políticas de saúde e de segurança no trabalho são estruturadas por articulações ligadas ao capitalismo dependente, experimentando contradições que são próprias à conjuntura particular das relações sociais em uma determinada época. O fato de levar em consideração somente as articulações ligadas ao capitalismo dependente impede a realização de uma análise detalhada da situação concreta. Reduzir a política às exigências abstratas do capitalismo significa cair em um formalismo quase sempre tautológico. Um tal formalismo limita-nos a um raciocínio que somente leva em consideração as condições de reprodução do capital, como a preservação da força de trabalho, a manutenção da ordem social e da sua legitimidade. Por outro lado, considerar somente os agentes e as inter-relações dos grupos de interesse e de pressão, sem levar em conta as relações fundamentais em que eles se inscrevem, conduz-nos a uma redução dos fenômenos políticos à vontade dos agentes.

Os agentes que se manifestam em torno de um pleito situam-se em uma relação desigual de forças sociais. Essa relação de forças é profundamente condicionada pelas relações de produção. A explicação que toma como ponto de partida os agentes apresenta, pois, tantas dificuldades quanto a precedente, que se refere a uma visão estrutural e histórica do processo de formulação das políticas.

Não somente é necessário levar em conta a existência dessas relações fundamentais de exploração e de dominação, mas também é necessário analisar a dinâmica precisa dessas relações em uma determinada conjuntura, por meio das alianças e das divisões que se formam e se modificam no confronto das forças em atrito. É justamente essa análise conjuntural que queremos ressaltar neste trabalho.

Nesse contexto, o Estado não é nem o instrumento exclusivo de uma determinada força social nem o árbitro das forças em conflito. Ele é atravessado pelo conjunto das forças sociais que se manifestam em um determinado momento, assim como pelas múltiplas exigências estruturais de capital periférico e dependente, próprio à América Latina e, ao mesmo tempo, as articula. O Estado é o lugar por excelência em que se condensam as contradições da sociedade, isto é, as relações de exploração e de dominação e a formação do consenso social. É assim que o Estado se define, ao mesmo tempo, como uma relação de dominação de um bloco dominante sobre os subalternos e como um lugar em que são elaborados consensos e estratégias de legitimação da ordem social existente.

No caso brasileiro, se se deseja chegar à análise do processo de formulação das políticas, faz-se necessário levar em consideração os determinismos estruturais de conjunto e as manifestações das forças em torno dos pleitos particulares. Por outro lado, acreditamos ser importante assinalar que na história do Brasil três modos de gestão da sociedade civil pelo Estado estiveram constantemente presentes, embora em diversos graus: o autoritarismo, o clientelismo/paternalismo e o burocratismo. O autoritarismo significa a ausência de negociações entre o Estado e a sociedade e a imposição pelo alto das diversas políticas públicas. O paternalismo/clientelismo reveste essas políticas sob a aparência de favores, de concessões das classes dominantes às classes subalternas. Quanto ao burocratismo, trata-se dessa maneira típica às elites de despolitizar um pleito, camuflando-o sob uma linguagem técnica e profissional e controlando-o por medidas e normas administrativas.

Para tornar operacional a análise que propomos das relações entre o Estado, a economia e a sociedade, segundo a especificidade histórica aqui formulada, procedemos a uma coleta de dados a partir de quatro tipos de fontes: a documentação oficial, a documentação proveniente de cada organização (de patrões, de operários, de companhias de seguro, de congressos profissionais), a imprensa parlamentar e, finalmente, a imprensa cotidiana. Essas fontes são identificadas detalhadamente na bibliografia geral.

A partir dessa documentação, formulamos três fichários: o primeiro visa a elaboração de um repertório exaustivo dos agentes que se manifestaram em diferentes momentos (patrões, trabalhadores agrícolas, profissionais e tecnocratas). Nesses fichários, também tentamos identificar as práticas efetivas de saúde e de segurança no trabalho de certas indústrias, companhias de seguro e de órgãos do governo. O segundo tinha como objetivo identificar as particularidades dos pleitos mais marcantes dos diferentes períodos: a indenização dos trabalhadores (no contexto da década de 1920), a inspeção e as normas de higiene do trabalho (no contexto da década de 1940), a reabilitação e os serviços prestados ao acidentado pelo Estado (no contexto da década de 1950), a prevenção dos acidentes e a estatização dos seguros (no contexto da década de 1960). Enfim, o terceiro permitiu-nos codificar os elementos fundamentais do contexto político e econômico.

Em suma, o processo de formulação das políticas é analisado, aqui, como um movimento dialético de cima para baixo e de baixo para cima.

Na análise das lutas, dos pleitos e das mudanças do conjunto da sociedade brasileira, foi-nos possível identificar quatro períodos significativos no que se refere à política de saúde e de segurança no trabalho: as legislações da Velha República, da era Vargas, do pós-guerra e do período posterior ao golpe de Estado de 1964. Essa sequência temporal será desenvolvida nos quatro capítulos seguintes.

Nosso interesse centra-se na verificação das mudanças da "mesma" política em várias conjunturas, privilegiando o corte diacrônico da questão.

5. O plano da exposição

Apresentamos, na primeira parte, o resultado de nossa pesquisa histórica sobre a regulamentação e o controle da política de saúde e de segurança no trabalho, centrada na política dos acidentes de trabalho no Brasil, a partir da primeira legislação de 1919 até a de 1978.

Nesse longo período de 59 anos, muitas e distintas leis foram elaboradas em diferentes conjunturas econômicas e políticas. Destacamos as primeiras intervenções do Estado nos quatro momentos ou conjunturas. O primeiro capítulo corresponde à elaboração da primeira lei dos acidentes de trabalho, de acordo com uma ideologia liberal, dentro de uma conjuntura econômica voltada para o exterior e politicamente dominada pela oligarquia agroexportadora. O segundo capítulo aborda as modificações introduzidas na legislação dos acidentes de trabalho em 1934 e em 1944 pela coalizão vitoriosa da Revolução de 1930, dirigida por Getúlio Vargas. Nessa conjuntura, até 1945, o país viveu uma fase de transição para a industrialização sob um regime corporativista. A democratização de 1946 inaugura um período populista e de progresso da industrialização, com uma participação internacional. Se os debates sobre os acidentes de trabalho são realizados no parlamento de 1953 e em 1960, nesse meio tempo o Estado intervém na problemática com a criação da caixa dos acidentes de trabalho para os trabalhadores de indústrias. Assiste-se ainda ao início de uma política de reabilitação e de prevenção. Esse período constitui objeto do terceiro capítulo.

O último capítulo dessa parte refere-se ao período da ditadura militar e da internacionalização da economia, no momento em que os seguros contra acidentes de trabalho foram estatizados e a política de prevenção formulada.

Em cada capítulo, analisamos o contexto, as forças em confronto, a prática e os dados sobre os acidentes de trabalho, o controle estatal e a posição das forças frente a esse controle, assim como o resultado obtido.

Na segunda parte, retomamos a discussão teórica esboçada nessa introdução para precisar e ampliar o quadro de referência. No Capítulo 5, estudamos as relações entre o processo de acumulação e a legislação social. As forças sociais e a política constituem o objeto do Capítulo 6. Os mecanismos de intervenção do Estado em uma sociedade dependente periférica constituem o assunto do último capítulo.

PRIMEIRA PARTE

Acumulação do capital, forças sociais e Estado na formulação da política de saúde e segurança no trabalho

CAPÍTULO 1

As políticas de segurança no trabalho e de saúde do trabalhador do Estado liberal

Durante o período colonial a política social do Estado brasileiro se caracteriza pelo paternalismo individual e institucional. A fundação de hospitais e de santas casas está ligada a uma relação pessoal de doação por parte do rei, do imperador ou das elites dominantes. O exercício do saber médico ou profissional depende do reconhecimento oficial do representante do poder. Para os escravos havia somente a prestação arbitrária de algum serviço por parte de seu proprietário ou o recurso à ajuda mútua.

A proclamação da República em 1889 não muda radicalmente o bloco no poder mas traz em seu bojo os reflexos da crise econômica e da abolição da escravatura em 1888, consequência da modificação do capitalismo e das relações internacionais e das formas sociais do cultivo do café. Os homens livres são mais baratos que os escravos. Já nesse período a industrialização, ainda que incipiente, começa a combinar várias formas de contrato e de produção, articulando a pequena oficina e a grande indústria.

O período que vai de 1889 a 1930 se caracteriza pela economia de exportação do café. Novas forças sociais se estruturam sobretudo nos setores urbanos. Os operários, na maioria estrangeiros, se organizam através do movimento anarquista, e a resposta do Estado é principalmente a repressão. No entanto, começa a aparecer uma legislação social restrita e tímida cuja manifestação mais importante é a lei de indenização para os acidentados do trabalho.

Neste capítulo vamos analisar o contexto econômico da produção do café e da sua hegemonia e as forças sociais presentes para situar o processo de elaboração da lei de acidentes do trabalho de 1919 e as práticas sociais relativas aos acidentados do trabalho.

1. O contexto econômico e social

a) A hegemonia da oligarquia agroexportadora

O período que se estende de 1889 a 1930 é chamado pelos historiadores de Velha República ou Primeira República, mas trata-se de todo um sistema de organização social, econômica e política dominado pelos grandes proprietários da terra e que pode ser denominado de *sistema oligárquico*, na expressão de Fernando Henrique Cardoso[1]. Este sistema implica o controle econômico e o controle do poder pelos grandes proprietários rurais, conforme assinala o sociólogo acima citado: "A doutrina dos chefes naturais", da predominância do Executivo e nele do presidente, bem como esse peculiar arranjo entre localismo, máquina estatal e clube de notáveis em vez de partidos, caracterizará a República que mais do que dos coronéis, foi dos oligarcas que controlavam, além das fazendas, a máquina estatal"[2].

As forças sociais advindas da aliança da oligarquia com os militares, que, após a guerra do Paraguai, em 1870, tomaram consciência do seu papel nacional, derrubam o regime imperial no bojo de uma crise desse sistema. Esta crise foi exacerbada pela abolição da escravatura em 1888 e pelas novas exigências econômicas no cultivo do café.

---

1. CARDOSO, Fernando H., "Dos governos militares a Prudente — Campos Sales", in FAUSTO, Boris (org.), *O Brasil Republicano*, v. 1, São Paulo, Difel, 1977, p. 16-50.

2. Idem, ibidem, p. 50.

A produção nacional da colônia está voltada para o exterior através do sistema de "exclusividade"[3] colonial. Até a implantação do livre câmbio em 1808, a metrópole portuguesa tem a exclusividade do comércio com a colônia e lhe impõe do exterior as normas e as formas de produção. Com o esgotamento das exportações de madeira, borracha, ouro, minerais, o café se torna o principal produto de exportação antes mesmo do advento da República. Durante a Velha República ele representa em média 60% da receita das exportações, também compostas de açúcar, algodão, couro, madeira e borracha.

O cultivo do café exige grandes extensões de terra, a expansão permanente das fronteiras agrícolas e um contingente considerável de mão de obra para a plantação, a limpeza ou capina, a colheita, a secagem, o ensacamento e o beneficiamento. As plantações se desenvolvem em duas grandes regiões: no Vale do Paraíba e no Oeste de São Paulo. Somente deste Estado a produção de sacos de café passa de 2,9 milhões em 1890 a 19,5 milhões em 1930, ou seja, 572%[4] de aumento. No Vale do Paraíba o declínio do café começa em 1886, tendo a produção alcançado o seu ponto máximo em 1882, com 2,6 milhões de sacas. A abolição da escravatura vem contribuir para esse declínio.

A expansão do café acarreta o crescimento das vias férreas, dos entrepostos e das cidades. As vias férreas começam a implantar-se em 1850, e em 1855 o governo de São Paulo estimula a construção de ferrovias com favores especiais, como o pagamento de juros e empréstimos pelo Estado. As ferrovias ligadas aos capitais ingleses, sobretudo a São Paulo Railway, estão entre os investimentos mais lucrativos do período.

Os empréstimos ingleses servem não somente à construção das ferrovias mas também à imigração e à implantação de serviços públicos nas

---

3. A respeito do sistema colonial, ver NOVAIS, Fernando, Estrutura e Dinâmica do Antigo Sistema Colonial, *Caderno*, São Paulo, Brasiliense/Cebrap, n. 17, 1978.

4. Sobre a expansão do café, ver CANO, Wilson, *Raízes da Concentração Industrial em São Paulo*, São Paulo, Difel, 1977; SILVA, Sérgio, *Expansão Cafeeira e Origens da Indústria no Brasil*, São Paulo, Alfa-Omega, 1978; FAUSTO, Boris, "Expansão do Café e Política Cafeeira", in FAUSTO, Boris, op. cit., p. 196-248.

grandes cidades. Como observa Sérgio Silva[5], os empréstimos ingleses se situam na reprodução internacional do capital e não somente no circuito limitado do capital mercantil. O capital internacional é, então, controlado pela Inglaterra que, em 1913, já detém 254,8 milhões de libras investidas no Brasil.

O sistema de entrepostos, melhor organizado depois de 1922, tem por função a regulação dos preços do café e, como complemento, a compra pelo governo dos excedentes do café, para garantir os seus preços. Essa política de entrepostos e de compras dos excedentes está associada a uma política fiscal que impede a diminuição dos ganhos em moeda brasileira por parte dos proprietários cafeicultores.

A política econômica da Velha República está, assim, centrada na valorização do café. Essa valorização mobiliza uma potente força dos proprietários agrícolas em 1906, na cidade de Taubaté, para exigir do governo um plano de salvaguarda desse produto em face da crise de exportação. Em 1919 acontece uma colheita abundante, e em 1921 cria-se o Instituto para a Defesa Permanente do Café. Em 1927 uma segunda convenção sobre o café objetiva regularizar as suas exportações mensais[6].

Os produtores de café se mobilizam constantemente nos dois principais Estados (São Paulo e Minas Gerais) através de convenções, congressos, grupos de pressão junto ao Parlamento e pela formação do Partido Republicano. No Estado de Minas Gerais o Partido Republicano Constitucional é criado, em 1893, através de uma aliança dos coronéis. O Partido Republicano de Minas Gerais (PRM) é criado em 1871, e o Partido Republicano de São Paulo (PRP), em 1873[7].

Não há, no entanto, um partido nacional que represente a burguesia agrária ou a oligarquia. A única tentativa é a fundação do Partido Republicano Federal em 1893, que logo desaparece. A luta política se dá principalmente em nível regional, com disputas entre os chefes e a pre-

---

5. Idem, ibidem, p. 34.

6. Os proprietários mobilizavam-se também em torno da legislação social, o que será analisado mais adiante.

7. WIRTH, John, *Minas Gerais — O Fiel da Balança*, Rio de Janeiro, Paz e Terra, 1982, p. 86-89.

dominância do coronelismo. A formação de blocos regionais não impede que os coronéis, em nível local, se dividam e participem de uma luta de facções políticas.

Os blocos regionais mais importantes são os de São Paulo, Minas Gerais e Rio Grande do Sul. Com a hegemonia do café, as oligarquias do Nordeste devem utilizar a mediação de Minas Gerais ou de São Paulo para exercer influências sobre o poder central. Essa política se reflete também em um pacto de governo chamado de "Café com Leite", segundo o qual o chefe de governo deveria alternar-se entre São Paulo, produtor de café, e Minas Gerais, produtor de leite. Esta divisão regional das oligarquias combina-se em nível nacional com uma articulação para manter a hegemonia na defesa dos interesses da exportação de café.

A agricultura de subsistência existente nas propriedades produtoras de café é uma forma de conseguir mão de obra através de contratos de parceria. O trabalhador utiliza a terra do patrão com a condição de dar-lhe parte da produção ou de trabalhar para ele na maior parte do tempo.

A agricultura de minifúndio produz para o mercado interno regional e para a subsistência, em condições precárias do ponto de vista da terra, da tecnologia, do financiamento e da comercialização.

A reprodução da força de trabalho nas zonas de subsistência é uma questão de reprodução doméstica e familiar. As energias necessárias ao trabalho dependem da família e, nos casos de doença, velhice, invalidez, o único recurso disponível é a família ou a caridade pública representada pelas santas casas, uma espécie de hospital geral financiado pelas elites locais e pelo Estado nas capitais e algumas cidades.

Nas grandes fazendas existem após a abolição da escravatura três tipos de contrato:

a) locação da força de trabalho (semanal, quinzenal ou mensal) para uma jornada de 10 horas, com ou sem habitação. Os trabalhadores assalariados compreendem sobretudo os maquinistas, mecânicos e pedreiros. Eles recebem um salário de 2 a 4 mil réis por mês;

b) por tarefa, sobretudo para os colhedores de café, pagos por litro, o que engloba o trabalho de toda a família;

c) o colonato, segundo o qual o trabalhador se compromete com sua família a cultivar um número determinado de pés de café que varia de 2.000 a 3.000 por ano[8].

Conforme o contrato-tipo proposto pela Secretaria do Trabalho do Estado de São Paulo, o patrão pode despedir um trabalhador por vagabundagem, negligência, alcoolismo e doença prolongada[9]. Assim, para a oligarquia, os trabalhadores são abandonados à sua própria sorte em caso de doença. A "proteção" concedida aos trabalhadores é de caráter paternalista e arbitrário. Para manter essa ordem social a oligarquia insiste na garantia desse tipo de contrato sob a forma de locação de serviços e se manifesta contra a extensão da legislação social aos trabalhadores do campo.

A locação de serviços é considerada um *jus commune*, oposto ao *jus singulare*, que seria o direito trabalhista[10]. Segundo o senador Morais Barros, representante de São Paulo, eleito em 1895, em lugar de Prudente de Morais (então presidente da República), "a agricultura de São Paulo está agrupada em mais da metade dos municípios em clubes agrícolas que proclamam pela necessidade de uma regulamentação da locação de serviço"[11]. Em 1879, o trabalho agrícola sob a forma de locação de serviços é abolido por uma lei do governo provisório da República, mas é restabelecido em 1896[12].

Contestações nas zonas rurais são raras ou não aparecem na imprensa e para a opinião pública. Segundo Boris Fausto, a mais importante greve no Estado de São Paulo, na zona rural, entre 1870 e 1914, foi em Ribeirão Preto em 1913[13].

A oligarquia teme que uma legislação social venha perturbar as relações sociais nas zonas rurais e não acredita que possa manter a paz social

---

8. Ver *Boletim do Departamento Estadual do Trabalho de São Paulo*, ano II, n. 12, 1914, p. 21.

9. Idem, ano III, n. 12, 1914, p. 25.

10. Ver PENNAFIEL, Carlos, in *Documentos Parlamentares de Legislação Social*, Rio de Janeiro, Tip. do Jornal do Comércio, v. 3, p. 21.

11. Idem, v. 2, p. 184.

12. Ver LACERDA, Maurício, *A Evolução Legislativa do Direito Social Brasileiro*, Rio de Janeiro, Nova Fronteira, 1980.

13. FAUSTO, Boris, *Trabalho Urbano e Conflito Social*, São Paulo, Difel, 1977, p. 21.

porque suscitaria reivindicações não desejadas entre os trabalhadores, conforme Pennafiel[14].

Opondo-se à legislação social no meio rural em nome da liberdade de contrato, a oligarquia situa-se no plano da ideologia liberal, justificando, assim, as formas e as práticas de exploração do trabalhador e do antigo escravo sob o domínio imediato do proprietário, sem intermediação da lei. Por outro lado, essa situação reflete a ausência de mobilização e reivindicação coletiva, pelo fato do isolamento das próprias fazendas.

Nas fábricas os movimentos sociais explodem violentamente, o que será analisado a seguir, depois de situarmos o processo brasileiro de industrialização.

b) O processo de industrialização

As relações entre a oligarquia do café e a burguesia industrial nascente podem ser consideradas como não antagônicas e, ao mesmo tempo, não harmônicas.

Os capitais das primeiras indústrias estão associados à acumulação originária ligada à exportação do café e à exploração dos trabalhadores agrícolas. Algumas indústrias têm origem nas atividades dos comerciantes importadores e exportadores, como é o caso típico de Matarazzo. Os primeiros industriais são originários dos imigrantes estrangeiros.

Não se deve confundir o processo de formação da burguesia industrial com a ascensão de alguns indivíduos *self-made men*, mas situá-lo no contexto econômico específico de uma economia dependente. Warren Dean nota que os imigrantes que se tornam industriais não fazem parte da grande massa deles, mas se destacam como "imigrantes burgueses"[15], pelo capital ou pela habilidade e conhecimentos que trazem.

---

14. Op. cit., p. 49.

15. DEAN, Warren, *A Industrialização de São Paulo*, São Paulo, Difel, 1971, p. 59, e também MARTINS, José de Souza, *Conde Matarazzo, o Empresário e a Empresa*, São Paulo, Hucitec, 1976, p. 62. Nota

Sérgio Silva destaca também a importância do comércio como base de apoio para o inicio da acumulação industrial[16]. O comerciante encontra-se em uma situação privilegiada como importador e exportador de produtos necessários à oligarquia. Ele dispõe também de capital, de acesso e de ligações com bancos estrangeiros, sobretudo os ingleses. As atividades comerciais cruzam-se com as atividades industriais, tendo em vista a necessidade de substituir certos produtos importados por produtos locais em situações de crise ou de falta do produto.

O desenvolvimento da indústria não tem origem num processo linear que vai da manufatura à fábrica, da pequena à grande empresa, mas articula e combina várias formas de empresa. Sob o Império, a liberdade de comércio e a ausência de proteção alfandegária eram desestímulos à industrialização, mas seu principal obstáculo consistia na escravatura e na divisão internacional do trabalho[17]. A industrialização em um país dependente é um processo complexo vinculado às relações de força internacionais, que chegam até ao nível militar quando os interesses das metrópoles não são obtidos e quando os impedimentos internos contrariam em demasia as intenções metropolitanas. No entanto, nossa análise não destaca as relações externas para situar-se preferencialmente nas internas sem, contudo, desprezar a importância das relações internacionais. Os interesses da oligarquia estão ligados ao desenvolvimento do mercado mundial e à exportação, o que implica a defesa do livre comércio do capitalismo mercantil. Por sua vez, a industrialização nessa época dependia de uma certa proteção alfandegária em relação à penetração de produtos estrangeiros. Durante a Primeira República, a luta entre os interesses da oligarquia e da burguesia industrial nascente polarizou-se entre o liberalismo e o protecionismo[18]. Esse debate, às vezes agressivo,

---

Martins que Matarazzo dizia ser "como todos os outros imigrantes". Mas, de fato, ele era diferente, trazendo consigo mercadoria, capital, contratos, conhecimentos.

16. SILVA, Sérgio, op. cit., p. 95.

17. Ver LEONARDI, Victor, "Primeiras Fábricas e Formação do Capital Industrial", in MENDES Jr., Antônio e MARANHÃO, Ricardo, *Brasil História*, São Paulo, Brasiliense, v. 3, p. 205-16, 1981.

18. Ver principalmente LUZ, Nícia Vilela, *A Luta Pela Industrialização do Brasil*, São Paulo, Difel, 1961.

leva alguns representantes da oligarquia no Parlamento a pronunciarem-se contra "a indústria artificial", que não saberia concorrer com empresas estrangeiras.

As rendas do Estado provêm fundamentalmente da taxa cobrada sobre as importações. Somente em 1898 se estabelece um imposto sobre o consumo que se aplica a todos os produtos, importados ou não. Desta maneira, a indústria pode enfrentar, de maneira menos desequilibrada, a concorrência internacional.

A indústria, ainda que marginal no conjunto da economia, se insere no contexto do sistema exportador, escravocrata e de imigração. Em 1850, há somente 50 estabelecimentos industriais no país. Em 1866 existem 9 indústrias têxteis com 768 operários, elevando-se esses números a 44 e 3.000, respectivamente, em 1881[19]. O primeiro surto industrial verifica-se entre 1880 e 1890 com o apoio limitado do Primeiro Governo Provisório, verificando-se nessa década a fundação de 398 novos estabelecimentos.

Durante a Primeira Guerra Mundial acentua-se a industrialização em relação à crise existente nas metrópoles mundiais. Esta crise não é tomada como explicação mecânica da industrialização que está vinculada às condições aqui analisadas.

Em 1907, o censo do Centro Industrial do Brasil enumera 3.250 empresas com 150.841 operários e, em 1920, o recenseamento geral da República indica 13.336 estabelecimentos com 275.512 operários. No período de 13 anos houve um crescimento de 83% no número de operários e de três vezes no número de estabelecimentos.

A estrutura industrial está desigualmente distribuída: concentrada nos setores de bens de consumo e nas regiões do Sul. Em 1919, 50,2% da produção industrial estão representados pelos setores têxteis e alimentares; São Paulo e o antigo Distrito Federal contam com 51% dos operários e 42,64% dos estabelecimentos[20].

---

19. Ver SIMONSEN, Roberto C., Evolução *Industrial do Brasil e Outros Estudos* (seleção de Edgard Carone), São Paulo, Editora Nacional, 1973, p. 15 ss.

20. Para maiores dados, ver as séries estatísticas no Apêndice I do livro de VILLELA, Annibal Villanova e SUZIGAN, Wilson, *Política do governo e crescimento da economia brasileira*, Rio de Janeiro,

É necessário considerar que a indústria dos anos 1920 está constituída por uma heterogeneidade de empresas, com algumas relativamente grandes que concentram capitais e operários ao lado de um grande número de pequenas empresas que utilizam uma tecnologia artesanal, instaladas em fundo de quintal.

A indústria relativamente grande caracteriza, sobretudo, o ramo têxtil. Em 1920 as empresas com mais de 100 operários possuem 73% do capital e 63% do número total de operários do Distrito Federal. Em São Paulo elas concentram 65% dos operários[21]. No conjunto do país essas empresas representam somente 3,5% dos estabelecimentos e 69,7% da mão de obra industrial. No entanto, no que diz respeito a São Paulo, as empresas com 4 operários ou menos representam 57,3% do total e apenas 6,4% da mão de obra industrial.

Não se pode, pois, com base empírica, concluir por uma evolução da pequena à grande empresa. A realidade é extremamente complexa, revelando uma heterogeneidade estrutural em nível geral e em nível particular da indústria.

Do ponto de vista político os industriais situam-se como uma força subordinada à oligarquia, dependendo de favores, licenças e permissões do Estado para se estabelecerem e se desenvolverem. Em 1820 organiza-se a Sociedade Auxiliadora da Indústria Nacional. Segundo Carone, a primeira vez que a palavra *indústria* aparece no sentido moderno é em 1867[22]. Em 1904 essa sociedade se transforma em Centro Industrial do Brasil, com sede no Rio de Janeiro. Em São Paulo, em 1928, produz-se uma cisão entre os comerciantes e os industriais, que até esse momento estavam agrupados na mesma entidade, e cria-se o Centro das Indústrias do Estado de São Paulo (Ciesp), sob a direção de uma nova geração de industriais liderados

---

Ipea/Inpes, 1973, e o apêndice estatístico do livro de Cano, Wilson, *Raízes da concentração industrial em São Paulo*, São Paulo, Difel, 1977. Ver também o texto de DEAN, Warren, "a industrialização durante a República Velha", in FAUSTO, Boris, *O Brasil republicano*, São Paulo, Difel, v. 1, p. 249-83, 1977.

21. Ver SILVA, Sérgio, op. cit., p. 87.

22. Ver CARONE, Edgard, *O pensamento industrial no Brasil (1880-1945)*, São Paulo, Difel, 1977, p. 6.

por Roberto Simonsen e Francisco Matarazzo. A partir dessa data e até 1937 várias associações industriais são criadas em diversos Estados. Em 1919 essas associações estaduais voltam-se particularmente para os seus problemas específicos — por exemplo para a fabricação de bebidas, para a construção ou para a panificação. "Cada associação age na sua área de interesse, mas a união se estabelece de maneira prática quando surgem grandes temas nacionais frente aos quais toda a indústria se incorpora", afirma Masisa Saens Leme[23].

Diante da classe operária a posição dos industriais é, ao mesmo tempo, de paternalismo e repressão para obter o máximo de lucro e o mínimo de revolta. Pela repressão há uma aliança estratégica com a oligarquia para combater os "agentes provocadores", utilizando-se a polícia em caso de greves, a expulsão de operários imigrantes considerados indesejáveis e a organização de listas negras. Everaldo Dias conta que o Centro das Indústrias de São Paulo havia organizado uma lista de operários indesejáveis e nenhuma indústria os empregava[24].

c) O proletariado e as condições de trabalho

Durante a Primeira República a situação objetiva dos trabalhadores se caracteriza pela presença significativa de imigrantes estrangeiros, de mulheres e crianças por um salário extremamente baixo e condições de trabalho muito duras.

A formação do proletariado brasileiro compreende tanto trabalhadores estrangeiros como escravos libertos e trabalhadores rurais vindos das regiões mais pobres. A imigração estrangeira contribui para a força operária das indústrias do Sul onde havia necessidade de mão de obra com experiência. Em São Paulo, em 1893, 68% da mão de obra industrial se compõem de estrangeiros, baixando para 51% em 1920, segundo da-

---

23. LEME, Marisa Saens, *A ideologia das industriais brasileiros*, Petrópolis, Vozes, 1978, p. 11.
24. DIAS, Everaldo, *História das lutas sociais no Brasil*, São Paulo, Alfa-Ômega, 1977, p. 94.

dos apresentados por Boris Fausto[25]. No Rio de Janeiro a proporção de estrangeiros na indústria é, respectivamente, de 45,5% e de 35,2% para os mesmos anos.

A exploração do trabalho da mulher e da criança é comum na indústria que se utiliza da mais-valia absoluta pelas longas jornadas de trabalho e os baixos salários. Muitas crianças devem trabalhar para obter um suplemento de salário familiar. Em 1919, segundo os dados do recenseamento, as crianças de menos de 14 anos representam 5,4% da mão de obra no setor têxtil, 9,1% na alimentação, 15% na cerâmica e 8,5% na metalurgia. As mulheres representam 42,7% do setor têxtil, 28,9% do setor alimentação, 55,1% dos setores de vestuário e confecções e 30% do setor químico. Segundo os dados compilados por Felícia Madeira e Paul Singer sobre o trabalho feminino no Brasil, em 1920, as mulheres representam 31,3% da mão de obra do secundário, 42,4% do primário e 26,4% do terciário[26]. São exatamente os setores mais importantes da estrutura industrial que mais utilizam a mão de obra infantil e feminina.

A duração do trabalho na indústria podia chegar a 15 horas por dia, como na indústria Santa Rosália, em Sorocaba[27]. Numa pesquisa realizada pelo Departamento do Trabalho de São Paulo, 15,9% das indústrias declararam ter jornadas de trabalho de 9 a 10 horas e uma declarou estendê-la até 12 horas. As outras limitaram-se a declarar 8 horas[28].

Os salários sofrem pressões para queda em razão da oferta abundante de mão de obra e do baixo nível da remuneração na agricultura. Em 1919 o salário médio diário de um adulto em São Paulo é de $5729 mil réis e as despesas com alimentação para uma família de 5 pessoas, segundo os cálculos do Departamento do Trabalho de São Paulo, se elevam a $4592 mil réis, ou seja, a 80% do salário[29].

---

25. FAUSTO, Boris, *Trabalho urbano e conflito social: 1890-1920*, São Paulo, Difel, 1977, p. 29.

26. MADEIRA, Felicia R.; SINGER, Paul I. Estrutura do emprego e trabalho feminino no Brasil. São Paulo, Cebrap, *Caderno*, n. 13, p. 14, 1975.

27. Ver FOOT, Francisco; LEONARDI, Victor, *História da indústria e do trabalho no Brasil: Das origens aos anos vinte*, São Paulo, Global, 1982, p. 179.

28. In *Boletim doDepartamento Estadual do Trabalho*, ano VIII, n. 30, p. 185-205, 1919.

29. Idem, ano IX, n. 37, p. 15, 1920.

d) Saúde e segurança do trabalho

Nesse contexto, nosso interesse se volta mais particularmente para a situação dos acidentados do trabalho.

A política geral em relação aos operários consiste na combinação de assistência e repressão. Frente aos acidentados do trabalho a prática mais corrente é enviá-los à Santa Casa de Misericórdia através da polícia que investiga o acidente. A anotação de dados dos acidentes do trabalho é feita pela polícia até 1967, quando o seguro de acidentes vem a ser estatizado.

No jornal operário *O Protesto* de junho de 1900 considera-se a Santa Casa como um "lugar de assassinato". Nesses lugares não era raro que os operários fossem depositados sem nenhum cuidado específico. As santas casas são financiadas pelos "irmãos" mais ricos e também pelo governo com subsídios, e controladas por instituições de caráter religioso. A oligarquia, os comerciantes e alguns segmentos das classes médias financiam essas instituições com ajuda. Segundo Papaterra Limongi, um advogado católico do Departamento do Trabalho de São Paulo, em 1910 as sociedades benévolas contam com um ativo de 30.000 contos de réis, dos quais 20.000 em bens imóveis. Numa receita de 8.000 contos o governo do Estado contribui com um quarto e o governo federal e os municípios, com 4,4% cada um. Assim, mais de um terço do financiamento dessas sociedades provém do Estado. Entre as despesas de 7.500 contos, 20% são destinados aos socorros médicos e farmacêuticos, 17% a socorros alimentares, 2% a pensões e 40% a diversos[30].

Assim, a forma corrente da prática de classe dos patrões é de desobrigar-se da mão de obra "inutilizada" pelos acidentes do trabalho nas costas da assistência pública ou da "assistência" policial. Não é raro que os acidentados na rua sejam socorridos pela assistência policial que os encaminha às santas casas[31]. Além do mais, essa desobrigação chega até a demissão dos acidentados.

---

30. In *Boletim do Departamento Estadual do Trabalho*, ano VI, n. 24, p. 422, 1917.

31. Ver MASGRAVIS, Laima, *A Santa Casa de Misericórdia de São Paulo*, tese de doutorado apresentada ao Departamento de História da Faculdade de Filosofia e Ciências Humanas da Universidade de São Paulo, 1972.

A Santa Casa é o lugar onde se amontoam os pobres. Operários e pobres se confundem na sociedade da Primeira República. Apesar do apoio governamental, a assistência permanece em mãos de particulares, tendo, no entanto, um caráter semioficial[32].

Uma vez nas mãos da polícia, o acidentado é enviado a essas instituições, onde é aceito em nome da caridade, isto é, de forma arbitrária e sem nenhum direito estabelecido. O boletim do Departamento do Trabalho declara que:

"A assistência policial fornece aos acidentados do trabalho os primeiros socorros e frequentemente os socorros ulteriores. Generalizou-se o hábito de chamá-la todas as vezes que uma serra circular corta a face de um operário ou que um torno lhe corta três falanges. Uma vez pedida a ajuda, os patrões não se sentem em geral mais obrigados a tomar outras medidas."[33]

Em uma pesquisa feita pela Secretaria do Trabalho de São Paulo entre 30 indústrias podem-se identificar diferentes formas de relações entre a burguesia industrial e os trabalhadores que perdem a sua capacidade de trabalho.

A pesquisa feita entre as grandes empresas de São Paulo mostra que 40% possuem mais de 100 operários. Entre as empresas com menos de 100 há somente 11, ou seja, 4,8% que possuem algum tipo de assistência médica ou farmacêutica e, assim mesmo, algumas vezes essas empresas são filiais das grandes. Isto mostra a concentração da assistência nas empresas maiores.

Somente 5,3% das empresas fornecem assistência médica e farmacêutica gratuita e 14,1% cobram dos trabalhadores entre 2 e 4 mil réis para financiar a assistência, o que significa em média uma diária por mês. Outras empresas retiram mensalmente 2% do salário com finalidade assistencial.

No interior da empresa os patrões preferem assegurar os trabalhadores contra os riscos de acidentes do trabalho a oferecer-lhes uma assistência direta como alternativa à assistência pública, evidentemente a mais barata. Os dados seguintes, de 1919, mostram a situação das empresas em relação à assistência (Tabela A-1) e em relação ao seguro (Tabela A-2).

---

32. Ver *Boletim do Departamento Estadual do Trabalho de São Paulo*, ano I, ns. 1-2, p. 10, 1912.

33. Ver *Boletim do Departamento Estadual do Trabalho*, ano II, n. 6, p. 207.

Tabela A-1
Prestação de assistência médica e farmacêutica em algumas indústrias de São Paulo por setor em 1919

Assistência / Setor	Transp. Comunicação Elétrico	Têxtil	Metalúrgico	Alimentação	Extração cerâmica	Vestuário	Papel gráfico	Químico-farmacêutico	Móveis e madeira	Outros	Total	%
Médica e farmacêutica grátis	2	—	2	6	—	1	—	1	—	—	12	5,29
Médica grátis	1	1	—	—	2	—	3	2	1	1	10	4,41
Farmacêutica grátis	—	1	—	—	—	—	—	—	—	—	1	0,44
Médica grátis em caso de acidentes	—	1	1	—	—	1	1	—	—	—	4	1,75
Ajuda social	1	1	1	—	—	—	—	—	—	—	3	1,32
Paga pelos trabalhadores	9	12	5	2	1	—	1	1	—	1	32	14,10
Nenhuma	1	12	16	17	12	7	10	2	8	8	93	40,97
Sem resposta	17	2	6	14	—	8	8	5	5	7	72	31,72
Total	31	30	31	39	15	17	23	11	13	17	227	100,00

Fonte: Inquérito às condições de trabalho em São Paulo. In *Boletim do Departamento Estadual do Trabalho*, ano VIII, n. 30, p. 185-205, mar. 1919

Tabela A-2
Situação de algumas empresas de São Paulo em relação ao seguro dos trabalhadores em 1919

Seguro / Setor	Transp. Comunicação Elétrico	Têxtil	Metalúrgico	Alimentação	Extração cerâmica	Vestuário	Papel gráfico	Químico-farmacêutico	Móveis e madeira	Outros	Total	%
P/ estabelecimento	—	4	5	3	2	1	—	2	—	—	17	7,49
Na Cia. Cruzeiro do Sul	—	—	2	—	—	1	1	—	1	—	5	2,20
Na Caixa Geral das Famílias	—	2	3	4	1	1	3	1	—	2	17	7,49
Na Cia. Brasileira de Seguros	—	1	1	2	2	—	1	—	2	1	9	3,96
Sem indicar como	1	13	8	13	2	4	9	1	4	2	57	25,11
Pelo Estado	—	—	2	—	—	—	1	—	—	—	3	1,32
Subtotal	1	20	20	22	7	7	15	4	7	5	108	47,57
Nenhum	5	4	3	8	5	7	6	2	2	7	49	21,59
Pretendem assegurar	—	5	2	—	2	—	1	2	1	1	14	6,17
Sem resposta	25	1	6	9	1	3	1	3	3	4	56	24,67
Subtotal	30	10	11	17	8	10	8	7	6	12	119	52,43
Total	31	30	31	39	15	17	23	11	13	17	227	100,00

Fonte: op. cit.

No que diz respeito aos seguros, em 1919, em São Paulo, 47,57% das empresas estudadas possuem algum tipo de seguro para os operários e 6,17% declararam a intenção de assegurar os seus trabalhadores.

É interessante notar que 45% das empresas que asseguram os trabalhadores possuem menos de 100 operários, mas 40% delas se situam nos setores de alimentação e metalúrgico.

As grandes empresas tentam diversas maneiras de enfrentar os problemas dos acidentes do trabalho, mas em geral os transformam em mercadoria pelo intermédio das companhias de seguros. 13,67% das empresas utilizam as companhias Cruzeiro do Sul, Caixa Geral das Famílias e Brasileira de Seguros, e 7,49% têm um seguro próprio, o que totaliza 21,14%. Isto mostra uma prática que busca a proteção do trabalhador tirando-o da empresa quando acidentado.

Na pesquisa em questão vários patrões declararam haver fechado as sociedades benévolas da empresa porque os trabalhadores não queriam mais associar-se a elas. Já nessa época estavam ultrapassadas e era necessário reorganizar as relações entre patrões e operários com base no desenvolvimento da industrialização, da organização operária e da forma de Estado.

Vê-se claramente a heterogeneidade com a qual os empresários tentam resolver a problemática da reprodução da força de trabalho, combinando repressão, paternalismo e seguro. O paternalismo, a distribuição de favores ficam para o sistema empresa-Santa Casa e o seguro para o sistema empresa-empresa, e a repressão implica, nas relações empresa-Estado. No entanto, a repressão também se exerce no interior da empresa com castigos, multas, listas negras. A polícia é chamada para dissolver manifestações mais abrangentes — por exemplo, em caso de greve.

A concorrência entre patrões, a exploração da mais-valia absoluta era organizada de forma diferente segundo o tipo de empresa. A forma predominante consistia no que Gramsci chama de *fordismo*. Este autor observa que os melhores salários dos trabalhadores, os benefícios e o controle da vida privada dos operários permanecem a nível privado, mas tendem a tornar-se uma "ideologia de Estado".[34] A política *fordista*

---

34. GRAMSCI, Antonio, *Maquiavel, a política e o Estado moderno*, Rio de Janeiro, Civilização Brasileira, 1980, p. 398 ss.

refere-se a mudanças na administração e na gestão da força de trabalho e dos conflitos no interior das empresas, substituindo-se o paternalismo, a relação pessoal e individual por formas mais complexas de prestação de serviços em função da organização "racional" da produção no seu conjunto. A adoção do seguro de acidentes no trabalho vem eliminar as situações de atendimento de caso por caso através da assistência e introduzir o seguro geral em função do risco profissional e industrial generalizado pela produção capitalista. Esta política, no entanto, se restringe a um número limitado de grandes empresas que não articulam uma elevação de salários, mas executam apenas uma política de benefícios muito seletivos. Assim, o fordismo brasileiro não corresponde exatamente ao modelo americano, mas, apesar disso, significa a preocupação com "um determinado equilíbrio psicofísico que impeça o colapso fisiológico do trabalhador premido pelo novo método de produção", na expressão de Gramsci no texto anteriormente citado. Essa política se combina com a coerção no recinto da empresa para manter a subordinação operária.

Tanto a repressão como as más condições de trabalho contribuem para a existência de acidentes. As estatísticas disponíveis são muito precárias, provindo de registros policiais e apenas traduzem uma parte dos acidentes verdadeiramente ocorridos. Com tais limitações elas revelam um número verdadeiramente elevado de acidentes nas fábricas, que atingem sobretudo a classe operária, como o demonstra a tabela seguinte.

Tabela A-3
Acidentes do trabalho em São Paulo de 1912 a 1919 cifras anuais

Ano	Número de Acidentes	Leves	Graves	Mortais
1912	1,251	843 (67,4)	389 (31,1)	19 (1,5)
1913	1,661	1.184 (71,3)	463 (27,5)	14 (0,8)
1914	1,597	1.128 (76,9)	351 (22,2)	18 (1,1)
1915	1,174	886 (75,5)	276 (23,5)	12 (1,0)
1916	1,444	1.184 (82,0)	247 (27,1)	13 (0,3)
1917	1,602	1.315 (82,1)	284 (16,5)	23 (1,4)
1918	1,443	1.125 (78,0)	304 (21,0)	14 (1,0)
1919	1,723	1.355 (78,6)	349 (20,3)	19 (1,1)
Total	11,895	9.120 (76,7)	2.643 (22,2)	132 (1,1)

Fonte: *Boletim do Departamento Estadual do Trabalho de São Paulo*, 1912-1919.

Estes dados permitiram uma análise preliminar da questão dos acidentes pelo próprio Departamento do Trabalho, que se impactou com o seu número elevado. Os acidentes graves representam uma proporção extremamente importante no número global, dado que implicam uma incapacitação total ou parcial dos trabalhadores. Segundo os estudos do Departamento do Trabalho são os operários que mais sofrem os acidentes (16%), evidenciando as condições de trabalho precárias das fábricas, o que pode ser visualizado na tabela seguinte, por local de ocorrência do acidente.

Tabela A-4
Acidentes do trabalho em São Paulo de 1913 a 1919 por local de ocorrência

Local	nº	%
Fábricas, oficinas, depósitos e casas comerciais	4.363	41,1
Vias públicas	2.691	25,3
Construções, demolições e escavações	1.835	17,2
Hotéis e pensões	706	6,6
Ferrovias	280	2,6
Zona rural	275	2,6
Quartéis	111	1,0
Outros	383	3,6
Total	10.644	100,0

Fonte: Boletim do Departamento Estadual do Trabalho de São Paulo.

Utilizamos nesta tabela as classificações feitas pelo Departamento Estadual do Trabalho que reúne em uma mesma categoria as fábricas e o comércio. Nota-se um grande número de acidentes nas vias públicas, que atingem não só os transeuntes mas também os trabalhadores no transporte de mercadorias pelas condições precárias das carroças.

Uma análise das causas dos acidentes em 1919, feita pelo referido Departamento, mostra que 435 trabalhadores, ou seja, 26,3%, foram atingidos por máquinas, instrumentos, peças e acessórios, indicando que a industrialização tornava-se um processo perigoso para o trabalhador. Isto não somente pelo contato com a máquina, mas pelo ritmo imposto ao trabalho, fazendo do operário um apêndice do instrumento para favorecer o processo de acumulação do capital.

e) As companhias de seguro

As mais importantes companhias de seguro são controladas pelo capital estrangeiro, sobretudo pelo britânico, e se encontram organizadas principalmente nos ramos de riscos à propriedade e à vida. As funções dessas companhias são de proteger a propriedade contra os riscos de roubo, incêndio, deterioração, socializando os custos dos prejuízos entre os proprietários. Os prêmios desses seguros só puderam ser aprimorados com o desenvolvimento dos cálculos estatísticos. Quanto aos acidentes do trabalho, somente após um longo período de constatação e dos cálculos dos riscos da produção industrial é que foram considerados como um ramo rentável para as seguradoras.

No Brasil são os patrões da indústria paulista que se interessam pela organização de companhias de seguro para os acidentes do trabalho e cujos lucros analisaremos no capítulo seguinte. No momento vamos apenas indicar o nome e o número de companhias.

Segundo os dados do Conselho Nacional do Trabalho, havia em 1927 nove companhias de seguro autorizadas no domínio dos acidentes do trabalho: Nacional de Seguros Ypiranga (1924), Lloyd Industrial Sul-Americano (1920), Segurança Industrial (1920), Sociedade Cooperativa de Seguros em Fábricas de Tecidos (1924), Anglo-Sul-Americana (1924), Internacional de Seguros (1924), Seguros Guanabara (1925), no Distrito Federal; Garantia Industrial Paulista (1924) e Brasileira de Seguros, em São Paulo[35].

As companhias começam a levantar o problema da segurança no trabalho em função da falta de braços para a indústria e colocam a questão das

---

35. In *Revista do Conselho Nacional do Trabalho*, ano VI, v. 2, p. 104, out. 1927.

mutilações e da educação do operário[36]. Assim elas se lançam na competição por esse novo ramo de seguro. Um analista de seguros afirma, em 1918, que, mesmo em se tratando de riscos constantes cujos efeitos sejam sempre deploráveis, a incapacidade no trabalho é um elemento extremamente favorável à instituição do seguro[37]. Segundo o autor dessas palavras, se a lei de pensões for aprovada, as companhias poderão utilizar as tabelas de mortalidade da população em geral na falta de estatísticas mais específicas. Assim, as companhias preparavam-se para qualquer decisão.

O controle do Estado sobre as companhias de seguro de acidentes estabelece-se somente com a criação do Conselho Nacional do Trabalho, criado pelo Decreto n. 16.027, de 30.04.1923. Trata-se apenas de um controle burocrático para registro das companhias e de seus relatórios, indicando a tendência da intervenção reguladora do Estado nas questões do trabalho, que prosseguirá no período seguinte.

2. As forças sociais e a regulação estatal

a) A política de imigração, repressão e paternalismo

A política social do Estado liberal-oligárquico está constituída por um tripé: repressão, assistência paternalista e imigração.

A política de *atração* de trabalhadores estrangeiros pela imigração está combinada com uma política de *expulsão* desses mesmos trabalhadores considerados indesejáveis e perturbadores da ordem ou agitadores e provocadores de greves. Esta justificativa ideológica de que a perturbação da ordem vem de um grupo ou indivíduo externo à massa pacífica é compartilhada pelas elites dominantes e pelos parlamentares.

Mettello Júnior, deputado pelo Nordeste e antigo chefe de polícia, diz que no Rio de Janeiro não se pode viver em segurança por causa dos

---

36. RUDGE FILHO, Eduardo, "Os primeiros passos desse novo ramo de seguros", in *Revista de Seguros*, Rio de Janeiro, v. 8, n. 95, p. 251-52, maio 1929.

37. BERLINCK, H., *Tratado de seguros*, São Paulo, Casa Duprat, 1918, p. 214.

anarquistas que à noite assaltam as casas e que ele havia impedido a entrada no país de 400 espanhóis procedentes de Monjuic, Catalunha, sob a alegação de perturbadores[38].

A manutenção da ordem manifesta-se tanto pela expulsão de trabalhadores estrangeiros como pela repressão direta das greves. A polícia é colocada sob as ordens diretas dos patrões. Em 1906, ela destrói os locais e detém vários trabalhadores em greve por ocasião do movimento dos ferroviários[39]. Em 1917, durante uma greve, várias sedes de sindicatos são invadidas pela polícia, que também impede a presença do público no enterro de 42 operários da construção mortos na demolição de um edifício. Várias ocupações dos sindicatos são feitas — por exemplo, o fechamento da Federação Operária em 1917 e a invasão de locais em 1919. Em 1929, a prisão dos trabalhadores gráficos provoca fortes manifestações de protesto.

A legislação repressiva considera a greve como uma conspiração. No Código Penal de 1890 (artigos 205-206) considera-se crime "seduzir os operários para que eles deixem os estabelecimentos que os empregam ou para causar ou provocar a cessação do trabalho".

Em 1907, uma lei (Decreto n. 1.641, de 7 de janeiro) é aprovada para reprimir os "agitadores" estrangeiros. No entanto, há uma exceção para os imigrantes que tenham filhos brasileiros. Essas exceções são revogadas em 1913 (Decreto n. 2.741)[40] por proposta de Adolfo Gordo, representante de São Paulo, que mais tarde iria propor o projeto de lei sobre acidentes do trabalho.

De acordo com as estatísticas oficiais, entre 1907 e 1921, 556 estrangeiros são expulsos do país em ondas de expulsão em 1907 (132), 1913 (64) e 1919-1920 (141)[41]. Em 1927, o governo estabelece uma nova lei de

---

38. In *Documentos Parlamentares de Legislação Social*, v. 3, p. 406-7.

39. CARONE, Edgard, *Movimento operário no Brasil — 1877-1944*, São Paulo, Difel, 1978, p. 95.

40. Ver FAUSTO, Boris, op.cit, p. 233-43.

41. Ver MARAM, Sheldon L., *Anarquistas, imigrantes e o movimento operário brasileiro*, Rio de Janeiro, Paz e Terra, 1979, p. 43, e DIAS, Everaldo, *História das lutas sociais no Brasil*, Brasil, Alfa-Ômega, 1977.

repressão que lhe permite fechar as associações consideradas contrárias à ordem, à moral e à caridade pública. Pretende-se com isso excluir das correntes de imigração os "maus elementos" que poderiam contaminar os "bons trabalhadores".

De fato, a questão da imigração é o eixo central da política social da oligarquia para obter mão de obra que substitua os escravos no cultivo do café. Esse cultivo exige mão de obra abundante em vista da complexidade, da amplitude de tarefas e da expansão extraordinária das plantações no primeiro quarto do século.

A primeira lei de imigração data de 1827, mas a grande onda de imigração se produz entre 1890 e 1920. Nesse período, somente em São Paulo, segundo dados do *Boletim Estadual do Trabalho*, entram, em média, 20.000 imigrantes estrangeiros por ano[42]. Em 1873, São Paulo possuía 80 mil escravos e pode-se ver claramente que esse número foi rapidamente ultrapassado pelo de imigrantes.

Os imigrantes chegam como assalariados, considerados livres, livres para executar o contrato imposto pelos proprietários das fazendas de café, substituindo o trabalho escravo.

De um total de 27.500.000 habitantes há, em 1920, somente 6% de estrangeiros, mas 52% residem em São Paulo[43], local da produção mais significativa de café. A imigração por São Paulo entre 1888 e 1920 representa 58,37% da imigração brasileira, e os italianos representam 58% dela, que, somados aos portugueses e espanhóis, atingem 87,9%.

A política do governo consiste em subvencionar a imigração, pagando o preço da passagem e nas proporções descritas na tabela seguinte.

A maior parte dos imigrantes, em termos relativos, destina-se à agricultura, mas também contribuem para a formação do operariado e a prestação de serviços. Em 1920, 44,9% da mão de obra estrangeira encontram-se na agricultura, 24,2% na indústria e 30,9% no serviço[44].

---

42. In *Boletim do Departamento Estadual do Trabalho*, ano V, n. 20, p. 149, 1916.

43. Dados corrigidos por MORTARA, G., *O Crescimento da produção no Brasil: 1872-1940*, Rio de Janeiro, IBGE, 1951.

44. SANTOS, Maria José, op. cit., p. 272.

Tabela A-5
Subvenção a imigração em São Paulo entre 1888 e 1915

Períodos	Total de imigrantes	Subvencionados
1888-1890	158.240	63,4%
1891-1900	719.595	79,9%
1901-1910	420.447	40,1%
1911-1915	356.045	36%

Fonte: Dados do Departamento de Estatística de São Paulo e do Serviço de Imigração e Colonização de São Paulo.[45]

A agricultura ocupa 69,7% da mão de obra e a indústria apenas 13,8% para o ano de 1920. A partir de 1930 a imigração diminuiu com o estabelecimento do sistema de cotas preestabelecidas. Uma nacionalidade não pode ultrapassar 2% do total de pessoas dessa mesma origem chegadas ao país entre 01.01.1884 e 31.12.1933. Os portugueses estão isentos dessa legislação, que visava sobretudo os japoneses, cuja média de entrada no país ultrapassava 2.985 pessoas por ano entre 1913 e 1917 e 11.840 pessoas entre 1928 e 1932.

A legislação e os debates parlamentares a respeito da imigração agitavam o Parlamento em razão da sua importância econômica, concretizando-se na subvenção ao recrutamento e à viagem de trabalhadores estrangeiros, na mediação de conflitos entre proprietários e trabalhadores, e na implantação de algumas medidas de assistência.

Os dados relativos à subvenção oficial, conforme a tabela anterior, mostram um período de apogeu entre 1891-1900, justamente na época de maior expansão do café. Apesar da superprodução nos anos seguintes a corrente migratória continua para manter o *statu quo*, visto que muitos trabalhadores abandonam a agricultura.

Para regular os conflitos e dar certa assistência aos imigrantes, o governo de São Paulo cria, em 1911, o patronato agrícola, que inspeciona

---

45. SANTOS, Maria José, apêndice B, "Aspectos demográficos", in VILLELA, Annibal e SUZIGAN, Wilson, *Política de governo e crescimento da economia brasileira*, Rio de Janeiro, IPEA/Inpes, 1973, p. 249-75.

O TRABALHO DA POLÍTICA

o trabalho, promove a organização de cooperativas para os acidentados do trabalho e presta certa assistência jurídica aos trabalhadores[46]. A lei federal de proteção às crianças promulgada em 1891 é desrespeitada, mas utilizada na propaganda de atração de mão de obra estrangeira.

A assistência feita na Hospedaria dos Imigrantes, em São Paulo, consiste na sua recepção, triagem e encaminhamento às fazendas.

A propaganda em torno de uma proteção aos acidentados do trabalho é muito importante na conquista de imigrantes, pois essa legislação já existia nos países de origem. Rodrigues Alves, representante de São Paulo e presidente da República, em sua mensagem presidencial menciona claramente a necessidade de uma legislação social para atrair imigrantes. Sua proposta é analisada por uma comissão da Câmara, que diz expressamente: "Nossa qualidade de importadores de braços nos coloca em posição excepcional face aos países de origem dos imigrantes... Nós temos necessidade de oferecer aos trabalhadores toda segurança possível. Maior seja a segurança, maior será nosso lucro"[47].

O *Jornal do Comércio*, porta-voz da oligarquia, dizia: "Hoje a política de imigração se faz com a oferta de vantagens e compensações de governo a governo através da legislação social. Considerada sob este ângulo a regulamentação do trabalho representa uma alta conveniência"[48].

Na Itália havia desde 1913 (Lei n. 1.075) uma regulamentação da imigração em que se determinava que nos países onde não houvesse uma legislação social obrigatória para os estrangeiros os contratantes ficavam obrigados a segurar os trabalhadores em caso de acidentes conforme a legislação italiana.

Além de responder às exigências da legislação e das relações internacionais o Estado brasileiro também buscava legitimar-se junto aos imigran-

---

46. Ver a Lei n. 1.299/11, de 27.12.1911. Em 1919, o Patronato Agrícola foi consultado em 24 ocasiões: 4 casos de greve, 12 de indisciplina e 14 de fuga. Segundo o *Boletim do Departamento Estadual do Trabalho*, em 1919 houve 20 greves na zona rural, das quais 13 por atraso de pagamento. E acrescenta: "nos casos de greve a intervenção do Patronato restabeleceu a mais perfeita harmonia" (ano IX, n. 37, p. 233, 1920).

47. *Boletim do Departamento Estadual do Trabalho*, ano III, n. 11, p. 295, 1914.

48. *Jornal do Comércio*, de 12.11.1915.

tes, apresentando-lhes uma face humanista. O Departamento do Trabalho de São Paulo afirma que através de melhoras nas condições de trabalho o Estado terá mais "energia atrativa" e que "a propaganda inteligente" e as cartas de parentes emigrados vão arrancar o camponês de sua vida pelo desejo de "melhorar sua sorte"[49]. Nos folhetos distribuídos aos imigrantes pelo governo brasileiro enfatiza-se a legislação social já existente, embora parcial e não cumprida, o que, evidentemente, não é mencionado.

Na prática, a oligarquia utiliza a assistência de forma arbitrária para responder às necessidades mais urgentes da reparação da força de trabalho. Além daquela prestada nas Santas Casas existe a assistência filantrópica de sociedades semirreligiosas, como as sociedades São Vicente de Paula. Para ter acesso a ela predomina o critério de lealdade e de favores, antes que o critério da necessidade.

As relações da oligarquia com as classes subalternas não implicam jamais negociações, em face do autoritarismo dos coronéis e da rigidez da organização social.

Durante o governo Bernardes (1922-1926) há uma tentativa de colaboração de classes pela institucionalização de uma política social pela criação do Conselho Nacional do Trabalho, da Caixa de Seguros dos Ferroviários e pelo decreto do Dia 1º de Maio como feriado[50]. Esta política representa, como afirma Raymundo Faoro[51], um contrapeso à mobilização dos tenentes para a obtenção da lealdade dos trabalhadores urbanos. Com efeito, grande agitação social produziu-se nas cidades a partir da greve geral de 1917. A insatisfação dos tenentes manifesta o descontentamento das classes médias.

Em 1925 o Conselho Nacional do Trabalho já havia convocado uma reunião de certos representantes de patrões e operários para discutir as questões relativas à jornada de trabalho. A prática da integração, do diálogo e da busca de harmonização dos interesses de classe vai tornar-se um mecanismo privilegiado da política de Getúlio Vargas a partir de 1930.

---

49. *Boletim Estadual do Trabalho,* ano VI, n. 23, p. 264, 1917.

50. Ver FALEIROS, Vicente de Paula, *A política social do Estado capitalista,* São Paulo, Cortez, 1980, p. 130-31.

51. FAORO, Raymundo, *Os donos do poder,* Porto Alegre, Globo, v. 11, p. 676, 1975.

Antes de Bernardes, em 1912 tinha havido sob o governo de Hermes da Fonseca (1910-1914), mas sem sucesso, uma tentativa de implantação da política de colaboração de classes. O filho do presidente da República organizou um congresso operário em 1912, financiado pelo governo e com a presença de 187 delegados representando 68 associações de todo o país. Sua tentativa harmonizadora não contou com o aval da maioria do operariado.

O documento preparatório do congresso defendia a criação de "caixas de proteção para velhos, mulheres, crianças, doentes: no que diz respeito à responsabilidade criminal de técnicos e patrões, os abusos, imprevidências e imprudências de que são vítimas os trabalhadores, deve-se impor uma legislação de proteção ao trabalhador nas fábricas e oficinas"[52].

Essas duas experiências de uma política de colaboração representam uma experiência isolada no contexto da Velha República, que articula paternalismo e repressão. A política de colaboração implica o reconhecimento de um sujeito político, de um parceiro, o que não acontece no espaço social da Velha República, em que as classes dominantes encaram as classes dominadas sob o ângulo da subordinação e do autoritarismo.

b) A burguesia e as companhias de seguro

Segundo Luiz Werneck Vianna, a posição da burguesia antes de 1930 se caracteriza por um liberalismo extremo. Depois de 1932 ela consente numa legislação social e, finalmente, se identifica com o direito social[53].

Em realidade o liberalismo dos anos 1920 não é extremo, pois as elites defendem a intervenção do Estado em diversas áreas, como a imigração e a valorização do café, mas serve de justificativa para combater as greves e fazer certas concessões. Segundo Ângela Maria de Castro Gomes, nos anos 1920, diferentemente dos anos 1910, os patrões reagem

---

52. In PINHEIRO, Paulo Sérgio e HALL, Michael M., *A classe operária no Brasil — 1889-1930*, São Paulo, Brasiliense, 1981, v. II, p. 256.

53. VIANNA, Luiz Werneck, *Liberalismo e sindicato no Brasil*, Rio de Janeiro, Paz e Terra, 1978, p. 63.

e participam na discussão da legislação social para evitar os "exageros" desta[54]. Para eles, é necessário "corrigir os abusos do mercado" e evitar "os abusos do Estado".

Jorge Street, presidente do Centro Industrial do Brasil, é um dos patrões que se identificam com o paternalismo industrial. Declara que "se interessa pela vida de seus operários fora da fábrica, que participa muitas vezes de suas festas e lhes interroga sobre suas necessidades"[55]. Ele se declara de acordo com uma legislação de regulamentação das relações entre trabalho e capital, "mas o que é absolutamente necessário é que não exista exageros ou excessos perniciosos". Street coloca um ponto repetido comumente entre os industriais: a necessidade de adaptação da legislação social ao nosso meio. Ele não quer que se transponha para o Brasil o conjunto das leis sociais existentes na Europa. É favorável à jornada de 10 horas de trabalho, que, segundo ele, "corresponde à prática". Defende o trabalho das crianças a partir de 11 anos por uma questão de "moralidade, de ajuda aos pais" e o trabalho das mulheres por questão de moral e para evitar a desorganização econômica, e se declara contra uma proteção muito ampla à mulher grávida para "não transformar o período de gravidez em uma cômoda profissão".

Street considera os acidentes do trabalho como inevitáveis em função do meio industrial. Por isso a teoria do risco profissional lhe parece aceitável, mas a legislação deve ser de "reparação, sem os excessos sentimentais que transformem o patrão em um condenado ao castigo".

Quando do debate parlamentar sobre a legislação de acidentes do trabalho, o Centro Industrial do Brasil, cujo presidente era Jorge Street, exige o retorno do projeto de Adolfo Gordo sobre o regime de pensões, diante da Comissão de Justiça da Câmara, depois que ele havia sido votado para mudar a forma prevista de reparação do acidente. Street manifesta seu desacordo "absoluto" contra a forma de pensões porque "a execução

---

54. GOMES, Ângela M. de C., *Burguesia e trabalho — política e legislação social no Brasil: 1917-1937*, Rio de Janeiro, Ed. Campus, 1979, p. 159.

55. Ver o artigo de Street no *Jornal do Comércio* de 10.08.1917. In: STREET, Jorge, *Ideias sociais de Jorge Street* (seleção de Evaristo de Moraes Filho), Brasília, Senado Federal, 1980, p. 369-98. As referências seguintes são tiradas desse texto.

O TRABALHO DA POLÍTICA

deste processo é muito difícil no Brasil". Posiciona-se contra a ideia de que o patrão se torne um curador por toda a vida dos trabalhadores, mas no fundo é contrário aos custos de um regime ainda incerto de pensões, visto que a reparação pode ser garantida, de forma mais barata e controlada, pela indenização prevista no projeto.

As dificuldades levantadas contra o regime de pensões são de ordem burocrática: ausência de documentação, verificação do estado civil e do comportamento dos operários, o que acarretaria aumento de custos e possibilidade de fraude. Street pergunta "como inspecionar caso por caso". Segundo ele, os patrões estão firmes na defesa do princípio da indenização e ele aceitaria a administração dos seguros pelo Estado. Lembra Street que a indenização já foi adotada por muitas empresas e que "nenhuma das companhias de seguro aceitará um regime de pensões". As companhias de seguro são aliadas estratégicas dos industriais no torpedeamento do projeto de pensões, já que as indenizações são mais baratas e controláveis administrativamente.

Referindo-se às companhias, Street nota que estas já fizeram o cálculo dos custos da indenização e que ainda não dispõem dos dados sobre o número de filhos dos operários e sua probabilidade de vida, podendo exigir prêmios muito elevados em caso de um regime de pensão. Além do mais, contesta a possibilidade de os industriais assegurarem os operários para assistência médica e farmacêutica em razão dos custos exigidos, e propõe que não seja obrigatório o seguro nas sociedades patronais ou mistas.

Ao defender o seguro em uma companhia, os industriais eliminam um conflito do âmbito da empresa e além disso propõem o método da *experience rating plan*, segundo o qual os prêmios podem ser reduzidos de um ano para outro, com a possibilidade de um reembolso ou retorno dos prêmios pagos de acordo com o lucro das companhias, acrescentando que as restituições possam ser frequentes. Os custos de assistência médica e farmacêutica podem ser reduzidos se o patrão oferece diretamente esse tipo de serviço. Para Street, os prêmios devem ser proporcionais aos riscos de cada indústria.

Para a burguesia, o seguro contra acidentes consiste em um meio de eliminar-se a concorrência intercapitalista pela socialização dos custos e um meio de regular as relações conflitantes entre capitalistas e trabalhadores, mas no contexto econômico da industrialização nascente e no contexto político oligárquico e liberal.

Na prática, segundo as companhias, os patrões escondem os acidentes e mesmo nos arquivos de polícia não se encontra uma cifra exata daqueles[56]. As tarifas das companhias de seguro em relação aos acidentes, segundo Rudge Filho, passam, entre 1919 e 1929, de uma fase de "competição ignominiosa" a uma fase uniforme de tarifação. No capítulo seguinte analisaremos as finanças das companhias de seguro.

c) Os trabalhadores

As condições de trabalho são objeto e problemática da luta dos trabalhadores e de suas organizações na Velha República. A redução das horas de trabalho, a questão salarial e as condições de trabalho são as principais questões das lutas desse período[57].

A questão dos acidentes do trabalho é objeto de discussão e de deliberação dos congressos operários realizados nessa época. No II Congresso Operário de 1906, que reúne 43 delegados de todo o país, declara-se expressamente: "Considerando que o responsável pelos acidentes no trabalho é sempre o patrão; e, considerando que as leis decretadas em prol dos trabalhadores sobre esta matéria não têm nunca execução, são letra morta; o Congresso aconselha aos sindicatos que, sempre que qualquer desastre se verifique, eles arbitrem a indenização que o patrão deve pagar, forçando-o a isso pela ação direta"[58].

Nessa citação vê-se claramente a orientação dominante no movimento operário de partir para a ação direta na solução de seus problemas, o que era defendido pelo anarco-sindicalismo. A estratégia anarquista consiste em promover uma reação imediata do operariado, forte e a partir da

---

56. RUDGE, Eduardo Filho, op. cit, p. 251-52.

57. Ver SIMÃO, Azis, *Sindicato e Estado*, São Paulo, Dominus, 1966, p. 106-90; RODRIGUES, Edgard, *Trabalho e conflito 1906-1937*, São Paulo, Mundo Livre, 1975; e BEIGUELMAN, Paula, *Os companheiros de São Paulo*, São Paulo, Símbolo, 1977.

58. In PINHEIRO, Paulo Sérgio e HALL, Michael M., *A classe operária no Brasil — Documentos 1889-1930*, São Paulo, Alfa-Ômega, 1979, v. I, p. 54.

massa. Nessa estratégia não há lugar para uma luta prolongada pela tomada do poder[59].

Paralelamente ao anarquismo, o movimento socialista tenta organizar vários partidos socialistas como o Partido Operário no Rio Grande do Sul em 1890, o Partido Socialista Brasileiro em 1890, o Partido Operário Brasileiro em 1893, o Partido Socialista Brasileiro em 1900 e o Partido Trabalhista em 1928. São partidos reformistas, sem base nacional e com duração muito curta. O Partido Operário do Rio Grande do Sul propõe a organização de companhias de seguro, sob a vigilância, garantia e inspiração do Estado para os riscos sociais[60]. Esses partidos consideram o Estado como tutor da classe operária, que deve colaborar com ele para obter certos benefícios.

No II Congresso Operário de São Paulo, em 1908, levanta-se a questão da prevenção dos acidentes. Na discussão do 12º tema, um representante da Liga dos Pedreiros nota que é necessário, antes de reivindicar indenizações, que os operários imponham aos patrões, por ações diretas, mais medidas de segurança. E acrescenta: "a lei de acidentes de trabalho não resolve a questão e nenhuma lei trouxe vantagens reais ao proletariado"[61].

Na perspectiva anarco-sindicalista, a solução das questões sociais deve ser direta, na relação de força imediata entre patrões e operários, e, portanto, sem a mediação da legislação social. Além dos anarquistas e socialistas, há entre os operários um grupo católico favorável a uma legislação operária.

A mobilização dos trabalhadores industriais nesse período se caracteriza sobretudo por greves e manifestações, mas variáveis em ritmo e força de acordo com a conjuntura e as questões em jogo. As mobilizações gerais possuem um caráter espontâneo, de tal forma que uma greve em uma indústria se transforma em estopim e se estende, assumindo um caráter de ameaça às classes dominantes. Dois grandes movimentos obtiveram essa característica durante o período analisado.

---

59. Sobre o anarquismo, ver DULLES, John W. Foster. *Anarquistas e comunistas no Brasil*, Rio de Janeiro, Nova Fronteira, 1977.

60. Programa do partido publicado no jornal *Echo Popular*, Rio de Janeiro, 10.04.1890, in CARONE, Edgard, *Movimento operário no Brasil, 1877-1944*, São Paulo, Difel, 1979, p. 298.

61. Relatório do II Congresso Operário Estadual (*Luta Proletária*, suplemento ao n. 14 de 01.05.1908, in PINHEIRO, Paulo S. e HALL, Michael M., op.cit., p. 95).

A primeira mobilização extensa no nível das fábricas foi a de 1906-1908. Segundo Azis Simão, entre 1899 e 1900 houve em São Paulo 23 greves, em geral em lugares isolados. No período de 1901 a 1910 houve 90 greves, das quais 49 entre 1906 e 1908. No período de 1911 a 1920 registraram-se 108 greves, das quais 55 entre 1917 e 1919. De 1921 a 1930 o autor identificou 62 greves, número bem inferior ao período precedente[62].

Para o conjunto do país, Edgar Rodrigues contabilizou 111 greves entre 1908 e 1910, e entre 1910 e 1920 houve 258, sendo observadas 114 na década seguinte[63]. Por seu lado, Boris Fausto contabiliza 204 greves no Rio de Janeiro e em São Paulo entre 1917 e 1920[64].

Para fazer face ao movimento de 1907 e à mobilização realizada em 1912, o governo utiliza-se de uma forte repressão policial e de uma legislação de expulsão dos estrangeiros "indesejáveis", conforme a prática corrente.

Em 1917, ameaçada pela greve geral que se estende por todo o país, o bloco dominante começa a articular uma legislação social também influenciada pelo clima gerado com o final da Primeira Guerra Mundial, dominado pela pressão dos trabalhadores para institucionalizar as conquistas sociais.

Analisando os dados estabelecidos por Boris Fausto[65], entre 1917 e 1920, das 150 greves de São Paulo, 36,7% são salariais, 24,7% são por condições de trabalho, 1,3% são de solidariedade, 9,3% objetivam a legalização sindical, 8% a melhoria do horário de trabalho, 4% visam o respeito a acordos estabelecidos e 2% manifestam-se contra o custo de vida. No Rio de Janeiro, das 84 greves registradas, 32,1% têm motivo salarial, 17,8% referem-se a horário de trabalho e 15% às condições de trabalho. Entre aquelas destinadas à melhoria das condições de trabalho podemos destacar em especial as que se referem ao trabalho da mulher, da criança e aos acidentes do trabalho. No entanto, não se podem separar horários, salários e condições de trabalho.

---

62. SIMÃO, Azis, op. cit., p. 132-40.
63. RODRIGUES, Edgar, op. cit., p. 371.
64. FAUSTO, Boris, op. cit., p. 162-63.
65. Idem, ibidem, p. 170-72.

Essas fortes mobilizações produzem impactos na forma pela qual o bloco dominante entra em relação com as classes subordinadas. Sem abandonar o liberalismo ideológico, começa-se a considerar o direito social como um direito excepcional em vista das novas condições de produção e de luta dos trabalhadores. O desenvolvimento do capitalismo implicava mudanças na legislação que era apresentada como uma exceção em relação ao direito comum predominante nas relações entre proprietários rurais e trabalhadores.

A política de indenização para os acidentados do trabalho coloca essa problemática de um novo direito, mas ainda no contexto do liberalismo e do autoritarismo, sem que ameaçasse a ordem política dominante. Trata-se de um direito limitado, que não afeta as condições de trabalho, pois leva em conta aqueles que são rejeitados da produção. No entanto, os trabalhadores no âmbito da produção descobrem, através das lutas, que é necessário ir além da fábrica, passar pelo Estado para obter a regulação das novas relações, com a mediação do Estado.

A mediação do Estado não é um instrumento simples, mas implica diferentes formas de elaboração, de articulação de relações e interesses e de deliberação. A seguir, veremos as posições de organismos estatais que se fizeram presentes nessa questão, como o Departamento do Trabalho de São Paulo, o Supremo Tribunal Federal e o Parlamento. Este último, na Velha República, acha-se controlado pela oligarquia no âmbito geral, mas não constitui um bloco homogêneo em relação à legislação social. As divisões do bloco no poder permitem certos avanços das lutas trabalhistas, mas a regulação estatal se define pela organização geral do bloco dominante, tendo em conta as suas divisões e, principalmente, suas relações com os dominados.

d) Os tecnocratas e os juristas

São os tecnocratas do Departamento do Trabalho que elaboram o projeto de lei apresentado por Adolfo Gordo em 1915, após estudos detalhados de legislações específicas de vários países.

Esse trabalho de elaboração do projeto de lei, de difusão da legislação de outros países, de sistematização dos dados sobre acidentes do trabalho, de certa forma contribui para levantar alguns interesses dos trabalhadores. O jornal operário *O Combate* de 23.07.1917 destaca a importância do Departamento do Trabalho de São Paulo "que há cinco anos chama a atenção do governo sobre a necessidade de se fazer uma regulamentação do trabalho". No dia seguinte o mesmo jornal reproduz uma longa exposição do Departamento, que defende a legislação social, e acrescenta: "o governo de São Paulo já não tem mais desculpas para sua imprevidência... O Departamento competente tem insistido, ano após ano, sobre a necessidade de se legislar e de executar as leis existentes. Mas a oligarquia imoral e perigosa que nos governa... não tem tempo de se ocupar destas coisas..."[66]

O Combate, que apoiou os anarquistas durante a greve de 1917, reconhece a diferença entre a oligarquia e os tecnocratas do Departamento do Trabalho, sabendo identificar as divisões do bloco no poder.

Sendo o Estado uma condensação de forças, ele não constitui um bloco monolítico, e a tradução da questão operária na cena política deve-se a essas divisões que, de uma ou outra forma, favorecem alianças com as forças políticas do proletariado.

Ao lado dos tecnocratas, os juristas, advogados e magistrados também manifestam seu apoio à transformação das relações entre a burguesia e o proletariado pela introdução de uma legislação social. Em 1903, Evaristo de Moraes, em artigo do *Correio da Manhã*, reivindica uma lei de proteção para os acidentados do trabalho[67]. Trata-se de um advogado sindical e, como Maurício de Lacerda e Nicanor Nascimento, pertence a uma corrente de pensamento socialista e reformista. Em 1921 esse grupo, juntamente com Everardo Dias, funda no Brasil uma seção do grupo "Clarté", organizado por Henri Barbusse em Paris.

---

66. In KHOURY, Iara Aun, *As greves de 1917 em São Paulo e o processo de organização proletária*, São Paulo, Cortez/Autores Associados, 1981, p. 70-71.

67. MORAES, Evaristo de, *Os acidentes do trabalho e sua reparação*, Rio de Janeiro, Liv. Leite Ribeiro & Maurillo, 1919, p. 52.

Na observação de Pinheiro e Hall, o programa do grupo "Clarté" assemelha-se muito ao proposto por Woodrow Wilson na conferência de Versailles em 1919[68]. O eixo central do programa é a defesa da paz, da harmonia social entre as classes e da intervenção do Estado.

O pensamento católico, também presente entre os intelectuais, atribui ao Estado um papel supletivo, destinado a contribuir ao interesse geral e ao bem comum, complementando as iniciativas particulares[69], como o declara o jurista católico Anatas Serrano em 1920.

No âmbito do aparelho judiciário, a questão da legislação do trabalho recebe um apoio importante do Supremo Tribunal Federal, quando, a 13 de dezembro de 1913, o juiz Guimarães Natal levanta a importância e a necessidade de uma legislação sobre os acidentes do trabalho baseada na teoria dos riscos profissionais.

e) Os debates parlamentares

O Parlamento da Velha República, dividido em blocos regionais, é dominado pelos Estados mais importantes economicamente e que impõem sua política ao conjunto do país, através de várias articulações, como foi o caso já analisado do café. Em relação à legislação social há diferentes tendências no interior dos blocos regionais. Vamos apenas destacar as posições referentes às leis sociais. Três tendências podem ser bem delineadas: uma contrária a toda forma de legislação social, em nome do liberalismo; uma outra que propõe uma legislação gradualista em relação aos interesses da imigração, e uma terceira que se distingue da anterior apenas por sua inspiração na doutrina social da Igreja.

A primeira corrente, liberal, contém uma tendência positivista representada pelo Rio Grande do Sul, onde o "cacique" Borges de Medeiros domina politicamente. Os positivistas manifestam-se contra o projeto

---

68. In PINHEIRO, Paulo S. e HALL, Michael, op. cit., p. 247. Os textos sobre o socialismo no Brasil foram reunidos por Evaristo de Moraes Filho, in *O socialismo brasileiro*, Brasília, UnB, 1981.

69. Ver SERRANO, Jônatas, *Filosofia do Direito*, Rio de Janeiro, Drummond, 1920, p. 1790. RODRIGUES, Ana M. Moog (org.), *A Igreja na República*, Brasília, UnB, 1981, p. 168.

de lei social, considerando que viria limitar as liberdades de contrato e "os interesses dos trabalhadores", conforme o deputado Joaquim Osório[70]. Entretanto, os positivistas são favoráveis a uma legislação limitada aos funcionários, o que não prejudicaria o contrato privado. Para eles o Estado deveria ater-se apenas a uma política de assistência e de repressão[71].

Para os liberais a liberdade de contrato implica a não intervenção do Estado, a não ser na manutenção da ordem geral e na assistência a casos particulares, favorecendo o mercado livre da força de trabalho.

Os positivistas também se declaram pela prioridade à moral operária e à ordem civil, a tal ponto que Pennafiel afirma que "não se pode suprimir a ordem orgânica, a família na qual estão as crianças que representam a garantia da aposentadoria dos pais"[72]. Os positivistas se posicionam apaixonadamente contra a regulamentação das horas de trabalho, mas admitem certa intervenção do Estado nos casos de acidentes do trabalho.

Entre os liberais há também os que se opõem a toda regulamentação estatal, como Augusto de Lima, de Minas Gerais. Para ele, o Estado só deve intervir através do tributo, da assistência e da manutenção da disciplina, afirmando que "a estabilidade industrial do país depende também da manutenção da disciplina nos estabelecimentos. Para a infância a solução seria a instituição de um curador e não a limitação ou a proibição do trabalho das crianças"[73].

O bloco católico é favorável à legislação social para harmonizar os interesses patronais e operários. Andrade Bezerra e Bento de Miranda referem-se à encíclica *Rerum Novarum* como a referência geral para definir as relações industriais. Bento de Miranda destaca a importância da resig-

---

70. In *Documentos Parlamentares de Legislação Social*, v. 3, p. 411.

71. Declaração de Carlos Pennafiel, in op. cit., p. 486.

72. Idem, ibidem, p. 588.

73. *Documentos Parlamentares de Legislação Social*, v. 3, p. 391-97. Augusto de Lima refere-se também ao regionalismo, sublinhando a importância populacional e econômica de Minas Gerais para fazer prevalecer o seu ponto de vista. Diz: "Se Minas não pode servir de argumento em uma lei geral para o país, a hora desta lei ainda não chegou" (p. 378).

nação operária proposta pelo cristianismo. Defende a regulamentação jurídica no quadro da desigualdade social, pois para ele o mais importante é a aceitação do sofrimento. No mesmo sentido Bezerra destaca a interdependência de interesses entre patrões e operários, a não oposição das classes e os deveres de uns e outros, insistindo em uma concepção do trabalho como necessário, e na serenidade dos corações: "O importante para o operário, sublinha, não é que o operário seja rico, mas que esteja contente com sua sorte". Manifesta-se, em seguida, contra a regulamentação do contrato do trabalho, admitindo a sua necessidade, em certos casos e em caráter provisório. Propõe uma proteção especial às mulheres que trabalham e um apoio às instituições de assistência. Para ele, é necessário dar atenção ao trabalhador e não ao trabalho, adaptando-se às condições do país. Aceita uma legislação gradual para as mulheres, as crianças e os acidentados do trabalho, mas repudia um código do trabalho completo. Justifica a legislação para os acidentados em nome do risco profissional[74].

Segundo a concepção católica, é necessário proteger os mais fracos e corrigir os abusos dos mais fortes sem perturbar a ordem estabelecida, isto é, a propriedade, conforme a própria encíclica de Leão XIII o indica.

A corrente que inclui os representantes de São Paulo propõe uma política social voltada diretamente para os interesses desse Estado, ou seja, a imigração para importação de braços necessários ao cultivo do café.

Os representantes de São Paulo apresentaram dois projetos de lei antes de Adolfo Gordo. O primeiro, elaborado por Medeiros de Albuquerque, é encaminhado em 1904, e o segundo, por Graccho Cardoso, Sá Freire, Altino Arantes e Simões Leal, em 1908. Estes dois projetos são rejeitados pela comissão de justiça da Câmara. No entanto, no âmbito do Executivo, o Ministério do Interior apresenta uma justificativa ao presidente da República, em 1909, sobre a necessidade urgente de uma lei para os acidentes dos operários[75].

---

74. Idem, ibidem, p. 391-97.

75. *Boletim do Departamento Estadual do Trabalho*, ano V, n. 20, p. 568, 1916.

Os dois projetos contêm uma justificativa jurídica, propondo a modificação da teoria da culpa em caso de acidentes, substituindo-a pela teoria do risco profissional. No projeto de 1908 constata-se também a ideia do desenvolvimento do "industrialismo" e a necessidade de se colocar o indivíduo "ao serviço e sob a proteção do Estado a fim de atenuar os conflitos entre capital e trabalho". A única referência à realidade do país é a afirmação de "total ausência de proteção jurídica e social do trabalhador brasileiro". Verifica-se, indiretamente, o interesse dos representantes da oligarquia na pacificação industrial pela diminuição e controle do surto de greves e movimentos operários.

Há também no projeto de 1908 a referência constante à legislação de outros países como Inglaterra, França, Alemanha, Itália e Estados Unidos.

A oposição a esse projeto manifesta-se em razão da fraca industrialização do país, da complexidade de um seguro obrigatório e também "porque a agricultura poderia exigir a mesma proteção"[76]. Os representantes da oligarquia pretendem, assim, evitar que uma legislação destinada aos operários venha agitar o meio rural ou criar obrigações para os proprietários de terras. Contraditoriamente desejam atrair imigrantes pela implantação de certas medidas sociais, mas não querem as obrigações que delas decorram. A melhor solução é portanto uma legislação de fachada, ou o adiamento das discussões, dando-se a impressão de que o país se preocupa com a condição operária.

Somente em 1915 é que o Departamento do Trabalho de São Paulo elabora um projeto detalhado a ser apresentado por Adolfo Gordo no Senado, justificado pela teoria do risco profissional, pela constatação do número elevado de acidentes e pela defasagem do país em relação a outros países da Europa e da América Latina.

Em 29.04.1915 Adolfo Gordo pede ao Departamento do Trabalho de São Paulo a elaboração do projeto e o transmite ao Senado na mesma linguagem tecnocrática. Quer-se evitar "o radicalismo" da doutrina francesa sobre acidentes que torna o seguro obrigatório, deixando a liberdade de

---

76. Declaração de Wenceslau Escobar in *Documentos Parlamentares de Legislação Social*, v. 1, p. 30.

segurar, conforme o liberalismo predominante, aos industriais. Os acidentes são encarados como um custo para a empresa, que deve reduzi-lo ao mínimo, e as pequenas empresas são excluídas desse seguro que, em razão dos custos, "lhes seria fatal".

O projeto estabelece um regime de pensões aos acidentados, o que é questionado pelos industriais. Segundo o regime de pensões, o trabalhador receberia um salário, uma compensação mensal conforme o grau de incapacidade de que é vítima, para "manter a integridade da família". O acidente é, assim, considerado como um dos fatores da desintegração familiar pela miséria que a perda de salários dele decorrente possa acarretar.

O projeto situa-se no contexto das relações capitalistas, partindo do pressuposto de que os trabalhadores vivem do salário como único meio de subsistência e de que a perda da capacidade de trabalho significa a perda do salário. A compensação do acidente objetiva prestar um salário indireto, conforme o grau de incapacidade o qual seria determinado pelo médico, que "em última análise pode avaliar a pertinência de um tratamento". No entanto, o trabalhador não pode escolher o seu médico, diz o ponto 7 da justificativa.

O regime de pensão limita-se a uma proporção muito pequena do salário, conforme a aptidão ou inaptidão do trabalhador, da viúva, como também da idade e do seu comportamento. Em caso de morte por acidente a pensão é limitada a 60% do salário, distribuído proporcionalmente aos membros da família. Por exemplo, a viúva não receberia além de 20% e por um período máximo de 10 anos. As pensões para os filhos seriam outorgadas até a idade de 16 anos, e o cônjuge separado não tem direito ao benefício. Estas medidas visam, conforme o projeto, "diminuir os encargos dos industriais na observação da lei". Visa-se mostrar aos industriais os custos relativamente baixos de uma tal legislação. .

O projeto é rapidamente aprovado pelas Comissões de Legislação e Finanças do Senado e seu plenário. Encaminhado à Câmara dos Deputados, é analisado pela Comissão de Justiça, que destaca a sua importância para a imigração visto que o país "é importador de braços". Agrega-se, também, que a ausência de uma legislação de acidentes não favorece as boas referências ao nosso país e mantém a desigualdade de tratamento em relação a trabalhadores estrangeiros protegidos em seu país de origem.

Fica bem claro, no parecer da Comissão, que a lei se aplicará ao operário industrial, ao assalariado, e não ao trabalhador agrícola. Observa, também, que o patrão pode retirar 2% dos salários para constituir um fundo de assistência médica e farmacêutica. No entanto, a Comissão vai mais longe que o proposto no projeto ao sugerir uma regulamentação da jornada de 8 horas de trabalho e do contrato de trabalho.

Retoma-se no Parlamento a discussão sobre a questão do contrato de trabalho contra cuja regulamentação pronunciam-se os representantes de tendências liberal, católica e positivista. Assim, das recomendações da Comissão de Justiça permanece apenas a parte referente aos acidentes, deixando-se a questão de contrato "às forças do mercado", evidentemente favorável aos proprietários.

Os representantes de São Paulo também rejeitam a regulamentação das horas, do contrato de trabalho e do trabalho das crianças, justificando esta última oposição em razão de afetar "o poder dos pais em dispor de seus filhos"[77].

A Comissão de Justiça pronuncia-se, então, favoravelmente ao projeto de Adolfo Gordo apenas com modificações secundárias, justamente no dia 28 de junho de 1917, ou seja, em plena efervescência do movimento operário.

Nesse momento é que os industriais entram em cena de maneira ostensiva, exigindo, através do Centro Industrial do Brasil, que o projeto volte à discussão da Comissão, o que contraria o regulamento, já que deveria ser votado em plenário. À voz dos industriais unem-se duas companhias de seguro e o projeto é rediscutido na comissão, fazendo com que o regime de pensão seja mudado para o de indenização[78].

Em 1918 a comissão muda de parecer, afirmando em 2 de agosto o seguinte: "Não é possível agora votar uma lei completa de regulação da

---

77. Ver a declaração de Paulo Cardoso in *Documentos Parlamentares de Legislação Social*, v. I, p. 218.

78. Ver "O Projeto Adolfo Gordo Acerca dos Acidentes no Trabalho", in *Boletim do Departamento Estadual do Trabalho*, ano VI, n. 24, p. 399-409, 1917; e MORAES, Evaristo, op. cit.

questão operária. É necessário uma obra que satisfaça as necessidades do país e as condições atuais das relações entre patrões e operários"[79].

As necessidades do país dizem respeito à manutenção da acumulação na agricultura e na indústria, com a liberdade de contrato para garantia dos mínimos custos através da máxima exploração.

A Comissão aceita que a criança possa trabalhar a partir de 12 anos de idade e recusa toda regulamentação das horas de trabalho, afirmando que o trabalhador pode "trabalhar à medida de suas forças". O projeto de acidentes do trabalho é mantido segundo o regime de indenização, proposto pelos industriais, e não pelo regime de pensões proposto pelo Departamento do Trabalho.

Em novembro de 1918 cria-se uma Comissão Especial de Legislação Social para revisar o projeto de código de trabalho e de acidentes do trabalho, a fim de consultar as classes diretamente interessadas, visando "adaptar o projeto às condições e necessidades reais da indústria nacional"[80]. A Comissão Especial também decide destacar a parte relativa aos acidentes do trabalho do conjunto do código do trabalho, para apresentá-la separadamente à consideração do Congresso.

Finalmente chega-se à unanimidade. Preserva-se o liberalismo do contrato, e as correntes que exigem certas medidas de proteção aos trabalhadores também ficam satisfeitas. A grande modificação legislativa é a transformação do acidente em objeto mercantil pelas companhias privadas de seguro. O infortúnio dos trabalhadores é objeto de compra e venda através de prêmios e indenizações.

No entanto, essa modificação não seria possível sem a presença da luta operária e da transformação dos trabalhadores em sujeitos políticos no momento em que ameaçavam a ordem estabelecida. No Parlamento os deputados socialistas Maurício de Lacerda e Nicanor Nascimento empreendem esforços consideráveis para a aprovação do código de tra-

---

79. Ver *Documentos Parlamentares de Legislação Social*, v. I, p. 443.

80. Ver Relatório da Comissão Especial, in *Documentos Parlamentares de Legislação Social*, v. III, p. 755.

balho, fracassando, no entanto, na correlação de forças existentes. Afirma Maurício de Lacerda:

"O projeto de acidentes do trabalho, apresentado em 1915 e aludido em 1917 ao rumor das greves gerais de então, por solicitação governamental paulista à sua bancada federal no Congresso, foi retirado bruscamente do sarcófago da Comissão em que jazia para as luzes do plenário voltando à deliberação da Câmara, sob o alarme da aludida 'revolução comunista' no Rio de Janeiro em 1918, logo após o armistício internacional, vindo a converter-se em lei, uma das poucas e raras leis sociais da Primeira República."[81]

Vemos claramente que:

a) o projeto de lei de acidentes do trabalho é colocado em discussão em 1917 e 1918 em razão da ameaça que os movimentos sociais representavam para as elites;

b) este projeto é colocado em discussão a pedido do bloco de São Paulo, onde as agitações são mais fortes.

3. Os resultados políticos

No processo aqui analisado, torna-se claro que a legislação social da Primeira República reflete a correlação de forças então existentes sob a hegemonia da oligarquia agroexportadora. Para preservar o processo de acumulação baseado na exportação do café, essa legislação não afeta o contrato de trabalho controlado pelas classes dominantes e que coloca face a face dois sujeitos desigualmente situados nas relações sociais, e não sujeitos iguais, conforme a teoria liberal. O senhor rural possui as terras, o poder político, a polícia, a justiça e os recursos assistenciais, além da facilidade de organização. O trabalhador agrícola não possui sequer os meios para organizar-se, sendo analfabeto e isolado. Assim, os

---

81. LACERDA, Maurício de, *A evolução legislativa do direito social brasileiro*, Rio de Janeiro, Nova Fronteira, 1980, p. 119.

trabalhadores agrícolas no seu conjunto são excluídos da regulação dos acidentes do trabalho.

A burguesia industrial, não antagônica à oligarquia, deve enfrentar problemas políticos e jurídicos colocados pelo movimento operário ao lado dos econômicos advindos da industrialização. Ela tenta regular esses conflitos no interior da indústria com medidas assistenciais, mas estas são rejeitadas pelos operários nas grandes empresas. Os seguros particulares para acidentes do trabalho aparecem como uma saída capaz de contentar os trabalhadores sem afetar a produção e o uso da repressão. O Estado garante a assistência geral e a repressão, mas não interfere nos seguros privados.

A assistência não é um direito reconhecido mas um favor dependente de relações pessoais. Por exemplo, para colocar alguém, isto é, um trabalhador agrícola na Hospedaria dos Imigrantes, eram necessárias referências e recomendações pessoais.

Os tecnocratas e juristas tentam ampliar a proteção do Estado a um segmento dos trabalhadores, mas enquanto peças deterioradas pela produção e expulsos desta, após a perda da sua capacidade de trabalho.

O direito de domínio do patrão no interior da empresa é reafirmado na ausência de fiscalização dos locais de trabalho, e a comunicação dos acidentes não é controlada pelo Estado. A legislação aprovada pela Câmara em 17.12.1918 e pelo Senado em 27.12.1918 (sancionada em 15.01.1919) pode ser aplicada aos pequenos estabelecimentos, contrariando o projeto original que visava as empresas com mais de 5 operários.

Para a burguesia industrial tornava-se mais conveniente assegurar os trabalhadores que enfrentar as peripécias judiciais em razão dos acidentes, além de evitar conflitos de trabalho. Através da teoria do risco e das indenizações ficam eliminadas as exigências de prova de culpabilidade pelo acidente diante dos tribunais e as companhias se encarregam da administração do conflito caso a caso. As companhias, por sua vez, abrem um novo ramo de seguro com a possibilidade ou o risco da perda da capacidade de trabalho, legitimando o risco industrial como um risco natural, que seria inerente às condições de produção.

As condições de produção, por sua vez, não foram afetadas pela nova legislação, continuando nas mãos do patrão determinar o processo produtivo, explorando, na época, o trabalho da mulher, da criança e do adulto em situações às vezes desumanas. Assim, o contrato de trabalho permanece desigual em nome da liberdade do trabalho.

Apesar dessas determinações gerais favoráveis, os industriais tomam precauções para reduzir os custos da nova legislação. Alguns meses após a promulgação da lei, em junho de 1919, o Centro Industrial solta uma nota sobre as obrigações financeiras decorrentes da nova lei[82]. Delegam-se poderes a uma comissão para estudar os meios de aplicação da lei da forma menos onerosa possível, o que revela uma preocupação com os custos da reprodução da força de trabalho. Os industriais recomendam, também, que se faça o seguro em uma companhia e não em um sindicato ou sob a responsabilidade direta do patrão. Objetiva-se evitar conflitos entre capital e trabalho e reduzir os custos da reprodução do trabalhador.

O preço dos prêmios pagos pelos patrões é, aliás, transferido aos consumidores, embutido nos preços das mercadorias. Nos custos previstos pela nova lei não estão considerados os referentes à doença profissional, excluída do conceito de acidente. Os dias perdidos não são reembolsados, e os acidentes cuja culpa é imputada ao trabalhador não são indenizados. No entanto, é necessário observar que as doenças cuja causa *imediata* seja o trabalho podem ser consideradas como acidentes, o que limita extraordinariamente o conceito de doença profissional. São os médicos escolhidos pelos patrões encarregados de avaliar os acidentes que decidem sobre o caráter da doença.

Várias críticas advêm à nova lei por parte de juristas e alguns médicos. Segundo Araújo Castro[83] não se resolve a questão dos acidentes no trabalho mas somente dos acidentes do trabalho, criticando-se também o rol muito limitado das indústrias incluídas, o montante ridículo das indenizações e o desconhecimento da prevenção.

Os trabalhadores questionam a ineficácia das leis existentes e os anarquistas somente acreditam na ação direta. Um dos membros do

---

82. Centro Industrial do Brasil, "Da lei de acidentes", in *Boletim do Departamento Estadual do Trabalho*, ano VIII, n. 30, p. 290-96, 1919.

83. CASTRO, Araújo, *Acidentes do trabalho*, Rio de Janeiro, Freitas Bastos, 1930.

O TRABALHO DA POLÍTICA

grupo "Clarté" fala de engodo e fraude por parte dos patrões. Antônio dos Santos Figueiredo chama a atenção sobre o artigo 19 da nova lei, que continua a exigir do patrão o comunicado do acidente à autoridade policial e, em vez de iniciar o processo, chama o operário ao seu escritório dando-lhe apenas os primeiros socorros[84]. Se o operário reclama é colocado na lista negra e, mesmo que a polícia tome conhecimento dos acidentes, os patrões dispõem de mecanismos para abafar os inquéritos. Figueiredo trabalha como repórter do jornal *O Estado de S.Paulo* e também denuncia que a polícia impede toda reportagem sobre os acidentes do trabalho.

Na lei de 1919 os operários do Estado são protegidos, mas, contraditoriamente, é o promotor que deve defender ao mesmo tempo o Estado e o operário.

Todas essas críticas não levam a nenhuma modificação imediata da política de acidentes antes de 1930, isto é, na conjuntura de forças da Velha República. Após as greves de 1919, o movimento operário entra em refluxo com a desmobilização dos anarquistas, apesar das greves de 1920. Acentua-se a repressão entre 1922 e 1926, período em que o país se encontra sob o estado de sítio decretado por Artur Bernardes para controlar as revoltas dos tenentes.

Nesse período, mais precisamente em 1922, a oligarquia de São Paulo, através de Elóy Chaves, propõe a criação de uma caixa de pensões e aposentadorias para os ferroviários, em relação direta com a combatividade deste setor e sua importância estratégica para o transporte do café do interior do estado ao porto de Santos. Quatro anos mais tarde os marinheiros, igualmente ligados à exportação de café, também são beneficiados com a instituição de uma caixa de pensões[85]. A Lei Eloy Chaves que implanta as caixas de aposentadorias e pensões nas companhias ferroviárias prevê, independentemente das indenizações, o socorro ao acidentado e aposentadoria por invalidez.

---

84. FIGUEIREDO, Antônio dos Santos. *A evolução do Estado no Brasil*, Porto, Gráfica do Porto, 1926, p. 210-29, in PINHEIRO, Paulo Sérgio e HALL, Michael M., *A classe operária no Brasil*, São Paulo, Brasiliense, 1981, v. 2, p. 320-24.

85. Ver FALEIROS, Vicente de Paula, op. cit., Capítulo 5.

4. Sumário e conclusões

O reconhecimento dos trabalhadores na cena política com a introdução de uma legislação social é consequência tanto das lutas por condições de trabalho como do processo de elaboração institucional do Departamento do Trabalho de São Paulo que, assim, obtiveram uma *generalização* da lei de acidentes para o conjunto do proletariado industrial, unificando, de certa forma, a prática da indústria; nas condições dadas pelo desenvolvimento industrial dos anos 1920 e pela expansão correlata do regime salarial e da classe operária.

Essa generalização efetuou-se a partir das novas práticas patronais em matéria de arranjo econômico-político em caso de acidentes e de doença profissional. Ao lado das caixas empresariais, de serviços próprios a cada empresa, um grupo de industriais adota o seguro em companhias privadas e a lei de 1919 transforma essa prática em uma obrigação geral para todas as empresas industriais. Os patrões, ao mesmo tempo, podem socializar os custos da nova obrigação pela constituição de cooperativas, de fundos comuns ou através das companhias. A prática relativamente restrita a um pequeno número de empresas torna-se geral pela intervenção do Estado, pois trata-se das maiores empresas que mantêm uma hegemonia econômica sobre as demais. Entretanto, o novo sistema não elimina o paternalismo/clientelismo, conservando ainda o arranjo extrajudicial entre patrões e operários, e mesmo o acordo feito pelas companhias não está isento desta característica. Para os patrões, assegurar os riscos de acidentes significa o pagamento de prêmios, um ônus reduzido ao mínimo, mas em contrapartida eliminam-se os longos e incertos acertos judiciais, e os conflitos por acidentes são transferidos do interior ao exterior da fábrica. A nova legislação elimina também o sistema de diferentes caixas e serviços que prejudicavam a concorrência intercapitalista. No entanto, na prática, a burla à nova lei por falta de fiscalização e fraude não conseguiu uma real generalização, pois o seguro dependia da decisão de cada patrão.

Com o desenvolvimento do mercado de seguros, o capital financeiro, aliado do capital industrial, passa a se interessar pelos riscos de acidentes de trabalho organizando um ramo específico para essa finalidade, mediatizando assim o sistema de indenizações e a monetização da perda da capacidade de trabalho.

As estratégias do Estado em relação aos trabalhadores nesse período de hegemonia da oligarquia agroexportadora consistiam na repressão às ameaças à ordem estabelecida e na manutenção do fluxo de mão de obra para a produção do café com a garantia do sistema de "locação de serviços" na agricultura. A implantação do seguro de acidentes serve de mecanismo para atração de imigrantes, mas a grande maioria dos trabalhadores rurais fica excluída dessa proteção, pois a nova lei se aplica somente à "agricultura motorizada".

Os tecnocratas do Departamento Estadual do Trabalho e políticos que elaboram o projeto de lei haviam previsto um sistema de pensões, mas sob a pressão direta e ostensiva do Centro Industrial do Brasil prevalece o regime de indenizações, o que nos leva a pensar na instrumentalização do próprio Parlamento pelas forças dominantes, apesar das várias tendências e divisões aí existentes. No entanto, essas divisões e tendências também possibilitaram certos espaços para a introdução de uma legislação tímida e controlada para os acidentes do trabalho.

A médio prazo, a introdução de uma lei parcial e gradual conseguiu afastar, ao menos por uma década, uma regulação real das relações trabalhistas através de um código que teria podido limitar as horas de trabalho ou possibilitar uma intervenção maior do Estado nas condições de trabalho. Pela lei de 1919, o Estado exerce um controle simbólico dos seguros, verificando em tese a existência de uma apólice ou de uma garantia qualquer de seguros contra acidentes na entrada dos estabelecimentos industriais.

A legislação de acidentes se estrutura sob a cobertura de uma ideologia liberal que defende o "livre contrato" entre patrões e operários e entre patrões e companhias de seguro. Assim, não se intervinha nas condições de trabalho muito desfavoráveis à classe operária.

No capítulo seguinte analisaremos as modificações à legislação dos acidentes do trabalho e as práticas patronais na conjuntura dos anos 1930-1940 em uma nova correlação de forças originada da revolução de 1930.

Capítulo 2

As políticas de saúde e segurança no trabalho do Estado corporativista

Neste capítulo analisaremos a política e a prática relativas à saúde e à segurança do trabalho no período do governo Vargas, entre 3 de novembro de 1930 e 29 de outubro de 1945. De 1930 até 27 de julho de 1934 Vargas chefia um governo provisório resultado imediato da Revolução de 1930. Eleito presidente constitucional em 1934, Vargas implanta uma ditadura a partir de 10 de novembro de 1937 e governa até 29 de outubro de 1945, quando é derrubado por um golpe de Estado.

A ascensão de Vargas ao poder representa uma significativa mudança na correlação de forças do bloco dominante. Esta mudança tem origem na crise da oligarquia e no movimento das classes médias durante a Velha República. A análise dessa crise será objeto da primeira parte do capítulo, para, a seguir, analisarmos a transição à industrialização e situarmos a prática das companhias de seguro e dos patrões em relação aos acidentados do trabalho. Destacamos dois momentos em que a legislação foi modificada: em 1932 e em 1934, resultando daí dois diplomas legais diferentes.

Analisaremos o resultado político das duas leis num novo contexto político de acentuação do papel do Estado, de centralização do poder federal que enfraquece as oligarquias regionais. Para fortalecer-se, Vargas impõe uma ditadura e se articula com os tecnocratas com a justificativa ideológica corporativista da colaboração de classes para cooptação do operariado.

1. Crise da oligarquia e revolução de 1930

a) Crise da oligarquia

Durante a Primeira Guerra Mundial a produção de café passa por uma crise de exportação e de preço, levando os proprietários rurais das fazendas cafeeiras a mobilizar-se para uma nova valorização da rubiácia. Entre 1917 e 1920, o governo federal realiza uma grande operação para retirar o café do mercado e provocar uma subida de preços, o que acontece após esta data, provocando a expansão da plantação.

Produtores de outros cultivos começam a protestar contra a proteção exclusiva ao café e as manifestações provêm principalmente do Rio Grande do Sul, região não produtora de café. A divisão dos fazendeiros manifesta-se nas eleições de 1922 em que Minas e São Paulo apoiam um candidato e Rio Grande do Sul, Bahia e Pernambuco apoiam outro candidato, Nilo Peçanha.

Essa dissidência oligárquica permanece em segundo plano frente à ameaça representada pelos tenentes ou jovens militares e cujo movimento será analisado no item seguinte. A divergência reaparece em 1929 quando de novas eleições para a presidência da República. Nesta ocasião Minas Gerais é relegada a segundo plano pelo então presidente Washington Luís, de São Paulo, eleito em 1926, e que, em lugar de um mineiro, escolhe um outro paulista para suceder-lhe, rompendo um acordo de elites então estabelecido, segundo o qual Minas e São Paulo deveriam alternar-se no poder.

Apesar da política de defesa do café, uma fração da oligarquia paulista também se mostra insatisfeita com a política do governo federal e constitui, em aliança com os comerciantes e elementos das classes médias, o Partido Democrático em 1926. O programa deste partido assemelha-se aos dos tenentes, defendendo o voto secreto e o combate à corrupção. Há entendimentos entre os tenentes e o Partido Democrático, mas os dois movimentos são paralelos, tendo, no entanto, um só objetivo: a derrubada do governo federal.

No Partido Democrático há lugar para uma participação mais ativa das classes médias, que surgem durante a Primeira República, com o desenvolvimento do trabalho profissional assalariado, mas que não chega a constituir um grupo autônomo politicamente.

A oposição mais forte ao governo advém da nova força dos tenentes em aliança com a dissidência oligárquica, podendo-se considerar os tenentes como pertencentes às classes médias. A dissidência oligárquica apresenta como candidato às eleições de 1º de março de 1930 o presidente do Rio Grande do Sul, Getúlio Vargas, que, em razão de fraudes e pressões, é derrotado pelo candidato oficial, Júlio Prestes. Os dissidentes conspiram na busca da conquista do poder pela via armada desde 1922, apesar de momentos de conciliação com a fração no poder, mas com a eleição fraudulenta de Júlio Prestes rearticula-se o movimento armado com apoio de boa parte dos tenentes.

A luta eleitoral da fração opositora se organiza através da Aliança Liberal, cujo programa enfatiza a moralização da Velha República.

Os comícios realizados pela Aliança Liberal ao longo de todo o país obtiveram uma grande participação popular, que passa então a ser considerada. É bom lembrar que entre 1919 e 1929 o índice de preços aumentou 56,2% provocando certa insatisfação da população.

A luta armada para derrubar o governo de Washington Luís é levada a cabo, e o presidente é destituído por uma junta militar, constituindo-se um governo provisório, presidido por Getúlio Vargas, em 3 de novembro de 1930.

A Revolução de 1930 representa, ao mesmo tempo, a continuação da dominação oligárquica e uma nova relação de forças sociais e também regionais. Do ponto de vista regional as oligarquias de Minas, Paraíba e Rio Grande do Sul rompem com a de São Paulo. Politicamente a Aliança

Liberal se constitui com o apoio dos tenentes, do Partido Democrático, de vários grupos regionais e com o apoio difuso das massas urbanas.

O Partido Comunista, fundado em 27 de março de 1922, não presta seu apoio à Revolução de 1930. Em 1927 esse partido articula uma frente ampla chamada BOC — ou seja, Bloco Operário e Camponês[1] — conforme o modelo e a linha política internacional dos comunistas. Em 1928 o BOC consegue eleger dois vereadores para a Câmara Municipal do Rio de Janeiro, sendo dissolvido em 1930[2].

Não há um apoio sistemático e organizado dos trabalhadores à Revolução de 1930, mas um movimento de massa que agrupa as multidões, principalmente nas capitais, para aplaudir e ouvir os candidatos da Aliança Liberal. Individualmente, pode-se destacar apoios de trabalhadores à Aliança Liberal, concorrendo mesmo com contribuição de trabalho e financeira. Em 1929 há uma greve dos gráficos, mas o que se nota é a divisão do movimento operário e a repressão que enfraquecem as suas forças.

São os tenentes, jovens militares em rebelião, que aparecem como uma das principais forças para a deterioração política e militar da oligarquia. Após a revolução ocupam postos importantes, enfraquecendo-se depois de 1937, pois uma boa parte deles se alia incondicionalmente a Getúlio Vargas e outra parte passa à oposição, ingressando no Partido Comunista, como Luís Carlos Prestes.

b) Força e fraqueza dos tenentes

A oposição ao governo Bernardes articulada pelos jovens militares ameaça o poder central, manifestando-se em constantes rebeliões, o que

---

1. Ver PEREIRA, Astrogildo, *Formação de PCB (1922-1928)*, Lisboa, Prelo Editora, 1976. O autor foi o primeiro secretário geral do PC até 1930.

2. O programa do BOC compreendia uma política independente de classe, a crítica ao governo, o anti-imperialismo, o reconhecimento da URSS, a anistia geral, o combate à repressão, uma reforma monetária e medidas de legislação social. Entre estas estavam o salário mínimo, a proteção às mulheres e às crianças, o seguro social a cargo do Estado e dos patrões, e o repouso semanal (idem, ibidem, p. 116-22).

veio a ser denominado de "tenentismo". Segundo Virgínio Santa Rosa, o tenentismo está ligado ao descontentamento das classes médias, que aspiravam a uma reforma no rígido sistema de controle das oligarquias rurais[3] e da corrupção.

A rebelião dos tenentes é interpretada por Boris Fausto como "um movimento política e ideologicamente confuso, com características, predominantemente militares, onde as tendências reformistas autoritárias aparecem sob uma forma embrionária"[4]. Trata-se, pois, de um movimento que quer substituir o próprio povo, dele se isolando e que busca apenas a mudança das elites dominantes.

Forjaz[5] nota que o movimento é, ao mesmo tempo, militar e social, representando uma contestação dos mecanismos políticos da Velha República, mas com um caráter puramente militar na sua organização para mudar o poder. Os tenentes nunca tiveram um programa claro de transformação social. Em suas declarações manifestam-se contra a corrupção, a falta de participação política do povo e a dominação de todos os setores do Estado pela oligarquia. Propõem o voto secreto, uma adaptação da Constituição à realidade do país e a confiscação das riquezas das autoridades públicas[6].

A luta armada dos tenentes contra o governo se desenvolve em inúmeras rebeliões, das quais as mais significativas são as de São Paulo, em 1924, e a Coluna Prestes, que percorre todo o país (24.000 km) travando 53 combates com as forças governamentais, entre 29 de outubro de 1924 e 3 de março de 1927. Os tenentes aproveitam-se também das divisões e dissidências da própria oligarquia para articular a sua movimentação.

Após a revolução eles se organizam no Clube 3 de Outubro e pressionam para expandir a intervenção do Estado e adotar uma forma autoritária de governo. Getúlio Vargas, no governo provisório, indica interventores

---

3. SANTA ROSA, Virgínio, *O sentido do Tenentismo*, São Paulo, Alfa-Ômega, 1976.

4. FAUSTO, Boris, *A Revolução de 1930*, São Paulo, Brasiliense, 1978, p. 57.

5. FORJAZ, Mala C. Spina, *Tenentismo e Aliança Liberal*, São Paulo, Polis, 1978, p. 20.

6. Ver, por ex., a declaração de Luís Carlos Prestes em 29.10.1924, in CARONE, Edgard, *A Primeira República. Texto e contexto*, São Paulo, Difel, 1976, p. 353-55.

O TRABALHO DA POLÍTICA

diretamente nomeados por ele para governar os Estados e muitos deles provêm do tenentismo.

Uma vez chegados ao poder os tenentes mostram-se autoritários, como por exemplo o interventor-tenente Juracy Magalhães, que declara várias vezes em suas cartas ser favorável à ditadura, afirmando pessoalmente no dia 3 de janeiro de 1932: "Somente a ditadura prolongada pode salvar o país"[7].

Na Constituição de 1934 esse grupo propõe várias medidas como: a representação profissional, a unificação da justiça, serviços governamentais para o ensino e a saúde, eleições diretas municipais e indiretas nos outros níveis, criação de conselhos técnicos, de um conselho econômico federal e de uma série de medidas administrativas para manter o equilíbrio financeiro[8]. Os conselhos técnicos sugeridos foram implantados por Vargas, sob a égide do Estado, para integrar, as diferentes classes sociais.

As concessões feitas por Getúlio Vargas à oligarquia, a aliança dos tenentes com as forças locais, sobretudo no Nordeste, provocam o esfacelamento da autonomia tenentista e mostram a face conservadora do governo. No entanto a influência dos tenentes na elaboração de uma legislação social é importante no quadro de compromissos das forças presentes, contribuindo para introduzir a proteção social a certos setores em emergência com o desenvolvimento industrial.

c) A revolução de 1930: interpretações

O conjunto de forças que toma o poder em 1930 representa, ao mesmo tempo, a continuidade da dominação oligárquica e uma corrente de mudanças da sociedade brasileira. Nesta perspectiva a legislação social do período pode ser vista como mudança ou apenas como um arranjo

---

7. MAGALHÃES, Juracy, *Memórias provisórias*, Rio de Janeiro, Civilização Brasileira, 1982, p. 226.

8. Ver "A Plateia" de 03.11.1932, in CARONE, Edgard, *A Segunda República*, São Paulo, Difel, 1974, p. 261-63.

da dominação. Para nos situarmos melhor é que analisaremos as forças em presença.

Há pelo menos quatro interpretações do movimento de 1930: a que o caracteriza como mudança secundária, como uma luta entre os imperialismos inglês e americano; a que o vê como uma revolução das classes médias; a que o interpreta como revolução burguesa e a que o encara como um conjunto de forças oligárquicas dissidentes, militares e das classes médias.

São os comunistas que, em 1930, denunciam a Aliança Liberal como aliada dos americanos e dos senhores "feudais"[9]. Para eles trata-se de um movimento apenas secundário, de uma mudança de nomes, de pessoas, e não de uma revolução social. Os novos atores seriam apenas agentes dos interesses americanos emergentes em oposição ao imperialismo britânico em decadência. No entanto, se o imperialismo americano começa a tornar-se hegemônico, sua penetração no Brasil só se desenvolve a partir da Segunda Guerra Mundial, e Vargas, pessoalmente, não se alia incondicionalmente a Washington. Assim esta interpretação da revolução de 1930 aparece como maniqueísta, reduzindo-a ao mero jogo das forças internacionais.

Outros consideram o movimento de 1930 como uma revolução burguesa e Vargas seria o representante dessa burguesia. Nelson Werneck Sodré, em sua *História da burguesia brasileira*, afirma que Vargas, sendo um dirigente da burguesia, define muito claramente o Estado que preside, colocando-o a serviço dessa nova classe[10]. Consequentemente, a legislação social do período está destinada a possibilitar um desenvolvimento mais livre das relações capitalistas. Para Sodré, em 1945, a oligarquia e o imperialismo derrubam Vargas, e a burguesia só retoma o poder em 1950, com a nova eleição de Vargas[11].

---

9. Ver *Revista Comunista*, Buenos Aires, ano I, n. 1, set. 1930, in CARONE, Edgard, *Movimento operário no Brasil*, São Paulo, Difel, 1979, p. 517-26.

10. SODRÉ, Nelson Werneck, *História da burguesia brasileira*, Rio de Janeiro, Civilização Brasileira, 1976, p. 295-96.

11. Idem, ibidem, p. 308-316.

A questão central em relação a esse tipo de análise é a relativa à existência ou não de uma burguesia nacional autônoma, capaz de impor seus interesses ao conjunto da sociedade. Com efeito, o capitalismo brasileiro não se desenvolve segundo o modelo clássico da passagem da oficina à manufatura e da manufatura à fábrica. Além do mais, ele se situa no contexto mundial de forma dependente, em que as relações de produção capitalistas já haviam atingido um grau considerável de desenvolvimento. O capitalismo brasileiro, como ficou claro no capítulo anterior, combina formas heterogêneas de produção sob a articulação do Estado.

Alguns autores[12] afirmam que o capitalismo nacional é hipertardio, implantado pela "via prussiana" ou via colonial, isto é, com a intervenção do Estado. A legislação social seria uma reforma vinda de cima para baixo, por um arranjo do bloco do poder, sem participação alguma das classes dominadas[13]. Opondo-se à interpretação de que existe uma burguesia autônoma, essa visão chega a dizer que, em 1930, a oligarquia não teria sido contestada enquanto classe dominante, mas enquanto classe dirigente. As relações existentes no interior do universo das elites se redefine sem que isso traga uma transformação do sistema. Para Martins, a transição do Estado oligárquico ao Estado corporativo depende da integração de novas camadas sociais à vida política[14]. Este processo de mudança nada mais seria que uma modernização conservadora para manter o mesmo pacto de dominação. Seria obra de uma elite que atua de *forma preventiva* (*preventive cooptation*), na expressão de Phillip Schmitter[15]. No mesmo sentido, Malloy também assinala que a legislação social é implantada para "temperar o conflito de classe e, se possível,

---

12. CHASIN, José, *O Integralismo de Plínio Salgado: forma de regressividade no capitalismo hipertardio*, São Paulo, Ed. Ciências Humanas, 1978.

13. MARTINS, Luciano, *Pouvoir et développement économique*, Paris, Anthropos, 1976, p. 79, e ANTUNES, Ricardo, *Classe operária, sindicatos e partidos no Brasil*, São Paulo, Cortez/Editores Associados, 1982, p. 66.

14. MARTINS, Luciano, op.cit., p. 80.

15. SCHIMITTER, Phillip, *Interest Conflict and Political Change in Brasil*, Stanford, Stanford University Press, 1971, p. 112.

cooptar os trabalhadores e enfraquecer as organizações portadoras de mudanças radicais"[16].

Tanto a visão que postula pela existência de uma burguesia autônoma como a que postula a existência de uma elite ou de um pacto de dominação não levam em consideração a complexidade das relações sociais e do desenvolvimento do capitalismo brasileiro do ponto de vista de heterogeneidade estrutural e da conjuntura de forças. A burguesia, como vimos, não está isolada da oligarquia nem se desenvolveu linearmente, mas combinou várias formas de organização empresarial e de relações do trabalho capital. Por outro lado, as elites dominantes não possuem uma independência tal, que possam prever a longo prazo um processo complexo. Reduzir a legislação social a um simples pacto de elites significa encarar toda a sociedade como passiva. Como vimos demonstrando, é com base na complexidade da relação de forças na conjuntura que a legislação social se estabelece no quadro heterogêneo de desenvolvimento estrutural.

As forças sociais se entrecruzam de forma desigual, e as medidas sociais não correspondem exatamente aos interesses imediatos ou mediatos das classes dominantes. Erickson, em seu estudo sobre a legislação trabalhista brasileira, afirma que em dois casos sobre três o resultado não foi favorável aos interesses de importantes setores socioeconômicos[17].

A política social do Estado capitalista não se estabelece em função de um grupo particular de capitalistas ou de uma elite administrativa, mas para Oliveira garante o processo de acumulação de capital no seu conjunto. É assim que se pronuncia: "O decisivo é que as leis trabalhistas fazem parte de um conjunto de medidas destinadas a instaurar um novo modo de acumulação. Para tanto, a população em geral, e especialmen-

---

16. MALLOY, James, "Previdência Social e Classe Operária no Brasil", in *Estudos Cebrap*, n. 15, p. 120, jan.-mar. 1976.

17. ERICKSON, Kenneth P., *Trabalho no processo político do Brasil*, tese de doutorado, Ann Arbon University, Microfilms International, 1970, p. 15. Kenneth Erickson rejeita a teoria dos grupos de interesse para propor a teoria das elites administrativas, segundo a qual as decisões políticas são feitas por uma elite no interior do governo: "nesse prisma, não somente o modelo pluralista é inaplicável como uma teoria geral mas o poder da elite é de pouca ajuda, pois de dois em três casos o resultado foi prejudicial aos interesses de importantes setores socioeconômicos".

te a população que afluía às cidades, necessitava ser transformada em 'exército de reserva'"[18].

A acumulação de capital não é um processo mecânico e automático, mas contraditório e conflitivo, e a legislação social se inscreve nessas contradições. Assim, a política social consiste em uma articulação do econômico e do político em cada conjuntura, isto é, na correlação de forças. Interpretar o seu processo de implantação implica considerar as lutas e forças que enfatizamos neste trabalho.

O Estado, a partir de 1930 e sobretudo até 1937, articula o processo de transição de uma economia agroexportadora a uma economia industrial urbana[19], mas não se trata da passagem de uma sociedade tradicional a uma sociedade moderna, numa visão dualista. Trata-se de um processo de desenvolvimento da industrialização e do mercado interno no bojo das crises do capitalismo internacional e de relações heterogêneas na economia nacional. Nessas relações coexistem dialeticamente formas diferentes de produção em uma relação de forças em que as classes dominantes e o bloco do poder reagem de maneira complexa às mobilizações e organizações das classes dominadas. Estas relações, evidentemente, não são igualitárias mas encontram-se sob a hegemonia do autoritarismo das classes dominantes. O próprio autoritarismo não é natural, mas uma forma de articular-se o poder, um recurso estratégico diante da ameaça potencial ou real dos dominados.

Os que caracterizam a Revolução de 1930 como uma revolução das classes médias[20] apoiam-se sobretudo no fato da presença dos tenentes

---

18. OLIVEIRA, Francisco de, *A economia brasileira: crítica à razão dualista*, in OLIVEIRA, Francisco e SÁ JR., Francisco, *Questionando a economia brasileira*, São Paulo, Brasiliense/Cebrap, 1976, p. 12.

19. De acordo com Régis Andrade "o período 1930-1937 pode ser visto como um *intermezzo* durante o qual a supremacia política no país mudou da oligarquia agrária para a burguesia industrial. Esse processo apresentou no Brasil algumas características interessantes... Em primeiro lugar, isso não implicou numa mudança de governo: o mesmo grupo dirigente que em 1930 recebeu o mandato tácito de grandes segmentos oligárquicos se tornou servo em 1937 (*sic*) da burguesia industrial a despeito da queda de algumas facções. Em segundo lugar, não foi um período de guerra política entre frações da classe dominante" ("Perspectives in the study of brazilian populism", Toronto, *Laru Brazilian Studies*, working paper ns. 23, nov. 1977, p. 13).

20. Ver SANTA ROSA, Virgínio, op. cit., p. 53: "Com o advento dos tenentes, as classes médias teriam, possivelmente, a sua primeira expressão política. Oriundos destas camadas novas das populações brasileiras, os tenentes forçosamente tinham de encarnar seus anseios mais íntimos".

como força de apoio militar e político aos revolucionários. É necessário considerar que não se trata de força principal, mas de um apoio incontestável e considerável. Segundo Schwartzman, as forças principais não são nem a burguesia nem a classe média, mas "os líderes da revolução se identificam claramente com a tradição política e militar do Rio Grande do Sul e respondem de uma maneira difusa às demandas originárias dos setores mais urbanizados"[21]. Esta interpretação enfatiza o caráter regionalista do movimento, mas fixar-se nele exclusivamente significa colocar a sociedade em função da geografia e desconhecer as articulações feitas em todo o país, as dissidências oligárquicas e os movimentos populares.

A Revolução de 1930 constitui um conjunto complexo e heterogêneo de forças que agrupam setores dissidentes da oligarquia, frações importantes da burguesia industrial e das classes médias com o apoio das massas urbanas, de sindicatos e um considerável apoio militar[22].

A crise da agricultura de exportação dos anos 1930 e o desenvolvimento da industrialização, a introdução do regime salarial na agricultura do café, a organização da classe operária, a expansão do mercado interno e da profissionalização indicam uma diferenciação de formas das relações sociais prevalecentes na Velha República. Diante dessa heterogeneidade estrutural e conjuntural não surge nenhuma força capaz de impor seus interesses específicos como interesses gerais. O Estado, então, articula o controle do processo sob a forma de um compromisso político amplo nessa conjuntura.

O discurso político do governo provisório gira em torno da ideologia da harmonia social[23], do nacionalismo e do paternalismo, tentando obter a aceitação por parte dos trabalhadores. Ideologicamente e como mano-

---

21. SCHWARTZMAN, Simon, *As bases do autoritarismo brasileiro*, Rio de Janeiro, Campus, 1982, p. 109.

22. Décio Saez reconhece também que a Revolução de 1930 é um movimento político-militar conduzido por uma coalizão política heterogênea (ver Industrialização, Populismo e Classe Média no Brasil. *Caderno*, São Paulo/Campinas, Brasiliense/Unicamp, n. 6, 1976, p. 7).

23. Getúlio Vargas declara, em 1938, que "o programa relativo à proteção das classes operárias, gradualmente executado, as faz participarem da concórdia e do bem-estar, segundo os princípios da justiça" (ver KLINGHOFFER, Hans, *La pensée politique de Getúlio Vargas*, Rio de Janeiro, Imprensa Nacional, 1942, p. 321).

bra política entre outras, podemos falar de uma proximidade do modelo político de Vargas com o modelo prussiano, caracterizado por Rimlinger como "sistema de proteção estatal com controle estatal dos trabalhadores industriais"[24]. O modelo é também chamado de "revolução na ordem"[25], modernização autoritária, modernização conservadora, que leva a uma desmobilização e despolitização dos trabalhadores.[26] Essa estratégia visa à divisão e ao controle do operariado mais combativo em um processo de arranjo complexo e cambiante das relações entre Estado e sociedade. A centralização política pelo Estado é uma forma de aglutinação das forças dominantes e das forças emergentes correspondente às novas formas de acumulação de capital nacional e internacional, no bojo da grande crise do capitalismo dos anos 1930.

A burguesia interna acha-se em uma situação de debilidade frente ao imperialismo e à oligarquia, não sendo, pois, hegemônica. Ela não pode, por consenso, tornar-se uma classe dirigente que se imponha a todas as classes e a toda a sociedade civil[27]. Essa burguesia anã e fraca, "que não tinha os meios de impor a disciplina do industrialismo a partir da sociedade civil"[28], deve dobrar-se a um pacto, a um compromisso com as outras classes, mas nem por isso deixa de ser atuante e presente no bloco do poder na defesa de seus interesses gerais de manutenção da acumulação e específicos de industrialização. Segundo Werneck Vianna somente um Estado dominado pela burguesia agrária não exportadora, em aliança com as outras classes emergentes, poderia dar-lhe uma dimensão universal. O compromisso implica, justamente, a articulação de um sistema de alianças, de estratégias e táticas, de manipulação de recursos

---

24. RIMLINGER, Gaston, *Welfare Policy and Industrialization in Europe, America and Russia*, Nova York, John Wiley and Sons, 1971, p. 106.

25. Ver FERNANDES, Florestan, "Problemas de conceptualización de las clases sociales en América Latina", in Instituto de Investigaciones Sociales (ed.), *Las clases sociales en América Latina*, México, Siglo XXI, 1977, p. 191-276, p. 213.

26. Ver VIANNA, Nelson W., op. cit.: "Desmobilização, Despolitização e Desprivatização, Eis o Tripé que Informava a Nova Sistemática Sindical" (p. 147).

27. O conceito de hegemonia é tomado, no sentido gramsciano, como "guerra de posição", em oposição a "guerra de movimento" (ver ANDERSON, Perry, *Sur Gramsci*, Paris, FM/Petite Collection Maspero, 1978, p.143).

28. VIANNA, Luiz W., op. cit., p. 126.

estatais para um equilíbrio instável entre as várias forças da sociedade, e não um pacto imutável de elites.

A oligarquia, dividida em blocos regionais, perde seu peso econômico na crise das exportações dos anos 1930 e deve também articular-se em torno do Estado para salvaguardar seus interesses relativos à exportação, à taxa de câmbio e à produção do café. Ela também já não tem condições de impor sua exclusividade política, seus interesses de longo prazo, de forma categórica às outras classes.

Os tenentes e os novos profissionais não possuem outra alternativa de intervenção política senão através dos aparelhos militares e burocráticos do Estado, como fonte de emprego e de poder, já que a organização partidária e as relações sociais eram extremamente rígidas.

As classes subalternas, em função do seu peso político e econômico e principalmente pela sua fraqueza organizacional, não conseguem ameaçar a ordem estabelecida, e divididas, isoladas, integram-se parcialmente em um sistema de benefícios e controle por parte do Estado, mas não sem manifestar uma resistência multivariada, desde a greve até a recusa da integração.

O Estado de compromisso é definido por Weffort como "um Estado de compromissos entre interesses diferentes e às vezes contraditórios, no qual nenhum dos grupos dominantes possui a capacidade de se *propor abertamente ao debate* político, como seu eixo de equilíbrio"[29]. Esse Estado de compromisso tem a função de regular os conflitos das classes dominantes entre si e de controlar os conflitos entre essas classes e as classes subalternas, servindo de ponto de convergência de setores da oligarquia, da burguesia industrial, das classes médias e da Igreja. Para integrar os diferentes atores e as diferentes forças sociais, o Estado, em nível federal, centraliza as principais decisões econômicas e políticas, retirando das unidades federativas grande parte de seus poderes. O debate em torno da centralização é o eixo central da assembleia constituinte de 1934[30].

---

29. WEFFORT, Francisco, "Classes Populares y Desarrollo Social", in Quijano Annibal e WEFFORT Francisco, *Populismo, marginalización y dependencia*, San José, Educa, 1976, p. 74.

30. Ver GOMES, Ângela M. de Castro *et al.* "Confronto e Compromisso no Processo de Constitucionalização — 1930-1935", in FAUSTO, Boris (org.), *O Brasil Republicano*, São Paulo, Difel, v. III,

A nova Constituição estabelece, no artigo 120, uma série de medidas de caráter social, como o salário mínimo, a jornada de 8 horas e a proibição do trabalho das crianças de menos de 14 anos. Prevê também o seguro social inclusive para os acidentes do trabalho, financiado pelo Estado, pelo empregador e pelo empregado. Essas medidas são apoiadas pelos tenentes, pelo bloco católico e pelos deputados "classistas", escolhidos pelas respectivas corporações. Na elaboração da Constituição, Vargas realiza um consenso entre as forças presentes. A própria constituinte foi uma concessão de Vargas ao movimento paulista, coordenado pelo Partido Democrático e que se insurge militarmente contra o governo federal. Em 1932 a oligarquia paulista não aceita o afastamento de Júlio Prestes, seu representante eleito em 1930, da presidência da República, e organiza um movimento armado. Vargas esmaga a revolta e, ao mesmo tempo, conciliando, dá anistia aos rebeldes e assume suas dívidas de guerra. Promete uma constituinte, com 214 delegados nacionalmente eleitos e 40 escolhidos pelas associações profissionais oficialmente reconhecidas, numa manobra para obter a maioria das votações.

Em 1937 uma nova Constituição é imposta por Vargas de forma autoritária e, no seu artigo 137, a contribuição tripartite ao seguro social é eliminada, e a matéria retorna à legislação ordinária, garantindo-se somente "a instituição de seguros de velhice, de invalidez, de vida e nos casos de acidentes do trabalho".

A Constituição de 1937, chamada de "A Polaca" por sua semelhança com a Constituição autoritária da Polônia, institucionaliza o autoritarismo pela abolição de todos os partidos políticos, do Congresso e das eleições, levando à implantação sistemática da censura, da prisão política, da tortura e do controle do Estado sobre as organizações da sociedade.

A política de centralização de Vargas para enfraquecer a força das oligarquias regionais é combinada com uma política de atração e benefícios à classe operária, acompanhada de repressão e controle, refletindo a importância e o peso que esta classe ia tomando no cenário político e na estrutura econômica.

---

p. 9-75, 1981. A centralização se refere ao reforço do poder central federal em detrimento das províncias e regiões.

A legislação social desse período reflete as novas condições econômicas e políticas do país, ou melhor, as contradições dessa situação. O Estado abre o caminho para a industrialização com diferentes medidas de financiamento e investimento e pelo controle da classe operária de forma gradual e golpeando os pontos mais vulneráveis. A agricultura fica excluída do campo da legislação social, mantendo-se o sistema do contrato autoritário e diminuindo os custos de reprodução do trabalhador rural, em um compromisso com as oligarquias. A forma de implantação da legislação se modifica com a elaboração da mesma em conselhos técnicos e mecanismos burocráticos, sob a ideologia da colaboração de classes. O Estado intervém em novos domínios como nos bancos, na siderurgia, na indústria.

A seguir, analisaremos o processo de industrialização para indicar as condições de trabalho e as práticas patronais em relação aos trabalhadores e acidentados do trabalho.

2. Contexto econômico e social

a) Transição à industrialização

No período considerado, o modo de desenvolvimento se modifica e gira para a industrialização e o mercado interno como base de acumulação, sem, contudo, desprender-se da economia de exportação da Velha República. A crise da exportação do café dos anos 1930 foi favorável ao impulso da industrialização baseada na substituição de importações.

A política econômica que se segue à crise consiste na aquisição dos excedentes do café pelo governo federal, que chega a queimar grandes quantidades do produto para garantir os preços. Há um excedente de produção de 5 milhões de sacas. Segundo Celso Furtado, aproximadamente 1/3 da produção é destruído entre 1931 e 1939[31]. A queima do café

---

31. FURTADO, Celso, *Formação econômica do Brasil*, São Paulo, Editora Nacional, 1977, p. 191.

permite a manutenção do fluxo monetário interno, da demanda interna, estimulando-se o conjunto da economia, garantindo-se também a renda do setor exportador, para o que contribui uma taxa de câmbio extremamente favorável adotada por Vargas.

Essa política favorável ao café é um mecanismo de apoio à demanda interna por produtos industriais e para sustentar a importação de equipamentos e matérias-primas necessárias à indústria. Vargas busca conter os preços agrícolas em um nível baixo, para diminuir o custo da alimentação e, consequentemente, dos salários. Mas a exploração dos trabalhadores pela extração da mais-valia é a base da acumulação, com o pagamento de salários extremamente baixos. Somente em 1940 é que se implanta o salário mínimo, considerado insuficiente pelos próprios empregadores, já que a maioria dos trabalhadores não possuía uma renda mínima que lhes permitisse ter acesso aos bens de consumo produzidos no país.

A intervenção do Estado é fundamental para sustentar esse eixo agroindustrial da acumulação, fortalecendo o eixo industrial. Ao mesmo tempo o Estado se torna mais complexo, criam-se novos mecanismos de ação pela sua intervenção na economia e nos setores sociais. Ele assume investimentos consideráveis, financiamentos de longo prazo que nenhuma instituição privada poderia assumir naquele momento, realizando assim a tarefa de garantir os gastos gerais do desenvolvimento.

A política industrial de Vargas só se define claramente a partir de 1937, em razão mesmo da instabilidade reinante no período anterior, destinado à solidificação política do bloco dominante. A ligação entre Estado e indústria torna-se mais clara pelas pressões internacionais decorrentes da guerra. A criação da Siderúrgica de Volta Redonda é um exemplo do apoio à industrialização no contexto de dependência mundial e no contexto de alianças políticas forjadas pelos americanos para evitar que Vargas se voltasse para a Alemanha nazista. O contrato com o Eximbank para a construção da siderúrgica é assinado em março de 1942[32], e o projeto é também uma exigência militar para a segurança nacional. Na mesma linha

---

32. Sobre Volta Redonda, ver MARTINS, Luciano, op. cit., p. 165-266.

de apoio à infraestrutura necessária à industrialização, Vargas cria também a Companhia Vale do Rio Doce e a Hidrelétrica de Paulo Afonso.

Nessas condições e desenvolvendo a substituição de importações, a indústria se torna o setor mais dinâmico da economia. Em 1932 as importações constituem somente 1/4 do que representavam em 1929. Entre 1920 e 1939 a agricultura atinge 79% do produto físico nacional a preço corrente, e a indústria apenas 20%. Já entre 1933 e 1939 a taxa representada pela agricultura baixa para 57%, e a representada pela indústria sobe a 43%[33]. Entre 1933 e 1939 a produção agrícola só alcança um crescimento anual de 2%, enquanto a produção industrial é de 11,3%, ou seja, 5,6 vezes mais. O crescimento industrial só se acelera a partir de 1933, após a crise política dos primeiros anos do governo Vargas.

Em 1940 existem no país 49.419 estabelecimentos industriais, dos quais 70% foram implantados após 1930, o que mostra a expansão significativa dessa atividade voltada para o mercado interno em apenas uma década. A base dessa expansão se encontra fundamentalmente na utilização dos recursos disponíveis e da capacidade instalada, já que as importações de equipamentos foram proibidas até 1937. A indústria têxtil, por exemplo, trabalha em dois ou três turnos, e durante a guerra a maioria das empresas desse setor funciona 24 horas por dia. Nesse período os industriais têxteis beneficiam-se de subsídios à exportação, enquanto os trabalhadores têm os seus salários controlados e são proibidos de mudar de emprego. Segundo Stein, no período de 1936 a 1945 a indústria têxtil funciona com o máximo de produção e o mínimo de estabilidade[34], devido à crise econômica. Os industriais têxteis pressionam o governo para que deixe de importar novos equipamentos para "eliminar a concorrência entre as fábricas"[35], na própria expressão dos industriais que desejam manter custos equivalentes. Eles também participam ativamente nas decisões do novo governo, principalmente através de Jorge Street, que é

---

33. Ver VILLELA, Annibal Villanova e SUZIGAN, Wilson, op. cit., p. 180.

34. STEIN, Stanley J., *Origens e evolução da indústria têxtil no Brasil: 1850-1950*, Rio de Janeiro e Campus, 1979, p. 143.

35. Idem, ibidem, p. 144.

nomeado para a direção da Divisão Industrial do Ministério do Trabalho. A colaboração entre o governo e os industriais não deixa de crescer, por exemplo, com a participação de Evaldo Loddi e Roberto Simonsen nas decisões governamentais.

No que diz respeito à estrutura industrial, mudanças menores já anunciam tendências de longo prazo. A metalurgia passa de 4,4% da produção industrial em 1919 a 7,9% em 1939, e a indústria mecânica, de 0,1% a 3,8%, respectivamente. Por outro lado, a participação do setor têxtil cai de 29,6% a 22,2% e a do vestuário e calçados cai de 8,7% a 4,9% no mesmo período.

Para alimentar essa expansão com mão de obra, a migração interna de trabalhadores do Norteste para o Sul substitui a migração externa característica da Velha República. A partir de 1920 e sobretudo em 1930 a migração se intensifica para as regiões de São Paulo e Rio de Janeiro, respectivamente o centro industrial do país e a capital da República. No período aqui considerado São Paulo recebe 355.588 migrantes, e Guanabara, 277.356, ou seja, 45,7% de todos os migrantes do país. Minas Gerais perde a mesma proporção de migrantes, e os outros Estados do Nordeste como Piauí, Pernambuco, Alagoas, Sergipe e Bahia também perdem população[36].

É difícil avaliar o número exato de operários em razão de divergências nos recenseamentos e estatísticas. Em 1940 registram-se 781.100 pessoas ocupadas na indústria em relação a 275.500 em 1920[37]. Segundo os dados do recenseamento geral, 1.535.185 pessoas estão ocupadas no setor secundário, ou seja, na extração, na indústria de transformação, na construção, nas companhias de gás e de energia elétrica e nos trabalhos de urbanização, correspondendo a 11,1% da mão de obra empregada.

O movimento operário, dividido no fim do período anterior, não conseguiu reunificar-se, e o Partido Comunista permanece a única organização importante dos trabalhadores, sendo brutalmente reprimido após 1935, já sob a liderança do antigo tenente Luís Carlos Prestes, membro do

---

36. VILLELA, A. V. e SUZIGAN, Wilson, op. cit., p. 283.

37. Idem, op. cit., p. 290.

partido a partir de 1934. Em 1935 esse partido conduz uma revolta militar contra o governo, principalmente em Natal e no Rio de Janeiro, a qual foi esmagada por Vargas, que a utiliza como pretexto para uma repressão generalizada. A revolta representa uma estratégia insurrecional do Partido Comunista que vai se transformar a partir de 1937 em uma estratégia moderada de formação de blocos populares antifascistas.

As organizações sindicais dos trabalhadores são transformadas pela política corporativista em orgãos oficiais ou semioficiais, com o seu controle exercido de cima para baixo pelo Ministério do Trabalho. Esse controle e a profunda modificação na composição da mão de obra industrial, aliados à divisão dos trabalhadores, modificam o perfil de suas lutas. A resistência não se pode manifestar abertamente. As principais características da legislação sindical do governo Vargas serão analisadas no item 3°. A seguir, analisam-se a política e a prática das companhias de seguro.

b) As companhias de seguro

O seguro dos trabalhadores para os acidentes do trabalho é feito por vários tipos de organizações econômicas, como as companhias privadas, as caixas, as cooperativas e os institutos governamentais. Entre esses últimos está o Instituto de Aposentadoria e Pensões dos Marítimos. As cooperativas são limitadas a algumas empresas, e a sua grande maioria filia-se às companhias privadas.

Em 1940 o Ministério do Trabalho realiza uma sondagem entre todas as instituições que se ocupam de seguros de acidentes do trabalho, cujo resultado é visualizado na tabela da página a seguir.

Registram-se 12 companhias de seguro em operação no domínio dos acidentes do trabalho em 1937 e 16 em 1938, apesar do grande número de autorizações de funcionamento então existentes[38].

---

38. Sindicato dos Seguradores do Rio de Janeiro. Estudo desenvolvendo o memorial apresentado a 20 de abril ao Ministério do Trabalho, Rio de Janeiro, outubro de 1939.

Tabela B-1
Instituições de seguro de acidentes do trabalho em 1940

Tipo / Local	Distrito Federal	São Paulo	Paraná	Rio Grande do Sul	Pernambuco	Minas Gerais	Total
Institutos dos Estivadores	1						1
Institutos dos Marítimos	1						1
Cooperativas	10	3				1	14
Caixas	6						6
Companhias privadas	12	5	1	2	1	1	22
Total	30	8	1	2	1	2	44

Fonte: Enquete do Ministério do Trabalho junto às sociedades de seguro de acidentes do trabalho em 1940.

As companhias de seguro de acidentes do trabalho estão vinculadas à burguesia industrial. A mais importante delas, a Segurança Industrial, fundada em 1920 no Rio de Janeiro, tem como presidente Guilherme Guinle, diretor do porto de Santos, industrial e comerciante, como diretores J. A. da Costa Pinto, secretário do Centro Industrial do Brasil, e John Kunning, da Companhia de Cerveja Brahma. A Companhia Paulista é fundada em São Paulo em 1906 por José Paulino Nogueira, J. Cardoso de Almeida, Veriano Pereira, Augusto de Carvalho Rodrigues e o coronel Urbano Azevedo, que têm interesses e negócios nos setores do café, do comércio e da indústria.

Torna-se difícil visualizar a evolução dos negócios das companhias de seguro no domínio dos acidentes de trabalho através da documentação disponível. Um caso típico é o da companhia Segurança Industrial, criada com a finalidade de assegurar riscos de incêndio, marítimos e automobilísticos. Entre 1920 e 1928 os prêmios de acidentes do trabalho desta companhia ultrapassam os dos outros setores. No domínio dos acidentes, os prêmios, que em 1920 totalizam 93518064$670 (réis), atingirão 5557996$124 em 1928, ou seja, 972,84% de aumento[39].

Nos balanços publicados pelas companhias, as despesas relativas às indenizações correspondem a 70,9% dos prêmios, e as despesas adminis-

---

39. In *Revista de Seguros*, v. IX, n. 95, p. 255, maio 1929.

trativas a 31% em 1929, o que nos dá 101,9%, ou seja, 1,9% superior aos prêmios, revelando prejuízo[40]. As companhias Guanabara, Internacional, Sul América e Ypiranga têm um quadro semelhante, apresentando o setor de acidentes com prejuízos, contrastando estranhamente com a prosperidade das companhias de seguro estrangeiras ou nacionais instaladas no país. O relatório da Sul América de 1929 nota que "neste ano, apesar da crise, os resultados são melhores que nunca"[41].

As cinco companhias aqui citadas mostram um crescimento extraordinário dos prêmios de seguros por acidentes do trabalho, que passam de 5332431$310 (réis) em 1925 a 13445366$766 em 1929, ou seja, um aumento de 114,4%. Se compararmos os prêmios por acidentes do trabalho, por exemplo, na Sul América, com os prêmios por outros riscos, vemos que os relativos a acidentes são superiores aos outros juntos, incluindo seguros marítimos, de acidentes pessoais e de responsabilidade civil. Trata-se, portanto, de um setor em plena expansão.

A apresentação dos balanços com prejuízos é uma prática corrente. O sindicato das companhias de seguro, em um documento apresentado ao Ministério do Trabalho em 1939, mostra um saldo negativo de 3,25%, para as cinco companhias seguintes: Sul América, Segurança Industrial, Internacional, Lloyd Industrial e Brasil, registrado entre 1925 e 1934. No mesmo relatório encontra-se um saldo positivo para 12 companhias entre 1925 e 1938. O saldo é de 2,21% e inclui as cinco companhias citadas mais Garantia Industrial Paulista, Seguradora, Meridional, Fortaleza, Paulista, União Panificadora e Protetora[42].

Nos balanços as despesas administrativas não são destacadas por setor e podemos supor que elas são atribuídas abusivamente ao setor de acidentes do trabalho, como o nota E. Olifiers no artigo acima citado (nota 40). Trata-se, sem dúvida, de uma forma de apresentar o setor com déficit a

---

40. Ver OLIFIERS, E., "A margem da Conta de Lucros e Perdas da Carteira de Acidentes do Trabalho", in *Revista de Seguros*, v. XI, n. 110, p. 645-48, ago. 1930. Não consideramos neste total a Companhia Lloyd Industrial, visto que faltam dois anos a serem indicados nas estatísticas. É a companhia que apresenta maiores prejuízos.

41. Ver *Revista de Seguros*, v. X, n. 105, p. 548, mar. 1930.

42. Sindicato dos Seguradores do Rio de Janeiro, op. cit., anexo L.

O TRABALHO DA POLÍTICA

fim de legitimar a sua privatização até como um favor. Entre 1925 e 1929 as despesas administrativas das cinco companhias anteriormente enumeradas totalizam em média 43,07% das receitas, o que significa uma exageração.

Ultrapassada a etapa de competição cega, após 1930 as companhias começam a eliminar a concorrência nociva entre elas pela adoção de um sistema uniforme de tarifas e, com a organização do sindicato dos seguradores, elas se constituem numa força específica no cenário político. Em 1934 as companhias já se manifestam juntamente com o Centro Industrial do Brasil e em 1939 elaboram conjuntamente um relatório ao Ministério do Trabalho, unificando as suas reivindicações.

Entre 1940 e 1948 o setor continua em expansão. Em 1940 o total de prêmios por acidentes do trabalho chega a 77.143.000 cruzeiros (ou seja, 19,7% de todos os prêmios) e em 1948 chega-se a 388.555.000 cruzeiros correspondentes a 17% dos prêmios, verificando-se uma queda de 2,7%. Em compensação, as despesas que em 1940 absorviam 54,44% dos prêmios, caem em 1948 para 42,8%[43].

O governo decide também entrar na concorrência pelo seguro de acidentes já em 1933, quando da criação do IAPM, ou seja, do Instituto de Aposentadoria e Pensões dos Marítimos (Decreto n. 22.872 de 20.06.33). Em 1934 o Instituto realiza o seguro de 61 empresas e, em 1935, esse número chega a 690, atingindo 1.868 em 1941[44]. A política governamental é a mesma das companhias, baseada na indenização, mas representa uma concorrência estatal num setor dominado pelas empresas privadas. Essa política faz parte de uma estratégia mais ampla, que será analisada posteriormente, no item 3.

c) Acidentes e acidentados do trabalho

Durante esse período do governo Vargas é impossível obter-se uma cifra confiável do número de acidentados. Os patrões não asseguram

---

43. Ver IBGE, *Anuário Estatístico do Brasil*, 1949, p. 460-61.

44. FALCÃO, Waldemar, *O Ministério do Trabalho no Estado Novo*, relatório das atividades nos anos 1938, 1939, 1940, Rio de Janeiro, Imprensa Nacional, 1941, p. 191.

aos trabalhadores de forma universal, e as empresas não comunicam os acidentes. Os registros são ainda controlados pela polícia, o que confere um caráter criminoso ao acidente. Existe também a prática do acordo particular entre patrão e operário quando do acidente com uma compensação imediata, sem que o mesmo seja comunicado oficialmente. Neste caso o trabalhador encontra-se em posição desfavorável, pois necessita de dinheiro para a sobrevivência e, por seu isolamento, aceita imposições descabidas.

Somente em 1940 é que o Ministério do Trabalho realiza uma enquete junto às instituições de seguro dos acidentes do trabalho. Das 44 instituições enumeradas, somente 21 responderam ao questionário, das quais apenas nove companhias privadas, de um total de 22. Assim, a enquete é ainda muito deficiente e, mesmo assim, apresenta dados impressionantes.

Constata-se a cifra de 98.848 acidentes para uma população de 95.033 assegurados, ou seja, quase um acidente por assegurado. Segundo o registro policial do Distrito Federal de 1939 há 50.662 acidentes para uma população operária de 123.459 pessoas, sendo que nem todos são assegurados, o que, de certa forma, bate com os dados do Ministério do Trabalho.

O número de operários no país, segundo o recenseamento industrial de 1940, é de 781.185 trabalhando em quase 50.000 indústrias. O número de assegurados registrados na enquete alcança somente 12,1% da população operária, já subestimada no recenseamento que inclui apenas os estabelecimentos oficialmente reconhecidos e instalados.

Com uma população operária muito jovem, pois 43% dos trabalhadores possuem menos de 30 anos, é normal que os acidentes atinjam esta faixa etária de forma mais significativa. Assim, 49% dos acidentes situam-se entre os operários de menos de 30 anos, e os acidentados entre 30 e 39 anos representam 27,7% do total, ficando 15,4% para os trabalhadores de faixa etária entre 40 e 49 anos.

A presença feminina é ainda importante na indústria têxtil. Em 1940, de 245.724 trabalhadores do setor têxtil 141.736, ou seja, 57,7%, são mulheres, mas os acidentes verificados neste setor são relativamente baixos, ficando em 7,6%, comparados, por exemplo, aos acidentes na construção civil, que atingem a cifra de 52,3%. As mulheres acidentadas representam somente 9,3% de todos os acidentados. Os acidentes verificados nas minas e pedreiras situam-se na taxa de 12% dos acidentes industriais, superiores ao do setor metalúrgico, que se eleva a 10,5% ao da indústria de móveis, com 9,8%, e ao do setor químico, com 7,5%. Os acidentes industriais absorvem 80% de todos os acidentes, revelando que o trabalho industrial é perigoso, mesmo que não tenham sido contabilizados os acidentes na zona rural.

A tabela a seguir apresenta os dados recolhidos pelo Ministério do Trabalho em 1940, segundo os setores e a causa dos acidentes.

As quedas de operários durante o trabalho e as quedas de objetos que prejudicam o trabalhador encontram-se entre as principais causas dos acidentes, correspondendo a 32,83%. Os choques com obstáculos significam 15,95%, e as feridas causadas pela utilização de instrumentos e máquinas atingem a cifra de 25,17%. Estes dados evidenciam a ausência de segurança nas condições de trabalho, indicando a insuficiência da fiscalização. Em 1943 existem somente 25 médicos na Seção de Higiene do Ministério do Trabalho e 5 engenheiros alocados para a prevenção de acidentes. As empresas não possuem medidas preventivas, com algumas exceções que serão posteriormente analisadas. Não existe uma prática ou uma política orientada para a prevenção dos acidentes, mas uma prática de seguro e de compensação totalmente inadequadas. O número de lesões aparece em aumento constante nas estatísticas existentes.

A vítima de um acidente de trabalho depende ao mesmo tempo da polícia e das seguradoras, substituindo as Santas Casas nesses casos. A polícia recebe as queixas e comunicados, e as seguradoras devem encarregar-se da indenização e dos cuidados de saúde. Conforme a enquete de 1940, das 710.029 indenizações pagas, 690.419 (97,24%) são destinadas ao pagamento de incapacidades totais ou temporárias sob a forma de jornadas. Assim, a quase totalidade do arranjo relativo às indenizações se faz no sentido de reduzir o período e o custo do benefício. As indenizações por morte atingem o número de 133 em 1940, e as pagas por incapacidade permanente atingem o montante de 1.331, sendo estas as que implicam um período de pagamento mais demorado. As indenizações pagas em diárias visam reduzir o período, o custo e também o conflito entre seguradoras e trabalhador com um acordo imediato.

Tabela B-2
Acidentes do trabalho — 1940 por setor e causas

Setor	Total	%	Causas					Intoxi-cação	Veículos	Choques elétricos	Animais	Desmo-rona-mento	Explo-sões e Incêndio	Outras	Desco-nhecida
			Que-das de objetos	Choques com Obst.	Quedas do Trabalhad.	Instru-mentos Manuais	Máquinas e aparelhos								
Indústria	72.921	73,03	11.878	10.148	10.769	10.436	10.934	2.649	1.122	821	334	347	239	10.153	3.069
Minas e pedreiras	9.542	9,56	2.425	1.840	1.644	888	637	181	144	43	39	175	87	1.135	301
Cerâmica	5.967	5,98	1.207	948	1.572	1.040	215	74	67	18	12	24		728	62
Construção	11.812	11,83	2.442	1.466	2.142	2.988	438	223	157	49	79	49	8	1.464	307
Matalurgia	8.429	8,44	1.222	1.131	1.004	1.243	1.458	455	45	164	28		74	1.214	391
Móveis	7.832	7,84	1.253	809	689	1.365	1.684	50	71	25	43	79	14	1.062	688
Têxteis	6.071	60,8	830	1.086	537	262	2.194	50	48	53	6	3	14	818	170
Outros	23.268	23,30	2.499	2.868	3.181	2.650	4.308	1.607	590	487	127	27	42	3.732	1.150
Criação, Agricultura e pesca	7.558	7,57	1.485	1.466	1.322	1.537	272	68	320	5	341	12	2	441	287
Comércio	7.365	7,38	1.131	2.208	1.896	426	122	103	194	60	19	22	19	998	167
Transporte	7.065	7,08	1.867	1.466	1.287	435	139	52	457	48	52	42	4	900	361
Serviços públicos	3.021	3,03	560	482	230	301	285	70	109	428	54	7	11	389	95
Serviços domésticos	755	0,76	109	111	132	36	5	162	114	20	8		16	27	15
Profissionais liberais	109	0,11	32	6	11	14	7	1	11	4	1			20	2
Créditos e seguros	41	0,04	1		5	1	2	5	9	3				12	3
Desconhecido	1.013	1,00	26	38	34	92	84	4	41	4	9	3	6	216	456
TOTAL	99.848	100,00	17.089	15.925	15.686	13.278	11.850	3.105	2.377	1.414	818	443	297	13.156	4.410
%			17,12	15,94	15,71	13,30	11,87	3,11	2,38	1,42	0,82	0,44	0,30	13,17	4,42

Fonte: Serviço de Estatística da Previdência e Trabalho — enquete sobre os acidentes do trabalho, 1940.

O TRABALHO DA POLÍTICA

As companhias de seguro dizem possuir, em 1939, 474 médicos permanentes, 328 enfermeiros, 124 advogados e convênio com 4.312 médicos[45]. Na realidade somente 1.119 acidentados são hospitalizados em 1940 e 15.725 recebem cuidados médicos, custando, segundo as companhias, 2 milhões de cruzeiros. A maioria das vítimas recebe somente os primeiros socorros, absorvendo com isso 65% das despesas nesse setor.

A prática das companhias relativa aos cuidados reveste duas formas: organização própria de serviços, como o faz a Segurança Industrial, ou estabelecimento de contratos com os hospitais. Esses contratos estão localizados principalmente nas regiões industriais. No Distrito Federal pode-se destacar o Instituto Cirúrgico Paes Carvalho, o Hospital da Cruz Vermelha e o Hospital Evangélico, e em São Paulo o Hospital Santa Catarina. As companhias contratam os médicos destinados às perícias em caso de acidentes do trabalho.

O. Ramagem Soares, inspetor do Departamento Nacional de Saúde, assinala que os patrões, por economia, nem sequer pensam em medidas elementares de profilaxia, conforme a lei de acidente no trabalho, e afirma: "Eles se desobrigam de uma obrigação séria com indenizações ridículas"[46].

A lei de acidentes do trabalho torna-se, na prática, um mecanismo de mercantilização e monetização do acidente, que passa a ser objeto de compra e venda em termos de prêmios e seguros, constituindo-se em mecanismo de acumulação para as empresas e as seguradoras.

3. Regulação estatal e forças sociais em 1932

a) A política corporativista e autoritária: integração e controle dos trabalhadores

Nos primeiros anos do governo provisório de Vargas, mais precisamente de 1930 a 1932, a política social passa a ser centralizada no novo

---

45. Sindicato dos Seguradores do Rio de Janeiro, op. cit.

46. SOARES, O. Ramagem, "Como melhorar as condições de vida dos operários", in *Arquivos de Higiene*, v. 7, p. 269-70, nov. 1937.

Ministério do Trabalho, Indústria e Comércio, criado a 26 de novembro de 1930.

O novo ministério se chama Ministério da Revolução, e seu primeiro titular é Lindolfo Collor, farmacêutico, advogado e jornalista, apoiado pela Frente Única Gaúcha. Collor é amigo e colaborador de Getúlio Vargas[47], e apoiado pela oligarquia gaúcha para o ministério. Em razão dessas alianças, ele deve reagir à oposição dos tenentes, mesmo realizando certas políticas propostas por estes últimos, e se faz acompanhar de personalidades progressistas como Evaristo de Morais, advogado dos sindicatos, e Joaquim Pimenta, antigo líder sindical em Pernambuco.

O discurso de Collor fundamenta-se na ideia da colaboração de classes, na necessidade da intervenção do Estado para a proteção dos trabalhadores e no nacionalismo. Afirma ele: "O amparo do trabalhador nacional não poderia deixar de ser o início da ação governamental, uma vez criado o Ministério do Trabalho".

Um pouco mais adiante, acrescenta:

"É tempo já de substituirmos o velho e negativo conceito de 'luta de classes' pelo conceito novo, construtor e orgânico, de 'colaboração de classes'. A nova República brasileira propõe-se a dar expressão legal e real a essas novas diretrizes sociais. (...) Tanto o capital como o trabalho merecem e terão o amparo e proteção do governo. As forças reacionárias do capital e as tendências subversivas do operariado são igualmente nocivas à pátria e não podem contar com o beneplácito dos poderes públicos."[48]

A política de "colaboração de classes" se exprime em um dos decretos mais contestados do governo provisório, ou seja, o decreto de sindicalização (Decreto n. 19.760, de 19.10.1931)[49]. Segundo o decreto, estabelece-se

---

47. A respeito da administração de Lindolfo Collor e da criação do Ministério do Trabalho, ver ARAÚJO, Rosa M. B. de, *O batismo do trabalho — A experiência de Lindolpho Collor*, Rio de Janeiro, Civilização Brasileira, 1981.

48. Discurso no Rotary Club em 26 de dezembro de 1930, transcrito por ARAÚJO, Rosa M. B. de, op. cit., p. 177-82.

49. Para análise desse decreto, ver MORAIS FILHO, Evaristo de, *O problema do sindicato único no Brasil*, São Paulo, Alfa-Ômega, 1978, e VIANNA, Luiz Werneck, *Liberalismo e sindicato no Brasil*, Rio de Janeiro, Paz e Terra, 1970.

O TRABALHO DA POLÍTICA

um sindicato único de patrões ou operários por município, a intervenção do Ministério do Trabalho no reconhecimento e nas eleições dos sindicatos e a proibição de debates e de orientação política nos sindicatos. A estrutura sindical controlada pelo Estado perdura até 1988, e o líder sindical passa a ter a função de amortecer os choques entre patrões e operários, e por isto é chamado de *pelego*.

A maioria dos operários reage contra a lei de sindicalização, constatando-se também a reação dos tenentes e dos patrões, mas Vargas impõe o decreto a todos, já que nenhum deles tem força suficiente para impedi-lo e nem se aliam para isso.

Em 1939 surge uma nova lei sindical, o Decreto n. 1.402, de 05.08.1939, elaborado por um comitê técnico que amarra mais ainda o sindicato ao Ministério do Trabalho, prevendo a possibilidade de intervenção do Ministério em caso de conflitos e um modelo único de estatutos para todos os sindicatos. Com esse novo regulamento o número de sindicatos reconhecidos cai para 8 em 1940, subindo a 396 em 1941 e a 1.766 em 1962[50].

Como os sindicatos se transformam em ordens de colaboração com o Estado, as reivindicações dos trabalhadores são canalizadas pelos novos aparelhos semioficiais. A função principal das organizações sindicais não é mais a reivindicação e a pressão, mas a assistência médica, jurídica e cultural aos seus membros. Despolitiza-se a ação sindical e, ao mesmo tempo, retira-se dela o seu potencial de mobilização reivindicativa e política.

A política assistencial sindical não elimina o clientelismo governamental representado principalmente pela subvenção às instituições de assistência, realização de obras sociais e apoios a organizações religiosas. Durante a crise de 1930 o Ministério do Trabalho distribui alimentos e recruta mão de obra para "a colonização agrícola". Após 1937 Vargas organiza a campanha da "Marcha para o Oeste", para expandir a fronteira agrícola.

A crise econômica condiciona uma baixa na produção do café e os imigrantes não são mais necessários em tão grande número como na Velha República, havendo excesso de mão de obra. No entanto, continua o

---

50. Ver RODRIGUES, José A., *Sindicato e desenvolvimento no Brasil*, São Paulo, Símbolo, 1979, p. 66.

fluxo de trabalhadores do Nordeste para o Sul. O governo busca limitar a imigração estrangeira através do Decreto n. 19.482, de dezembro de 1930, que obriga as empresas a contratarem 2/3 de trabalhadores nacionais, pondo-se fim à política da Primeira República. Com a nacionalização do trabalho evita-se também a importação de "agitadores" estrangeiros, mas as empresas agrícolas não são atingidas pela lei dos 2/3, o que lhes permite manter os trabalhadores de outros países, satisfazendo-se assim os interesses da oligarquia no contexto da política de compromissos.

A política de integração e de controle dos trabalhadores se traduz também pela implantação de institutos de aposentadorias e pensões para os trabalhadores industriais. Anteriormente, as caixas de aposentadoria eram organizadas por indústria e, agora, os institutos têm como base um conjunto de empresas por setor, mantendo, no entanto, as diferenças de benefícios e contribuições setoriais. Essa divisão fragmenta os trabalhadores e centraliza a administração, ao mesmo tempo em que conserva a heterogeneidade estrutural da produção. Os institutos são controlados pelo governo federal. Em 1933 cria-se o Instituto de Aposentadoria e Pensões dos Marítimos (IAPM), em 1934 o Instituto de Trabalhadores do Comércio (IAPC) e dos Bancários (IAPB), e em 1936 o dos Industriários (IAM)[51]. Os principais benefícios do IAPI são a aposentadoria por invalidez e a pensão por morte, não contemplando a aposentadoria por velhice existente em outros institutos, o que mostra sua limitação e ao mesmo tempo a urgência de se reparar o desgaste da força de trabalho. Somente em 1952 passam a existir aposentadorias por velhice no IAPI.

Essa intervenção do Estado pela criação de institutos em nível nacional traduz um mecanismo novo de prestação direta de serviços a determinadas categorias de trabalhadores que lhes permite a mobilidade em todo o território nacional, pois gozam dos mesmos benefícios em qualquer parte em caso de perda da capacidade de trabalho. Para o governo tornam-se os institutos um instrumento de captação da poupança popular e de distribuição de benefícios que poderiam ser usados nas relações de amizade para obtenção de lealdade das classes subalternas.

---

51. In FALEIROS, Vicente de Paula, op. cit., Capítulo 7.

O autoritarismo era justificado por Oliveira Viana, um dos ideólogos de Vargas, que afirmava que a democracia produz somente incomodidades ao povo[52] e que os hábitos e costumes do povo brasileiro e seu sistema cultural não estão adaptados à democracia. "Sem esta base", afirma ele, "é certo que a democracia se degenere e se corrompa"[53].

Assim, a intervenção do Estado combina a integração social pelos benefícios e pela sindicalização com o seu controle do Ministério do Trabalho, e com a repressão frequentemente usada no contexto autoritário do regime.

De acordo com o pensamento autoritário, a descentralização desemboca no autoritarismo localizado, mas a centralização é "condição de liberdade", para liberar o governo da influência dos partidos locais que jamais foram de âmbito nacional. O pensamento autoritário é também corporativista, propondo a eliminação das divergências pela colaboração, a despolitização pelo nacionalismo e tornando o povo completamente passivo.

Viana afirma que as leis devem ser obra de uma elite e que as mudanças promovidas pelo Estado devem ser "gradativas" e com "apoio ou assentimento nos costumes e tradições do povo-massa". Devemos "deixar de confiar tanto no Parlamento", e "o sufrágio universal e o sufrágio igual é anticientífico, quando aplicado sistematicamente ao nosso povo". Acrescenta: o patronato "vai aceitando a'legislação social cada vez mais boamente"[54] e o Estado Nacional tem o dever de zelar pela solução equitativa dos conflitos entre o capital e o trabalho". Para isto deve usar direta ou indiretamente o princípio fundamental da "técnica autoritária".

Segundo Viana a legislação deveria ser técnica, mas ter a adesão do povo, e nesta orientação corporativista "o conselho técnico é incompara-

---

52. OLIVEIRA VIANA, F. J., Instituições Políticas Brasileiras, Rio de Janeiro, v. II, p. 163, 1974. Para analisar o pensamento de Viana, ver VIEIRA, Evaldo, *Autoritarismo e corporativismo no Brasil*, São Paulo, Cortez, 1981.

53. OLIVEIRA VIANA, F. J. op. cit., v. I, p. 165.

54. Idem, v. II, p. 139-157.

velmente superior ao regime baseado nas urnas: ele é mais fecundo, mais eficaz, mais adaptado à realidade".[55] Nesta perspectiva os conselhos são baseados nas competências e na integração de todos os setores e o próprio Viana afirma que o corporativismo não pode existir sem autoritarismo, ou seja, "nenhuma lei deve ser elaborada ou executada sem tornar-se obrigatória". Acentua, também, que a intervenção do Estado existe para modificar ou modelar a ação dos atores sociais, sendo exemplo disso a legislação dos acidentes do trabalho, pois "os patrões a aceitam", exercendo o Estado sua ação modificadora. Para Viana, a lei de acidentes contraria a mentalidade da época, ou seja, a teoria da culpa, substituindo-a pela do risco profissional. Não analisa as condições econômicas e os interesses em jogo, atendo-se à ação estatal de cima para baixo[56].

A criação de um Conselho Nacional de Economia na Constituição de 1937 deveria ser o exemplo típico dessa técnica antiliberal, mas jamais funcionou, e nos outros conselhos instalados a representação operária é controlada pelo Estado.

O regime autoritário se acentua, após 1935, na repressão à rebelião comunista de novembro e à Aliança Nacional de Libertação[57]. A repressão mais violenta surge no Rio de Janeiro e em Natal, mas o governo faz milhares de prisioneiros políticos em todo o território nacional e governa com o estado de sítio até 1937, quando o regime autoritário é institucionalizado com um golpe de Estado.

Com a nova Constituição de 1937, as greves são proibidas e a repressão atinge a todo movimento operário. Os anarquistas perdem importância e são dizimados, e os comunistas, em razão da repressão e de divisões internas, não chegam a constituir uma organização forte de oposição.

A liberalização só se produz de forma limitada em 1943, no contexto internacional da Segunda Guerra Mundial, e numa nova correlação de forças internas.

---

55. OLIVEIRA VIANA, F. J., *Problemas de política objetiva*, Rio de Janeiro, Record, 1974, p. 147 e 194.

56. OLIVEIRA VIANA, F. J., *Instituições políticas brasileiras*, v. II, p. 139-40.

57. Ver, a propósito, LEVINE, Robert M., *O regime de Vargas — Os anos críticos: 1934-1938*, Rio de Janeiro, Nova Fronteira, 1980.

O TRABALHO DA POLÍTICA

A seguir, analisaremos a ação dos tecnocratas em relação aos acidentes do trabalho em 1932, sem esquecer a aliança que se estabelece entre industriais e governo.

b) Os tecnocratas

No período de estruturação do Ministério do Trabalho os problemas relativos à mão de obra e à seguridade social se situam no quadro de orientação política de "colaboração de classes" e no quadro de uma orientação pragmática de pactos de compromissos sob a hegemonia do Estado. Em relação às caixas de aposentadoria, o governo pede sugestões aos empregados, aos patrões e aos tecnocratas do Ministério do Trabalho, Indústria e Comércio. É uma prática constante desse Ministério fazer reuniões com os representantes desses três setores, mas a coordenação dos trabalhos cabe aos tecnocratas, que elaboram as pautas e as prioridades. Durante a discussão da questão das caixas, o governo suspende a aplicação da antiga lei.

O problema dos acidentes do trabalho preocupa o governo provisório, desde que estava em estudos no Conselho Nacional do Trabalho, o qual é absorvido pelo novo "Ministério da Revolução".

A reforma da primeira lei de acidentes do trabalho começa, em 1923, com um projeto de lei da Comissão de Legislação Social da Câmara dos Deputados, rejeitado em 1925. Em 1927, outro projeto é apresentado com base nos estudos do Conselho Nacional do Trabalho. Elaborado por Afrânio Peixoto, é adotado, na sua maioria, pela Comissão designada por Salgado Filho especialmente para a questão. Em 1926, Carlos Pennafiel apresenta um projeto de prevenção de acidentes, mas que nunca chega a ser votado[58].

A Comissão de Juristas e tecnocratas designada para a revisão da legislação de acidentes do trabalho se compõe de Evaristo de Morais,

---

58. Ver PENNAFIEL, Carlos, "Higiene Industrial e a Defesa dos Trabalhadores em Geral no Rio Grande do Sul", in Anais do 9° Congresso Médico Brasileiro, Porto Alegre, v. 3, 1926, p. 291-343. Para Pennafiel, o Estado deve ser "o guardião da ordem pública e o protetor dos fracos" (p. 294).

Deodato Maia, J. Fernandes Diaz, Mário Peixoto de Sá Freire, Oscar Saraiva e Clodoveu d'Oliveira.

Na justificativa do projeto, Salgado Filho, substituto de Lindolfo Collor, afirma: "É impossível tomar-se maiores precauções para o bem dos empregados e sem sacrifício dos empregadores", Continuando: "No Brasil não há reivindicações nesse assunto. Há concessões. Concessões do governo aos eficientes colaboradores, que são os homens de trabalho, quer braçal, quer intelectual"[59].

Para o ministro, as concessões governamentais aos fracos se faz por um acentuado sentimento de humanidade que torna o Brasil exemplo para outros povos, legitimando-se, assim, a sua intervenção.

A comissão de acidentes do trabalho elabora um novo projeto, agora em estreita colaboração com os patrões, atendendo a certas sugestões dos empregados. Com efeito, a nova legislação não traz grandes modificações à aprovada em 1919, introduzindo apenas algumas, que serão indicadas posteriormente.

A política vigente está voltada mais para os seguros que para os trabalhadores. O serviço técnico do Ministério do Trabalho funciona como um cartório junto às companhias de seguro e às cooperativas, o que foi consolidado pelo artigo 78 do regulamento do Decreto n. 85, de 15.03.1935. A fiscalização das companhias de seguro é feita pelo Departamento Nacional de Seguro Privado e Capitalização, e as autorizações de funcionamento de uma companhia de seguro em matéria de acidentes do trabalho são avaliadas por esse departamento e não pelo próprio Ministério.

Em 1935, o Ministério estabelece uma tabela de indenizações pelas lesões decorrentes dos acidentes e das doenças profissionais (Decreto n. 86) e, em 1937, o governo obriga as cooperativas a constituírem um fundo especial para restituir as partes de capital (Decreto n. 1.756, de 01.07.1937). Em 1940 permite-se aos bancos garantir o depósito de um empregador com a finalidade de prestar indenização (Decreto n. 3.010, de 31.01.1941) e é somente em 1941 (Decreto n. 3.699, de 8 de outubro) que os empre-

---

59. *Jornal do Comércio*, de 30.08.1933, in CARONE, Edgard, *A Segunda República*, São Paulo, Difel, 1974, p. 226.

gadores são obrigados a enviar uma cópia da declaração de acidentes ao Ministério do Trabalho.

Os tecnocratas do Ministério do Trabalho posicionam-se publicamente a favor da estatização dos seguros de acidentes do trabalho, o que terminaria com a exploração comercial desse ramo pelas seguradoras. Em 1936 Oscar Saraiva, chefe da delegação do Brasil na I Conferência Regional Americana do Trabalho, organizada pela (OIT) Organização Internacional do Trabalho, em Santiago, anuncia publicamente a posição brasileira favorável à estatização do seguro de acidentes do trabalho[60].

A intervenção explícita dos tecnocratas traduz o novo encaminhamento implantado a partir de 1930 para regular as relações de forças dentro do aparelho institucional. Assim a burguesia, a oligarquia e os trabalhadores deveriam moldar-se a uma negociação dirigida pelo aparelho estatal. Politicamente, os trabalhadores perdem a sua autonomia quando incorporados ao aparelho estatal de maneira subordinada, já que se estabelecem alianças estratégicas entre o Estado e a burguesia, o que, no entanto, não impede a manifestação de força e resistência das classes subalternas por estes e outros mecanismos. Nessas condições a situação do trabalhador é modificada, gradualmente, na medida em que os patrões reduzem a sua resistência na aceitação de certos custos e certos controles externos da produção.

c) Os patrões e as companhias de seguro

A burguesia industrial depende dos mecanismos estatais para se sustentar no mercado diante da concorrência internacional em razão da fragilidade do processo de acumulação interna do capital e do mercado interno. Articulam-se, assim, diferentes formas de proteção da burguesia industrial, muito utilizadas por Vargas, tais como a criação do crédito

---

60. Citado por Aluísio Alves em seu voto quando da discussão da Lei n. 597/A de 26.11.1948, in *Industriários*, n. 9, p. 23, jun. 1949.

industrial, a suspensão das importações de equipamentos, os subsídios para a exportação, sobretudo durante a guerra. A esses mecanismos, que podemos chamar de *proteção direta*, podem-se agregar a intervenção na taxa de câmbio e os investimentos nos setores da energia e do transporte, que favorecem a expansão industrial.

A imposição de um controle sindical e de benefícios sociais não é aceita sem resistência pelos patrões, que buscam ainda manter o controle direto da classe operária e conservar o máximo de vantagens com o mínimo de custos na exploração da força de trabalho.

A lei de sindicalização oficial obriga também os patrões a organizarem os seus sindicatos por setor e por região, no mesmo molde dos sindicatos operários. Os patrões condenam essa intervenção do Estado por se imiscuir nas relações diretas entre eles e os operários[61], de tal forma que afetem as condições de contrato, até então favoráveis politicamente aos patrões.

Em relação à legislação social, a burguesia industrial sempre teve uma influência direta nas decisões do governo Vargas, tanto nos anos do governo provisório como no período ditatorial. Durante o período inicial representantes dos patrões ocupam importantes postos oficiais e se mantêm em estreitas relações com o chefe do governo. Já em 31 de março de 1931 Jorge Street, antigo presidente do Centro Industrial do Brasil, é nomeado também diretor geral do Departamento Nacional da Indústria e do Comércio, até 1934.

A Federação das Indústrias de São Paulo (Fiesp) mantém uma representação no Conselho Federal do Comércio Exterior. Em 1937 essa entidade se dirige a Vargas para sublinhar o papel importante da indústria e para reclamar contra os "encargos muito pesados" que o governo federal "impõe" às indústrias em relação à legislação do trabalho[62]. As indústrias questionam toda legislação que provoque novos custos, ainda que possam ser repassados aos consumidores. Esta oposição

---

61. In ARAÚJO, Rosa M. B. de, op. cit., 150.

62. Carta da Federação das Indústrias de São Paulo a Getúlio Vargas em 27.09.1937, in SIMON-SEN, Roberto, *Evolução industrial do Brasil*, São Paulo, Editora Nacional, 1973, p. 98-100.

O TRABALHO DA POLÍTICA

manifesta-se concretamente nos casos da legislação sobre férias e do trabalho dos menores.

Pupo Nogueira, secretário da Federação das Indústrias de São Paulo, queixa-se também da própria existência da legislação social como causa de novos conflitos entre patrões e operários, e que se resolviam, segundo ele, de maneira direta. Afirma claramente que a revolução de 1930 impõe essa legislação para obter o apoio das massas. "O apoio das massas", diz ele, "não pode ser obtido a não ser pela concessão de favores e privilégios"[63].

Em 1931 os industriais manifestam-se, através de uma comissão de dirigentes industriais, presidida pelo ministro do Trabalho, que estão de acordo com o seguro social obrigatório para a invalidez, a velhice, a morte e a maternidade, com uma contribuição tripartite do empregado, do empregador e do Estado. Quanto aos seguros por acidentes do trabalho os empresários afirmam que eles "devem continuar a cargo do empregador em um feliz cruzamento com a nova instituição da segurança social, de maneira a reforçá-la"[64].

No mesmo documento os industriais assinalam que a Sociedade Nacional da Agricultura, que representa a oligarquia e os proprietários rurais, não é favorável a uma legislação social para o trabalhador rural, que é excluído desta legislação até 1963.

Jorge Street nota que as leis sobre a sindicalização e as férias são surpresas para os patrões, mas que a determinação da jornada de 8 horas "corresponde à elaboração da nossa comissão"[65]. Com efeito, a lei permite que a jornada de trabalho seja prolongada até 10 horas por dia se as duas partes estiverem de acordo, o que pode ser manobrado pelo patrão. A lei relativa ao trabalho das crianças é aceita "por concessão recíproca", de acor-

---

63. NOGUEIRA, Pupo O., *Como as indústrias deverão executar as leis sociais e trabalhistas*, São Paulo, Escolas Profissionais Salesianas, 1934, p. 34.

64. Federação Industrial do Rio de Janeiro, triênio de 31.03.1934 a 31.03.1937, v. I, p. 166-71, in CARONE, Edgard, *O Pensamento Industrial no Brasil, 1880-1945 (Textos)*, São Paulo, Difel, 1977, p. 491-96. Os empresários apoiam o seguro obrigatório para invalidez, velhice, morte e maternidade.

65. STREET, Jorge, "A legislação trabalhista no Brasil", conferência no Instituto de Engenharia, São Paulo, 30.09.1934, in STREET, Jorge, op. cit., p. 434.

do com Jorge Street[66]. Fixa-se a idade mínima de 14 anos para o trabalho. A jornada de trabalho é a questão fundamental do processo de acumulação dessa etapa do capitalismo brasileiro, baseado na mais-valia absoluta, e o governo, praticamente, não muda as regras do jogo a esse respeito.

Ao mesmo tempo os industriais apoiam a Lei de Segurança Nacional para enfrentar os agitadores estrangeiros que entraram no país[67], para garantia da ordem e da repressão ao movimento operário como respaldo ao processo de acumulação.

A tática dos patrões é de evitar a intervenção do Estado defendendo a relação direta com os operários, exceto na repressão geral, mas articulam-se para obter o mínimo de custos sem conceder na questão fundamental da jornada de trabalho, quando se torna necessária a legislação social.

As companhias e os patrões não querem novos encargos e afirmam que a relação despesas-receitas das companhias de seguro não aumentaram desde 1925. Em um memorial enviado ao Ministério do Trabalho, a Confederação Industrial do Brasil pronuncia-se especificamente a respeito da reforma da lei de acidentes do trabalho, mas dentro da seguinte proposição geral sobre a legislação social:

"a) ela não deve em caso algum trazer prejuízo ao princípio da autoridade e da disciplina nos estabelecimentos industriais, e

b) ela não deve criar novos encargos que não possam ser normalmente suportados pela indústria"[68].

Aí estão as duas exigências fundamentais dos industriais em relação às leis de caráter social: em primeiro lugar que se mantenha o direito de administração e autoridade do patrão para manter a disciplina no interior da fábrica sem intervenção do Estado. Em segundo lugar que as leis não prejudiquem o processo de acumulação do capital, isto é, que ela seja "normalmente suportada".

---

66. Idem, ibidem, p. 440.

67. NOGUEIRA, Pupo, op. cit., p. 50, in *O Estado de S. Paulo*, 05.02.1935.

68. Confederação Industrial do Brasil. Memorial ao Ministro do Trabalho in Federação Industrial do Rio de Janeiro, memorial ao chefe do governo provisório em 04.02.1932, in *Relatório da Diretoria*, Tipografia do Jornal do Comércio, 1936, p. 156.

O memorial dos patrões assinala as seguintes demandas relativas aos acidentes do trabalho: a determinação de um limite máximo para o pagamento das indenizações, a não inclusão no seu cálculo dos serviços oferecidos aos empregados; a remessa de 50% do dinheiro da indenização ao seguro social (e não 2/3); a abolição do depósito obrigatório exigido dos patrões que não realizam seguros; a homologação pelo juiz, e não pelo inspetor do trabalho, dos acordos feitos entre patrões e operários; a minimização das multas por infração à lei.

Essas exigências dos empresários e das companhias de seguros visam diminuir o custo das indenizações e evitar a interferência do Ministério do Trabalho nos acordos entre patrões e operários, ainda que aceitem a homologação do juiz. O acordo é visto como um contrato particular, e não de interesse público. O resultado final expresso na lei é favorável, em grande parte, às demandas patronais, como veremos, a seguir, neste capítulo.

Na prática os empresários tentam criar mecanismos de diminuição dos custos da assistência ao acidentado como pela fundação de uma clínica, em 1934, sob a recomendação da Federação das Indústrias de São Paulo (Fiesp)[69].

No início do governo provisório o empresariado pronuncia-se contra a Portaria n. 51 do diretor da Receita do Distrito Federal, que exigia que os livros das liquidações extrajudiciais dos acidentes fossem apresentados à fiscalização[70]. O empresariado não aceita o controle direto dos acordos, e o governo quer impô-lo, aparentemente para obter mais receitas numa situação de crise. Em 1932 o Decreto n. 21.626 proíbe a liquidação extrajudicial, exceto para os acidentes com incapacidade temporária inferior a 21 dias. A justificativa governamental dessa medida assinala, além da necessidade de se garantir um mínimo aos trabalhadores, o prejuízo causado à receita pela fraude no pagamento de impostos.

---

69. Fiesp, Circular n. 514, de 03.05.1934.

70. Federação Industrial do Rio de Janeiro, op. cit. As companhias de seguro manifestam-se contra o decreto, chamando o governo de empreguista (ver Revista de Seguros, v. XIII, agosto 1934, p. 134).

As companhias de seguro e a Federação das Indústrias do Rio de Janeiro manifestam-se contra o novo decreto (por defender os interesses dos trabalhadores) e contra os cartórios e tabeliães, que "ganham mais que os acidentados"[71].

d) Os trabalhadores

O movimento operário passa por uma fase de divisão e de recuo durante os últimos anos da Velha República. No entanto, as greves não cessam completamente, sobretudo nos períodos mais agudos da crise dos anos 1930. Somente no Estado de São Paulo houve 12 greves em 1930, 6 em 1931, 24 em 1932, 3 em 1933, 20 em 1934, e 20 em 1935[72].

A luta dos trabalhadores manifesta o momento de recuo em 1931 e em 1933, para reagir de maneira mais forte em 1934 e em 1935. Segundo dados recolhidos por Ricardo Antunes, numerosas greves surgem em vários setores — como o têxtil, o bancário, da construção civil, da panificação, das estradas de ferro, dos correios, do transporte coletivo e gráfico. As razões dessas greves são, principalmente, econômicas, aparecendo também uma luta contra a Lei de Segurança Nacional em 1935 e para obtenção de uma caixa de aposentadorias em 1934. Esta última manifestação diz respeito aos bancários[73].

Os trabalhadores protestam também contra a lei de sindicalização, destacando-se a União dos Empregados do Comércio, a Federação Operária de São Paulo e a União Geral dos Trabalhadores do Recife. Até 1934, somente 25% dos novos sindicatos reconhecidos pela lei corporativa provinham de São Paulo e do Distrito Federal, zonas mais industrializadas, como observa Luiz Werneck Vianna[74].

---

71. Confederação Industrial do Brasil, in Federação Industrial do Rio de Janeiro, op. cit., p. 72.

72. Conf. DULLES, John W. Foster, Anarquistas e Comunistas no Brasil, Rio de Janeiro, Nova Fronteira, 1977, p. 438.

73. ANTUNES, Ricardo, *Classe operária, sindicatos e partidos no Brasil, 1930-1935*, São Paulo, Cortez, 1982, p. 121-33.

74. VIANNA, Luiz W., op. cit., p. 142.

Em 1930 existem 372 sindicatos e, em 1931, após a lei, não restam mais que 32 sindicatos reconhecidos, atingindo-se o máximo de 1.208 em 1939, com a criação de novas entidades nas regiões menos industrializadas.

Com a implantação da ditadura em 1937 (Estado Novo), as greves são proibidas e a repressão alcança não só os trabalhadores como toda a oposição. Os sindicatos são mantidos sob a tutela do Estado e cria-se um sistema de relações pessoais entre o ministro do Trabalho e os líderes sindicais na distribuição de benefícios, institucionalizando-se o peleguismo.

A força mais importante no movimento operário é constituída pelos comunistas, que, em 1935, organizam a rebelião militar. Em 4 de abril do mesmo ano o governo promulga uma nova lei de segurança nacional que considera as greves como um crime em certos casos e as manifestações antigovernamentais como atos de subversão. A Aliança Nacional de Libertação, comandada pelo PC, é completamente dissolvida pela repressão.

No interior do aparelho do Estado os líderes sindicais não têm força suficiente para impor e fazer valer seus interesses fundamentais, diante da aliança do empresariado e dos tecnocratas com o beneplácito e a articulação de Vargas. Os operários encontram-se em uma situação de imobilismo, sem condições de aglutinar e relacionar forças no conjunto do país.

Em relação aos acidentes do trabalho o operariado mostra-se favorável à reforma da lei de 1919, como já foi observado, sobretudo manifestando a sua crítica contra as taxas irrisórias de indenização e a forma controlada dos acordos entre patrões e operários[75].

Na comissão encarregada de estudar a lei de acidentes do trabalho e sua regulamentação, nenhum operário está presente, o que mostra a sua ausência em órgãos decisórios, embora haja relações pessoais de alguns líderes sindicais com o ministro do Trabalho.

---

75. Ver, por exemplo, o memorial dos empregados da Estrada de Ferro Leopoldina ao ministro do Trabalho, em dezembro de 1930, in *A Batalha*, de 09.12.1930, *apud* ARAÚJO, Rosa M. B. de, op. cit., p. 74-75.

e) Os resultados

Na lei de 1934 podemos destacar alguns pontos de vantagem aos trabalhadores, como a assimilação da doença profissional aos acidentes do trabalho, a extensão do seu campo de aplicação à agricultura, à pecuária, à pesca e ao comércio, quando houver assalariamento a extensão da lei aos aprendizes; o aumento do limite máximo da indenização e maior rapidez no procedimento judiciário. Além disso, o empregador é obrigado a garantir o pagamento das indenizações por seguro ou depósito em banco.

A equivalência do acidente de trabalho à doença profissional é feita de forma mecânica, considerando-se que a doença equivalente ao acidente deve ser provocada exclusivamente pelo "exercício do trabalho". As doenças endêmicas não são levadas em conta, mesmo se se manifestam em consequência do trabalho, o que limita extraordinariamente o campo de aplicação do conceito de doença profissional. O ministério é que deve elaborar, por regulamento, uma lista dessas doenças, concedendo-se aos burocratas o poder de decidir da existência ou não desse tipo de enfermidade junto aos trabalhadores.

Mesmo com a sua abrangência na agricultura, na prática a lei nunca foi aplicada pelos proprietários rurais, e a lista de indústrias insalubres elaborada pelo ministério em 1939 não inclui nenhuma atividade agrícola.

A prevenção nem sequer é mencionada na lei. Somente em 1940, no relatório da enquete sobre acidentes do trabalho, é que se assinala timidamente: "Por intermédio da educação social e humana cabe ao Estado oferecer sua ação vasta e protetora"[76], referindo-se ao campo da prevenção de acidentes. O Estado se apresenta como protetor, mas dentro da articulação da colaboração de classes do Estado de compromisso.

O regulamento do Decreto n. 24.637 que instaura a nova lei de acidentes é promulgado em 1935 (Decreto n. 85), já na gestão de Agamenon Magalhães, terceiro ministro do Trabalho (1934-1937) de Getúlio Vargas. A demanda dos patrões era que os custos dos seguros fossem arcados pelo

---

76. Os dados aqui mencionados são tirados de "Estatística dos Acidentes do Trabalho" em 1940, in *Boletim do Ministério do Trabalho, Indústria e Comércio*, n. 95, p. 230-72, jul. 1942.

Estado e pelos patrões[77], mas o regulamento mantém a exclusividade da contribuição patronal, permitindo a formação de cooperativas de seguro. Em 1936 instala-se a Comissão de Tarifas, composta de representantes do ministério e das companhias de seguro. Conforme o regulamento, o controle das companhias é feito pelo Departamento Nacional de Seguros Privados e não pelo ministério respectivo, ficando as companhias supervisionadas por elas mesmas e não sob a fiscalização do Estado, de forma a poder exigir-lhe o cumprimento das obrigações.

A legislação de 1934 contém as principais reivindicações do empresariado dentro dos limites gerais da acumulação e do controle sobre os trabalhadores: custos mínimos e manutenção da autonomia patronal no interior das fábricas.

O novo decreto estabelece no artigo 19 o limite de 3.600$000 (réis) como o máximo previsto para a indenização, o que corresponde plenamente às exigências dos empresários. Houve um aumento da indenização de base pela primeira vez desde 1919, mas somente o teto, e não o piso destas é que foi modificado, podendo-se nivelá-las por baixo. Ao mesmo tempo, os profissionais e os assalariados mais bem remunerados ficam excluídos dos seguros.

A exigência patronal de que os salários pagos em serviços (habitação, alimentação) fossem monetizados não é adotada. A lei obriga que esses serviços sejam considerados sob a forma de salário, mas no limite máximo de 50% (artigo 7). Os patrões reclamam precisões e detalhes para evitar gastos imprevistos, como na definição de "concubina", e a lei os atende neste aspecto (artigo 20).

A demanda de que o limite da indenização por incapacidade permanente parcial seja de 70%, e não de 80%, do total da incapacidade total não foi aceita pelo governo (artigo 25).

O empresariado pede que 50% da indenização seja colocada à disposição do seguro social, e não 2/3 como proposto pelo governo. O limite de 2/3 é mantido, mas a partir de um mínimo estabelecido em lei (artigo 26). O depósito exigido dos patrões que não contratam seguros não é

---

77. Ver GOMES, Ângela M. de C., op. cit., p. 231.

abolido, mas os acordos são homologados pelo juiz e não pelo Ministério do Trabalho (artigo 50), o que garante o controle direto do contrato pelo próprio patrão e pela companhia.

O governo mantém a forma de recursos ao Tribunal Superior, contrariando um pedido patronal (artigo 59), e a multa máxima pelo não cumprimento da lei é fixada em 10.000$000 em lugar de 2.000$000, mas em casos muito bem especificados (artigo 66).

Apesar das queixas, o memorial da Confederação das Indústrias reafirma o seu propósito de "colaborar" com o governo, pois dele depende para obter assistência e favores para os projetos de desenvolvimento industrial e com ele está articulado.

Os pontos "mais progressistas" da nova lei são propostos por juristas e médicos que criticaram arduamente a legislação de 1919. Afrânio Peixoto, médico e jurista, já em 1917 propõe uma reforma da lei, destacando os pontos seguintes: uma definição dos acidentes *de* trabalho e não *no* trabalho, o estabelecimento do conceito de causalidade múltipla e não de causalidade única, a extensão e não a restrição do campo de aplicação da lei, o aumento de 50% nas indenizações e um procedimento rápido na justiça[78]. No interior do Conselho Nacional do Trabalho realizam-se estudos, a pedido do Senado, sobre a questão dos acidentes, e o conselho faz um apelo ao governo para que os funcionários federais sejam assegurados[79].

A emergência dessas forças e a intervenção do Estado na questão dos acidentes levam à formulação de novas mediações na regulação das questões sociais, que vão sendo tiradas da esfera policial e da regulação direta para a esfera técnica e profissional, como nova forma de resolução daquelas. Os próprios patrões relutam em perder a autonomia da regulação direta, mas pela intermediação das companhias e de sua aliança com os tecnocratas asseguram o que lhes parece mais importante. Os tecno-

---

78. Ver PEIXOTO, Afrânio, *Parecer sobre a reforma da lei de acidentes do trabalho*, Rio de Janeiro, Conselho Nacional do Trabalho, 1927.

79. Ver Conselho Nacional do Trabalho, relatório do secretário-geral interino, in *Revista do CNT*, v. I, n. 1, p. 80, 1926.

cratas, por sua vez, não são instrumentos passivos dos empresários nem formuladores isolados de políticas, defendendo posições com autonomia relativa no contexto da política de compromissos, muitas vezes articulada pessoalmente por Getúlio Vargas. No item seguinte aprofundaremos a política varguista em relação aos trabalhadores ao analisarmos especificamente a lei de acidentes do trabalho de 1944.

4. Regulação estatal e forças sociais em 1944

a) A política de legitimação e de cooptação

A ditadura de Vargas é corroída por mecanismos e forças internas que lutam pela democratização e por uma nova correlação de força internacional devida à Segunda Guerra Mundial, com a aliança do Brasil e Estados Unidos contra o nazismo. Vargas sente-se ameaçado e busca novas formas de legitimação para manter o poder e obter a aceitação da sociedade. Entre esses mecanismos está a formação de novos partidos políticos, a seguir analisada, e o estabelecimento de um forte aparelho de propaganda para difundir sua imagem de generosidade no estabelecimento da legislação social.

Em 1943, o ministro do Trabalho, Marcondes Filho (dezembro de 1941 a outubro de 1945), comparece ao rádio todas as quintas-feiras, no momento da difusão da "Hora do Brasil", preparado pelo Departamento de Informação e Propaganda (DIP) para falar aos trabalhadores.

No dia 1º de maio de 1943 Marcondes Filho diz, em seu discurso de comemoração da data, no Rio de Janeiro, que ele havia recebido o mandato expresso das organizações de trabalhadores para falar em seu nome. Diz textualmente: "Por delegação dos trabalhadores do Brasil, expressamente dada por seus organismos representativos no Rio de Janeiro, dirijo-me à Vossa Excelência" (Getúlio Vargas)[80]. Exalta a figura de Vargas, princi-

---

80. In *Boletim do Ministério do Trabalho, Indústria e Comércio*, ano 1, v. II, n. 2, p. 126, maio 1943.

palmente sua "sabedoria", da qual teriam surgido as leis sociais. Diz o ministro que os trabalhadores devem "reconhecimento e gratidão" pelos benefícios recebidos e acrescenta que os trabalhadores fazem ao presidente a promessa "de coesão, entusiasmo, dedicação e obediência".

Vargas, por sua vez, declara que a sua política responde à eficácia e às aptidões dos trabalhadores, "sem discriminação, conciliando os interesses em um nível superior da grandeza nacional", acrescentando que ele organizou o trabalho "distanciando-o da luta de classes"[81]. O presidente lembra as medidas sociais por ele promulgadas e as novas propostas, como o salário-familia, as cantinas industriais e escolas industriais. O chefe do governo convida os trabalhadores a sindicalizarem-se para que, "falando por si mesmos diante da administração, eles se integrem na organização do Estado e se liberem de parasitas e demagogos".

O elogio a Vargas parte do seu próprio ministro, manifestando o máximo de cooptação dos trabalhadores, pois o mesmo se exprime em nome do operariado. Vargas busca fundar sua legitimidade como protetor, chefe supremo em tempo de guerra e como democrata em sua luta contra o fascismo, expresso no integralismo, e se coloca ao lado das forças democráticas como líder da reconstrução nacional.

As forças da sociedade civil, sobretudo das classes médias, fazem pressões para a democratização do país fora da tutela de Vargas. Por exemplo, no VIII Congresso de Economia, realizado em 1943, aprova-se a "completa democratização e nacionalização da Previdência Social"[82]. A articulação da sociedade civil e a reação de Vargas pela formação de novos partidos serão analisadas no capítulo seguinte, pois abrem o espaço à democratização e à nova correlação de forças do pós-guerra. A legislação de 1944 situa-se num contexto de ditadura, mas em um momento em que Vargas percebe, como bom político pragmático, a transição à democracia.

A ideologia da cooptação e da legitimação junto aos trabalhadores é utilizada durante toda a ditadura, mas acentuada no período 1943-1944,

---

81. Ibidem, ano 1, v. II, maio 1943, p. 122.

82. Ver METALL, Rudolf Aladar, "O Rumo do Seguro Social Brasileiro", in *Revista do IRB*, ano V, n. 24, p. 65-74, abr. 1944.

ficando as principais decisões e articulações nas mãos do próprio presidente, com o respaldo dos conselhos técnicos.

Durante o Estado Novo, nota Martins, a dinâmica da tomada de decisões permanece nas mãos dos conselhos técnicos e do presidente da República com características bem específicas:

a) a conversão e o tratamento de reivindicações tomam um caráter "técnico" e são feitos por um grupo restrito de atores politicamente responsáveis unicamente diante de Vargas;

b) as instâncias de decisão são praticamente reduzidas a uma só, personificada por Vargas. Em suma, nos conselhos técnicos "as forças vivas da nação" falam mas não decidem[83].

Na elaboração da legislação social dos acidentes do trabalho a decisão pertence a Getúlio Vargas, porém articulada com organismos patronais e com os tecnocratas. Vargas assume a decisão política, mas após entendimentos com os vários interessados, muitas vezes feitos separadamente. Nesse sentido, o Estado não é um instrumento exclusivo da burguesia, embora o governo a ela se alie e esteja presente como força hegemônica, e os tecnocratas, não sendo neutros, também não impõem de cima para baixo as medidas sociais.

b) Os tecnocratas

A estratégia de Marcondes Filho para transformar a legislação de acidentes do trabalho de maneira gradual através da estatização e da unificação dos institutos de seguro segue o projeto da década anterior no novo contexto das forças sociais e baseado no "Estado de compromisso". Marcondes Filho é também advogado e consultor jurídico do Comitê Central das Companhias de Seguro em São Paulo.

Para reformular a lei de 1934 o governo constitui uma comissão de técnicos composta por Antônio Carlos Lafayette Andrade, J. de Segadas Viana, Odilon de Beauclair, Francisco Xavier de Oliveira Galvão, Paulo

---

83. MARTINS, Luciano, *Pouvoir et développement économique*, Paris, Anthropos, 1976, p. 238.

Câmara, Moacir Veloso Cardoso de Oliveira, J. J. Sá Freire Alvim, Joel Rutênio de Paiva e Flamínio Fávero. Entre estes técnicos encontram-se dois médicos: Flamínio Fávero e Joel Rutênio.

Os funcionários do Ministério defendem a nacionalização do seguro de acidentes do trabalho[84]. O projeto da Comissão defende esta opção com muito vigor. Vargas, por sua vez, segundo a exposição de motivos de Marcondes Filho, decide que o seguro de acidentes do trabalho não pode ser objeto da especulação privada e releva da competência do Estado enquanto seguro social[85]. No entanto, não manifesta nenhuma decisão concreta de nacionalização a curto prazo.

Vargas já havia determinado uma regulamentação dos seguros pelo Decreto n. 2.053 e no artigo 213 limitava o número de companhias no setor de acidentes.

Marcondes Filho exalta o papel das comissões técnicas e não hesita em afirmar que elas são bastante democráticas. Em seus discursos de 4 de fevereiro de 1943 o ministro aborda a política de elaboração da legislação social. Para ele as leis elaboradas no Parlamento não são modificadas, mas "hoje as comissões trabalham de maneira aberta e a colaboração não é somente permitida, mas desejada", acrescentando, mais adiante, que "tudo isto mostra que o Estado trabalha em harmonia com o povo"[86].

Referindo-se especificamente à legislação de acidentes no trabalho Marcondes Filho sublinha a generosidade de Vargas, afirmando: "Esta lei demonstra a perseverança do presidente Vargas no objetivo de dar a nossos trabalhadores as maiores aberturas possíveis e as melhores garantias na sua luta cotidiana"[87].

---

84. Ver PAIVA, Joel Ruthênio, *Acidentes do trabalho — Projeto de Lei — Justificação e comentários*, Rio de Janeiro, Imprensa Nacional, 1943. Em 1945 Vargas propõe o Instituto de Serviços Sociais do Brasil (ISSB) com um sistema global de seguro social, mas o presidente é derrubado sem haver regulamentado o decreto, pela pressão das companhias de seguro e de líderes sindicais pelegos. O projeto não tem prosseguimento. Ver MALLOY, James, *The Politics of Social Security in Brasil*, Pittsburgh, University of Pittsburgh Press, 1979, p. 88-89.

85. Ver exposição de motivos de Marcondes Filho ao projeto do Decreto n. 7.036, in *Diário Oficial da União*, de 11.05.1944.

86. Ver *Boletim do Ministério do Trabalho, Indústria e Comércio*, n. 103, p. 331, mar. 1943.

87. Ver *Boletim do Ministério do Trabalho, Indústria e Comércio*, v. XI, n. 131, p. 377, jul. 1945.

A posição pessoal do ministro é diferente da dos tecnocratas no que diz respeito à estatização dos seguros. A comissão propõe a criação imediata do Insat ou Instituto Nacional de Seguro de Acidentes do Trabalho, "para colocar cada vez mais o trabalhador sob a proteção do Estado"[88]. O ministro pretende retardar a estatização e o resultado final é um compromisso com as companhias de seguro para reduzir o seu número no âmbito dos acidentes e fixar um período para a estatização posterior. Com isto as companhias ganharam tempo e a decisão de Vargas de estatizar os seguros não foi contrariada.

A comissão de 1944 critica a lei de 1934, afirmando que o conceito de acidente está maldefinido, que o seu campo de aplicação é limitado, que as indenizações são irrisórias, que o pagamento das indenizações sofrem um processo lento e que as questões de prevenção e de reabilitação não são levadas em coleta. Para os técnicos é necessário que "o risco do trabalho tenha um seguro obrigatório organizado pelo Estado" e eles desconfiam das companhias privadas no que tange à sua eficácia e lucratividade[89].

O modelo tecnocrático propõe a mediação do Estado na questão dos acidentes, permitindo-se, assim, a sua generalização a todas as empresas e a eliminação da intermediação das companhias privadas, pois, segundo a comissão, os interesses das companhias se opõem aos interesses dos trabalhadores.

A comissão defende também os interesses dos especialistas que pretendem prestar, "de forma racional", os serviços ao acidentado com custos menores e mais eficazmente. Afirma: "Da mesma forma que existe uma polícia para defender os bens é necessário organismos para a defesa daqueles que são vítimas nas tarefas que lhes impõe a comunidade"[90].

Nessa perspectiva a polícia deve ser substituída por profissionais, ou seja, a repressão deve ceder lugar à tecnocracia na canalização dos conflitos e na solução de problemas.

---

88. In PAIVA, Joel Ruthênio, op. cit., p. 19.

89. Idem, ibidem, p. 13.

90. Idem, ibidem, p. 22-28.

As proposições da comissão, intensamente discutidas no Ministério do Trabalho desde 1939, recebem uma repulsa das companhias de seguro, como será visto no item seguinte.

c) As companhias de seguro

Já em 1939 as companhias enviam um manifesto ao ministro do Trabalho, Waldemar Falcão, no qual se queixam dos resultados desfavoráveis do setor acidentes do trabalho. Na primeira parte deste capítulo vimos os dados referentes aos lucros das companhias[91]. Contraditoriamente elas se queixam da falta de lucratividade e se posicionam contra a estatização, utilizando todo tipo de argumento jurídico, ideológico e econômico.

No documento em questão, segundo as companhias não existe preceito constitucional que determine a passagem dos seguros aos institutos estatais e, se os seguros forem estatizados, "destruir-se-á o que já existe e os institutos do governo serão incapazes de organizar um serviço eficaz", diz o memorial.

Durante o mandato de Waldemar Falcão (novembro de 1937 a junho de 1941) realizam-se inspeções nas organizações médicas das companhias e a contabilidade do ministério controla as caixas de acidentes do trabalho dos Sindicatos dos Carregadores de Café no Rio de Janeiro, dos Trabalhadores do Comércio de Entrepostos no Rio de Janeiro, da União dos Metalúrgicos e dos Trabalhadores da Construção Civil no Rio de Janeiro e dos Operadores do Porto de Vitória.

Embora as companhias não sejam fiscalizadas, elas se queixam de que o Ministério do Trabalho não fiscaliza suficientemente as indústrias para que elas façam o seguro de seus empregados. A falta de fiscalização por parte do ministério seria responsável pela ausência ou insuficiência dos seguros das indústrias, o que provocaria evidentemente uma diminuição do valor operado pelas seguradoras. É o aumento desse valor e, portanto, dos lucros o que elas defendem.

---

91. Ver nota n. 38 deste capítulo.

No memorial as companhias também concordam com o corporativismo (o que agrada ao governo) e defendem a iniciativa privada para evitar a estatização. O ministro do Trabalho, Waldemar Falcão, pronuncia-se favoravelmente ao corporativismo, dizendo que "o sindicato único abandonou o resto de liberalismo individualista para reafirmar o princípio corporativista"[92]. As companhias, em seu documento, afirmam: "No corporativismo brasileiro (segundo o modelo italiano) a diretiva constitucional é o individualismo" (artigo 135)[93], com receio, talvez, de que o corporativismo nacional acabasse por eliminar a empresa privada. Com efeito o documento considera que a ação do Estado deve ser somente de controle através do Departamento Nacional de Seguros Privados e de Capitalização, e de estímulo através do Instituto de Resseguros do Brasil. O discurso das companhias coloca ênfase nas perdas, na iniciativa privada e no corporativismo, tentando agradar ao governo e defender seus interesses no setor.

Considerando os lucros realizados no setor de acidentes no trabalho, as companhias não querem a estatização e pressionam nesse sentido. O arranjo feito por Vargas e Marcondes Filho vai garantir a continuidade das companhias existentes no setor por um certo tempo, limitando o seu número pela proibição de novas companhias. Pela lei de 1944 as seguradoras no ramo de acidentes do trabalho deveriam cessar suas atividades nesse ramo em 31 de dezembro de 1953 (artigo 112), ganhando com isso quase uma década. Antes dessa data, no entanto, as companhias voltam à luta para impedir a estatização, como veremos no capítulo seguinte.

No que diz respeito à prevenção os seguradores declaram-se dispostos a colaborar com o Instituto de Resseguros do Brasil. Em 1942, em uma reunião das companhias de seguro, Décio Parreiras, um de seus representantes, após fazer o elogio a Vargas, declara que as companhias devem lançar-se em uma campanha de prevenção, lembrando-se das estatísticas de acidentes de 1940[94]. No momento dessa convenção era presidente do

---

92. In FALCÃO, Waldemar, op. cit., p. 275.

93. Sindicato dos Seguradores do Rio de Janeiro, op. cit., p. 12.

94. Ver discurso de Décio Parteiras in *Revista do IRB*, v. 3, n. 15, p. 90, out. 1942.

Instituto de Resseguros João Carlos Vital, antigo tecnocrata e amigo de Vargas. O presidente do sindicato das empresas de capitalização e de seguro privado, Otávio da Rocha Miranda, também presta seu apoio e sua colaboração "a esta campanha patriótica". Afirma também a necessidade de se modificar a legislação para "obrigar os interessados" a enfatizar a prevenção e a fazer uma boa seleção dos operários[95].

Para as seguradoras os verdadeiros interessados na prevenção não são elas mesmas, mas os patrões e operários, pois seus lucros provinham da própria existência dos acidentes.

d) O empresariado

Após a legislação de 1934, a Federação das Indústrias de São Paulo, em sua Circular n. 51, de 20 de agosto de 1934, chama a atenção dos industriais sobre as multas previstas na lei e sobre as vantagens da criação de uma companhia diretamente controlada pelas organizações patronais, como é o caso das empresas têxteis do Rio de Janeiro. No entanto, os industriais de São Paulo não se mostram interessados no negócio, como o manifesta a Circular n. 567, de 28 de setembro de 1934. A razão desse desinteresse talvez seja a estreita ligação já existente entre as companhias e a burguesia industrial.

Em 1941, o Decreto n. 3.010 permite a garantia das indenizações por um depósito feito em banco pelo empregador e somente pelo Decreto n. 3.699, de 8 de outubro de 1941, ficam os empregadores obrigados a enviar ao Ministério do Trabalho uma cópia da declaração de acidentes. Isto tendo em vista a enquete de 1940 que revelou a enorme incidência dos acidentes de trabalho.

O empresariado reage a esse decreto, não aceitando o controle do Ministério do Trabalho sobre as atividades industriais, na defesa da autonomia de direção da empresa. O ministério recua e prorroga a aplicação

---

95. In *Revista do IRB*, ibidem, p. 94.

O TRABALHO DA POLÍTICA

do decreto por seis meses, para, finalmente, suspendê-lo em 17 de abril de 1942 por meio do Decreto n. 4.268. Os patrões continuam a comunicar os acidentes de trabalho à autoridade policial num prazo de 24 horas da ocorrência, conforme o modelo adotado em 11 de abril de 1935. Para os patrões o Ministério do Trabalho deve ser um instrumento, ou melhor, um organismo de controle dos trabalhadores e não de controle dos patrões.

Em 1942 determina-se que as perícias médicas devam ser feitas pelo Tribunal de Acidentes do Trabalho, retirando-se parte do poder das companhias.

A mudança de uma política de indenizações para uma visão preventivista foi-se introduzindo pela ação da sociedade civil e principalmente de certos empresários, obtendo a colaboração do Estado e sua intervenção posterior, não vindo, portanto, de cima para baixo, ou seja, do Estado para a sociedade.

Em 21 de maio de 1941, sob os auspícios da Inter-American Safety Council Inc., de Nova York, os patrões e as companhias de seguro criam a Associação Brasileira de Prevenção de Acidentes (ABPA). Existem associações semelhantes criadas sob o mesmo patrocínio na Venezuela, em Cuba, em Porto Rico e no Panamá[96].

O presidente dessa associação, Antônio Prado Júnior, é prefeito do Distrito Federal, e no momento da fundação da ABPA é também presidente da companhia Segurança Industrial, diretor das Estradas de Ferro Paulista e da Vidraçaria Santa Marina. O vice-presidente é Valentim Bouças, presidente da Hollerith e membro do Conselho Técnico do Ministério da Fazenda. O secretário, J. M. Fernandes, é diretor da Servix Electrica e o tesoureiro da ABPA provém da Companhia de Cimento Portland. As outras indústrias que patrocinam a fundação da ABPA são a Light and Power, canadense, e a Companhia Industrial Piraí. É interessante notar que a Light possui comissões de prevenção desde 1920.

A ação dessa associação ao longo da sua existência, tanto em São Paulo como no Rio de Janeiro, visa a difusão e a propaganda da prevenção

---

96. Ver Associação Brasileira para Prevenção de Acidentes, in *Revista do IRB*, n. 15, p. 104-06, out. 1942.

de acidentes. Mais especificamente ela oferece cursos gerais e especializados de formação em prevenção de acidentes e publica uma revista sobre o assunto[97].

Os contatos entre os Estados Unidos e o Brasil intensificaram-se durante a guerra tanto em nível governamental como da sociedade. A fundação da ABPA é um exemplo dessas relações com a sociedade civil. Em nível estatal vários intercâmbios são realizados pelo Ministério da Educação e da Saúde através de um novo organismo denominado Serviço Especial de Saúde Pública (Sesp). E em 17 de julho de 1942 formalizam-se os contatos para o estudo, a informação e a formação em higiene industrial entre o Sesp e o Institute of Inter-American Affairs. Uma das contribuições desse intercâmbio foi a tradução para o português de manuais americanos de prevenção de acidentes[98]. Começava-se assim a importar o *know-how* americano, não somente na produção industrial, mas também da produção da saúde dos trabalhadores.

Não se deve espantar que esse conjunto de medidas de colaboração entre o Brasil e os Estados Unidos tenha sido negociado no momento em que estes estavam forçando a entrada do Brasil na Segunda Guerra Mundial e desejavam vencer a resistência de Vargas nesse sentido.

O empresariado colabora ativamente com Vargas na elaboração da consolidação da legislação do trabalho. O Centro das Indústrias de São Paulo nomeia uma comissão para apresentar sugestões ao governo, mas aceita, em linhas gerais, um anteprojeto já elaborado pelos tecnocratas[99]. Nessa consolidação estabelecem-se certas medidas mínimas de higiene e segurança do trabalho num capítulo especial (artigos 154 a 223). Pela pri-

---

97. A revista *SOS* existe desde 1965. Entrevistamos Joaquim Augusto Junqueira, atual diretor (1981) da ABPA em São Paulo. A Associação foi declarada de utilidade pública pelo Decreto n. 1.328, de 20.08.1962.

98. Ver Divisão de Higiene, *Como fazer para diminuir o número de acidentes*, Rio de Janeiro, Imprensa Nacional, 1945, e *Prevenção de acidentes*, adaptação do livro *Shop Safety Education*, Ministério da Educação e Cultura/Comissão Brasileiro-Americana de Educação Industrial, 1954.

99. Ver exposição de motivos do Decreto n. 5.452, de 01.05.1943, e o estudo da Comissão da Federação das Indústrias de São Paulo e da Associação Comercial para dar sugestões à CLT, São Paulo, Fiesp, fevereiro de 1943.

meira vez o governo federal formaliza exigências gerais para as condições de trabalho no que diz respeito à iluminação, à ventilação, à salubridade e aos espaços das indústrias.

Com efeito, a industrialização havia se "generalizado" no país como forma dominante de acumulação de capital, e os estabelecimentos industriais haviam se implantado em toda parte; a consolidação estabelece apenas as condições mínimas, e isto em um momento em que a indústria começa a preocupar-se com a produtividade. Sem tais condições é impossível aumentar a produtividade do trabalho.

e) Resultados

O Decreto-Lei n. 7.036, de 10 de novembro de 1944, representa um compromisso entre as exigências dos empresários e os arranjos políticos da relação de forças que se manifesta nessa conjuntura. A indústria torna-se o setor dominante da economia em lugar da agroexportação, e as forças produtivas modificam-se significativamente. O Estado autoritário é sacudido pelo movimento democrático interno e por sua participação na guerra. Quanto aos acidentes do trabalho nota-se forte pressão das companhias de seguro para salvaguardar a sua privatização, e os patrões, em aliança com o Estado, garantem vantagens extraordinárias no período de guerra, começando a preocupar-se timidamente com a prevenção de acidentes. Os trabalhadores permanecem desmobilizados, sendo uma força política em potencial para a democratização e a força de guerra na produção.

O Decreto-Lei n. 7.036 suspende o momento da estatização dos seguros, o que atende as companhias, que continuam sob a supervisão de um instituto particular, o Departamento Nacional de Seguros Privados. O Estado amplia o seu campo de intervenção no domínio dos acidentes, determinando que os institutos de aposentadoria e pensões abram setores de seguro de acidentes do trabalho a partir de 1º de janeiro de 1949 (artigo 112). Com a implantação do Instituto de Aposentadoria e Pensões dos Trabalhadores da Indústria (IAPI) em 1936, o número de segurados passa de 707.753 em 1938 a 1.136.475 em 1943[100], o que torna possível uma base para a implantação de um setor estatal para seguros de acidentes do trabalho. Essa base permite uma análise estatística dos acidentes e a garantia de contribuição para o seguro de acidentes pelo grande número de associados.

A intervenção do Estado nesse domínio lhe traz legitimação junto aos operários, aparecendo como controlador dos abusos das companhias, o que é defendido pelos tecnocratas no Ministério do Trabalho. A nova lei estende o seu campo de aplicação a todos os trabalhadores regidos pela Consolidação das Leis do Trabalho (CLT).

Na nova regulamentação abole-se a distinção entre incapacidade temporária total e parcial. A comunicação do acidente deve ser feita ao juiz e não à polícia, com exceção do caso de morte. As indenizações são aumentadas, e as tabelas de incapacidade são modificadas. A assistência médica torna-se obrigatória, e o processo judiciário é mais rápido, visando facilitar os acordos entre operários e patrões. Esta última medida se inscreve na ideologia da colaboração de classes, submetendo-se os conflitos à decisão da justiça, se não é possível chegar-se a um acordo, ou em casos de morte e de incapacidade permanente. A intermediação da justiça evita a intermediação direta do Executivo, pois diante do juiz os patrões têm maiores condições de alegar provas a seu favor, podendo fazer homologar acordos particulares entre eles e os operários.

As doenças profissionais são também consideradas como acidentes do trabalho, assim como os acidentes ocorridos fora do local de trabalho, mas em função do trabalho. Pela lei, a relação entre a doença profissional e o trabalho não é necessariamente imediata, isto é, o trabalho pode ser considerado concorrente para agravação de uma doença preexistente, por exemplo, como a tuberculose. Este ponto vai possibilitar a abertura de demandas judiciais por indenizações, e grupos de advogados se organizaram em torno desta questão nem sempre favoravelmente ao acidentado.

---

100. Ver Fundação Getúlio Vargas, *A Previdência Social no Brasil e no estrangeiro*, Rio de Janeiro, FGV, 1950, Apêndice C.

As indenizações têm um limite máximo e são estabelecidas por tabelas elaboradas pelo Ministério do Trabalho, o que em geral fica abaixo do salário recebido pelos trabalhadores. No entanto, os prêmios permanecem compatíveis com esses limites. A nova lei prevê certas medidas preventivas e de reabilitação, incluindo as disposições da Consolidação das Leis do Trabalho. Obrigam-se as empresas de mais de cem operários a organizar comissões internas mistas de patrões e operários como finalidades preventivas (Cipa). Essas comissões são regulamentadas pelo Ministério do Trabalho em 1945. Os trabalhadores aí são representados pelo sindicato, quando existente. Tomam parte dessa dois membros da direção da indústria, o médico, o engenheiro e o gerente, presidindo-a um dos diretores da companhia. Em consequência os trabalhadores permanecem em minoria na comissão, mesmo considerando que devem ter três representantes. Na realidade, na maioria das indústrias essa comissão tem um valor apenas simbólico para demonstrar uma preocupação com os acidentes. Entretanto, em várias indústrias há comissões mistas de prevenção que funcionam realmente e que foram estudadas e serviram de modelo para os técnicos do Ministério do Trabalho elaborarem a legislação correspondente. É o caso da Light and Power.

O papel da Comissão Interna de Prevenção de Acidentes (Cipa) é apenas de "dar sugestões" em relação à prevenção e à fiscalização do trabalho (artigo 82). O direito de gerência do patrão não é afetado, pois a ele continuam cabendo as decisões. Na Circular n. 125/45, do Centro das Indústrias de São Paulo, afirma-se que os órgãos competentes do Ministério do Trabalho aceitaram algumas modificações sugeridas pelo centro, sem entretanto explicitá-las, o que mostra as relações entre industriais e governo no tocante à prevenção.

5. Sumários e conclusões

Durante esse período a legislação sobre acidentes do trabalho e condições do trabalho sofre duas grandes modificações. Em 1934 a doença profissional passa a ser considerada como acidente e o campo de aplicação da lei se estende à agricultura, contanto que exista um contrato de salário formal, o que é bastante raro. O seguro patronal torna-se melhor controlado, tendo em vista que a lei obriga o patrão a escolher como forma de seguro seja uma companhia privada, seja um depósito no Banco do Brasil. Mantém-se a comunicação do acidente à autoridade policial. Em 1944 há uma mudança na lei de acidentes e nas normas de higiene do trabalho, sendo estas últimas definidas pela Consolidação das Leis do Trabalho, que reúne a legislação trabalhista promulgada por Getúlio Vargas. Só assim se organiza um tipo de código do trabalho, elaborado por etapas ao longo de quinze anos. A lei de acidentes é melhor elaborada que as anteriores, mantendo no entanto o regime de indenização com maior intervenção do Ministério do Trabalho. Este organismo passa a deter o controle da lista das doenças profissionais, das tabelas de indenizações e da fiscalização da lei. O acidente deve ser comunicado ao juiz. A lei proíbe novas autorizações de funcionamento para companhias de seguro em relação aos riscos de acidentes e determina que em dezembro de 1953 as companhias privadas existentes deveriam cessar suas operações no campo dos acidentes do trabalho. As normas de higiene do trabalho estabelecidas pela CLT definem um mínimo do que podia ser exigido em termos de condições de trabalho (ventilação, calor, ruído e umidade). Essas normas correpondem ao que a indústria, nos intercâmbios entre tecnocratas e patrões, dizia ser capaz de aceitar naquele momento.

Ao longo desse período a industrialização se desenvolveu de forma bastante acelerada e as práticas em matéria de saúde e de segurança no trabalho muito se diversificaram: demissões, acordos extrajudiciais, introdução de equipamentos de segurança e de serviços de higiene, elaboração de normas, contratação de pessoal de fiscalização, despontando uma prática preventiva. Esta última aparece somente em algumas das grandes indústrias.

Em relação às companhias de seguro nota-se principalmente uma forte mobilização política em bloco para pressionar o governo a manter os seguros privados, e elas se entendem para que seja oferecido ao acidentado apenas um mínimo de serviços.

Essa heterogeneidade de práticas reflete a heterogeneidade do processo de acumulação de capital, isto é, a presença simultânea de várias formas de produção (implicando também uma diversificação tecnológica) que se articulam de maneira complexa. Essa realidade atravessa a legislação. Por exemplo, as Comissões Internas de Prevenção de Acidentes estabelecidas em 1944 na lei atingem somente as empresas de mais de cem operários de forma obrigatória. Os serviços que deveriam ser oferecidos aos acidentados pelas empresas são implantados somente se o patrão assim o desejar. A fiscalização do trabalho, ainda que prevista em lei, não é praticada. Para verificar isto basta lembrar o número reduzidíssimo de fiscais do trabalho.

Devemos, contudo, assinalar um primeiro passo, feito no sentido da estatização das companhias privadas de seguros. Dentro de sua política de compromisso entre os grupos dominantes. Vargas limita o número de companhias autorizadas a operar no setor de acidentes do trabalho, sem realizar a posição sustentada anteriormente e defendida pelos tecnocratas do Ministério do Trabalho e pelos líderes sindicais. Ao mesmo tempo, em um compromisso com a oligarquia agroexportadora, limita o alcance da lei aos assalariados sem jamais estendê-la efetivamente aos trabalhadores rurais.

A inclusão dos trabalhadores urbanos nas políticas sociais de Vargas vem acompanhada do controle oficial de suas organizações sindicais e políticas, caracterizando o autoritarismo e o corporativismo. A estrutura sindical imposta pelo Estado prevê o controle do Ministério do Trabalho sobre a vida sindical, por exemplo na realização de eleições e cobrança de descontos, transformando os sindicatos em organismos de assistência paternalista que despolitiza as lutas dos trabalhadores.

Essa intervenção do Estado de cima para baixo é o resultado dos compromissos entre o governo, o patronato e a oligarquia, diante da ameaça de um movimento de baixo para cima. Desde a criação do Ministério do Trabalho, da Indústria e do Comércio em 1930, os patrões participam ativamente das "comissões técnicas" de elaboração das leis. Alguns líderes operários são cooptados para integrar essas comissões, servindo de correia de transmissão (pelegos) entre o Estado e os trabalhadores. Vargas, por sua vez, põe em prática uma política cada vez mais populista, buscando a lealdade dos trabalhadores, mostrando-se como o benfeitor das massas urbanas. A lei de 1944 é apresentada como uma outorga de um doador aos humildes.

No plano ideológico as leis são justificadas pela ideia de harmonia entre as classes sociais, com a implantação gradual e controlada de certas medidas que atendiam a certas categorias de trabalhadores para certos benefícios. Esse gradualismo está relacionado com as pressões do patronato para evitar custos adicionais e intervenção direta do Estado na empresa, e das companhias de seguro contrárias à estatização, aliadas às pressões da oligarquia desfavoráveis a leis sociais no campo e dos tecnocratas e trabalhadores favoráveis à estatização. O bloco dominante tenta articular benefícios e controle da mobilização e organização dos trabalhadores.

No próximo capítulo analisaremos o desenvolvimento da intervenção do Estado nas companhias de seguro e a resistência destas para não serem estatizadas, diante da pressão das classes trabalhadoras num novo contexto político de democracia oposto ao regime autoritário de Vargas.

Capítulo 3
As políticas de saúde e de segurança no trabalho do Estado populista

1. O contexto econômico e social

O período que se estende do pós-guerra até o golpe de Estado de abril de 1964 caracteriza-se por um momento de relativa estabilidade política (1946-1961) e um momento de instabilidade (1961-1964). Vargas é deposto pelas forças armadas em 29 de outubro de 1945, praticamente imobilizado politicamente após ter feito inúmeros esforços para manter-se no poder através da conciliação com os militares. O presidente do Supremo Tribunal Federal é designado como chefe de Estado interino. Nas eleições de 2 de dezembro, o general Dutra, antigo ministro da Guerra de Vargas, é eleito presidente. Vargas é, por sua vez, eleito presidente constitucional em 1950, suicidando-se em agosto de 1954. Após alguns meses de instabilidade política realizam-se novas eleições em 1955 e Juscelino Kubitschek é eleito presidente da República, assumindo o poder em 1956, e após um governo de relativa estabilidade dá posse a Jânio Quadros, que se mantém à frente da nação de fevereiro a agosto de 1961, data em que renuncia ao seu posto. Inicia-se aí um período de instabilidade, que prossegue até 1964. O vice-presidente João Goulart assume o poder em 7 de setembro de 1961 após fortes pressões da sociedade e num regime parlamentarista negociado entre o Congresso e os militares, que o derrubam em 1964.

Grosso modo as lutas políticas desse período têm como polarização, de um lado, as forças que apoiam Vargas e seu projeto de compromisso de classes e, de outro, a oposição a Vargas, que defende maior ênfase às empresas multinacionais e menos intervenção do Estado. Dutra, Kubitschek (com restrições) e Goulart situam-se sob influência varguista e Quadros representa a oposição aglutinada na União Democrática Nacional (UDN). A urbanização e a industrialização dão um significativo salto no período, como o mostra a tabela seguinte.

Tabela C-1
Urbanização e industrialização no Brasil

População das cidades industriais				Resultados do censo industrial			
Data	São Paulo	Rio de Janeiro	Índice	Estabele-cimentos	Pessoal ocupado		
					Total	Operários	
						Nº	Índice
1900	239.820	691.505	54	—	—	—	—
1910+	409.427	924.719	77	3.258	—	150.841	55
1920	579.033	1.157.873	100	13.336	313.156	275.512	100
1940	1.113.644	1.781.507	180	40.983	815.041	669.348	243
1950	2.189.089	2.377.451	263	82.154	1.809.014	1.095.039	397
1960	3.709.274	3.223.408	399	110.339	1.796.837	1.422.986	516
1970	5.921.796	4.252.009	586	164.792	2.659.969	2.154.146	782

* Os dados sobre população são interpolados. Os dados sobre indústria são de 1907.
Fonte: Censos Demográficos e Econômicos.

Essa etapa é caracterizada como populista, em razão das relações do Estado com as massas, excetuando-se o período Dutra. Essas relações fazem apelo a uma ideologia difusa, capaz, no entanto, de mobilizar as massas e de manter a coesão popular em torno da personalidade do chefe do governo. Para essa coesão contribuem as eleições e o crescimento das cidades que concentram a população[1]. A mobilização das massas aglutina um grande número de pessoas em torno de ideais simbólicos, que representam vagos interesses gerais para negação dos conflitos de classes. Vejamos, a seguir, os temas principais desses símbolos em cada momento.

---

1. A tabela acima foi elaborada por RODRIGUES, José Albertino, *Sindicato e desenvolvimento no Brasil*, São Paulo, Símbolo, 1979, p. 66, referindo-se ao processo de concentração urbana e industrialização.

Para atrair as massas, Vargas utiliza o nacionalismo como uma forma de apelo popular contrário aos regionalismos e à dominação externa. Juscelino toma como tema de seus discursos o desenvolvimento e o crescimento enquanto objetivo de todos os brasileiros pela união de esforços. Jânio Quadros adota um discurso moralizador, levantando-se contra a corrupção, e seu símbolo de campanha é a vassoura. Goulart apela para o reformismo, concentrando seu programa de governo sobre as "reformas de base" no campo, no ensino, na cidade, para "combater a inflação sem sacrifício do desenvolvimento", na linguagem do plano trienal elaborado por Celso Furtado. Com essas representações ideológicas o governo consegue manter certas mobilizações em torno de seus projetos e a coesão das massas em torno dele.

Esse clima político de fortes apelos ideológicos se desenvolve em um regime democrático e de grande crescimento industrial, com profundas transformações econômicas na estrutura produtiva. Em relação aos acidentes do trabalho não se nota grandes modificações na lei, mas agudizam-se as lutas pela estatização dos seguros de acidentes do trabalho, principalmente em torno da Lei n. 985, de 1953, e da unificação da Previdência Social em 1960.

A discussão das leis nesses dois momentos envolve as forças políticas agrupadas no Congresso Nacional através dos partidos e suas coligações, valorizando-se o Parlamento. Há que notar que os congressistas anteriormente só tiveram um papel relevante nas constituintes de 1934 e de 1946. De 1937 a 1945 não houve Parlamento. Nossa análise dará mais ênfase à discussão da lei de acidentes do trabalho em 1953, tendo em vista que a questão em jogo era o monopólio dos seguros de acidentes. No período de João Goulart faremos referência à legislação social para os trabalhadores do campo, que pela primeira vez os contempla de maneira sistemática.

a) A industrialização do pós-guerra

Até a Segunda Guerra Mundial processou-se no país uma industrialização de substituição de importações dos bens de consumo, com maior significado durante a Primeira Guerra e durante a crise de 1930. Após a

Segunda Guerra processa-se uma grande expansão da indústria de bens de consumo duráveis, acompanhada da expansão das exportações. A base de sustentação dessa dinâmica assim se estrutura: presença do capital estrangeiro, investimentos públicos e novos mecanismos de financiamento por parte do Estado, com uma participação subordinada da burguesia interna tanto ao Estado quanto aos capitais internacionais.

Os investimentos públicos se realizam nos setores de energia, transporte e de indústrias de base, criando-se a infraestrutura necessária aos investimentos industriais em bens de consumo duráveis, como a fabricação de automóveis e de material elétrico, onde se concentraram os capitais estrangeiros. A fundação do Banco Nacional do Desenvolvimento Econômico (BNDE) representa uma das principais políticas econômicas do Estado para financiamento público, a longo prazo, das atividades industriais[2].

Em consequência de seu crescimento a indústria se torna o setor condutor da economia nacional. Entre 1947 e 1968 a agricultura cai de 30% a 20,5% do Produto Interno Bruto (PIB), e a indústria ascende de 20,6% a 30,6%, com cálculos baseados nos preços de 1953[3], querendo isto dizer que as posições relativas dos dois setores se inverteram, permanecendo os demais em torno de 50%. É necessário salientar ainda que a taxa de crescimento da indústria passa a corresponder ao dobro daquela da agricultura. Tomando o índice 100 para 1949, a agricultura passa de 89,5% em 1947 a 227,1% em 1969, e a indústria de 81,5% a 451,2% no mesmo período.

Esse intenso crescimento do setor industrial deve-se sobretudo à indústria de transformação. Depois da Segunda Guerra Mundial modifica-se significamente a estrutura da indústria. Em 1939 o setor metalúrgico representa apenas 7,6% da produção industrial, chegando a 11,5% em 1969. A produção de material elétrico passa da taxa de 1,2% a 6,3%, e o material de transporte tem uma ascensão vertiginosa de 0,6% a 8,6%, sendo que as indústrias de produtos químicos, farmacêuticos e plásticos passam

---

2. A respeito da criação do BNDE, consultar MARTINS, Luciano, op. cit., p. 358-405.

3. BAER, Werner, *A industrialização e o desenvolvimento econômico do Brasil,* Rio de Janeiro, Fundação Getúlio Vargas, 1979, p. 301.

O TRABALHO DA POLÍTICA

de 9,8% a 17,8%. Estes quatro últimos setores representavam somente 19,2% em 1939, passando a 44,2% da produção industrial em 1969. Num movimento contrário os setores alimentares e têxteis caem de 46,4% para 23,1% no mesmo período[4].

Em 1955 o governo de Juscelino Kubitschek abre as portas ao capital estrangeiro para investimento industrial, dando uma importância crescente à indústria dos setores modernos, que passam a deter 49% da produção industrial já em 1961[5]. Para estimular esse processo o governo realiza importantes obras no setor da energia e implanta uma taxa de câmbio favorável à importação de equipamentos.

O mercado interno, no entanto, se mantém extremamente desigual em razão da distribuição perversa da renda, o que condiciona o processo produtivo a adaptar-se à fabricação de produtos sofisticados para um grupo relativamente restrito[6]. Como o mostra o quadro a seguir.

Tabela C-2
Distribuição da renda no Brasil

População economicamente ativa	% da renda		
	1960	1970	1976
50% inferior	17,71	14,91	11,8
30% inferior	27,92	22,85	21,2
15% superior	26,66	27,38	28,0
5% superior	27,69	34,86	39,0
Total (100%)	100,00	100,00	100,00
Coeficiente de Gini	0,50	0,56	0,60

Fonte: REICHSTUL, H. P. e GOLDENSTEIN, L., 1980.
Dados para 1960 e 1970: Censo Demográfico.
Dados de 1976: Pesquisa Nacional de Amostra por Domicílio.
Idade da população: 10-65 anos.

---

4. Idem, ibidem, p. 302. Conforme as fontes do recenseamento da Fundação Getúlio Vargas e do IBGE.

5. Ver TAVARES, Maria da Conceição, *Da substituição de importação ao capitalismo financeiro*, Rio de Janeiro, Zahar, 1979.

6. Distribuição da Renda Pessoal.

A política de produção baseia-se fundamentalmente no aumento da produtividade, em vez de utilizar, como antes, longas jornadas de trabalho e a força de crianças e mulheres. Nesse período a produtividade cresce a uma taxa duas vezes superior ao aumento dos salários. Entre 1939 e 1959 o salário do pessoal empregado na produção cresce a uma taxa anual de 2,2%, enquanto a produtividade cresce a uma taxa de 4%. Entre 1959 e 1970 o salário cresce na mesma proporção que no período anterior, e a produtividade se desenvolve ainda mais a uma taxa de 4,4%[7]. A participação dos salários no valor agregado da indústria de transformação também se reduz, passando de 30% em 1939 a 29% em 1949, a 27% em 1959 e a 26% em 1967[8], o que mostra o desenvolvimento da indústria de capital intensivo. Ao mesmo tempo a participação dos estabelecimentos industriais com menos de cinco operários na produção cai de 12,6% em 1949 a 5,1% em 1959, e a dos estabelecimentos de 100 operários ou mais sobe de 56,2% a 60,9% nos mesmos períodos. Assim se desenvolve a concentração industrial através das grandes empresas.

Nota-se, pois, claramente que o processo de industrialização se torna cada vez mais heterogêneo e integrado, pois as pequenas indústrias passam para a órbita das grandes, dependendo delas para o mercado de seus produtos, sobretudo na região sudeste, onde se concentra a produção, principalmente na cidade de São Paulo[9].

Para estimular a industrialização do Nordeste o governo cria a Superintendência do Desenvolvimento do Nordeste (Sudene), oferecendo isenções, energia, créditos e terrenos favoráveis à acumulação capitalista. No entanto não houve grandes investimentos na região, que apenas recebeu algumas migalhas. São Paulo continua até hoje a deter 55% da produção industrial, e o Nordeste apenas 5%, embora agrupe nove Estados da federação.

Durante esse período a política e o papel do Estado na economia mudam profundamente. Nos anos 1950, segundo Francisco de Oliveira,

---

7. Fonte: IBGE, *Indicadores Sociais — Tabelas Selecionadas*, Rio de Janeiro, IBGE, 1979, p. 55.

8. Ver BAER, Werner, op. cit., p. 213.

9. A respeito das desigualdades regionais ver CHALOULT, Yves, *Estado, acumulação e colonialismo interno*, Petrópolis, Vozes, 1978.

O TRABALHO DA POLÍTICA

o Estado não representa mais compromisso oligárquico mas se torna um investidor, um produtor de mercadorias e de serviços, sem no entanto perder seu caráter de mediador das forças sociais por intermédio do populismo[10].

A burguesia nacional e o Estado se articulam para garantir a acumulação através do capital estrangeiro, subordinando-se a ele, sem no entanto perder totalmente a autonomia. O capital estrangeiro tornar-se-á a força principal da acumulação após o golpe de Estado de 1964.

A intervenção do Estado na infraestrutura econômica se organiza através de um plano geral denominado *plano de metas* (período JK), e a política de câmbio se define através da Instrução n. 113 da Superintendência da Moeda e do Crédito (Sumoc), assinada por Café Filho, e que libera a importação de equipamentos industriais. O montante de investimentos estrangeiros registrados na Sumoc passa de 31,3 milhões de dólares em 1955 a 106,8 milhões de dólares em 1960, provindo a maior parte deles dos Estados Unidos[11].

A presença do capital estrangeiro se manifesta diretamente na produção industrial e não mais na produção de serviços urbanos e de transporte. O país passa a depender não só do capital como também da tecnologia estrangeira, além da tradicional dependência dos mercados para a exportação.

Essa política provoca um surto inflacionário importante que, por sua vez, se torna o objeto das lutas e da mobilização dos trabalhadores.

Com o crescimento dos estabelecimentos industriais, aumenta também a classe operária. O número de indústrias sobe de 669.348 em 1940 a 1.422.986 em 1960, e o número de operários sobe de 815.041 em 1940 a 1.796.837 em 1960, ou seja, 220% a mais[12]. A população empregada no setor secundário, em relação aos setores primário e terciário, passa de 13,2% em 1920 a 18,8% em 1960, o que mostra um aumento relativamente pequeno,

---

10. OLIVEIRA, Francisco, *A economia da dependência imperfeita*, Rio de Janeiro, Graal, 1977, p. 118.

11. Ver os dados apresentados por IANNI, Octavio, *Estado e planejamento econômico no Brasil*, Rio de Janeiro, Civilização Brasileira, 1977, p. 164.

12. Consultar a nota n. 1 deste capítulo.

tendo em vista a dinâmica da própria estrutura de produção que utiliza pouca mão de obra em relação ao equipamento[13].

"O desenvolvimento econômico" significa um profundo remanejamento das relações existentes entre os tipos de indústria e da própria base da acumulação de capital[14]. Esta base passa a ser o setor de bens de consumo duráveis, tendo como motor a indústria automobilística, e se fundamenta na presença significativa do capital estrangeiro e na utilização da produtividade. Com essas três características a indústria manifesta um crescimento acelerado entre 1956 e 1962, com uma taxa média anual de 10,2%.

Esse crescimento produz também um efeito ideológico nas diferentes forças sociais, pelos ganhos relativos imediatos tanto para a burguesia como para o proletário. Os salários crescem ou podem crescer ao mesmo tempo que o valor agregado da indústria, embora aumente a margem de lucro.

No período de Vargas houve um movimento nacionalista importante pela formação do monopólio estatal do petróleo e a organização da Petrobrás. Ao mesmo tempo Vargas fazia concessões aos Estados Unidos com a participação do Brasil em uma comissão mista com os americanos a fim de definir a estratégia econômica do país.

Tabela C-3
Populações economicamente ativa por setor

	1920	1940	1950 (%)	1960	1969
Primário	66,7	64,4	60,1	54,1	43,1
Secundário	13,2	15,6	18,1	—	18,8
Terciário	15,3	20,0	21,8	—	38,1
	4,8*				

* Ocupações mal definidas.
Fonte: Recenseamento e PNAD, in SINGER, Paul (com a colab. de Frederico MAZZUCHELLI), Força de Trabalho e Emprego no Brasil: 1920-1969, *Caderno*, São Paulo, Cebrap, n. 3, p. 51, 1971.

---

13. População economicamente ativa por setor.

14. Ver OLIVEIRA, Francisco de e MAZZUCHELLI, Frederico, "Padrões de Acumulação, Oligopólios e Estado no Brasil: 1950-1976", in MARTINS, Carlos Estevam, *Estado e capitalismo no Brasil*, São Paulo, Hucitec/Cebrap, 1977, p. 111-39.

Juscelino Kubitschek adota um discurso desenvolvimentista, volta-se para o mercado interno, mas abre o país aos capitais estrangeiros, que passam a ocupar a produção para esse mercado, em detrimento das importações. O coeficiente de importações cai de 12,6% no período 1950-1954 a 8,6% no período 1955-1961. O investimento estrangeiro parece ofuscado diante da opinão pública com a construção de Brasília, inaugurada em 1960.

O papel do Estado se modifica pela intervenção direta nos investimentos de infraestrutura e de indústrias de base, pela planificação geral e organização do processo de acumulação e investimentos privados, e pelo desenvolvimento do financiamento de longo prazo através de bancos estatais, além de conservar o papel tradicional de controle da taxa de câmbio, freando ou estimulando o movimento de importação-exportação.

b) As companhias de seguro

As companhias de seguro se desenvolvem extraordinariamente durante o período de 1930 a 1964. Esse desenvolvimento é também facilitado pela guerra, quando se forma um *pool* de seguros para garantir as propriedades durante o conflito.

Os dados a seguir enumerados mostram claramente o crescimento geral do setor e também a participação cada vez maior do ramo de acidentes do trabalho no conjunto dos lucros das companhias.

Em 1930, de acordo com os balanços das companhias, o lucro foi negativo, mas em 1935 eles se mostram na ordem de 0,35% de todos os lucros delas. Durante a guerra o número de empresas no setor é congelado, e a parte correspondente aos acidentes passa de 3,95% a 8,48%. É entre 1935 e 1940 que os lucros aumentam de maneira mais significativa, e a parte do ramo acidentes sobe de 0,37% a 4,97%. Em 1943, quando da nova lei de acidentes, as companhias se mobilizam para a defesa firme de seus interesses contrários à estatização, o que mostra também a lucratividade do setor. No entanto, os lucros relativos aos acidentes estão concentrados em um pequeno número de empresas. A seguir apresentamos uma tabela com os lucros das companhias de 1930 a 1964 em moeda corrente.

Tabela C-4
Lucros das companhias de seguro privadas, por setor, nos anos selecionados — Em Cr$ 1.000

Ano	Total	Ramos elementares	Vida	Acidente de trabalho	Elementares e vida	Elementares e acidente do trabalho	Elementares, vida e acidentes do trabalho	%
	a	b	c	d	e	f	g	d/a
1930	13.509	10.348	2.068	-270	90	1.273	—	
1935	37.665	30.072	1.972	141	502	4.978	—	0,37
1940	56.976	31.073	15.823	2.830	1.033	6.217	—	4,97
1945	189.763	116.355	29.667	7.489	1.355	34.897	—	3,95
1950	342.532	134.562	85.902	20.044	27.993	55.146	9.885	8,48
1955	657.889	304.558	82.664	55.712	6.732	178.161	30.062	8,47
1959*	1.207.425	407.914	144.327	115.047	88.660	331.706	119.771	9,53
1964*	9.143.326	3.496.978	97.447	1.379.746	1.085.000	1.981.155	1.103.000	15,09

Fonte: Revista de Seguros do IRB.
* Não são disponíveis dados relativos a 1960 e 1965.

O TRABALHO DA POLÍTICA

Tabela C-5
Prêmios dos seguros diretos — Acidentes do trabalho — Em Cr$ 1.000,00

Anos	A preços correntes	A preços constantes	Índice
1940	77.142	4.998.843	100
1941	91.077	5.222.858	104
1942	107.204	5.559.575	111
1943	132.930	6.241.934	125
1944	178.877	7.939.213	159
1945	238.013	8.967.023	179
1946	318.631	10.417.944	208
1947	370.545	9.963.208	199
1948	388.554	10.111.785	202
1949	429.990	10.634.879	212
1950	481.477	10.833.254	216
1951	559.117	11.216.966	224
1952	662.238	11.543.377	231
1953	590.293	8.895.589	118
1954	884.018	10.911.320	280
1955	1.130.443	11.287.019	225
1956	1.645.397	13.617.084	272
1957	2.436.899	17.314.811	346
1958	3.038.373	18.840.820	377
1959	4.689.560	20.914.215	418
1960	6.182.104	21.319.870	426
1961	9.857.037	25.478.101	509
1962	14.265.027	25.195.782	504
1963	26.265.027	26.275.027	525

Fonte: Revista de Seguros do IRB.

Os prêmios das companhias de seguros provenientes do setor de acidentes do trabalho representam, em média, quase 174 (22%) de todos os prêmios recebidos pelas companhias privadas de seguro entre 1955 e 1960. Neste mesmo período, conforme o balanço das companhias, os sinistros pagos no ramo "acidentes do trabalho" representam 28,5% de todos os sinistros. Comparando estes dados com aqueles provenientes de institutos governamentais de seguros estas despesas aparecem extremamente elevadas, pois estes últimos gastam apenas 2% de sua receita para o pagamento dos sinistros. Na tabela seguinte podemos observar as mudanças nos gastos das companhias em relação aos acidentes, notando-se uma diminuição dos custos das indenizações e da assistência e um aumento dos custos de fiscalização e reservas técnicas.

Tabela C-6
Resultado industrial do ramo "acidentes do trabalho" em anos escolhidos

Despesas	% sobre os seguros diretos		Variações	
	1940	1963	–	+
Indenização e assistência	52,07	45,92	6,15	
Gastos judiciais	1,00	0,78	0,22	
Várias receitas industriais	0,02	0,71	0,69	
Aumento das reservas técnicas	30,3	10,87		7,84
Comissões e fiscalização de riscos	12,30	20,43		813
Diversos gastos industriais	0,04	1,25		1,21
Queda no resultado industriais			10,12	
Total			17,18	17,18

Fonte: Revista de Seguros, n. 164, dez. 1965.

O pagamento das indenizações aos trabalhadores representava apenas 45,92% dos prêmios recebidos pelas seguradoras em 1963. Os prêmios no ramo não pararam de crescer a partir de 1940, como bem o demonstra a tabela anterior, aumentando de 100, em 1940, para 525, em 1963, a preços constantes. Isto pode indicar um maior número de empresas que realizam seguros como também aumento no valor dos prêmios, já que o número de companhias seguradoras não variou significativamente no período. Em 1939, havia 32 companhias operando o ramo, em 1948, 36, e em 1955, 38. Em 1956 aparecem 21 companhias e 8 cooperativas, número que permanece inalterado até 1966, data do início do processo de estatização. Contrastando com esse reduzido número de seguradoras para acidentes cresce o número total das seguradoras que passam de 104, em 1954, a 120, em 1956, e a 154, em 1966.

Os interesses econômicos fundamentais das companhias consistem em realizar um lucro máximo com os acidentes do trabalho. Para isto buscam reduzir a assistência e a indenização ao mínimo, mantendo o aumento dos prêmios e até realizando operações fraudulentas.

Homero Guimarães, antigo inspetor do trabalho em São Paulo, antigo técnico da Previdência Social e militante do Partido Trabalhista Brasileiro (PTB), como delegado regional do Departamento Nacional de Seguros Privados e Capitalização, em São Paulo, encaminha ao presidente da República, João Goulart, um relatório sobre as fraudes cometidas pelas companhias de seguro no ramo de acidentes do trabalho[15].

Entre as principais fraudes enumeradas por esse autor podemos destacar as seguintes:

a) emissão de apólice sobre o montante de prêmios calculados sobre uma base salarial inferior ao montante real;

b) emissão de apólice sobre prêmios calculados sobre um montante inferior de salário, e ainda imposição de uma fatura das despesas realizadas e de uma porcentagem sobre essas despesas;

c) cálculo dos prêmios das apólices baseado sobre o montante real dos salários, mas com a devolução de uma parte do prêmio no fim do contrato em um arranjo com o patrão.

Esta última forma de fraude visa enganar os fiscais do trabalho que olham as apólices em comparação com os prêmios e os salários.

Nota Guimarães que:

"As infrações ao regulamento da lei de acidentes do trabalho são numerosas e tão evidentes que em certas apólices existe um número de empregados segurados inferior ao número real"[16].

---

15. GUIMARÃES, Homero, *Sonegação fiscal e fraude nos seguros de acidentes do trabalho*, relatório da 5ª DRS, 1962. Neste relatório aparece também a representação feita por Guimarães na Justiça contra as companhias de seguro.

16. Idem, ibidem, p. 13.

Torna-se difícil identificar e quantificar o valor das fraudes mas, segundo Guimarães, só em São Paulo o total fraudado chega a "quatro bilhões de cruzeiros por ano".

Como encarregado regional do Departamento Nacional de Seguros Privados, Homero Guimarães assinala que encontrou mais de mil denúncias de fraudes sem que a nenhuma fosse dado prosseguimento administrativo ou judicial. Estuda o caso das 21 companhias existentes em São Paulo e que operam no setor de acidentes e termina por enviar à justiça uma petição contra a Transatlântica Nacional de Seguros e realiza, entendimentos com o sindicato das companhias de seguro para não punir as demais. Para isto consome horas de reunião e com isto demonstra, que a força da lei dificilmente se aplica aos capitalistas criminosos. Ao fim e ao cabo das investigações nota-se um acobertamento das fraudes com uma solução de compromisso de fachada.

Homero Guimarães tenta levar adiante a fiscalização com a "obstrução sistemática" de várias empresas, como do Grupo Industrial Matarazzo, que nunca quis mostrar a documentação pertinente aos seguros de acidentes[17]. O relatório acusa também o Instituto de Aposentadoria e Pensões dos Industriários (IAPI), que "se aproveita da concorrência para realizar seguros a preços mais baixos".

Apesar do compromisso com as companhias, as ações punitivas desenvolvidas por Guimarães não representam uma prática sistemática do governo, mas apenas a iniciativa de um funcionário com visão moralizada da função pública. Essa atitude só se torna possível em uma conjuntura onde exista uma ascensão das lutas populares e um governo populista que necessita do apoio das massas para enfrentar as forças mais reacionárias.

Do lado dos usuários verifica-se também a existência de fraudes, sustentadas pela organização de grupos de advogados que apresentam ações na justiça através da equivalência entre doença profissional e acidentes do trabalho. Os causídicos tentam mostrar que as doenças preexistentes

---

17. Idem, ibidem, p. 32.

O TRABALHO DA POLÍTICA

foram agravadas pelo trabalho, mas exigem uma parte de indenização para cobrir seus honorários. Em um relatório do IAPI de 1965 faz-se referência a "bandos de advogados que agem junto à justiça dos acidentes do trabalho para transformar os empregados em acidentados"[18].

Esses advogados distribuem folhetos na saída das fábricas e, segundo um funcionário de uma companhia de seguros, criaram "uma verdadeira indústria de seguro"[19]. Essa atitude contrariava também os interesses das companhias privadas, mas prejudicava o Instituto de Aposentadoria e Pensões, que terminava por pagar os benefícios da aposentadoria, pois as companhias só se responsabilizavam pela indenização.

Os trabalhadores são acusados também de provocar acidentes, principalmente os marítimos, a fim de obter benefícios com a automutilação, mas o sr. Paulo Ferreira, que trabalha na coordenação dos benefícios do INPS no Rio de Janeiro, nos afirmou em entrevista que se trata de casos isolados.

c) Acidentes e acidentados do trabalho

Como já foi assinalado, é difícil estabelecer uma estatística exata de acidentados do trabalho no país. Em um balanço estimado para 1959, a partir de 46 estabelecimentos em São Paulo, foram calculados um total de 105.336 acidentes com uma perda média de 45 dias por acidente[20]. O número de dias perdidos mostra bem a gravidade dos acidentes levantados. Em 1960 os acidentes de transporte, do trabalho e em casa ocupam o sexto lugar entre as causas de morte no município de São Paulo. O trabalho e a cidade tornam-se perigosos para a vida dos trabalhadores com o desenvolvimento industrial. Em um grupo de indústrias selecionadas

---

18. IAPI, "Relatório das Atividades de 1965", in *Industriários*, n. 109, p. 8, fev. 1966.

19. Afirmação feita em entrevista pelo sr. Alberto Lobato, gerente técnico da companhia Sul América em São Paulo. Paulo Ferreira, da Coordenação de Benefícios do INPS, nos disse que ele havia visto aviões distribuindo panfletos aos trabalhadores para que recorressem aos advogados.

20. PROENÇA, Alceu de A., "Estatística de Acidentes" in *Cipa Jornal*, n. 97, p. 7, jul./ago. 1960.

pelo Serviço Social da Indústria (SESI) em 1959, o coeficiente de frequência dos acidentes é de 46,00 (número de acidentes/número de empregados) e o coeficiente de gravidade é de 2.532 (número de dias de jornadas perdidas/número de homens/horas-trabalho)[21].

Somente na cidade de São Paulo constatam-se 30.557 acidentes em 1961 de acordo com as estatísticas oficiais do IBGE. Os dados mais impressionantes para esse período provêm do setor estatizado de seguros de acidente do trabalho através do IAPI. Existem 400 mil acidentes por ano somente entre os trabalhadores assegurados pelo Instituto[22], o que nos permite fazer uma projeção de que 25% da mão de obra sofram acidentes no período. Esta taxa será posteriormente confirmada após a estatização dos seguros de acidentes em 1967.

Apesar da existência da CLT e das normas de segurança, as condições de trabalho da indústria são ainda bastante desfavoráveis à saúde e à segurança dos trabalhadores nesse período. J. J. Blomfield, assistente chefe da Divisão de Higiene Industrial do Serviço de Saúde Pública dos Estados Unidos, realizou uma enquete no Brasil[23] junto a indústrias e uma mina de extração de ouro, no quadro da cooperação entre os dois países. Os estabelecimentos visitados compreendem indústrias tradicionais, como as têxteis, e indústrias modernas de produtos químicos, metalúrgicos e petrolíferos. Todos eles apresentam riscos para os trabalhadores, mas em 9 não existe nenhuma medida de controle dos riscos e em 14 constata-se uma proteção incompleta ou inadequada. Apenas uma indústria farmacêutica não manifesta riscos de acidentes. As condições de limpeza e de organização são consideradas más em 9 casos, horríveis em 5 casos e excelentes em 4 casos. As sete outras indústrias são apresentadas como normais.

Na mina, Blomfield verifica que 2,4% dos operários estão atingidos pela silicose e 1,7% pela tuberculose ativa[24]. Em 1961 o Sesi realiza uma

---

21. Ver *Cipa Jornal*, v. XIII, n. 409, p. 9, jan. 1962.

22. Ver *Industriários*, n. 64, p. 3-23, ago. 1958.

23. Ver BLOMFIELD, J. J., *Problemas de higiene industrial no Brasil*, Rio de Janeiro, Serviço Especial de Saúde Pública, 1950.

24. Idem, ibidem, p. 14.

enquete sobre as causas de morte e as doenças do trabalho, estudando a causa de falecimento de 182 pessoas entre 1956 e 1960 no Estado de São Paulo. Entre as causas mais importantes estão as queimaduras, responsáveis por 74 mortes, o sufocamento, por 40, e a silicose, por 19[25].

Em relação aos serviços de saúde disponíveis nas indústrias, Blomfield destaca que em 97% dos casos existe uma sala para socorros de urgência, mas o médico de tempo integral só existe em 39% das indústrias visitadas, e o médico de tempo parcial está presente em 47% dos casos. Três indústrias mantêm o hospital próprio, e todas já adotam a prática dos exames de admissão da aptidão do trabalhador em 100% dos casos.

Os serviços de prevenção profissionalizados existem somente em 25% dos estabelecimentos visitados, mas consistem somente na existência de um cargo de diretor de segurança. Existem comissões de prevenção em 87% dos casos.

A análise dos dados mostra que os patrões adotam a prática do controle profissional da aptidão ou inaptidão dos trabalhadores em vez da prática do controle das condições de trabalho. O primeiro tipo de controle baseia-se no exame do corpo dos operários por um especialista e pela ajuda de urgência para colocar o corpo em funcionamento, tendo em vista o seu retorno ao trabalho.

O conjunto dos patrões também criou uma instituição de reabilitação e prevenção para operários inserida no Sesi, que surge no pós-guerra a partir de uma reunião dos industriais em Teresópolis (RJ), em 1946, com o objetivo de obter maior produtividade e de frear o movimento de adesão aos comunistas. O Sesi oferece serviços de educação, médicos, odontológicos e assistenciais. Implanta um instituto específico para reabilitação de acidentados e estimula a formação de Cipas, em colaboração com os organismos de seguro do governo, através da publicação de um periódico, o *Cipa Jornal*, a partir de 1949.

Algumas grandes empresas adotam a prática do estabelecimento de normas de segurança do trabalho um pouco mais estruturadas — como a Ford, a Alumínio do Brasil, a Companhia Brasileira de Estireno, a Cobras-

---

25. Ver *Cipa Jornal*, v. XIII, n. 110, p. 9, set./out. 1962.

ma e a Rhodia[26]. Para implementar essas normas contratam "agentes de segurança" que atuam no interior da fábrica. A empresa Linhas Corrente estabeleceu um serviço de segurança no trabalho em 1949, sendo que a Light nunca deixou de melhorar o seu sistema. A General Motors financia a primeira convenção de presidentes de Cipas em 1949. Em convênio com o Serviço Especial de Saúde Pública (Sesp), o Sesi cria um laboratório de higiene industrial em 1958. A ABPA continua a oferecer cursos e informações sobre as práticas preventivas.

O governo, por sua vez, retoma a política do estímulo, ao menos simbólico, à prevenção, com a criação de um prêmio para aqueles que se distinguiram nessa prática, institucionalizando também a "Semana da Prevenção" no final de novembro de cada ano (Decreto n. 34.174/53).

Vargas estabelece uma regulamentação sobre a insalubridade de certas usinas e operações (Ordem de Serviço de 18.05.1952), sem que se mude a fiscalização deficiente do Ministério do Trabalho, o que faz com que fique mais no papel que na prática. Os agentes fiscalizadores verificam apenas a existência de um certificado de seguro afixado em um lugar visível da fábrica[27], fazendo com que a fiscalização não passe de um ato burocrático e formal, sem levar aos efeitos punitivos da lei. Além disso, os inspetores do ministério são ao mesmo tempo corretores de seguros do IAPI, interessados em obter as comissões a que têm direito. É-lhes, portanto, mais conveniente obter um contrato de seguros que modificar as condições de trabalho.

É necessário ainda notar que os trabalhadores rurais estão praticamente fora do âmbito dos seguros, considerando mesmo que a maioria deles não recebe sequer remuneração em dinheiro. São pagos por meio de trocas de serviços e de produtos agrícolas, com o controle dos patrões sobre o seu consumo através das vendas e barracões, ficando esse trabalhador sem ver e tocar dinheiro vivo.

As políticas empresarial e governamental se articulam não só no interior de cada empresa, mas no seu conjunto. As instituições do Sesi e da

---

26. *Cipa Jornal*, v. 11, n. 99, p. 8-9, nov./dez. 1960.

27. *Boletim da Fiesp*, v. 28, n. 317, p. 205, out. 1955.

ABPA apenas atingem uma parte reduzida das empresas e dos trabalhadores. A política interna da empresa não recebe uma fiscalização efetiva, permanecendo a autonomia de gestão do estabelecimento pelo próprio patrão, que contrata os agentes de segurança porventura existentes. Nota-se, entretanto, uma diversificação da política em relação aos acidentados, com maior presença, ao menos simbólica, do Estado. O desenvolvimento da industrialização, importância na economia interna e sua expansão, exige uma mão de obra em condições de levar a produtividade exigida pelo novo processo. Articula-se, assim, uma integração Estado-economia no sentido da formação de um complexo socioindustrial diversificado, continuando a integração já iniciada com a criação dos institutos de aposentadoria e pensões. Para isto mobilizam-se as forças políticas na nova conjuntura, o que será objeto da análise no item seguinte.

2. As forças sociais e a regulação estatal

a) As políticas populistas

As relações entre o Estado e a sociedade nos anos do pós-guerra modificam-se profundamente, tendo em vista o novo contexto de democratização e as novas relações internacionais. A ditadura de Vargas cai com a participação de movimentos democráticos internos e a presença do país ao lado das forças antinazistas na Europa. Além disso, o processo de industrialização levou à formação de novos grupos e blocos que substituíram a hegemonia da oligarquia agroexportadora. Este novo bloco, no entanto, não foi capaz de se impor com clareza ao conjunto da sociedade para defesa dos interesses de uma burguesia industrial moderna, desenvolvendo um consenso e uma direção em torno dele. A diversificação das cidades e o volume das migrações levam também à formação de uma pequena burguesia assalariada cuja ascensão social passa a ser mais significativa através dos empregos estatais e administrativos nas empresas.

Nessas condições cresce em importância o papel do Estado enquanto organizador do consenso nacional, com a articulação de um compromisso entre as diferentes classes para garantir o processo de acumulação capitalista no seu conjunto e a ordem social. O compromisso não se traduz por uma negociação clara e definida em que cada grupo apresenta os seus interesses, mas por um processo tateante, de avanços e recuos, de acordo com as pressões e contrapressões dos grupos e forças organizados. O Estado utiliza seu poder de manobra e de coerção para proceder a um equilíbrio instável entre as forças dominantes e de suas relações com os grupos dominados. A utilização desse poder pode levar ao prejuízo de certos interesses dominantes a curto prazo, sem no entanto prejudicar o processo geral de acumulação.

O eixo do processo de acumulação no pós-guerra situa-se na industrialização, por um lado, e nas exportações, por outro. Assim, não se pode pensar na indústria sem ter em conta a agricultura agroexportadora, o que leva ao estabelecimento de compromissos das forças organizadas de ambos os setores. Ao mesmo tempo, expande-se o operariado como força econômica e força política, entrando em cena com suas lutas e greves.

No eixo acima indicado a industrialização vai adquirindo um peso maior e exige uma legitimação para que novas formas de exploração sejam aceitas pelas massas urbanas e se obtenha um consenso em torno delas. O Estado articula novos mecanismos de concessão de benefícios e de direitos para a consecução de um mínimo de legitimidade junto às massas, com um discurso participativo e desenvolvimentista. Este é o núcleo político-ideológico do populismo.

Como as reivindicações e as lutas das massas urbanas no pós-guerra se orientam sobretudo para uma melhoria dos salários e maior participação no consumo, o Estado orienta sua política no sentido de aumentar a demanda e o acesso aos bens do mercado. Com efeito, no período analisado, aumentam os salários reais dos trabalhadores[28], e se desenvolve a prestação de vários serviços por parte do Estado. Dentre eles destaca-se a assistência médica da Previdêricia Social. Os novos organismos também oferecem empregos a profissionais e técnicos que se veem integrados no sistema.

---

28. Ver WEFFORT, Francisco. *O populismo na política brasileira*, Rio de Janeiro, Paz e Terra, 1980, p. 161.

O TRABALHO DA POLÍTICA

Durante o governo de Vargas o discurso nacionalista mobiliza as multidões, principalmente em torno da criação da Petrobras, e o presidente denuncia as intervenções estrangeiras. Em seu discurso de 31 de dezembro de 1951[29], Vargas denuncia modificações administrativas na lei de controle dos capitais estrangeiros (9.025/46) e pelas quais os lucros realizados no país são considerados investimentos, o que permitiria a saída de mais de 830 milhões de dólares.

Ao discurso nacionalista alia-se uma pregação personalista e difusa. No dia 1º de maio Vargas declara que não é candidato de um partido mas "candidato do povo"[30]. Para ele, é necessário que o povo se organize para defender seus interesses e, para "dar apoio ao governo", promete corrigir os abusos apelando ao povo para que defenda seus direitos, enumerando benefícios sociais concedidos por ele, como a publicação de textos escolares, o estudo da extensão de benefícios sociais aos trabalhadores do campo e o financiamento de casas populares. No 1º de maio de 1952 Vargas aborda a participação do povo no governo[31] através da influência que os líderes do proletariado possam exercer, e, em 1954, declara aos trabalhadores: "Hoje estais com o governo, amanhã sereis o governo". Para mostrar esta participação integrativa anuncia a nomeação de um trabalhador para a direção do Instituto de Aposentadoria e Pensões dos Bancários. A participação proclamada se estabelece em limites bem definidos.

O período compreendido entre 1955 e 1960 pode ser caracterizado como de estabilidade política, mas com modificações significativas na economia e nas relações sociais, uma interferindo nas outras.

Maria Victbria Mesquita Benevides[32] define a gestão de Kubitschek como um dos raros momentos de estabilidade política no país. Como explicação desse fenômeno salienta a forma das relações existentes entre os partidos políticos, o papel não a intervencionista das forças armadas

---

29. Ver *Ensaios de Opinião*, 02.01.1975, p. 23, Discurso no estádio do Vasco da Gama em 01.05.1951.

30. Idem, ibidem, p. 20.

31. Ver *Ensaios de Opinião*, p. 25-28, 02.01.75.

32. Ver BENEVIDES, Maria Victória de Mesquita, *O governo Kubitschek*, Rio de Janeiro, Paz e Terra, 1976, e MARANHÃO, Ricardo, *O governo Juscelino Kubitschek*, São Paulo, Brasiliense, 1981.

e a ação do poder executivo de mobilização das massas através da sua política econômica.

Kubitschek enfrenta um período de greves mas busca responder em parte às reinvidicações dos trabalhadores com um aumento de salários baseado na expansão capitalista. O Plano de Metas prevê a criação de serviços e empregos através de investimentos na energia, no transporte e nas indústrias de base, justificando-os com a ideia do "desenvolvimento". Nos setores da educação, da alimentação e da saúde constatam-se apenas intervenções isoladas em vários pontos do país, mas insuficientes para a criação de milhares de empregos. Em relação à Previdência Social destaca-se a unificação burocrática dos institutos em 1960. A administração da Previdência comporta um terço de representantes dos trabalhadores, o que dá prosseguimento à tática de participação limitada proposta por Getúlio Vargas.

A principal característica do governo Kubitschek é a abertura ao capital estrangeiro, principalmente pela implantação da indústria automobilística e de bens duráveis de consumo, acentuando-se também a integração das massas ao consumo graças a um aumento real, embora pequeno, dos salários, levando-se também em conta uma inflação constante.

O governo moralista de Jânio Quadros coloca-se "acima dos partidos", mas realiza uma política econômica ortodoxa conforme os ditames do Fundo Monetário Internacional (FMI). João Goulart apresenta-se como defensor das reformas de base, mas recebe a oposição feroz dos militares, das classes dominantes e do capital estrangeiro, que se sentem ameaçados. Goulart deve enfrentar, ao mesmo tempo, a forte pressão das massas por aumento de salários, sendo obrigado a fazer certas concessões nesta área. Com as pressões advindas das classes dominantes e das populares, o governo se enfraquece, não conseguindo controlar pelo populismo as reivindicações populares. O potencial de ameaça é percebido como perigoso pelo bloco dominante, e o governo é derrubado em 1964. As forças do golpe serão analisadas com mais detalhe no próximo capítulo.

A política social da Previdência foi utilizada por Goulart como um meio de sustentação do governo pela "participação" e pelas relações pessoais que ele havia estabelecido com os líderes sindicais através do

PTB. Os sindicatos são instrumentalizados pelo governo para acalmar as reivindicações, e para os trabalhadores do campo, mobilizados pelas ligas camponesas e sindicatos rurais, o governo elabora a Previdência Rural. O Projeto n. GM/327 61-A, que dá exclusividade dos seguros de acidentes do trabalho aos institutos oficiais, é arquivado no Parlamento, hostil em sua maioria a essa medida. Tanto a Previdência Rural como a estatização dos seguros não foram realizados durante o governo Goulart. No entanto, essas medidas por ele apresentadas surgiram no bojo de fortes mobilizações sociais e políticas.

Nota-se nesse período populista a preocupação do Estado com uma participação política limitada das massas e de seus representantes em certos projetos específicos, como da Previdência Social. O governo também desenvolve alguns serviços estatais na área da saúde e dá ênfase ao aumento de salários para integração das massas ao consumo, sobretudo nas cidades que crescem a uma taxa superior à do período anterior.

Nesse contexto estratégico de relações entre Estado e sociedade é que vamos situar a questão dos acidentes do trabalho. Vamos distinguir dois momentos: em 1952 e 1955 realiza-se a discussão, no Parlamento, do monopólio estatal dos acidentes do trabalho, com a aprovação de uma nova lei e, em 1960, procede-se a unificação dos institutos de aposentadoria e pensões, voltando ao debate a questão dos acidentados. Cada um desses momentos será visto em detalhe, com mais ênfase no primeiro, em vista da questão levantada.

As medidas administrativas das instituições governamentais, as práticas dos industriais e das companhias de seguro vão estruturar um complexo socioindustrial de integração das políticas sociais às novas exigências da industrialização, articulado pela correlação de forças presentes. A criação do Sesi, com o apoio do governo, as intervenções da ABPA, das empresas, do Ministério do Trabalho, das companhias de seguro e dos institutos de previdência não são eventos isolados. Respondem a uma estratégia de adequação ao processo de industrialização e de cooptação dos trabalhadores sob a égide da bandeira de "combate ao comunismo" desenvolvida no pós-guerra. Dizia Vargas em 1951: "As dificuldades econômicas são germes constantes de inquietação social e é necessário remediá-las em tempo oportuno para evitar que o povo se agite e faça justiça com suas próprias mãos"[33].

Essa política de *contenção* e controle dos trabalhadores por medidas paternalistas e de integração não descartou o uso frequente do aparelho repressivo nos momentos de greve e a limitação do próprio direito de greve, já realizada por Dutra em 1946. Em 1947 o Partido Comunista, recentemente legalizado, foi proibido, com a perda do mandato parlamentar por parte de seus representantes. As polícias estaduais também intervêm constantemente na contenção dos movimentos sociais, em nome da garantia da ordem pública e da iniciativa privada.

b) Os tecnocratas

Os tecnocratas do Ministério do Trabalho exerceram um papel importante nas modificações da legislação social desse período, como também na criação da Carteira de Acidentes do Trabalho (CAT) do Instituto de Aposentadoria e Pensões dos Industriais (IAPI). Atuaram como articuladores da unificação dos institutos de previdência e como defensores da estatização do seguro de acidentes do trabalho e da implantação da assistência médica governamental. Seu papel não se resume apenas na elaboração de normas: mas como força política de proposição, articulação e pressão. Utilizando a "competência" como forma de intervenção, os tecnocratas estabelecem laços políticos com os dirigentes e muitas vezes trocam de postos entre si. A passagem pelo cargo público é um meio para tornar-se político, e vice-versa.

Diante dos ataques das companhias que visam desprestigiar o setor estatal de seguros com a acusação de ineficácia, os funcionários dos Institutos, sobretudo do IAPI, respondem firmemente com dados estatísticos. Este setor, criado pelo Decreto n. 31.548, de 06.10.1952, em regime de concorrência com as companhias privadas, havia começado a

---

33. In *Ensaios de Opinião*, p. 23, 02.01.1975. Ver também CERQUEIRA FILHO, Gisálio, *A questão social no Brasil: crítica do discurso político*, Rio de Janeiro, Civilização Brasileira, 1982, p. 174.

funcionar em abril do mesmo ano. Em 1954 os institutos governamentais já dispunham de 20 hospitais, de 880 em convênio e de 455 pontos de serviços médicos[34].

Em 1953 o IAPI se constituiu na principal instituição de seguros de acidentes do trabalho, recebendo a preferência dos industriais em razão do custo mais baixo dos prêmios que ofereciam. Isto causou uma queda nos negócios das companhias de seguro existentes no mercado.

Em 1961, através do Decreto n. 3.700, de 9 de outubro, o governo estabelece o monopólio de seguro de acidentes do trabalho do Instituto de Aposentadoria e Pensões dos Marítimos (IAPM). Este instituto já vinha realizando seguros no setor desde 1934, começando já com 61 empresas. Em 1935 detinha o seguro de 960 empresas e, em 1941, de 1.868 empresas[35].

Embora o seguro dos institutos seja obrigatório para as empresas do setor, eles continuam a manter a mesma política de indenização das companhias privadas, mas com melhor atendimento e segurança da aposentadoria e das pensões, conforme o artigo 7° da Lei n. 367, de 31 de dezembro de 1936, que criou o IAPI. Este artigo refere-se apenas a uma ajuda aos acidentados, e não ao seguro. Mais adiante é que os institutos expandiriam sua atuação nas áreas dos seguros, dos serviços médicos, dos restaurantes populares e da habitação, de acordo com as pressões populares e articulações políticas.

Com sua intervenção no mercado de seguros a um custo menor que o das companhias, os institutos se veem apoiados pela burguesia industrial, que, assim, fortifica uma instituição estatal, enfraquecendo o poder econômico das companhias de seguro. Nesse sentido o Estado obriga a estas últimas a um "sacrifício" de curto prazo, que contribui para a acumulação do capital industrial.

---

34. Ver GRACIOSA, Walter Borges, "O Seguro de Acidentes do Trabalho nos Institutos", in *Industriários*, n. 40, p. 22-35, ago. 1954. Ver também CÂMARA, Paulo, *A luta pela socialização do seguro de acidentes do trabalho no Brasil*, Rio de Janeiro, Editora Laemmert, 1964, p. 16. O autor participou da comissão de elaboração da lei de 1944 e foi funcionário do IAPI.

35. Ver nota 44 do Capítulo 2.

Segundo os dados apresentados por Walter Graciosa no artigo citado, em 1953 os institutos dos comerciários e dos industriários alcançam uma receita de Cr$ 160.054.000 em prêmios, enquanto as companhias alcançam Cr$ 316.487.000. O montante dos institutos equivale já a 50,57% ao das companhias.

Vargas presta seu apoio aos técnicos e ao monopólio estatal dos seguros de acidentes do trabalho e, em 23 de dezembro de 1952, chega a assinar um decreto (31.984) que torna obrigatório o seguro para os empregados que trabalham para o governo federal, devendo ser feito nos institutos. Esse decreto também elimina as taxas adicionais *per capita* nos seguros feitos pelos institutos e autoriza que sejam assegurados os patrões não filiados a eles.

Na discussão parlamentar relativa à legislação sobre os acidentes do trabalho e a unificação da Previdência, são os tecnocratas que sustentam os argumentos dos políticos que defendem a tese da estatização e da unificação. Um desses políticos é o deputado Aluísio Alves. Há um entrelaçamento entre Executivo e Legislativo na elaboração das leis sociais, não sendo, pois, obra exclusiva de um maquiavelismo do governo.

O governo estimula a criação das Comissões Internas de Prevenção (Cipas) mas não consegue levar adiante a fiscalização. No decorrer deste capítulo analisaremos também o desenvolvimento da reabilitação já iniciada pelo Sesi. A ação tecnocrática se inscreve no processo de diminuição de custos dos prêmios que são favoráveis à expansão industrial, que também fica quase livre de uma fiscalização rigorosa.

c) Os patrões

Em relação às reivindicações de aumento salarial, muito frequentes no período, a burguesia reage de forma rígida pela recusa de concessões num primeiro momento, transformando as questões salariais em questões políticas de ameaças à ordem pública. O Estado é chamado a dissolver as manifestações.

O TRABALHO DA POLÍTICA

A estratégia patronal consiste em dar o mínimo de concessões econômicas com o máximo de controle político para sustentar o processo de acumulação empreendido no pós-guerra. A tática dos industriais é de vincular os aumentos de salários ao aumento da produtividade e as melhoras da previdência social ao aumento real da renda[36].

Em 1946 os industriais, reunidos em Teresópolis, elaboram a "Carta da Paz Social", na qual se diz que a paz "decorre da obra educativa e da fraternidade", assinalando que "a expansão do capital e a democracia" são fatores de bem-estar[37]. Democracia e expansão do capital estão correlacionados para os industriais no novo processo social e econômico do país.

Na preparação dessa reunião Roberto Simonsen declara que é necessário considerar a assistência, a habitação e a alimentação dos trabalhadores "como parte integrante da política das empresas"[38].

A burguesia industrial não mais se queixa dos custos elevados da legislação social como no período anterior. Para ela, os trabalhadores são um fator de produtividade, um capital humano que deve ser educado e desenvolvido na consciência "cristã" da harmonia social "para atravessar com os pés secos o mar vermelho do totalitarismo", assegura Simonsen. Para realizar essa obra os patrões criam o Serviço Social da Indústria (Sesi) e o Serviço Social do Comércio (Sesc) e com a colaboração dos poderes públicos a manutenção do Sesi se faz pelo desconto de 2% na folha salarial, pelo governo, que os remete à indústria.

Desenvolve-se, assim, uma estreita aliança entre o governo e os patrões, que se estrutura nas modificações das políticas sociais. O Sesi organiza cursos, instala gabinetes médicos, odontológicos e de serviços sociais e serviços de prevenção e readaptação de trabalhadores. O governo por sua vez atua através dos institutos.

Os patrões mostram-se favoráveis à unificação dos institutos com administração paritária de patrões, operários e governo, mas exige um

---

36. Carta de Princípios, II Reunião Plenária da Indústria, novembro de 1955.

37. Carta da Paz Social, Rio de Janeiro, Sesc, 1971.

38. SIMONSEN, Roberto, "O Problema Social no Brasil, discurso de 26.07.1946, in SIMONSEN, Roberto, *Evolução Industrial do Brasil* (org. de Edgard Carone), São Paulo, Editora Nacional, 1973, p. 445-46.

exame atento da questão dos benefícios a fim de evitar custos adicionais. A reivindicação patronal é de que os prêmios pagos fossem baseados sobre as indenizações e não sobre o montante dos salários. Manifestam-se também contra o monopólio dos seguros de acidentes do trabalho solicitando sua não aprovação na Lei Orgânica da Previdência Social. Argumentam que o monopólio dos seguros de acidentes do trabalho irá eliminar os seguros já existentes, aumentar a burocracia e violar a Constituição[39]. Assim se repetem os velhos argumentos contra o monopólio. A lei, aprovada em um período pré-eleitoral, em 04.08.1960, não estabelece o monopólio dos acidentes do trabalho pelo governo. Continua o regime de concorrência, que atenderia aos interesses patronais e eleitorais.

A Lei n. 3.807/60, que unifica a administração e os benefícios dos institutos no mesmo padrão, contribui com importantes medidas no domínio da reabilitação profissional. Ela obriga as empresas com menos de 200 empregados a reservar 2% desses postos para acidentados reabilitados, contanto que tenham mais de 20 empregados. As empresas com mais de mil empregados devem reservar 5% dos postos para acidentados reabilitados, variando o percentual de 2% a 5%. Estas obrigações legais não são colocadas em prática por falta de interesse das empresas e de fiscalização do governo.

São previstas algumas medidas para o tratamento, a orientação e a formação do acidentado. Essas medidas são confiadas a profissionais especializados em cooperação com institutos privados e com a Associação Brasileira de Reabilitação (ABPR), ficando, no entanto, circunscritas a um número restrito de trabalhadores.

d) Os trabalhadores

Após a Segunda Guerra Mundial a principal liderança do movimento operário brasileiro está nas mãos do Partido Comunista. Este partido

---

39. Ver MARAGLIANO, Rubens, *A Previdência Social e sua lei orgânica*, São Paulo, Fiesp, Serviço de Publicações, 1958, p. 127.

apoia, nessa conjuntura, o lema "Ordem e Tranquilidade", no sentido de fortalecer uma frente ampla contra o fascismo. Apesar desta palavra de ordem explodem muitas greves no país e, já em 1945, no principal porto de São Paulo, Santos. O número de sindicalizados aumenta. Nos primeiros meses de 1946 constatam-se 60 greves em São Paulo, com a participação de 100.000 operários[40].

Em 1947 o Partido Comunista é colocado fora da lei, no bojo de uma forte repressão do governo Dutra contra o movimento operário. Essa repressão faz parte do desdobramento da guerra fria dos Estados Unidos contra a União Soviética, com repercussões em toda a América Latina, onde os partidos comunistas são proibidos. De 1948 a 1950 constata-se um refluxo de movimento operário, que recomeça um movimento de ascensão com a eleição de Vargas em 1950, cuja candidatura fora lançada pelo PTB. Em 1951 contam-se 172 greves no país e em 1952 elas sobem para 264[41], atingindo o máximo em 1953 com a grande greve de 300.000 operários em São Paulo, durante o mês de abril, cujo objetivo, o aumento de salários[42].

Nesse contexto de grande agitação política e social realiza-se no Distrito Federal, de 4 a 8 de agosto de 1953, o I Congresso Brasileiro de Previdência Social. Esse conclave reúne os representantes de 1.037 sindicatos vinculados ao Ministério do Trabalho e que patrocina o encontro. À cabeça do ministério está João Goulart, também presidente do PTB e herdeiro político de Vargas. Os tecnocratas do ministério, como Elias Adaime, assistente do presidente do IAPI, também se fazem presentes ao Congresso.

Constitui-se então uma comissão especial encarregada de estudar os acidentes do trabalho, mas já no discurso de abertura o representante do Maranhão pronuncia-se favoravelmente ao monopólio do seguro de acidentes do trabalho e é profusamente aplaudido.[43]

---

40. MARANHÃO, Ricardo, *Sindicato e democratização*, São Paulo, Brasiliense, 1979, p. 43.

41. Para analisar essa greve, ver Moisés, José Álvaro, *Greve de massa e crise política*, São Paulo, Pólis, 1978.

42. TELLES, Jover. *O movimento sindical no Brasil*, São Paulo, livraria Ciências Humanas, 1981, p. 44.

43. *Anais do I Congresso Brasileiro de Previdência Social*, Rio de Janeiro, 1954, p. 67.

O relatório da comissão propõe claramente o monopólio, considerando que os seguros dos acidentes de trabalho fazem parte do seguro total e não devem constituir objeto de lucro; considera também que o monopólio convém aos interesses dos trabalhadores[44]. Os trabalhadores têm consciência de que as companhias privadas atuam intensamente contra o monopólio. Américo Novoa denuncia a companhia Sulamérica, que havia declarado: "Nós temos 35 contos para gastar contra o monopólio do Estado. Se não fizermos isto, as perdas da Sulamérica serão, em 1953-54, de 750.000 contos".

Os trabalhadores sabem, também, que no Congresso Nacional já se havia votado contra o monopólio estatal dos seguros de acidente, e Fiuza Lima propõe que o presidente Vargas vete a decisão do Congresso e sua proposta é aprovada por aclamação.

Amélio Stafa, do sindicato dos trabalhadores das companhias de seguro, reivindica que estes sejam contratados pelo governo em caso de monopolização, o que também estava previsto no relatório da comissão.

Na votação final a estatização dos seguros de acidentes do trabalho através dos institutos de previdência é aprovada por unanimidade, e todos os participantes se levantam para manifestar-se, a pedido do presidente da assembleia, "para que amanhã os exploradores não venham dizer que a moção foi aprovada por aplausos e que alguém não tivesse aplaudido"[45].

Através dessa manifestação fica patente o interesse dos trabalhadores em ver a intervenção do Estado na questão dos acidentes do trabalho, eliminando-se sua mercantilização e a reabilitação acompanhadas da indenização. Esta luta se inscreve num contexto maior de mobilizações por aumento de salários, mas não fica em plano inferior.

Segundo Jover Telles, em 1956 e 1957 mais de 900.000 trabalhadores participam dos movimentos grevistas[46]. A greve mais importante acontece em janeiro de 1956, com o objetivo de lutar pelo aumento do salário mí-

---

44. Idem, ibidem, p. 142.

45. Idem, ibidem, p. 27 ss.

46. TELLES, Jover, op. cit., p. 110, e HARDING, Timothy Foz, op. cit., p. 331-451.

nimo. O aumento de 50%, no entanto, só acontece no mês de agosto. Em 1957, 500.000 trabalhadores da indústria têxtil, de papel e da metalurgia paralisam São Paulo, reivindicando aumento salarial. Em 1958 há nova mobilização pelo reajuste do salário mínimo, e, em 1959, realizam-se 954 greves. Há que considerar que a inflação chega a 50% e os trabalhadores se mobilizam para uma greve geral, mas o governo utiliza a força para reprimir o movimento. Em novembro de 1960, 400.000 trabalhadores levam adiante a greve da "paridade" dos salários dos civis com os militares. Os trabalhadores portuários, marítimos e ferroviários destacam-se como líderes do movimento.

Esse clima de mobilização tem como impacto mais significativo a modificação da forma de organização dos trabalhadores. Contrastando com a estrutura vertical do sindicalismo oficial, cria-se uma organização horizontal de entrelaçamento entre os sindicatos como o Pacto de União Intersindical (PUI).

Realizam-se inúmeros congressos de trabalhadores em todas as regiões do país e em vários setores. Uma das reivindicações que surge desses encontros é o "aperfeiçoamento do sistema de Previdência Social"[47], sem, contudo, colocar em questão o próprio sistema. Os trabalhadores pressionam pela aprovação da Lei Orgânica da Previdência Social[48], sobretudo por ocasião da II Conferência Sindical Nacional em 1959 e que reúne mais de 1.500 delegados.

As questões políticas agitam cada vez mais esses congressos, refletindo uma divisão no seio do movimento operário. O Partido Comunista continua a ser a força mais importante no meio sindical, apesar da clandestinidade. A este partido alia-se uma corrente do PTB. Por outro lado, encontram-se os pelegos, vinculados à máquina política do PTB, que controla os sindicatos de forma clientelística, combatendo as modificações da Previdência que possam ameaçar esses feudos governamentais

---

47. Ver TELLES, Jover, op. cit., p. 64.

48. Por exemplo, in Jover Telles: 2ª Conferência Sindical (p. 67), Congresso dos Trabalhadores do Setor Têxtil (p. 80), Trabalhadores do Distrito Federal (p. 88), Congresso dos Trabalhadoras dos Estabelecimentos de Crédito (p. 89) e Congresso dos Trabalhadores do Paraná (p. 93).

e sindicais. Através deles os pelegos controlam os trabalhadores com a distribuição de assistência e benefícios.

Há também um movimento de cisão do Partido Comunista chamado "Os Renovadores", que defende uma linha independente, nacionalista e reformista. Este grupo, em 1960, apoiou a candidatura de Jânio Quadros à presidência da República, enquanto os comunistas apoiaram o marechal Lott. Os católicos, por sua vez, aglutinaram-se na Frente Nacional do Trabalho que presta apoio a várias greves e luta pela renovação sindical, contra a presença do Partido Comunista.

Os comunistas controlam a maior parte dos congressos realizados e a aprovação da Lei Orgânica da Previdência Social significa para eles a possibilidade de enfraquecer a força dos sindicatos ligados ao PTB.

Em 1957 realiza-se o Congresso dos Delegados do IAPI, no Rio de Janeiro, de 15 a 19 de junho. Estão presentes tanto delegados patronais como operários. Nessa ocasião é discutida a questão dos acidentes do trabalho.

O Congresso aprova unanimemente um aumento de 50% na quantia de dinheiro concedida ao acidentado em caso de indenização, como também a proibição para os inspetores do IAPI de atuarem como corretores de seguro.[49]

A proposta do monopólio dos seguros de acidentes é sustentada com ardor pelos trabalhadores e técnicos, mas recusada pelos patrões. Os argumentos destes últimos baseiam-se na liberdade de contrato do patrão, na arbitrariedade do governo quanto ao aumento de prêmios e na falta de instalações do IAPI. O resultado final da votação foi de 29 votos favoráveis ao monopólio e 9 contra.

Por ocasião do Congresso anuncia-se o aluguel de um edifício no Rio de Janeiro para a construção de um Centro de Readaptação "com os mais modernos equipamentos". O IAPI, em 1957, já dispensa cuidados a 150.000 acidentados por ano e mantém os seguros da metade da indústria no que tange aos riscos de acidente. Poderia parecer estranho a posição

---

49. In *Anais do IV Congresso de Delegados Eleitores do IAPI*, Distrito Federal, 16.06.1957, p. 81-88.

dos industriais delegados contra o monopólio, caso não fosse sua defesa das companhias que auferem lucros com o seguro de acidentes e às quais está ligada a outra metade da indústria.

Os trabalhadores mais uma vez manifestam-se claramente pela estatização do seguro de acidentes do trabalho, mas a prioridade das lutas mais significativas é pelo aumento de salários, cada vez mais corroídos pela inflação. Quando o tema do monopólio aparece os trabalhadores de diversas tendências formam um bloco unido em torno dele, embora as divisões apareçam em relação a outros problemas. Na prática, no entanto, os sindicatos controlados pelo PTB e ligados ao Ministério do Trabalho voltam-se mais para o assistencialismo, tornando-se mais despolitizados. Os sindicatos mais politizados dirigem sua luta pelo aumento de salários. Assistência e salários parecem opostos, mas refletem uma complementação que se articula politicamente, baseada no processo de acumulação. Os aumentos de salários implicam oposição à mais-valia e à dominação patronal, enquanto o assistencialismo tinha por efeito a sujeição dos trabalhadores e um aumento ou uma ajuda à renda, de forma arbitrária.

e) Os trabalhadores rurais

A modernização da agricultura brasileira é uma das condições da expansão do capitalismo industrial, seja como fonte de abastecimento dos trabalhadores urbanos, seja como mercado de bens de consumo duráveis ou químicos, como os tratores e os adubos. Após 1930 o Estado modifica os mecanismos de intervenção na política agrícola através da criação de diversos institutos específicos para o mate, o café e o álcool. Após a guerra desenvolvem-se os mecanismos de financiamento agrícola e o apoio aos transportes. A produção, no entanto, não se diversifica, mantendo-se a monocultura e a grande propriedade.

As relações de trabalho no campo estão ainda sob as normas do Código Civil, que considera os agricultores como moradores e não como empregados. A estrutura do sindicalismo e dos aparelhos do Ministério do Trabalho não chega às zonas rurais, onde também os trabalhadores não têm condições de agrupar-se a não ser para a missa e a festa, ficando isolados na imensidão do território.

A primeira organização nacional dos trabalhadores rurais, articulada pelos comunistas na tentativa de alargar sua base de sustentação, foi feita em 1954, após diversas tentativas no pós-guerra. A proibição do Partido Comunista em 1947 provoca a diminuição do trabalho de recrutamento no campo. Em 1954 é que se funda a União dos Trabalhadores Agrícolas, realizada em São Paulo. Essa organização não se implanta efetivamente nas bases. É em consequência do desenvolvimento da sindicalização rural dos anos 60 que se funda em 1963 a Confederação dos Trabalhadores da Agricultura (Contag).

A partir de 1955 os trabalhadores rurais tentam mobilizar-se, não só com o apoio do Partido Comunista como também da Igreja e de grupos de esquerda. Em 1954 funda-se a Associação dos Plantadores de Cana de Pernambuco, que mais tarde dará origem às ligas camponesas. Estas reivindicam uma reforma agrária radical[50]. Em contrapartida o governo estimula a sindicalização rural para desmobilizar a luta pela terra e orientar as reivindicações para a melhoria imediata do salário e de certas condições de trabalho. Estas organizações ameaçam o poder dos coronéis e o processo global de acumulação que implica a transferência de excedentes da agricultura para a indústria[51].

A entrada dos trabalhadores rurais na cena política modifica as formas de exclusão de que eram objeto para formas de inclusão limitada a certos direitos sociais, ainda inferiores aos dos trabalhadores urbanos, com a promulgação do Estatuto do Trabalhador Rural, em dois de março de 1963. Neste estatuto certos direitos são previstos, entre os quais alguns benefícios da Previdência Social e cujo conteúdo será analisado no próximo capítulo, tendo em vista medidas complementares promulgadas após 1964.

---

50. Sobre as lutas camponesas, ver MARTINS, José de Sousa, *Os camponeses e a política no Brasil*, Petrópolis, Vozes, 1981.

51. SILVA, Sérgio, "Formas de Acumulação e Desenvolvimento do Capitalismo no Campo", in SINGER, Paul *et al.*, *Capital e trabalho no campo*, São Paulo, Hucitec, 1979, p. 7-25.

f) Os profissionais

Dentre as forças que se manifestam na cena política em relação aos acidentes do trabalho estão profissionais como médicos, advogados e engenheiros, que têm interesse específico nessa área.

No Congresso Brasileiro dos Problemas Médicos Sociais de Após-Guerra os médicos reunidos manifestam-se coletivamente pela industrialização e pela democracia, "considerando que é obrigação primeira do Estado dar assistência e velar pela saúde do povo no plano nacional"[52].

Os congressistas são favoráveis à criação de serviços médicos nas indústrias e de centros de reabilitação de acidentados, comportando equipamentos de ortopedia, cirurgia e fisioterapia. Seu interesse é tanto na prevenção através de serviços como na readaptação com a participação médica. Os dois polos da ação relativa ao acidentado implicam utilização do trabalho médico, o que deveria levar ao aumento dos empregos para esta categoria. Seu ponto de vista sobre a questão do acidente é direcionado pela sua própria prática profissional.

O Congresso Jurídico Nacional e a Conferência Interamericana de Advogados reivindicam a extensão da Previdência Social a toda a população e o desenvolvimento de medidas preventivas para os acidentados[53].

Os engenheiros de produção começam a interessar-se pela nova prática de prevenção, o que se reflete por sua presença nos congressos da campanha nacional de prevenção. Nessas oportunidades trazem trabalhos especializados sobre a utilização de equipamentos, a construção de máquinas e engenharia industrial. Os trabalhos de engenharia industrial aparecem nos congressos a partir de 1961 e cada um deles está ligado à prevenção de acidentes de um tipo determinado de indústria.

O desenvolvimento das classes médias está ligado ao processo de industrialização, baseado em novas formas de acumulação e também articulado à urbanização. A expansão do ensino universitário contribuiu

---

52. Declaração de Princípios, in *Anais do Congresso Brasileiro de Problemas Médicos Sociais*, Salvador, v. 2, p. 50, 1947.

53. Ver *Boletim do Ministério do Trabalho, Indústria e Comércio*, v. 11, n. 131, p. 377, jul. 1945.

para a formação de novos quadros e de novas mediações nas relações sociais. Os profissionais passam a ocupar postos-chave da administração pública e privada necessários à expansão dos serviços e da indústria. Em 1950 21,7% da força de trabalho encontram-se no setor de serviços, subindo para 40,21% em 1970.

Os profissionais têm interesse no desenvolvimento do aparelho do Estado (no caso, a Previdência Social) e no crescimento de serviços especializados no setor privado para a expansão do emprego e a melhoria dos salários. Eles fazem pressão através de relações pessoais e dos partidos para obtenção de vantagens nos cargos públicos. Preconizam o acesso aos serviços estatais, mas sob o controle de especialistas sobre a clientela desses serviços.

g) As companhias de seguro

As companhias de seguro constituem o grupo mais interessado na questão dos acidentes e se manifestam como uma das forças mais ativas para manter esse setor nas mãos da empresa privada. Como já observamos na primeira parte deste capítulo os lucros das companhias aumentaram de forma significativa durante e após a guerra. Para eles contribuiu muito a cobertura dos riscos de acidentes, mas ficou restrita a um número reduzido de companhias. Vargas havia congelado esse número na legislação de 1944. A partir desta data as companhias começam a compensar essa limitação expandindo os seus negócios a outros setores na previsão da estatização.

Em 1948 a Lei n. 599-A modifica certos artigos da legislação de 1944, mantendo, no entanto, a data de 31 de dezembro de 1953 como limite para as operações das companhias privadas no setor de acidentes do trabalho. O prazo para que os institutos de previdência entrem no setor foi aumentado para janeiro de 1952. A Lei n. 599-A obriga as companhias a contribuírem com os institutos, enviando-lhes o montante que ultrapassa 10.000 cruzeiros em caso de indenização por incapacidade permanente ou morte. Essa contribuição visa ressarcir a Previdência com gastos de aposentadoria e pensões, e constitui um primeiro elemento de uma tática governamental para implantar o regime de pensões em substituição ao de indenizações.

Em 1953 as companhias utilizam todos os meios disponíveis para manter o regime de indenização e o seguro de acidentes em suas mãos, manipulando a imprensa, argumentos jurídicos e *lobbies* parlamentares.

Grandes advogados, como Vicente Rao e Levi Carneiro, são contratados para demonstrar, nos memoriais enviados ao Congresso, a "inconstitucionalidade" da estatização[54]. As companhias empreendem estudos para "provar" que os institutos são incapazes de oferecer os serviços que elas oferecem com eficácia. Estes argumentos serão levantados nos debates parlamentares, apresentados a seguir.

h) Os partidos políticos e os debates parlamentares

Os partidos governamentais existentes nessa conjuntura foram organizados a partir da utilização da máquina política e sindical da ditadura de Vargas. Mobilizando os interventores dos Estados e municípios, nomeados durante o Estado Novo, Vargas articulou a formação do Partido Social Democrata (PSD), com o apoio de latifundiários e industriais aliados aos interventores[55].

A partir do aparelho sindical oficial e da rede de líderes pelegos, Vargas estrutura o Partido Trabalhista Brasileiro (PTB), "um partido que não é socialista, mas socializante" na linguagem ambígua de seu fundador. Alzira Vargas do Amaral Peixoto, filha de Vargas, declarou que a intenção de seu pai no caso do PTB era de criar "uma proteção à corrida comunista que poderia verificar-se com a legalização do Partido Comunista"[56].

---

54. Ver ALVES, Aluísio, op. cit., p. 27.

55. Para a história dos partidos políticos após 1930, ver SOUZA, Maria do Carmo C. de, *Estado e partidos políticos no Brasil 1930-1964*, São Paulo, Alfa-Ômega, 1976, e BENEVIDES, Maria Victória de Mesquita, *A UDN e o udenismo*, Rio de Janeiro, Paz e Terra, 1981.

56. Entrevista dada a *Ensaios de Opinião*, 02.01.1975, p. 17.

O PTB consegue articular as forças trabalhistas em torno do projeto de conciliação e o PSD as forças conservadoras e os blocos regionais, dando a Vargas uma grande margem de manobra política.

Os comunistas, por outro lado, organizam manifestações públicas em todo o país logo no pós-guerra, lutando pela convocação de uma assembleia constituinte com Vargas. O *slogan* dessa mobilização era: "Queremos Vargas", de onde surgiu o nome do movimento "Queremista".

A política de compromisso conduzida por Vargas implica o apoio à industrialização, mas sem que seja afetada a estrutura da propriedade agrária. Aos trabalhadores promete algumas concessões em termos de benefícios, e aos comunistas oferece a anistia em troca do seu apoio. O PCB, com sua política de "Ordem e Tranquilidade"[57], é legalizado em 1946, até maio de 1947. É o único período em que fica legalmente constituído.

Fora da influência direta de Vargas, mas vinculado a ele, o líder populista e interventor em São Paulo, Ademar de Barros, estrutura o Partido Social Progressista (PSP) com o apoio das massas urbanas. A estratégia de Vargas é manter a continuidade política do bloco dominante com novos compromissos na conjuntura do pós-guerra.

A oposição ao governo reúne representantes das classes médias e da oligarquia, organizando-se através da União Democrática Nacional (UDN). Ela se lança através de "Manifesto dos Mineiros", em 24 de outubro de 1943, pedindo o retorno do país à democracia. As organizações de escritores, advogados, jornalistas, estudantes (União Nacional dos Estudantes) e personalidades como os antigos tenentes José Américo e Eduardo Gomes manifestam-se e mobilizam-se pela democratização.

Nessa nova correlação de forças, na Assembleia Constituinte, após a deposição de Vargas pelas Forças Armadas, o PSD detém 54% dos votos, a UDN 26%, o PTB 7,5%, o PCB 4,7% e os outros partidos 7,3%.

---

57. Para ver a ação do Partido Comunista nessa conjuntura: SPINDEL, Arnaldo, *O Partido Comunista na gênese do populismo*, São Paulo, Símbolo, 1980, e WEFFORT, Francisco, "Democracia e movimento operário: algumas questões para a história do período 1945-1964", in *Revista de Cultura Contemporânea*, ano I, n. 1, p. 7-14, jul. 1978.

A organização dos partidos e o processo de compromisso de Vargas levam a uma forte representatividade do bloco conservador através do PSD, que detém a maioria dos votos. Pela primeira vez, no entanto, constituem-se partidos nacionais, superando, através de alianças, os regionalismos. Os trabalhadores começam a se fazer presentes na cena política.

A formulação das principais políticas permanece nas mãos do Executivo, dos conselhos e dos institutos, deixando ao Parlamento um papel obnubilado pelo presidencialismo-centralizador. Na Assembleia Constituinte de 1946 o grande debate se polariza em torno da garantia da propriedade que é mantida através da indenização prévia em caso de expropriação. A estrutura sindical vertical herdada do regime anterior é também mantida. Há a preocupação de introduzir na Constituição "a participação direta e obrigatória dos trabalhadores nos lucros das empresas, e a estabilidade no emprego". Estas medidas foram regulamentadas concedendo-se apenas uma participação controlada pelas próprias empresas e pelos agentes governamentais e muito mais tarde, como veremos no capítulo seguinte. No que diz respeito aos acidentes do trabalho, a Constituição determina o seguro obrigatório pago pelos patrões (artigo 157, XVII) e a segurança e higiene do trabalho (artigo 157, VIII).

A ação parlamentar dos partidos consiste na elaboração de acordos interpartidários para um novo pacto social diante do processo de democratização e industrialização. As forças da UDN e do PSD se unem diante das ameaças possíveis das forças mais progressistas, mas também se dividem frente a outras questões. O PTB, que em 1950 detinha 16,8% das cadeiras da Câmara dos Deputados, aumenta esse número para 17,2% em 1964, não constituindo, pois, isoladamente uma ameaça. Os grandes partidos perderam alguns pontos, em benefício das pequenas agrupações, sem que fosse mudada a composição política do Congresso de maneira significativa.

Apesar da estratégia política de acordos em nível nacional para as políticas de manutenção da ordem e da industrialização, em nível local e regional verificam-se vários acordos e combinações apenas para acomodar as relações de poder dos caciques políticos e seus currais eleitorais. Desta forma podemos encontrar alianças táticas variáveis entre o PTB, a UDN e o PSD de acordo com as regiões. Por exemplo, num local, PDS e UDN se opõem e, em outro, podem estar unidos.

O debate em torno da legislação da Previdência Social se concentra sobre a proposta de unificação dos benefícios dos institutos, mas ela é aprovada somente em 1960 na véspera de eleições[58]. A questão política da Previdência está relacionada com um processo dialético de mobilização dos trabalhadores em torno de certos interesses de classe e de reprodução da força de trabalho, e com o controle desses mesmos trabalhadores pelos aparelhos estatais através do assistencialismo e do peleguismo. Como já analisamos, as greves e lutas por aumento de salário predominaram no meio operário sobre uma mobilização direta pela Previdência.

Em relação aos acidentes do trabalho a discussão das Leis ns. 599-A, de dezembro de 1948, e 1.985, de 19 de setembro de 1953, tornou-se uma questão crucial para as forças presentes interessadas na privatização ou na estatização do seguro de acidentes do trabalho.

Nesse período as companhias de seguro, mesmo em número limitado, mobilizam todos os trunfos para manter os seguros privados com o apoio de uma grande parte da burguesia. Os trabalhadores e os técnicos do governo são favoráveis à estatização.

Na cena legislativa as forças se dividem. O PTB é favorável à estatização, o PSD é em grande parte contrário a ela e a UDN se divide entre as suas tendências.

Durante o governo Dutra a UDN estabelece uma estreita aliança com os tecnocratas para fazer passar certas leis sociais, tendo como intermediário o deputado Aluísio Alves. Em relação aos acidentes do trabalho mantém-se o *status quo* da concorrência entre os institutos e as companhias privadas, pois o próprio PTB manifesta algumas rachaduras sob o impacto da pressão das companhias seguradoras.

Os meios utilizados por essas companhias vão desde uma campanha de imprensa sistemática e orquestrada para denegrir os institutos e mostrar a "ineficácia" de seus serviços até a formação de *lobbies* parlamentares.

---

58. Ver, a respeito, COHN, *Amélia, Previdência Social e Processo Político no Brasil*, São Paulo, Moderna, 1980.

A campanha de desmoralização dos institutos encontra eco na oposição ao governo de Vargas, que contra ele lança seus ataques contra o governo, coordenados por Carlos Lacerda. Acusa-se o PTB de clientelismo e empreguismo, e o monopólio do seguro de acidentes do trabalho de ser um instrumento de controle das instituições da Previdência Social e de aumento do número de empregados[59].

A discussão do projeto de lei que dá origem à Lei n. 1.985 divide a Câmara dos Deputados, pois mantém a concorrência e recebe a aprovação do Senado e o apoio de todas as comissões técnicas da Câmara. A Comissão de Justiça pronuncia-se favorável à legalidade da concorrência, e o relator, Antônio Balbino, critica violentamente "a falta de preparação dos institutos" para fazer-se cargo das responsabilidades do seguro de acidentes.[60]

O projeto do Senado recebe também a aprovação da Comissão de Saúde Pública. O relator, Miguel Couto (PSD), nota que a maioria dos hospitais estão nas mãos da iniciativa privada (49,38% dos 4.330 hospitais). Em relação aos 400.000 acidentados em 1960, os institutos, exceto o IAPI, somente ofereceram cuidados a uma parcela pequena deles, afirma o relator, mostrando os seguintes dados: 33.895 atendimentos no IAPTEC, 6.814, na CAPSAT, 24 no IAPB, e 5 no IAPC[61].

Na lógica do relator a concorrência é benéfica aos trabalhadores e os institutos não estão preparados para responder qualitativa e quantitativamente às demandas dos trabalhadores e dos milhões de assegurados[62].

O relator da Comissão de Finanças, Aluísio Castro (PSD), sublinha que as 21 companhias e as 12 cooperativas em operação contribuem de forma significativa aos impostos governamentais e que a estatização privaria deles o governo deixando em desemprego milhares de trabalhadores e de médicos[63].

---

59. Ver, por exemplo, as declarações de Armando Falcão (PSD) no *Diário do Congresso Nacional*, de 29.07.1953, p. 7137, e de Afonso Arinos (líder da UDN), de 31.07.1955, p. 7261.

60. In *Diário do Congresso Nacional*, 29.05.1953, p. 3224.

61. In *Diário do Congresso Nacional*, 23.10.1953, p. 11.586.

62. De acordo com o relatório da Fundação Getúlio Vargas havia, em 1948, 3.073.526 assegurados nos institutos e caixas (*A Previdência Social no Brasil e no estrangeiro*, Rio de Janeiro, FGV, 1950, p. 164).

63. In *Diário do Congresso Nacional*, 30.04.1953, p. 3326.

Mesmo na Comissão de Relações Exteriores o projeto de concorrência recebeu um parecer favorável, levando-se em conta que o Brasil não havia assinado nenhum acordo internacional formal para estatizar o seguro de acidentes do trabalho.

É na Comissão de Legislação Social que o projeto é emendado, de acordo com a proposta de Hildebrando Bisaglia (PTB), que dá exclusividade aos institutos já existentes sem retirar os benefícios das companhias de operação. A livre concorrência entre institutos e companhias aparece, assim, como uma exceção. Desta forma é aprovado na Comissão por 9 votos contra 8 e torna-se a Lei n. 1.985.

Tenório Cavalcanti (UDN) declara que Bisaglia lhe havia confessado que a sua proposta fora feita em acordo com Getúlio Vargas[64]. Isso pode ser verdadeiro no sentido de uma solução de compromisso que serviria para retardar a decisão definitiva sobre a estatização. A discussão retorna em 1960 na tramitação da Lei Orgânica da Previdência Social. A unificação definitiva dos institutos surge em 1966 e a estatização somente ocorre em 1967 por imposição do governo e acordo com as companhias, como veremos no capítulo seguinte.

No relatório da Comissão de Legislação Social fica bem claro que a orientação definitiva em relação aos acidentes do trabalho deverá ser dada por ocasião da elaboração da lei orgânica da Previdência Social[65], o que revela a estratégia dilatória do governo. Vários deputados apresentam projetos de modificação da Lei n. 1.985, mas sem efeito político decisório[66].

No momento da votação da Lei n. 1.985, todos os partidos, com exceção do PDC, deixam a questão em aberto, o que mostra a falta de consenso no interior dos partidos. Encontram-se deputados tanto da UDN, como Aluísio Alves, Afonso Arinos e Bilac Pinto, como do PTB, por exemplo Osvaldo Fonseca e Samuel Duarte, e do PSD, como Crepory Franco, que

---

64. Ibidem, 04.04.1952, p. 2636.

65. Ibidem, 23.10.1952, p. 11548.

66. Ibidem, 30.04.1953, p. 3318.

defendem o monopólio estatal do seguro de acidentes. Líderes importantes do PTB, como Azis Maron, pronunciam-se pelo regime de concorrência.

Os defensores da concorrência utilizam argumentos extremos como a vinculação do monopólio ao advento do comunismo[67]. Os defensores do monopólio mostram as vantagens de um seguro social: redução dos prêmios para os empregadores, melhor assistência aos trabalhadores e intervenção do Estado na prevenção de acidentes e na readaptação de acidentados.

A lei aprovada mostra a política de compromissos de Vargas, dessa vez articulando as forças presentes no Congresso Nacional. A pedido de Fernando Ferrari (PTB) o projeto foi votado nominalmente, com o seguinte resultado: 124 favoráveis ao regime de concorrência e 46 pelo monopólio. Entre os que votaram pela concorrência encontram-se 6 do PTB e entre os que votaram pelo monopólio há 22 do PTB, 8 do PSD, 5 do UDN, 4 do PDC, 2 do PR, 1 do PL, 1 do PRT e 3 deputados independentes[68].

A aprovação desse artigo significa a derrota para as companhias e, por outro lado, a manutenção de princípio da concorrência significa uma derrota para as instituições sociais. As companhias privadas aceitam a concorrência mas exigem um limite à intervenção do Estado quando este pretende tornar-se concorrente. O *lobby* das companhias, por sua vez, tenta pressionar os deputados para que limitem esta intervenção estatal, como o declara publicamente Barreto Pinto[69].

Em 1960, quando da unificação dos institutos, os mesmos argumentos são utilizados pelas companhias para impedir o monopólio estatal do seguro de acidentes do trabalho, continuando-se o regime concorrencial, apesar da política populista de então. Na assinatura da lei de unificação o presidente Juscelino Kubitschek declara: "A nova lei visa antes de mais nada assegurar aos beneficiários um clima de tranquilidade para que eles

---

67. Ver declarações de Tristão da Cunha no *Diário do Congresso Nacional*, 29.07.1954, p. 7132.

68. In *Diário do Congresso Nacional*, 31.07.1953, p. 7263. Nesse momento havia 303 deputados em plenário, não votando 129. Após o resultado da votação Vargas enviou outra mensagem ao Parlamento (Projeto n. 3.827/53) propondo o monopólio dos seguros de acidentes do trabalho, recebendo o parecer contrário de Armando Falcão (PSD) não havendo, pois, continuidade.

69. In *Diário do Congresso Nacional*, 04.04.1952, p. 2687.

cheguem a produzir devidamente protegidos, e é tudo o que a nação brasileira exige para que ela se realize historicamente"[70].

O discurso oficial ainda faz referência à harmonia social e à produção, relacionando a estratégia estatal de manutenção da estabilidade socioeconômica e da paz operária com o desenvolvimento e a produção como exigências de processo de realização histórica do capitalismo nacional.

Segundo Amélia Cohn[71], os patrões manifestam-se favoravelmente à unificação da Previdência Social, sendo contrários ao aumento das contribuições. A legislação de 1960 obtém a unanimidade dos deputados nas comissões legislativas, exceto no que diz respeito à participação dos trabalhadores e da assistência médica. Para isto realizam-se várias negociações interpartidárias e interparlamentares. O PTB e a UDN exigem urgência na discussão do projeto, mas este é votado em razão das eleições iminentes. A assistência médica é introduzida, favorecendo as empresas de saúde que assinarem contratos com a Previdência Social, descartando-se o processo de estatização dos serviços de saúde.

Relativamente aos acidentes do trabalho o regulamento da lei de 1960 prevê serviços de reabilitação sob o controle de profissionais em centros especificamente instalados para isto, tendo em vista a reinserção do trabalhador no mercado de trabalho. As empresas são obrigadas a reservar postos (de 2% a 5%) para os reabilitados, o que dificilmente ocorre na prática, por falta de fiscalização e de interesses das empresas. Estas preferem trabalhadores mais produtivos que podem ser encontrados na reserva de mão de obra.

3. Os resultados

Durante essa fase aqui analisada, o processo de acumulação de capital modifica-se significativamente, pelas transformações nas formas de

---

70. Discurso de 19.09.1960.

71. COHN, Amélia, op. cit., p. 199.

produção e o processo político se democratiza com a participação do Congresso na elaboração das leis sociais e pelas políticas populistas do poder executivo. Essas novas formas políticas são fundamentais para articular os debates em torno das propostas e a mobilização das forças sociais.

O resultado mais importante, do ponto de vista político, para os trabalhadores, é a garantia dada na lei de unificação de sua participação na administração da Previdência Social e o reconhecimento político do direito dos trabalhadores rurais ao seguro social. Através das greves os trabalhadores asseguram um aumento real dos salários. Essas greves são articuladas por novas formas de organização política horizontal e rompem com o sindicalismo oficial herdado de Getúlio Vargas.

Os trabalhadores manifestam-se claramente a favor do monopólio estatal do seguro de acidentes do trabalho, mas não o conseguem na correlação de forças então existente. Conseguem, no entanto, alguns passos no sentido da prevenção e da reabilitação com a implantação das Cipas em várias empresas e os serviços do Sesi e da ABPA. Implanta-se a caixa de seguros de acidentes do trabalho do IAPI com significativa adesão das empresas tendo em vista os prêmios mais baratos por ela cobrados.

A questão da Previdência Social torna-se importante para os trabalhadores na medida em que toca na sua vida cotidiana e sua sobrevivência, sendo utilizada pelo Estado como forma de mobilização ou desmobilização dos trabalhadores. Ela se torna mobilizadora enquanto interesse de sobrevivência e desmobilizadora enquanto afasta os trabalhadores das lutas políticas pelo poder.

Com a organização vertical dos sindicatos e a proibição de partidos políticos de esquerda aliada ao clientelismo, os trabalhadores não possuem força suficiente para determinar a legislação social do período de acordo com os seus interesses. O PTB disputa o controle dos sindicatos com o Partido Comunista, que por sua vez adota uma linha de "ordem e tranquilidade" para evitar repressões e realiza acordos com o PTB quando julga necessário. As greves do período, no entanto, mostram a presença ativa das bases na luta pela recomposição salarial. Os trabalhadores rurais conseguem certos direitos e reconhecimento jurídico, mas não alcançam a reforma agrária, rejeitada pelo Congresso. O estatuto do trabalhador rural

(Lei n. 4.214) reconhece a possibilidade de que o trabalhador rural tenha medidas de higiene e segurança do trabalho, um fundo de assistência e seguros contra acidentes, estes de forma opcional (art. 166). Somente em 1974 os riscos são cobertos de maneira ainda discriminatória para o trabalhador rural, como veremos no capítulo seguinte.

Com essas leis e essas práticas fica manifesta a heterogeneidade que assumem a problemática e a política social relativa aos acidentes de trabalho. As empresas mais modernas adotam uma prática preventiva e sob os auspícios dos Estados Unidos fundam a ABPA. Uma parte significativa dos empresários filia-se à CAT, enquanto outra se mantém assegurada através das companhias privadas e muitos empresários não possuem nenhuma forma de seguro. Os trabalhadores rurais ficam excluídos dessa medida na prática.

O Estado intervém para manter uma regulamentação que tenha em conta essa heterogeneidade própria do desenvolvimento dependente do capital, articulando diferentes formas de política social desigualmente implantadas e combinadas. As companhias de seguro, mesmo salvaguardando a forma concorrencial, perderam terreno com a intervenção do Estado. Este não muda as regras da concorrência, mas introduz uma tática que solidifica os vínculos entre tecnocratas e industriais, oferecendo certas vantagens aos trabalhadores. Essas vantagens são proclamadas como "benefícios" e utilizadas para conter ameaças de descontentamento generalizado. A unificação administrativa dos benefícios da Previdência Social e a legislação sobre benefícios dos trabalhadores rurais são exemplos dessa tática de concessão limitada.

A complexidade das relações estruturais muda historicamente nessa conjuntura de inflação e de democratização, ampliando-se os espaços de mobilização das massas, mas também de apelos simbólicos e manipulação política. Estas se manifestam através do populismo e do desenvolvimentismo.

Apesar do apoio das organizações patronais aos seguros privados, produz-se na prática o rompimento de incondicionalidade da aliança entre o setor industrial e as companhias de seguro com a preferência pelos seguros estatais. Desenvolve-se, assim, a formação de um complexo estatal-industrial para assegurar os riscos sociais. Exemplo disso é a implantação da CAT e do Sesi que se encarregara do seguro e da reabilitação. A fiscalização continua deficiente mantendo-se a autonomia das fábricas.

Os tecnocratas do Ministério do Trabalho e os profissionais posicionam-se pela extensão de ação estatal no campo da Previdência Social através de mecanismos de pré-pagamento que não ponham em risco o direito de propriedade nem de administração patronal.

Na perspectiva populista a lealdade dos trabalhadores é um instrumento para a garantia da paz social através da hegemonia das classes dominantes sobre as massas, que, segundo as classes dominantes, poderiam tender para a contestação do regime capitalista. Todos os governos do período referem-se às leis sociais como instrumentos de paz para sustentar a produção.

4. Síntese e conclusões

No período do pós-guerra acentua-se a industrialização através da modernização do parque industrial e da internacionalização da produção com o advento das multinacionais. Algumas delas adotam práticas preventivas visando maior produtividade e implantando equipamentos, normas de segurança do trabalho, e contratando pessoal especializado. No entanto, no conjunto, as indústrias se diversificam de acordo com seu tamanho, propriedade e condições tecnológicas. Quanto maior o investimento maior interesse existe na prevenção a fim de proteger os equipamentos e manter a sua produtividade. As organizações patronais de prevenção e reabilitação, como o seguro estatal, contribuem para diminuir a concorrência intercapitalista na manutenção da força de trabalho e legitimar-se como interessadas no bem-estar dos operários. A diminuição da concorrência se deve à introdução de custos menores dos prêmios, da reabilitação e da prevenção com a divisão das contribuições por diferentes empresas que se associam aos diversos organismos de forma variada.

A aliança entre tecnocratas e industriais na elaboração da legislação social não desvincula o Ministério do Trabalho de compromissos táticos com os líderes sindicais, buscando-se com a legislação social a concessão de um mínimo de benefícios para reforço da legitimação estatal, consolidando-se o controle tecnocrático das decisões e dos benefícios. Aumenta também o controle das companhias de seguro, mas fica assegurada a autonomia do empresário com a ausência da fiscalização e a manutenção do seu arbítrio na admissão e demissão de operários.

As forças políticas presentes no Congresso Nacional manifestam suas divergências quanto à estatização dos seguros de acidentes do trabalho, refletindo os debates da sociedade e as pressões das companhias. Mesmo reduzidas em número, estas conseguem manter a concorrência através da Lei n. 1.985/53, mas a sua influência vai diminuir paulatinamente tendo em vista a redução do seu peso econômico e o aumento do peso político das forças favoráveis à estatização. Estas forças conseguem a implantação da CAT e o reconhecimento de certos direitos nos organismos previdenciais.

À prática do clientelismo para com os operários alia-se a uma prática de acobertamento das fraudes empresariais. Com exceção da denúncia de um inspetor do trabalho de São Paulo, não registramos nenhum movimento de punição das empresas e companhias culpadas de não cumprimento da legislação de acidentes do trabalho. Mesmo no caso das denúncias referidas neste capítulo, o governo estabeleceu um acordo para reduzir as punições.

Nesse período vemos a sociedade atravessada por conflitos entre capital e trabalho que permeiam os debates parlamentares e as ações do Executivo. O governo consegue manter certa estabilidade social no período, mas no início dos anos 1960 as lutas conseguem generalizar-se e representam uma ameaça para as classes dominantes, cuja reação veremos no capítulo seguinte.

Capítulo 4

As políticas de saúde e de segurança no trabalho do Estado militar-tecnocrático

Neste capítulo analisaremos as políticas do governo autoritário iniciado em abril de 1964 e dividiremos nossa abordagem em três momentos: em fevereiro de 1967 os seguros de acidentes do trabalho são privatizados e em agosto do mesmo ano, estatizados, para num terceiro momento serem modificados, em 1976. De acordo com a nossa metodologia apresentaremos, inicialmente, o contexto econômico e político em que foram implantadas tais políticas.

A privatização imposta em 1967, no final do governo do marechal Castelo Branco, aparece totalmente arbitrária. A estatização foi bastante discutida no Congresso e, em 1976, os tecnocratas impõem um "pacote" de medidas relativas à segurança do trabalho segundo a norma do "decurso de prazo", isto é, dando-se ao Congresso 45 dias para apreciar o projeto, devendo aprová-lo ou rejeitá-lo em bloco. Como o governo militar controla o Congresso, a lei é aprovada praticamente sem modificações.

O contexto econômico é articulado ao contexto político do golpe de Estado para manutenção da aliança estratégica com o capital internacional e do capitalismo de Estado. O autoritarismo não está separado do desenvolvimento das novas condições, e as forças sociais presentes não podem ser analisadas fora desse condicionamento.

1. O contexto econômico e social

O capitalismo brasileiro dos anos 1964-1984 não está separado da problemática da internacionalização e da presença do Estado na economia. Aliam-se Estado e capital internacional. O Estado se constitui como o organizador geral do processo do investimento, apesar do discurso da empresa privada, e se torna também um dos principais investidores. Na história do país jamais se viu tal amplidão e intensidade de intervenção estatal na criação de empresas públicas. Não se pode, pois, separar esse "Estado economizado" da análise da "Economia politizada". O processo de decisão política se entrosa com as exigências do desenvolvimento do capital através de inúmeros mecanismos governamentais que garantem a presença de representantes empresariais e técnicos em conselhos e organismos do governo.

A legitimidade para esse salto econômico e político é buscada na "guerra santa" contra o comunismo, na ideologia da restauração democrática e da moralidade e no nacionalismo desenvolvimentista de uma grande potência. O crescimento econômico é também instrumentalizado para obtenção do consenso das classes subalternas. Contudo, a principal estratégia de ação do Estado é a repressão, que não consegue, no entanto, destruir e eliminar os germes de oposição.

a) O golpe de Estado e a correlação de forças

A partir de 1964, nota-se uma mudança significativa na relação de forças presente na cena política. A isto se denomina golpe de Estado: os governantes eleitos e reconhecidos são sumariamente retirados do cenário político pela força militar, rompendo-se as regras do jogo político na escolha de dirigentes. Os militares passam a controlar as principais decisões econômicas, ocupando os postos-chave da administração. Aliam-se a um quadro selecionado de tecnocratas[1] para sustentar e justificar as decisões

---

1. Celso Furtado refere-se a esse período como de modernização e não de desenvolvimento in FURTADO, Celso, "O Brasil não se desenvolveu, modernizou-se", *O Estado de S. Paulo*, 06.01.1980.

calcadas em uma racionalidade abstrata do processo de acumulação. Esta se baseia em profundo achatamento salarial e no controle estrito das organizações dos trabalhadores.

O golpe de 1964 não constitui uma ação repentina dos militares, mas foi longamente preparado e articulado. As forças que apoiavam João Goulart, ou que a ele se aliavam, taticamente mobilizaram-se para um movimento de reformas sociais, de aumento dos salários e controle das empresas multinacionais. Goulart, com efeito, se propõe a uma reforma agrária nas terras situadas ao longo das rodovias federais, promete aumentos salariais e promulga uma lei de controle dos capitais estrangeiros.

As organizações das forças progressistas e populares mobilizam-se em diversas frentes, mas ainda sem uma articulação completa. No Nordeste formam-se as ligas camponesas. Os estudantes agrupam-se em torno da UNE (União Nacional dos Estudantes). Os parlamentares fundam a União Parlamentar Nacionalista. Os funcionários públicos agrupam-se em torno da Confederação dos Funcionários Públicos e os operários através da Confederação Geral dos Trabalhadores (CGT). Os trabalhadores rurais do país, além das Ligas Camponesas no Nordeste, articulam a Confederação dos Trabalhadores Agrícolas e até os militares de base (cabos, sargentos e soldados) se mobilizam por reivindicações imediatas.

No plano político forma-se a Frente de Mobilização Popular (FMP), convivendo com todas as divergências de orientação da esquerda. Os comunistas apoiam o governo, mas novas organizações como a Ação Popular (AP) e a Política Operária (Polop) propõem novas estratégias revolucionárias.

Os militares, as organizações patronais, os latifundiários, os parlamentares reacionários e o imperialismo americano buscam o apoio das massas e das classes médias numa mobilização gigantesca contra o comunismo[2], orquestrando uma campanha contra as forças progressistas que são apresentadas como "desordeiras, indisciplinadas e agitadoras".

---

2. Para uma análise da preparação do golpe, ver DREIFUSS, Renê Armand, *1964: a conquista do Estado*, Petrópolis, Vozes, 1981. A intervenção americana pode ser vista em PA, Phyllis R., *1964: o papel dos Estados Unidos no golpe de Estado de 31 de março*, Rio de Janeiro, Civilização Brasileira, 1977.

A crise política do governo Goulart manifesta-se por sua incapacidade em organizar e unir as forças progressistas, em controlar as manifestações de rua e as insatisfações dos militares através dos mecanismos populistas e em dar credibilidade ao seu governo junto ao povo com mudanças efetivas. As palavras de ordem pelas reformas e o peleguismo são incapazes de conter as massas e as greves.

As forças conservadoras se agrupam em três organismos que articulam o golpe de Estado: o Instituto de Pesquisas Socioeconômicas (Ipes), o Instituto Brasileiro de Ação Democrática (Ibade), e a Campanha da Mulher Democrática (Camde). Os três organismos mobilizam empresários, parlamentares e mulheres no âmbito da sociedade civil, mas estão entrosados com os militares. Estas organizações formam, na expressão de Dreifuss[3], um complexo político-militar, com apoio das empresas nacionais e multinacionais e de um grupo importante de oficiais das três armas além da colaboração dos Estados Unidos. As intervenções dessas forças compreendem *lobbies* junto aos empresários para fazê-los aderir à campanha antigovemamental, ações de orquestração da imprensa, infiltração nas organizações operárias e estudantis, mobilizações da classe média contra o comunismo (reza do terço), ação parlamentar (Ação Democrática Parlamentar) e atentados.

No dia 31 de março os militares realizam uma intervenção militar que derruba o governo Goulart, o qual é substituído, em 1º de abril, por uma junta composta dos chefes das três armas. Juntamente com os militares assumem postos do governo os tecnocratas do Ipes e do Ibade. Membros da Consultec de Roberto Campos também passam a deter cargos na área econômica orientando a nova política do governo. Na área militar Golbery do Couto e Silva, chefe do Ipes, assume o controle do novo Serviço Nacional de Informação (SNI).

Segundo o autor essa intervenção passou de uma atitude de desconfiança (p. 23) em relação a Goulart para uma atitude de crítica (sobretudo a lei de remessa de lucros) ao apoio à conspiração militar com a presença ostensiva de barcos americanos nas águas territoriais brasileiras (p. 96). Os investimentos americanos caíram durante o governo Goulart.

3. DREIFUSS, Renê A., op.cit., p. 161.

Sendo "o Estado condensação material de uma relação contraditória, não organiza a unidade política do bloco do poder do exterior"[4] e, nesse momento, articula a unidade dos militares, das multinacionais e dos tecnocratas através do golpe e da conquista do poder. A primeira função do golpe foi, pois, realizar tal condensação das classes dominantes agrupando no bloco do poder os interesses da burguesia internacional, da burguesia nacional dependente, dos latifundiários, dos militares e o interesse de estabilidade social e controle da inflação proveniente das classes médias.

No dia seguinte ao golpe organizam-se em todo o país manifestações de rua com caráter cívico-religioso em apoio aos militares que se dizem "revolucionários", apresentando-se como mantenedores da ordem, mas condensando as aspirações e as insatisfações com o símbolo da revolução.

b) As políticas do Estado autoritário

O efeito da organização política das classes e das forças antipopulares foi "extirpar a ameaça" contra a ordem estabelecida na expressão de Guillermo O'Donnell[5], formando-se o que este mesmo autor denomina de "Estado burocrático autoritário" (BA). A extirpação da ameaça implica na repressão das organizações populares, na sua desmobilização e na sua despolitização. O Estado autoritário implantado em 1964 se caracteriza, antes de mais nada, pela repressão empregada em nome da eliminação de um inimigo internacional que estaria presente no interior do país, ou seja, os comunistas.

O anticomunismo foi utilizado para manter a coesão militar e civil tomando como símbolo da desordem um inimigo solerte causador de todos os males do país desde a agitação até a inflação. O inimigo foi internalizado e apresentado como infiltrado nas ruas, nas organizações populares e nos organismos de Estado, servindo isto de pretexto para se

---

4. POULANZZAS, Nicos, *L'État, le pouvoir, le socialisme*, Paris, PUF, 1978, p. 146.

5. Ver O'DONNELL, Guillermo, "Reflexiones sobre las tendencias de cambio del Estado burocrático-autoritario", in *Revista Mexicana de Sociología*, v. XXXIX, n. 1, p. 29, 1977.

arrombar locais de reunião e dizimar as associações populares. A ideologia da Segurança Nacional servia de enquadramento tanto para a repressão como para os programas sociais. Essa ideologia estava em elaboração na escola Superior de Guerra (ESG) desde 1946, utilizando o duplo *slogan*: "Desenvolvimento e Segurança"[6].

Em documento da Escola Superior de Guerra, datado de 1958, assinala-se que uma empresa bem administrada conduz à convergência de esforços em dois sentidos: produtividade e bem-estar[7] e que a política social deve servir, ao mesmo tempo, ao aumento da produtividade e à harmonia social, sendo um fator indispensável da coesão nacional[8].

Após o golpe de Estado a doutrina da Segurança Nacional foi codificada na Lei de Segurança Nacional (Decreto-Lei n. 314, de 13.03.1967). Conforme a lei, a segurança é "a garantia da realização dos objetivos nacionais ameaçados por antagonismos internos e externos". Afirma ainda que "toda pessoa, natural ou jurídica, é responsável pela segurança nacional, nos limites da lei". Assim, toda pessoa poderia ser considerada culpada se o Estado supusesse que estivesse violando a segurança por ele estabelecida. A segurança não estava na sociedade, mas no Estado.

Conforme essa doutrina "devem ser reduzidas ou anuladas as ameaças ou pressões antagônicas de qualquer origem, forma ou natureza, desde que se manifestem ou produzam efeitos no país"[9]. Entre as ameaças e antagonismos estão consideradas até as ações que possam influenciar ou provocar opiniões e emoções contrárias à ordem estabelecida, ao arbítrio dos donos do poder.

Na reforma administrativa do governo militar estabelecida pelo Decreto n. 200/67, o Conselho de Segurança Nacional torna-se "o órgão consultor" mais importante do Executivo. O Estado autoritário se ins-

---

6. Ver COMBLIN, Josef, "The National Security Doctrine", in WEIL, Jean Louis *et al.*, *The Repressive State*, Toronto, Brazilian Studies, Collection "Documentos" III, 2, s/d, p. 35-63.

7. Ver *Problemas de segurança social no Brasil*, documento C181-58-530, presidência da República, Estado-Maior das Forças Armadas, Escola Superior de Guerra, 1958, p. 11.

8. Idem, ibidem, p. 27.

9. Ver FRAGOSO, Gen. Augusto, "Segurança Nacional e a Justiça Militar", in *Cadernos de Estudos Brasileiros*, Rio de Janeiro, Universidade Federal, Fórum de Ciência e Cultura, v. 12, p. 37-124.

titucionaliza através de atos institucionais e pela Constituição de 1967, reforçada com o Ato Institucional (AI) n. 5, de dezembro de 1968. Nesse momento prevalece "a linha dura" do "sistema", isto é, dos organismos militares e paramilitares que usam o terror como forma de amedrontamento da sociedade. O presidente da República passa a ter poderes para fechar o Congresso, as assembleias de Estados e municípios, para intervir na Constituição e privar qualquer cidadão de seus direitos políticos por dez anos. O Ato Institucional n. 5 elimina a permanência, a inamovibilidade e a estabilidade de qualquer funcionário, e prevê o decreto do estado de sítio pelo presidente da República, assim como a confiscação dos bens daqueles que se enriqueceram ilicitamente, mas a critério do presidente. Fica implantado assim, de forma clara, o Estado autoritário e arbitrário (AA).

Os poderes ficam concentrados nas mãos do chefe de governo que pode punir, a seu bel-prazer, qualquer cidadão, eliminando-se o processo de decisão democrática e pública, em nome da segurança nacional. O Estado autoritário-arbitrário não somente extirpa a ameaça passada, mas tenta eliminar a possibilidade de futura ameaça. No preâmbulo do AI n. 5 consta que "o processo revolucionário não pode ser impedido"[10].

O endurecimento do regime se processa, em 1969, com a promulgação do Ato Institucional n. 13, que estabelece a pena de banimento para todos aqueles que se tornarem "inconvenientes, nocivos ou perigosos para a Segurança Nacional", ao arbítrio do Executivo. O "inimigo", agora, deve ser retirado do país, "para sempre". O Estado arbitrário-autoritário (AA) combina a repressão com o arbítrio do poder militar. Juan Linz define os regimes autoritários pelo pluralismo limitado e pela falta de mobilização política[11]. A nosso ver, estas duas características só podem ser entendidas em uma estrutura de dominação do bloco dominante sobre as classes populares, que impede e elimina, através da articulação da repressão, toda contestação ao sistema de poder estabelecido. A estrutura de dominação

---

10. Ver *Diário Oficial*, de 13.03.1968.

11. Ver LINZ, Juan, "Regimes autoritários", in O'DONNELL, Guillermo *et al.*, *O Estado autoritário e os movimentos populares*, Rio de Janeiro, Paz e Terra, 1979, p. 121.

se arma politicamente com uma série de aparelhos de informação e de repressão que invadem toda a sociedade, controlando o cidadão no interior do seu próprio lar. Os espaços de mobilização política ficam estreitamente restritos à clandestinidade ou à tolerância do regime.

O aparelho militar de justiça e de informação é utilizado para instaurar os famosos Inquéritos Policiais Militares (IPM) contra os cidadãos suspeitos de subversão. Formulam-se acusações contra a segurança nacional a cidadãos que se opõem ao regime. Antes do julgamento é costume submetê-los a torturas e acareações.

Em 1964 cria-se o Serviço Nacional de Informações (SNI), que utiliza os dados colhidos pelo Ipes no período anterior ao golpe e que servem para incriminar pessoas. O SNI organiza agências e contrata serviços em todos os órgãos do governo, em escolas e empresas para vigiar os opositores.

O mecanismo de legitimação desse Estado autoritário e arbitrário implica a utilização de justificação simbólica como o anticomunismo e a expansão econômica chamada de "Brasil, grande potência", assim como certos procedimentos eleitorais restritos[12]. Esses procedimentos ficam sob o controle do governo na medida em que só concorrem candidatos por ele aceitos e através de fórmulas casuísticas que mudam a cada eleição.

O anticomunismo foi utilizado no início do regime justificando as intervenções nos organismos populares. Em 1964-1965, segundo dados oficiais do ministro do Trabalho Arnaldo Sussekind, 761 sindicatos sofreram intervenção direta do governo federal, dos quais 42,32% do Nordeste e 39,55% do Sudeste[13]. Houve intervenções em 67% das confederações e em 42% das federações sindicais, assim como 70% dos sindicatos de mais de 5 mil membros e em 38% dos que possuíam entre 1.000 e 5.000 membros[14].

A Lei n. 4.330, de 01.06.1964, na prática, elimina o direito de greve. As organizações estudantis como a UNE são dissolvidas. Antes de 1964

---

12. Ver LAMOUNIER, Bolívar, *O futuro da abertura: um debate*, São Paulo, Cortez/Idesp, 1981, p. 54.

13. In MARTINS, Heloísa H. T. de S., *O Estado e a burocratrização do sindicato no Brasil*, São Paulo, Hucitec, 1979, p. 100.

14. In DREIFUSS, Renê A., op.cit., p. 439.

O TRABALHO DA POLÍTICA

o movimento dos estudantes mostrou-se bastante ativo, assim como em 1967 e 1968. Em 1970, o governo pelo Decreto n. 477 dá aos diretores de escola o poder policial de banir do estabelecimento o professor (por cinco anos) e o estudante (por três anos) se são considerados "subversivos".

Os cidadãos não são reprimidos somente enquanto membros de organizações e movimentos sociais, mas como indivíduos reputados "perigosos" por seu comportamento ou pensamento. A repressão visa organizações e indivíduos civis ou militares em locais de trabalho, de estudo, de residência e de transporte.

A forma utilizada pelo Estado para intimidar a população compreende tanto a repressão como a perda do trabalho (aposentadoria compulsória e demissão) e a privação dos direitos políticos por dez anos. A tortura, a prisão e o banimento são considerados "operações de guerra" contra a "guerra suja" dos subversivos. Em realidade estes se reduzem a uma minoria facilmente identificada pela infiltração, mas que serve à manutenção da linha dura. A ordem "institucional" dos militares se superpõe à ordem constitucional, pois certos organismos agem pela força, sem o controle do próprio Estado. A tabela seguinte mostra uma tipologia das penas infligidas aos cidadãos de 1964 a 1974.

Tabela D-1
Penalidades infligidas aos cidadãos de 1964 a 1974

Tipos de penas		
Privação de mandato	18	0,4%
Privação de direitos políticos	518	10,7%
Privação de mandato e de direitos políticos	522	10,8%
Aposentadoria compulsória	1.124	23,2%
Reforma militar	844	17,4%
Demissão	1.755	36,7%
Destituição	40	0,8%
Total	4.841	100,0%

Fonte: FIGUEIREDO, Marcos, *Legitimidade e coação no Brasil pós-1964*, Rio de Janeiro, 1978, p. 150.

A punição e a coerção não se limitam às organizações populares e aos cidadãos suspeitos mas se estendem aos próprios aparelhos do Estado. O

Congresso, as assembleias legislativas e as assembleias municipais podem ser, e o foram, fechadas e dissolvidas pelo Poder Executivo. Este também dissolve órgãos que possam representar uma crítica que venha a incomodar o poder central. A vida política está centralizada e verticalizada, sendo controlada pelo arbítrio dos órgãos repressivos. O Decreto n. 69.534, de 11.11.1971, faculta ao governo federal promulgar "decretos secretos" em matéria de segurança nacional. Só o número do decreto é publicado.

Conforme o artigo 51 da Constituição de 1967, os projetos de lei enviados pelo Poder Executivo devem ser apreciados no Congresso, num prazo de 45 dias. Além desse prazo, eles passam a ser automaticamente aprovados.

O cerco da sociedade civil pelo Estado se faz tanto de cima para baixo como pelos próprios representantes da repressão presentes e infiltrados no meio popular e organismos.

Para garantir o controle do Congresso, o governo dissolve os antigos partidos políticos pelo Ato Institucional n. 2, de 27 de outubro de 1965. Em 20 de novembro do mesmo ano, pelo Ato Complementar n. 4, o governo estabelece obrigatoriamente o bipartidismo, com a exigência de um mínimo de 120 deputados e 20 senadores para compor o novo partido. É assim que os doze partidos representados no Congresso se agrupam em dois: a Arena (Aliança de Renovação Nacional), ligada ao governo, e o MDB (Movimento Democrático Brasileiro), de oposição moderada.

Dos 409 deputados em exercício, a Arena coopta 260 e o MDB 148, sendo que 1 se mantém sem filiação. O governo controla, assim, 66% dos votos na Câmara de Deputados. Somente 20 senadores aderem ao MDB, ficando os outros 46 com a Arena[15].

O Congresso se vê esvaziado de suas funções, tornando-se um instrumento dócil do executivo. Desta forma a legislação social do período é obra exclusiva do executivo e elaborada pelos tecnocratas dos ministérios com orientação direta dos organismos ligados à presidência da República

---

15. Ver KINZO, Maria d'Alva Gil, "Novos Partidos: o início do debate", in LAMOUNIER, Bolívar (org.), *Voto de desconfiança*, São Paulo, Cebrap/Vozes, 1980, p. 217-63.

e à segurança nacional. Os ministros não gozam de autonomia suficiente para provocar mudanças mais profundas na legislação. Assistimos neste período a uma imensa concentração de poder nas mãos do grupo militar-tecnocrático que detém o poder Executivo.

c) O capital multinacional e o capitalismo de Estado

O Estado arbitrário-autoritário (AA) não só impõe mecanismos de privação dos direitos e de repressão como também mecanismos de aceleração e concentração da acumulação de capital. Estas formas de manutenção do processo acumulativo são exacerbadas ao máximo até os limites suportáveis pelas classes dominadas no processo de reprodução da força de trabalho.

O Estado, no entanto, garante a heterogeneidade estrutural da economia, com a articulação das formas menos desenvolvidas do capital às formas mais desenvolvidas representadas pelas multinacionais. O poder militar político se combina com o peso econômico dos grupos e setores mais poderosos da economia, entrosando-se a política e as empresas multinacionais com formas de favorecimento da sua expansão através de facilidades legais, financeiras e materiais, e com investimentos maciços do Estado na infraestrutura.

Segundo Fernando Henrique Cardoso a expansão da economia realiza-se pela presença de investimentos estrangeiros e de investimentos públicos numa aliança entre setores economicamente dominantes e frações militares hegemônicas[16]. As relações entre o Estado e as multinacionais se apresentam, no entanto, de forma contraditória e não linear, embora O'Donnell considere a existência de uma "mútua indispensabilidade" entre ambos[17]. O Estado seria uma parte do sistema utilizado pelas mul-

---

16. In CARDOSO, Fernando Henrique, *Autoritarismo e democratização*, Rio de Janeiro, Paz e Terra, 1975, Capítulos V e VI.

17. Ver O'DONNELL, Guillermo. "Reflexiones sobre las tendencias de cambio del Estado burocrático-autoritário", in *Revista Mexicana de Sociología*, v. XXXIX, n. 1, p. 26, 1977.

tinacionais para "aprofundar" o capitalismo periférico e dependente, conforme o autor citado. O processo de penetração das multinacionais se realiza pela ocupação da produção em aliança com a burguesia nacional, tendo como alvo o mercado interno e o mercado externo. Essa penetração é facilitada pelo Estado em busca de investimentos.

As relações entre o Estado e as multinacionais são contraditórias no seu processo de facilitação e limitação, assim como na ligação aos capitais de vários países concorrentes. O esfriamento das relações entre Brasil e Estados Unidos em consequência do projeto nuclear resulta de desentendimentos na área da produção bélica nacional em oposição ao desejo de exportações dos Estados Unidos através dos chamados *acordos militares*.

Os projetos econômicos do Estado podem também pautar-se por uma estratégia de segurança nacional e de política social que contrariem alguns interesses das multinacionais. Deste modo o Estado não é um instrumento das multinacionais, mas segue o ritmo determinado pelo processo global da acumulação sustentada na dinâmica do capital estrangeiro e monopólio ou oligopólio que ocupa os setores mais importantes na condução da economia.

A articulação do capital monopolista ou oligopolista com os outros capitais é um processo complexo, mas, como observa Lojkine, os capitais médios se encontram hoje subordinados ao capital monopolista[18], integrando sua produção às necessidades das grandes montadoras e grandes empresas de tecnologia avançada. O capital monopolista se funda sobre uma maxiacumulação e uma desvalorização dos outros, colocando em sua órbita o processo produtivo, ainda que conservando a sua heterogeneidade.

O capital multinacional que tende a oligopolizar-se se implanta através dos setores mais modernos e mais rentáveis, isto é, na indústria de bens duráveis. Ocupa, ao mesmo tempo e gradativamente, os espaços de financiamento para compra desses produtos, sua comercialização, e

---

18. Ver LOJKINE, Jean, *O Estado capitalista e a questão urbana*, São Paulo, Martins Fontes, 1981. Referimo-nos tanto a monopólios como oligopólios quando usamos a expressão capital monopolista.

alcança os investimentos agrícolas. Formam-se conglomerados cada vez maiores em todos os setores da economia. Nesse processo entram na órbita do capital multinacional várias empresas nacionais, por compra ou simples associação.

Essa relação entre o Estado e as multinacionais não significa uma fusão entre ambos, nem a continuidade de uma relação anterior, mas uma nova combinação do processo de acumulação caracterizado pela produtividade e pela concentração. O Estado propicia tal concentração através dos seus mecanismos de união do bloco dominante e de controle do conjunto das medidas econômicas.

A hegemonia do capital multinacional se consolida num contexto de tensões com o capitalismo nacional e com o próprio Estado, que passa a investir cada vez mais como produtor de bens, através das empresas estatais. Ao mesmo tempo, o Estado autoritário impõe um arrocho salarial articulado com o impedimento de mobilização dos trabalhadores[19].

A manutenção do mercado interno é garantida apenas por um reduzido número de assalariados que se situam em torno a 30% da população, com a produção de mercadorias sofisticadas em contradição com o resto do país excluído do consumo de bens duráveis mais caros.

A tabela seguinte mostra claramente a articulação do capital multinacional e o Estado, indicando a predominância do capital estrangeiro na indústria de transformação dos bens de consumo duráveis e na indústria mecânica (45,74%), de aparelhos elétricos (60,75%), de material de transporte entre os quais os automóveis (62,79%). A presença governamental é significativa no setor das minas (62,8%), da metalurgia (33,7%), da química (54,92%) e nos serviços públicos. Ao capital nacional cabe a fabricação de móveis (100%), as indústrias do couro (88,91%), de bebidas (86,12%), de alimentação (68,31%), têxtil (86,89%) e uma participação de 50,7% no material não mecânico e de 63,36% no setor metalúrgico.

---

19. Celso Furtado afirma que "tudo mostra que o capitalismo periférico requer maior concentração de poder e maior interdependência entre a política e a economia do que o caso do desenvolvimento do capitalismo central" (in FURTADO, Celso *et al.*, *The Internationalization of Capital*, Toronto, Laru Studies, v. II, n. 1, p. 17, 1977).

Tabela D-2

Valor dos bens imobiliários das 5.113 maiores empresas não financeiras
segundo a propriedade do capital em 1974 — Em milhões de cruzeiros

Setores	Imobilizações	Estatais	Empresas estrangeiras	Empresas nacionais
MINAS	9.636	62,08	12,23	25,69
IND. DE TRANSFORMAÇÃO	161.570	20,11	29,32	50,57
Min. não metálicos	7.550	1,56	35,08	63,36
Metalúrgicas	27.711	33,70	12,29	54,01
Mecânicas	8.292	0,94	45,74	53,32
Aparelhos elétricos e mat. de comunicação	6.475	—	60,75	39,25
Material de transporte	15.154	4,07	62,79	33,14
Madeira	8.781	—	8,59	91,41
Móveis	576	—	—	100,00
Borracha	1.834	6,12	60,54	33,34
Couros e peles	684	—	11,09	88,91
Químicos	40.165	54,92	23,26	21,82
Têxteis	12.410	—	13,11	86,89
Produtos alimentares	16.910	1,03	30,66	68,31
Bebidas	3.571	—	13,88	86,12
Fumo	2.095	—	98,79	1,12
Edição gráfica	2.142	—	2,47	97,53
Indústrias diversas	8.211	—	46,66	53,34
AGRICULTURA E SILVICULTURA	4.825	1,33	2,93	95,74
CONSTRUÇÃO	18.317	14,91	3,00	82,09
SERVIÇO DE UTILIDADE PÚBLICA	97.835	87,95	6,53	5,52
Transporte	19.051	77,74	1,22	21,04
Outros serviços públicos	78.784	90,42	7,81	1,77
COMÉRCIO	30.735	0,69	4,78	94,53
PRESTAÇÃO DE SERVIÇOS	84.656	26,98	3,77	69,25
TOTAL	407.577	36,90	14,79	48,31

Fonte: Quem é Quem na Economia Brasileira, revista *Visão*, de 31.8.1975, p. 29.

A presença do Estado na economia também se manifesta através de sua participação no total dos investimentos fixos, que passa de 38% em 1960 a 43% em 1978. O número de empresas estatais federais criadas entre 1964 e 1975 é de 127, de um total de 217, o que significa que 58,5% das empresas estatais foram estabelecidas após o golpe[20]. O crescimento das empresas estatais é superior ao das empresas nacionais privadas. As despesas do Estado representam 24% do produto interno bruto (PIB) em 1976. 30% da produção provêm do setor estatal, que contribui em 60% à formação do capital fixo[21].

O Estado expande a sua atuação econômica não só como produtor mas como agente financeiro na canalização da poupança para financiar seus projetos de investimentos e contribuir para a empresa privada. 80% do financiamento das atividades industriais provêm do governo, através do Banco Nacional do Desenvolvimento Econômico (BNDE). Para isto o Estado estabelece a poupança obrigatória através do Fundo de Garantia por Tempo de Serviço (FGTS) e do Programa de Integração Social (PIS).

Por intermédio do FGTS[22] o governo mata dois coelhos com uma só cajadada: a eliminação da estabilidade no trabalho, que permite a rotatividade e a produtividade da mão de obra e a formação de um fundo de poupança com a contribuição compulsória a partir da folha de salário estabelecida em 8%. A eliminação da estabilidade contribui também para a mobilidade do trabalhador e o fundo de poupança serve para reativar a economia através da construção civil. Em 1977, 66,9% dos recursos do Banco Nacional da Habitação (BNH) provinham do FGTS.

O PIS consiste na taxação de 0,5% sobre o valor agregado ou faturamento da empresa e se destina à formação de um fundo para os trabalhadores com a justificativa de participação nos lucros da empresa. Em realidade contribui ao financiamento da própria empresa, pois é

---

20. Ver ARAÚJO, Braz J. "Intervenção econômica do Estado e democracia", in MARTINS, Carlos Estevam, *Estado e capitalismo no Brasil*, São Paulo, Hucitec/Cebrap, 1977.

21. Para uma análise das relações entre o Estado e a economia, ver: ABRANCHES, Sérgio Henrique *et al.*, *Empresa pública no Brasil: uma abordagem multidisciplinar*, Brasília, Ipea/Semor, 1980, e SUZIGAN, Wilson *et al.*, *Aspectos do participação do governo na economia*, Rio de Janeiro, Ipea/Inpes, 1979. Os dados mencionados são tirados de ESPÍRITO SANTO, Benedito Rosa, "Setor estatal e desenvolvimento", in ABRANCHES, Sérgio, op.cit., p. 101 e 103.

22. Sobre o FGTS, ver FERRANTE, Vera Lúcia B., *FGTS: ideologia e repressão*, São Paulo, Ática, 1978.

controlado pelo BNDE e só pode ser retirado pelo trabalhador de baixa renda uma vez ao ano.

A política social do governo autoritário-arbitrário se concentra nos programas centrais como o BNH[23] e o PIS[24] ou se articula com as instituições privadas no caso específico da saúde e da educação. A tendência à estatização se combina com uma tendência à privatização, como observa o próprio O'Donnell.[25]

A estatização e centralização de certos programas sociais possibilitam, por sua vez, a canalização de grande quantidade de recursos que podem também ser repassados a agentes financeiros privados e tornar-se instrumentos de ação macroeconômica. O BNH contribui para a construção civil e para a intermediação financeira no financiamento da casa própria e o FGTS estimula a formação da poupança nacional.

A organização do Estado autoritário e arbitrário contém a "ameaça" das classes dominadas, garante o processo de acumulação pela produtividade e pela contenção dos salários. Após 1965 o salário mínimo cai continuamente. Segundo dados oficiais, entre 1965 e 1978 esse salário diminui em 1/2% ao ano[26]. Ao mesmo tempo a produtividade na indústria de transformação cresce 9,1% entre 1970 e 1974, enquanto o salário médio dessa mesma indústria cresce apenas 7,4% ao ano e no mesmo período[27].

A política de mão de obra combina mecanismos de aumentos da mais-valia absoluta pela diminuição dos salários reais e aumento das horas de trabalho com a mais-valia relativa da produtividade. Essa política é que vai possibilitar o chamado "Milagre Brasileiro", entre 1968 e 1973. Nesse

---

23. O BNH foi criado pela Lei n. 4.380/64 para estimular a construção civil e canalizar a poupança popular. Em 1967 foi que recebeu a poupança obrigatória do FGTS retirada da folha salarial.

24. O PIS foi estabelecido pela Lei Complementar n. 7, de 07.07.1970, e só pode ser retirado em casos de aposentadorias, casamento e invalidez. Pela Resolução n. 174, de 25.02.1971, do Banco Central, ele pode financiar as operações correntes das empresas.

25. O'DONNELL, Guillermo, "Corporation and the Question of the State" in MALLOY, James, *Authoritarianism and corporatism in Latin-America*, Pittsburgh, University of Pittsburgh Press, 1979, p. 64.

26. IBGE, *Indicadores Sociais, Tabelas Selecionadas*, Rio de Janeiro, IBGE, 1979, p. 57.

27. Idem, ibidem, p. 55.

período a indústria de transformação cresce a uma taxa anual de 13,3%, contra 6,8% no período de 1966 a 1967. Os setores que mais crescem são os controlados pelas multinacionais: material elétrico (17,7%), material de transporte (21,8%), setor mecânico (20,2%) e plásticos (18,6%)[28]. A partir de 1974 registra-se um desaquecimento econômico ao qual contribui o aumento do preço do petróleo. Em 1980 agrava-se a recessão econômica com a queda de 4,4% no produto interno bruto em 1981.

Para compensar o aumento do preço do petróleo e do preço das importações o governo recorre aos empréstimos internacionais. O endividamento do país passa de 11,9 bilhões de dólares em 1974 a 90 bilhões em 1983. O crescimento do PIB passa de uma média de 11,5% no período 1968-1973 a 6,6% no período 1974-1980, para ser negativo em 1981 (–3,7%).

Nesse contexto as empresas multinacionais continuam a manter sua lucratividade por um aumento constante dos preços e favorecidas com os estímulos governamentais às exportações, que compreendem isenções de impostos. Em relação à mão de obra, 33,3% dos operários encontram-se empregados no setor tradicional da economia, 32,8% no setor moderno e apenas 29,6% no setor mais dinâmico (mecânico, material elétrico e material de transporte). Isto no Estado de São Paulo, onde se concentram 55% da produção industrial do país.[29] Nos demais Estados predominam o setor de serviços e o setor primário.

Segundo dados de uma amostragem de 318 empresas, as multinacionais controlam 51,13% dos empregos industriais, as empresas nacionais privadas 35,6%, e as empresas do governo apenas 13,41%[30].

O conjunto de dados aqui apresentados mostra que as multinacionais controlam a dinâmica da produção e o emprego industrial, concentrando-se nos setores de tecnologia mais avançada e de maior rentabilidade. Sua

---

28. Ver BONELLI, Regis e WERNECK, Dorothea F. F., *Desempenho industrial: auge e desaceleração nos anos 70*, in SUZIGAN, Wilson, op.cit., p. 170.

29. Sobre mão de obra, ver ALMEIDA, José, *Industrialização e emprego no Brasil*, Rio de Janeiro, Ipea/Inpes, 1974. Dados sobre a industrialização estão em BAER, Werner, *A industrialização e o desenvolvimento econômico do Brasil*, Rio de Janeiro, FGV, 1979.

30. DOELINGER, Carlos Von e CAVALCANTI, Leonardo, *Empresas multinacionais na indústria brasileira*, Rio de Janeiro, Ipea, 1979, p. 41.

política se baseia no aumento da produtividade. Em 1970, um trabalhador da indústria de transformação produz 6,1 vezes mais que um trabalhador rural, e 9,7 vezes mais que um trabalhador da construção civil.

Neste período mudam as relações entre o Estado e a sociedade pela política econômica e repressiva e as relações entre o Estado e as multinacionais que vão ter profundas repercussões na questão dos acidentes do trabalho e da sua legislação. Em primeiro lugar, a política econômica de aumento da produtividade exige ênfase na prevenção e passa-se à questão da estatização do seguro de acidentes na nova conjuntura.

A nova política de acidentes do trabalho se inscreve no processo de relações específicas entre o governo autoritário e a classe operária em busca de legitimação. Essa política é anunciada pelos generais-presidentes com muita pompa e circunstância!

Para situar melhor a nossa análise, veremos primeiramente a conjuntura e a política de acidentes do trabalho no ano de 1967, quando foram em poucos meses totalmente privatizados e estatizados. A seguir analisaremos a conjuntura de 1974-1978 e as novas políticas preventivas e de nova articulação dos benefícios sociais.

Apesar da estatização dos seguros de acidentes do trabalho, os serviços médicos ao assegurado permanecem em mãos das empresas privadas, o que inverte a situação analisada em 1919, quando os seguros eram privados e a assistência ao acidentado era de caráter público.

2. Regulação estatal pela privatização do seguro de acidente do trabalho

Apesar da repressão generalizada do Estado autoritário-arbitrário e da implantação de medidas de repressão seletiva, as forças sociais da sociedade civil não se desmobilizaram completamente. Os movimentos e as organizações voltaram-se para a resistência ao regime com novas estratégias e táticas de pressão pela democratização.

Logo após o golpe de Estado ficam impedidos de agir os principais dirigentes operários, os políticos mais progressistas e os opositores mais ferrenhos com a desarticulação do bloco progressista. Mas pouco a pouco trabalhadores e estudantes começam a mobilizar-se publicamente e principia-se a formação de grupos guerrilheiros que intensificarão a sua atividade a partir de 1969.

A política econômica do governo militar é pautada pelo monetarismo, estabelecendo-se as bases de um novo modelo econômico articulado ao modelo administrativo de centralização e controle tecnocrático.

A primeira fase do governo militar é dirigida pelo marechal Castelo Branco, que, nos últimos dias de seu governo, promulga uma série de decretos-leis (sem passar pelo Congresso), sendo o mais importante o Decreto-Lei n. 200, de 25.02.1967. Com este decreto reorganiza-se a administração pública e conferem-se poderes especiais ao Conselho de Segurança Nacional. Afirma-se a tecnocracia como uma força efetiva no controle do poder do Estado, acentuando-se também a burocratização.

Com a série de decretos publicados aumenta-se também o controle tecnocrático e centralizador das empresas públicas e o controle militar do poder de articulação política, que se fixa nas mãos do general-presidente e do Conselho de Segurança Nacional. A racionalidade tecnocrática se manifesta através do discurso da eficácia, da eficiência, da fixação de prazos, da indicação de resultados, de processos de avaliação e determinação de responsabilidade. Ao todo vinte e seis decretos são assinados no dia 28 de fevereiro de 1967.

Para os fins desta análise é necessário destacar o Decreto n. 293 que considera os seguros de acidentes do trabalho como seguros privados. Como esta lei os seguros estatais ficam no mesmo pé de igualdade que os seguros particulares, em regime de concorrência.

Com tantos decretos e às vésperas da transferência de governo ao general Costa e Silva no dia 1º de março de 1967, a nova lei não provocou uma reação imediata das forças sociais, tendo sido elaborada pelos tecnocratas em gabinetes fechados.

O Decreto n. 293 se inscreve na estratégia do governo visando promover a expansão do mercado de seguro, que já fora anteriormente estruturado pelo Decreto n. 73/66. Castelo Branco declara, em sua mensagem ao Congresso, em 1967, que sua política de expansão do mercado de seguros visava "reforçar o mercado nacional de seguro para transformá-lo em fonte de progresso para o país"[31].

O Decreto n. 293 confirma essa estratégia de desenvolvimento do mercado financeiro, exprimindo claramente, no seu artigo 3, que "o seguro de acidentes do trabalho é um seguro privado" e se reporta ao artigo 158 da Constituição. Esta, no item XVII do artigo 158, reza que "é obrigatória a instituição de um seguro dos acidentes do trabalho pelo empregador". Este sempre foi o argumento das companhias de seguro para a privatização e com o Decreto n. 293 elas obtêm uma vitória legislativa manifesta.

O decreto, de fato, representa a institucionalização dos interesses das companhias de seguro que sempre batalharam pela privatização do seguro de acidentes na defesa de um ramo que lhes tinha sido lucrativo. Segundo o artigo 24 do novo decreto, mesmo os seguros estatais devem submeter-se ao controle do Conselho Nacional de Seguros Privados.

A estatização dos seguros de acidentes era defendida pelos tecnocratas do Ministério da Previdência Social e do Trabalho, seguindo uma tradição que vinha desde a época de Getúlio Vargas, enquanto a privatização era defendida pelo Ministério da Indústria e do Comércio, mais ligado às companhias de seguros[32]. Esta divisão manifesta uma ruptura nas posições do governo, mas há hegemonia dos setores ligados ao Ministério da Indústria e do Comércio. Divisões não significam eliminação da hegemonia.

O decreto surpreendeu os juízes, que tiveram que suspender sessões de julgamento para estudo da nova lei[33]. Este fato corrobora que a elaboração da lei foi feita em segredo aos próprios juristas. A primeira reação

---

31. In *Folha de S.Paulo*, 02.03.1967, p. 6.

32. Ver PIRES, José P. L. Ferreira, *Comentários à nova legislação sobre acidentes do trabalho*, São Paulo, Instituto Paulista de Direito Fiscal e Trabalhista, 1968, p. 12. Este texto compara a legislação de 1944 com o novo decreto. O ministro do Trabalho declara expressamente que seu ministério foi vencido no seio da Comissão instituída pela Portaria n. 13, de 17.01.1967 do Ministério do Planejamento e cujas conclusões levaram ao Decreto n. 293. In Ministério da Previdência Social, *Exposição de Motivos do Anteprojeto de Lei que integra os acidentes do trabalho na Previdência Social*, Brasília, MPS, 1967, p. 2.

33. Idem, ibidem.

contra o decreto provém justamente de advogados e juristas. A Ordem dos Advogados de São Paulo recrimina no novo decreto os pontos seguintes:

1) sua elaboração secreta;

2) a diminuição das indenizações;

3) as dificuldades para recepção das indenizações;

4) a ausência de definições do conceito de empregado e de empregador;

5) a transformação do processo de acidente em processo ordinário mais longo[34].

Em relação às indenizações basta lembrar que o novo decreto prevê o pagamento apenas do que é devido na data do acidente (artigo 14), sem correção. Se o trabalhador perde uma causa judiciária, cabe-lhe também assumir os custos do advogado da companhia de seguros. Com tais medidas o trabalhador é desestimulado para entrar com ações na justiça e fica compelido a um acordo extrajudicial com o patrão, o que é mais vantajoso para as companhias de seguros.

A promulgação desse decreto coincide com o processo de unificação administrativa e política dos institutos de Previdência Social. Essa unificação, sob a égide da tecnocracia, visa, segundo o Ministério do Trabalho e da Previdência Social, evitar uma crise financeira da Previdência, reduzir seus custos administrativos e seus investimentos, e unificar as normas administrativas[35].

Após 1964 os institutos da previdência social foram submetidos à tutela governamental e os membros dos seus conselhos de administração foram substituídos por pessoas nomeadas pelo governo central[36]. Pelo Decreto-Lei n. 72, de 21.11.1966, todos os institutos de previdência social foram unificados num só organismo e sua direção foi confiada aos

---

34. Idem ibidem, p. 15.

35. In SILVA, L. G. Nascimento, *Rumos para o Brasil moderno*, Rio de Janeiro, APEC, 1970. A unificação consiste na desativação dos antigos institutos organizados por categoria profissional e a constituição de um único instituto de controle e distribuição dos benefícios da Previdência, o INPS.

36. Ver *Livro Branco*, sobre o INPS, Rio de Janeiro, INPS, 1968.

representantes do poder executivo, com eliminação da participação direta dos trabalhadores na sua administração. Essa participação já havia sido excluída pelo golpe de 64.

O novo instituto, denominado Instituto Nacional de Previdência Social (INPS), não possuía uma política clara em relação aos acidentes do trabalho. O Decreto n. 293 se inscreve na conjuntura de transição administrativa que propiciou o debilitamento das forças representadas pelos técnicos da Previdência Social, favoráveis à estatização. A conjuntura política repressiva também impedia a sua articulação pública com as forças da sociedade civil que atuavam no mesmo sentido.

A transição de governo também contribuiu para enfraquecer o Decreto n. 293, que ficou sem regulamentação e sem a possibilidade de aplicação jurídica de forma clara. O novo governo, como veremos a seguir, assume uma posição diferente em relação ao seguro de acidentes do trabalho, com predominância da posição defendida pelo ministro do Trabalho e Previdência Social. Esta posição não constitui um fato isolado, mas se inscreve em uma correlação de forças que, a seguir, será analisada, destacando-se a necessidade de legitimação do novo governo junto aos trabalhadores.

O governo Castelo Branco, por proposta do Ministério do Trabalho, já havia criado a Fundação Centro Nacional de Segurança e Higiene do Trabalho (Fundacentro) pela Lei n. 5.161, de 21.10.1966. O novo organismo deveria cuidar dos aspectos preventivos dos acidentes do trabalho, sendo financiado por entidades públicas e empresas privadas. A problemática da prevenção preocupava os tecnocratas do Ministério do Trabalho juntamente com as empresas mais produtivas. A seguir analisaremos a estatização do seguro de acidentes do trabalho na conjuntura de forças representada pelo governo Costa e Silva.

3. Forças sociais e estatização do seguro de acidentes do trabalho

É no contexto do Estado arbitrário-autoritário (AA) anteriormente caracterizado que se situa o processo de estatização dos seguros de acidentes do trabalho, mas numa conjuntura de mudança de equipe de governo que passa das mãos do marechal Castelo Branco para o seu ministro da Guerra, general Arthur da Costa e Silva. Este último teve papel de relevo no golpe de Estado de 1964. A mudança do presidente dava uma aparência de democracia na cena internacional, facilitando também a composição entre as várias correntes das forças armadas. O presidente, apesar de general, coordena uma junta militar composta dos chefes da Marinha, do Exército e da Aeronáutica.

A aceitação de Costa e Silva não é unânime por parte das forças armadas, que se transformaram no Colégio Eleitoral do país, decidindo em nome da nação o seu próprio destino. No entanto, Costa e Silva consegue agrupar em torno do seu nome o apoio dos principais golpistas de 1964. Diante da opinião pública ele deve aparecer como um governo de conciliação. Na área trabalhista o novo ministro do Trabalho e da Previdência Social, Jarbas Passarinho, declara-se disposto "a aplicar a doutrina trabalhista sem os comunistas e sem os sindicalistas pelegos e junto com os sindicalistas autênticos"[37].

O governo busca a legitimação através da difusão de uma imagem populista. O "candidato" Costa e Silva percorre o país, antes de assumir o governo, com um discurso de humanização da política social, acentuando a necessidade de melhoria das condições dos trabalhadores. Essa retórica é reafirmada em um comício na cidade portuária de Santos, no dia 1º de maio de 1967[38]. Nesse discurso o presidente faz a promessa formal de uma nova lei sobre os acidentes do trabalho[39], mas não se refere às outras reivindicações dos trabalhadores, que viam os seus salários achatados e os seus direitos violentados. A decisão de Costa e Silva anunciada à massa trabalhadora reflete nova correlação de forças no interior do próprio governo, no qual o coronel Passarinho recebeu o apoio dos tecnocratas do seu ministério. Por outro lado, o Decreto n. 293 havia recebido o repúdio geral dos trabalhadores e das classes médias.

---

37. In *Folha de S.Paulo*, 07.03.1967, p. 6.

38. Ibidem, 02.05.1967, p. 4.

39. Ibidem, p. 4.

O novo governo mantém como prioritária a questão da segurança nacional, como condição para o processo de acumulação de capital vinculado ao arrocho salarial e à eliminação do direito de greve.

Na estratégia de segurança o discurso humanista da política social que tem como ponto tático a questão dos acidentes do trabalho aparece como uma manobra de diversão diante das outras reivindicações dos trabalhadores. A 15 de maio o governo propõe um novo projeto sobre os acidentes do trabalho, elaborado pelo Ministério do Trabalho e da Previdência Social, no contexto de forças a seguir detalhado.

a) Os tecnocratas

O projeto de Jarbas Passarinho se define claramente contra o Decreto n. 293, o que manifesta divisões e dissenções no seio do próprio governo militar e da tecnocracia do Estado.

Na exposição de motivos GM/GB n. 180-A, o ministro do Trabalho desenvolve sua argumentação em torno dos encargos que o Decreto n. 293 representa para a Previdência Social. Afirma: "Este decreto-lei estabelece para a Previdência condições enormes que as companhias de seguros não poderão cumprir a menos que elas possam jogar sobre a Previdência as desvantagens guardando para si as vantagens".

Conforme esse discurso, o governo tenta mostrar que o decreto anterior era extremamente favorável às companhias privadas, ficando a Previdência encarregada de cobrir as aposentadorias mais custosas e os tratamentos mais onerosos.

Aos trabalhadores o novo projeto garante a cobertura de acidentes em todo o território nacional, com eliminação do lucro das companhias de seguro de acidentes, propondo o regime de manutenção de salários em contraste à indenização. Oferece ainda os benefícios da Previdência Social aos acidentados e introduz um novo benefício, o auxílio-acidente em caso de perda de mais de 25% da capacidade de trabalho. A indenização é substituída por um pecúlio, no caso da redução permanente da capacidade de trabalho, que não ultrapassa 25%. Reafirma-se o direito à reabilitação.

No entanto, o projeto não faz referência aos trabalhadores rurais e aos trabalhadores domésticos, que ficam regidos pela lei de 1944.

Aos empresários os tecnocratas propõem uma nova tarifa de prêmio de seguros mais reduzida que a anterior, uniformizando-a em 0,8% ou 0,4% dos salários, de acordo ao grau de risco da empresa. Esse critério geral é complementado por uma tarifa individual e prevê custos de corretagem em torno de 10% dos prêmios.

A nova lógica tecnocrática visa a uniformização e uma correspondência às novas condições impostas pela própria massificação da produção industrial. Visa-se a eliminação da diversificação das tarifas por empresa. Na exposição de motivos, o ministro destaca que o seu objetivo é "racionalizar" a política de acidentes. Junto com o discurso da racionalização aparece também o do interesse geral pela promessa de extensão da previdência acidentária a todos os cidadãos.

O projeto do governo recebe uma série de críticas das organizações e forças interessadas na questão, como as companhias, os trabalhadores e os patrões.

A resposta do governo às objeções e às pressões feitas pelas diversas associações, é dada pelo próprio ministro do Trabalho em um documento chamado "Resposta às Dez Principais Objeções à Integração do Seguro de Acidentes do Trabalho na Previdência Social"[40].

Em relação à eficácia dos serviços da Previdência o ministro observa que às clínicas privadas serão agora acrescentados 27 hospitais e 1.300 clínicas do governo no atendimento ao acidentado, que neles será prioritário.

Em relação à crítica da eliminação da livre concorrência o documento responde com a tese do caráter social do seguro-acidente já adotada na maioria dos países capitalistas. Destaca também que o seguro é pago pelo consumidor e não pela empresa que transfere os custos aos produtos.

Quanto às perdas para as companhias privadas o ministro observa que a ampliação do mercado de seguros através da implantação do seguro obrigatório de automóveis compensará a queda dos lucros existentes.

---

40. PASSARINHO, Jarbas, Brasília, Ministério do Trabalho e Previdência Social, 1967.

Segundo o documento, os trabalhadores terão a vantagem de ver eliminados os atrasos na recepção das indenizações. O governo cita a cifra de 40 mil processos existentes somente em São Paulo e de 16 mil em um só tribunal do Rio de Janeiro. Os trabalhadores poderão também beneficiar-se com o regime de manutenção dos salários.

Os empregados das companhias de seguros serão mantidos nos novos serviços da Previdência Social. Ou poderão sair do setor, se assim o desejarem. Essa promessa responde às pressões dos empregados das companhias. O ministro nem sequer discute a constitucionalidade do seu projeto, levando em conta que a Comissão de Justiça do Congresso já se havia pronunciado em seu favor.

O projeto é apresentado ao Congresso e garante uma redução de 10% de qualquer prêmio pago pelo empresário, visando obter o apoio das empresas.

O Ministério do Trabalho utiliza a estratégia de difusão, mostrando as vantagens a todos os interessados: compensação para as companhias, prêmios menores para os empresários e eficácia e regime de pensões para os trabalhadores.

Nessa conjuntura a questão dos acidentes do trabalho continua importante para os trabalhadores, levando-se em conta as condições de produção precárias, mas há outras prioridades nas suas lutas, como a deterioração dos salários e as leis repressivas contra os sindicatos e organizações operárias.

b) Os trabalhadores

No dia 1º de maio de 1967 o ministro do Trabalho e da Previdência Social realiza um encontro com os trabalhadores de São Paulo para defender sua política de "conciliação" entre patrões e operários. Nessa oportunidade recebe um manifesto assinado pelos "sindicalistas de São Paulo" e que traduz as reivindicações da classe:

1) Uma nova política salarial;

2) Revogação do FGTS e da Lei n. 5.107;

3) Abolição das exigências (por exemplo, atestado ideológico) para o exercício de atividades sindicais;

4) Revisão da Lei de Greve (4.330), "muito prejudicial aos trabalhadores";

5) Restabelecimento da Lei n. 7.036, de 1944, sobre os acidentes do trabalho. "O Decreto n. 293 deu um golpe fatal em um dos pontos mais progressistas de nossas legislação social", diz o documento;

6) Dar condições ao poder público para realizar a segurança e higiene do trabalho. "Não há fiscalização e os trabalhadores da construção civil estão morrendo", afirma o documento;

7) Correção monetária no Tribunal do Trabalho;

8) Reforma da Justiça do Trabalho com a criação de mais tribunais;

9) Revogação do Decreto n. 192 que retira aos trabalhadores o direito de preferência do crédito em caso de falência da empresa.[41]

Nesse manifesto podemos destacar os pleitos centrais da luta dos trabalhadores: a política de arrocho salarial e de mobilização e organização no trabalho, a política de repressão e os acidentes do trabalho. Aparece claramente a preocupação dos trabalhadores com as questões de segurança no trabalho, sobretudo na construção civil.

A questão da revogação do Decreto n. 293 e da fiscalização do trabalho está incluída nos pontos centrais das reivindicações. No Rio de Janeiro os trabalhadores manifestam-se também contra o FGTS e a política de repressão pedindo a anistia dos trabalhadores condenados[42].

A política repressiva do governo levou os sindicatos à dizimação provocando e acentuando as divisões entre os trabalhadores. Entre os sindicalistas havia líderes pelegos presos às vantagens da direção sindical, e a massa trabalhadora não possuía um nível homogêneo de conscientização.

---

41. In *Folha de S.Paulo*, 02.05.1967, p. 7.

42. Ibidem, p. 4.

Durante o III Congresso Sindical Nacional, realizado em Brasília em agosto de 1967, um certo número de trabalhadores lança um manifesto pela manutenção do regime de concorrência na questão dos acidentes e contra o projeto de estatização. O manifesto é assinado por 12 federações e 23 sindicatos[43]. As federações que assinam são as dos Estados do Paraná, Sergipe, Alagoas e Ceará, assim como as federações dos trabalhadores das indústrias urbanas, do vidro, do têxtil, do vestuário e das minas sediadas em São Paulo, a federação do têxtil e da construção civil da Guanabara, e a da alimentação do Rio Grande do Sul. Entre os sindicatos signatários, 7 pertencem à indústria têxtil, 7 à indústria de alimentação, 2 são do setor gráfico e 2 da construção civil. Somente 2 sindicatos da indústria moderna (química e petróleo) aprovam o documento.

Esta declaração manifesta uma divisão entre os trabalhadores que apoia claramente as companhias de seguro. Um grupo de trabalhadores de São Paulo também se pronuncia favoravelmente ao Decreto n. 293, com a modificação do artigo 9º, que diz respeito à indenização.

Por outro lado, a Confederação Nacional dos Trabalhadores da Indústria (CNTI) manifesta-se contrária à declaração anterior elaborada no III Congresso Sindical e dá seu apoio ao governo para a implantação do monopólio de seguro de acidentes[44]. O documento da confederação destaca que, na Circular n. 43, de 19.07.1967, seu apoio ao monopólio havia sido claramente expresso.

O governo, no Anexo 5 da exposição do ministro do Trabalho, fornece uma lista das organizações de trabalhadores que teriam apoiado o monopólio: CNTI, as Federações dos Empregados do Comércio do Norte e do Nordeste, a Federação dos Trabalhadores das Empresas Telefônicas, as Federações da Bahia, Espírito Santo, Goiás, Paraíba, Santa Catarina e Sergipe. É necessário observar que um representante da Federação de Sergipe havia dado o seu apoio às companhias durante o III Congresso Sindical.

---

43. In *Jornal do Brasil*, 19.08.1967, p. 7.

44. Ibidem, p. 5.

A Federação da Indústria Extrativa que aparece apoiando a privatização, também é listada pelo governo em seu apoio. O Sindicato dos Metalúgicos de São Paulo apoia o projeto de estatização.

c) As companhias de seguros

Com o novo projeto do governo, as companhias são duplamente compensadas: com a possibilidade de seguro acima do mínimo governamental e com a implantação da obrigatoriedade do seguro de automóveis.

O seguro suplementar acima do mínimo estabelecido é uma forma de articulação do público e do privado já delineado pelo Relatório Beveridge que mantém a Previdência Social sem destruir o mercado[45]. Com isto a política social possibilita a ampliação do mercado e dos próprios assegurados. A expansão do mercado de seguros acima do mínimo oferece ganhos adicionais às companhias.

A obrigatoriedade do seguro de automóveis atendia também a expansão da indústria automobilística, implantada no país desde 1950. Entre 1957 e 1961 o país havia produzido 466.824 veículos.

Ao mesmo tempo o mercado privado de seguros havia conhecido uma expansão significativa. Em 1956 os prêmios por seguros de automóveis haviam atingido a importância de 494.667 milhões de cruzeiros, chegando em 1961 a 2.785.804 milhões, o que representa um crescimento de 563%. Em 1965 o total de prêmios nesse ramo alcança 37.905.988 milhões de cruzeiros, significando 7.663% de aumento em relação a 1956, a preços correntes[46].

O novo mercado de seguro-automóvel parece muito promissor, a tal ponto que o próprio ministro do Trabalho declara:

---

45. Ver FALEIROS, Vicente de Paula, *A política social do Estado capitalista*. São Paulo, Cortez, 1980, Capítulo 3.

46. Ver *Revista do IRB*, ano XXVIII, n. 156, p. 11, mar. 1966.

"É necessário notar que a abertura recente de novos campos ao setor privado, com a atribuição de um caráter obrigatório a seguros até agora facultativos, oferece uma oportunidade única para que a integração proposta seja feita sem perturbação do mercado segurador que poderá substituir o seguro-acidente por novos seguros obrigatórios. Podemos afirmar que jamais houve e que jamais haverá ocasião tão propícia."[47]

Em realidade, o número de companhias de seguro operando no setor de acidentes do trabalho, congelado por Getúlio Vargas, não ultrapassa 10% (19 em 191) do número total de companhias privadas de seguro. Essa limitação reduz também a força das próprias companhias do setor de acidentes para impor a manutenção do Decreto n. 293. Tal situação, de oligopólio legal, privilegia certas companhias em detrimento da grande maioria que não tem acesso a este mercado. O setor se apresenta dividido, o que evidentemente diminui a sua força.

Apesar da concessão do governo em relação ao seguro de automóveis, as companhias voltam a atacar a estatização no momento da representação do projeto do governo no Congresso. As companhias do setor de acidentes também estavam enfraquecidas com o crescimento do setor estatal de segurança de acidentes, que através do IAPI obteve 15 bilhões em prêmios somente em 1965.

Por outro lado as estatísticas disponíveis no IAPI e nunca reveladas pelas companhias demonstravam a existência de grande número de acidentes entre os trabalhadores, correspondendo a 25% da mão de obra[48]. Evidentemente essa proporção não favorecia as companhias privadas, por exigir maiores indenizações. Mas o Decreto n. 293 transferia à Previdência os custos maiores de recuperação e da aposentadoria do trabalhador.

As companhias de seguro difundem pela imprensa os pontos principais de seu interesse com argumentos favoráveis à privatização e que a seguir são enumerados:

---

47. Ministério do Trabalho, op. cit., p. 11. Celso Barroso Leite, secretário do Ministério do Trabalho em 1967, nos confirmou, em entrevista, a compensação dada pelo governo às companhias pela obrigatoriedade do seguro de automóveis.

48. Ver COUTINHO FILHO, Flávio, "O acidente de trabalho na economia nacional", in *Industriários*, n. 112/114, p. 36-40, ago.-dez. 1966.

— A estatização contraria a Constituição;

— O governo impõe um novo projeto pela força;

— As companhias interessadas não participaram da elaboração do novo projeto;

— Elimina-se a livre escolha;

— Eliminam-se as clínicas das empresas;

— O seguro público não possui uma estrutura contábil;

— O INPS realiza uma concorrência desleal, oferecendo tarifas menos caras;

— O projeto ressuscita a indústria da doença;

— Os trabalhadores são privados de uma dupla proteção: pagamento das diárias e da ajuda social do INPS, perdendo a garantia da prestação no momento do acidente, e não terão reparação pelas lesões, nem assistência farmacêutica e funerária prestada pelas companhias;

— O seguro-automóvel não compensa as perdas devidas à retirada do seguro de acidentes[49].

Apesar dos argumentos contrários do governo, as companhias continuam a pressionar os membros do Congresso e a manifestar-se pela imprensa, sobretudo lamentando a perda da renda proveniente do seguro de acidentes. As companhias afirmam que 61,7% do seu lucro provinham dessa atividade.

A lista seguinte dá uma indicação da porcentagem de lucro das companhias provenientes do seguro de acidentes do trabalho.

O quadro publicado pelas companhias se inscreve em uma estratégia de sensibilização da opinião pública em relação às perdas possíveis provenientes da estatização dos seguros de acidentes. As companhias aparecem como vítimas da monstruosidade do governo. No entanto, o quadro revela a importância dos interesses em jogo e da magnitude dos lucros retirados com a cobertura dos acidentes do trabalho.

---

49. Ver *Jornal do Brasil*, 16.08.1967, p. 15. Quando foi promulgado o Decreto n. 293, as companhias não reclamaram do seu segredo.

Tabela D-3
Porcentagem de lucro proveniente do seguro de acidentes
do trabalho para as companhias que operam no setor

Companhia	Porcentagem
Boavista	53,06
Sul América	49,58
Atlântica	38,00
Minas Brasil	58,50
Internacional	44,50
Novo Mundo	39,87
Piratininga	53,40
Meridional	67,21
Atalaia	71,44
Ypiranga	59,90
Fortaleza	31,57
Itatiaia	77,47
Paulista	37,65
Grupo Industrial	77,29
Madepinho	54,13
Garantia Industrial Paulista	68,16
Brasil	61,48
Lloyd Industrial	74,72
Caixas	52,60

Fonte: Jornal do Brasil, de 22.08.1967.

d) Os industriais

Os patrões apoiam abertamente as companhias de seguros no que diz respeito à política de produtividade, a fim de aumentarem o crescimento das empresas e diminuírem os prêmios pagos pelos seguros. O apoio, portanto, não reside na defesa da perda dos lucros manifesta pelas companhias.

O governo menciona a Fiesp (Federação das Indústrias de São Paulo) como dando apoio à estatização em seu documento de resposta às críticas feitas à intervenção do Estado. No entanto, em suas declarações públicas, essa federação pede ao governo um exame da estatização, tendo em vista que, para os patrões, o novo projeto não se inscreve nos propósitos de aumentar a produtividade tal como o previsto no decreto anterior, de número 293[50]. Os patrões não se manifestam abertamente contra a estatização, o que enfraquece a posição das companhias de seguros. Assim, produz-se uma divisão do bloco indústria-seguro que apoiava incondicionalmente os seguros privados.

Como já foi indicado, os industriais, na prática, se inclinam pelos seguros estatais em relação aos acidentes do trabalho, pois representam custos menores para eles. Ao mesmo tempo apoiam as medidas destinadas ao aumento da produtividade em um momento em que o capital intensivo se amplia em detrimento do emprego da mão de obra. Vale ressaltar que a eliminação da estabilidade do trabalhador através da implantação do FGTS se coloca nessa perspectiva[51].

O comércio, por sua vez, apoia publicamente as companhias de seguros. A Associação Comercial de São Paulo envia um documento à Câmara dos Deputados e ao Senado contrário à estatização, alegando que esta aumentará a inflação e que os serviços do Estado não são eficazes. Nota-se, também, que os seguros contra acidentes representam 31% do mercado de seguros[52]. A Associação Comercial de Minas Gerais e a Associação Rural do Rio Grande do Sul declaram-se igualmente contra a estatização[53].

Estas manifestações mostram uma orquestração da propaganda em todo o país para pressionar o Congresso a fim de que rejeite o novo projeto e mantenha os seguros privados, apesar da posição ambígua dos industriais. Como vimos, os trabalhadores também se dividiram frente ao problema, formando-se um bloco favorável à estatização e outro contrário a ela.

---

50. In *Jornal do Brasil*, 17.08.1967, p. 3.

51. Ver FERRANTE, Vera Lúcia B., op. cit., p. 184.

52. In *Jornal do Brasil*, 20.08.1967, p. 22.

53. Idem, 22.08.1967, p. 7.

e) Os debates parlamentares

O Poder Executivo, no contexto do regime arbitrário e autoritário (AA), detém a maioria dos votos no Congresso através do controle dos deputados pela possibilidade de privação de seus direitos políticos e dos mandatos parlamentares. Mesmo ameaçada, a oposição utiliza certos espaços para manifestar o seu desacordo com a legislação arbitrária, como a discussão no Congresso e certos meios de comunicação. Para isto foi necessário driblar a censura estabelecida.

Os deputados da oposição apresentaram seis projetos de lei para a revogação do Decreto n. 293. Leo Neves, Mário Covas, Anacleto Campanella, Francisco Amaral, Pedro Marão e Adylio Vianna propõem ora o restabelecimento da lei de 1944, ora o monopólio estatal completo[54].

Em vista do controle do Congresso pelo Estado autoritário[55], somente os projetos encaminhados pelo presidente da República têm chance de aprovação, verificando-se o completo esvaziamento da atividade parlamentar pelo autoritarismo do Poder Executivo. Este chega a considerar perigosos os deputados que ultrapassem os limites de tolerância dos militares.

No entanto, na cena parlamentar as forças se dividem em relação ao projeto de estatização dos seguros de acidentes do trabalho, em se tratando de uma questão que também divide a própria sociedade e os interessados mais imediatos nela. No próprio partido do governo, a Arena, os deputados se polarizam a favor do monopólio ou a favor da concorrência.

Existem também propostas de conceder às companhias do setor de acidente a garantia de contar com 50% dos seguros do setor público para compensá-las pela estatização. No entanto, essa sugestão foi rejeitada

---

54. Dados de pesquisa obtidos junto ao Prodasen.

55. Ver IANNI, Octavio, *A ditadura do grande capital*, Rio de Janeiro, Civilização Brasileira, 1981, p. 145-56. O autor afirma: "Ao legislativo foi retirada toda capacidade de representar os interesses e as reivindicações dos grupos e classes sociais" (p. 149), o que significa, para nós, uma afirmação exagerada.

O TRABALHO DA POLÍTICA

pelo conjunto do setor de seguros, já que beneficiaria apenas algumas empresas[56].

O projeto do governo recebe 102 moções de modificação por parte dos deputados. Algumas delas visam retomar o Decreto n. 7.036, de 1944 (como a moção número 3) e outras visam retomar o Decreto n. 293 (como a moção número 2) e outras ainda trazem modificações ao texto apresentado[57].

O deputado Rui Santos, relator do projeto, redige um parecer favorável a este "em razão do caráter social desse tipo de seguro e da integração gradual do mesmo ao seguro social". Com efeito, o governo oferece um prazo de três anos para absorver as companhias privadas e seus empregados e se compromete a comprar as instalações destinadas ao atendimento dos acidentados. Rui Santos aceita incorporar no seu relatório 32 das 102 moções apresentadas.

O relator rejeita a moção de Humberto Lucena, do MDB, que propõe uma autonomia do seguro-acidente e uma participação dos trabalhadores no controle da sua organização. O MDB, segundo Lucena, havia aprovado a estatização dos seguros de acidentes do trabalho em sua III Convenção Nacional[58].

Foram rejeitadas outras moções dos deputados da oposição que mantinham o regime de indenização ou propunham a livre escolha do médico. O relator aceita uma majoração no pagamento da jornada do acidentado e um limite não inferior ao salário mínimo para as prestações.

Uma das principais modificações introduzidas pelo projeto do governo diz respeito ao processo judiciário. Mantém-se o direito de ingresso de uma ação cível relativa ao acidente, ao mesmo tempo em que se estabelece o direito ao processo administrativo junto à Previdência Social.

A proposta mais polêmica foi a veiculada pelo artigo 26, que concedia às 19 companhias de seguro-acidente o privilégio de obter 50% dos seguros feitos até 30 de junho de 1970. A outra metade ficaria nas mãos das 190

---

56. In *Jornal do Brasil*, 31.08.1967, p. 4.

57. In *Diário do Congresso Nacional*, 29.07.1967, p. 4872.

58. Idem, 09.09.1967, p. 787.

outras companhias. Em uma declaração ao Congresso, o presidente do Instituto de Resseguros do Brasil afirma que este artigo "é uma sugestão das companhias interessadas"[59].

Fica patente que as seguradoras do ramo de acidentes se mobilizam para obter uma compensação de curto prazo pela estatização, além da garantia do seguro obrigatório de veículos realizável por qualquer seguradora. O relator declara que aceitou o artigo 26 "para não levar à ruína as 19 companhias"[60].

No momento do voto nominal desse artigo a oposição se pronuncia contra e o partido do governo se divide com um resultado total de 149 votos contra e 93 a favor[61]. Deve-se ressaltar que o Poder Executivo não fecha questão em torno do artigo, talvez pela pressão das 190 companhias do setor de seguros.

As outras modificações ao projeto que receberam um veto do presidente da República, general Costa e Silva, também se referem a um privilégio para que as 19 companhias possam fracionar sua dívida para com o governo. Os artigos 32, 33 e 34, que favorecem as companhias nacionais (inclusive as 19) para realizar seguros no ramo de incêndios, também receberam veto. As companhias estrangeiras também estavam interessadas nesse ramo.

Costa e Silva justifica o seu veto dizendo que a lei aprovada no Congresso "estabelece uma discriminação entre as companhias de seguros", favorecendo as 19 e que as companhias estrangeiras já controlam as sociedades nacionais através de garantia da sua participação no cosseguro[62]. Em 15 de novembro os vetos são apreciados na Câmara de Deputados e mantidos por uma grande maioria de votos[63].

Com a aprovação dos vetos pelo Congresso Nacional fica patente a força do Poder Executivo sobre o Legislativo, mas o resultado não é apenas

---

59. In *Diário do Congresso Nacional*, 01.09.1967, p. 795.
60. Idem, ibidem.
61. Idem, p. 797.
62. Idem, 16.09.1967, p. 2057.
63. In *Diário do Congresso Nacional*, 30.11.1967, p. 8449.

uma imposição maquiavélica e tecnocrática e sim uma condensação de pressões e contrapressões com hegemonia dos grandes setores de seguros e das grandes empresas.

Tabela D-4
Resultado da votação dos vetos à Lei n. 5.316/67

Voto	Art. 26	Arts. 32, 33, 34, 35, 36, 37 e 38	Arts. 39 e 40
Para manter o veto	340	229	228
Contra a manutenção do veto	11	126	126
Em branco	11	7	8
Total	362	362	362

f) Os resultados

O mais importante resultado da Lei n. 5.316, de 14.09.1967, é inegavelmente a passagem dos seguros de acidentes do trabalho das companhias privadas para o Estado. Conforme a exposição de motivos do governo essa estatização representa "uma repartição das cargas a cada ano entre os segurados ativos", considerando também que "é difícil para as companhias privadas manter benefícios de longa duração como pensões e aposentadorias". Este discurso revela que os custos do seguro de acidentes do trabalho serão repartidos pelas empresas e indiretamente ou mesmo diretamente entre os trabalhadores, abrindo campo para o seguro do conjunto do empresariado com taxas e tarifas diversificadas conforme o risco do trabalho. O conjunto do capitalismo é que é levado em conta em relação a setores específicos. No entanto, a luta entre os diversos interesses conduz a uma composição que leva em conta os interesses das forças presentes.

As próprias companhias de seguro não têm interesse em conceder benefícios de longo prazo, tendo em vista o seu peso constante no orçamento, e somente praticam a indenização, o que mostra a relação existente entre a nova política e as vantagens e perdas das próprias companhias seguradoras. Elas tentaram, por todos os meios, manter a sua presença no setor de acidentes do trabalho e nas condições estabelecidas pela política de indenização mas que não interessavam aos industriais, nem ao governo, nem aos trabalhadores. A ação judicial pela indenização continua possível, e os empresários podem continuar assegurando-se contra ela.

Os benefícios previstos pela nova lei são: uma ajuda em caso de doença e equivalente ao salário de contribuição, aposentadoria por invalidez e pensões. Para os trabalhadores que tiverem uma redução permanente da sua capacidade de trabalho superior a 25%, está prevista uma ajuda permanente, se não houver outros benefícios por incapacidade. Para aqueles que tiverem uma redução inferior a 25%, está previsto um pecúlio segundo uma tabela elaborada pela Previdência Social. Em caso de morte os herdeiros também recebem um pecúlio. Deve-se notar que a divisão do acidente e das perdas em porcentagens é feita pela perícia oficial, fragmentando-se o corpo do trabalhador em partes e avaliando-se as perdas por especialistas.

As doenças vinculadas ao trabalho são equivalentes aos acidentes, mas, conforme a regulamentação, serão enumeradas pelo Ministério do Trabalho. Determina-se que as doenças sejam relacionadas com o trabalho e não indiretamente agravadas ou condicionadas por ele.

A lei estabelece o direito à assistência médica e à reabilitação, mas a prevenção não constitui um direito claramente estabelecido. O INPS pode oferecer à empresa uma série de serviços como consulta, formação de pessoal, estímulos à prevenção e financiamento de equipamentos de seguro (artigo 41 do Regulamento).

A assistência médica pode ser dada diretamente pela empresa, como também pelas clínicas conveniadas ou contratadas pelo INPS. Na primeira hipótese, o INPS pode reduzir a contribuição da empresa à previdência acidentária e, ademais, o trabalhador passa a ser controlado no seu local de trabalho. Além disso, as empresas também foram favorecidas pela redução dos prêmios, que seriam maiores se fossem pagos às companhias privadas. No entanto, os primeiros quinze dias de ausência ao trabalho ficam a cargo do patrão se ele não contribuir com uma taxa adicional fixada conforme a atividade da empresa e seu grau de risco.

Com essas disposições constata-se um progresso no estabelecimento do complexo empresa-Previdência para desenvolver-se uma política de retorno rápido ao trabalho e de produtividade, o que favorece as grandes empresas que podem manter serviços de atendimento ao acidentado e que se baseiam no capital intensivo. O Estado não intervém diretamente na prevenção interna às empresas e cria os mecanismos de restauração da capacidade de trabalho ou de reparação da sua perda. Não há acidente de trabalho se não houver prejuízo ao próprio trabalho. O acidente deve afetar o trabalho e não somente o trabalhador, isto é, ele se refere a uma relação de produção e não ao prejuízo de uma pessoa. O prejuízo é compensado fora da produção pelos mecanismos da Previdência, já que a produção deve continuar no seu conjunto.

As companhias de seguros perderam a exclusividade e a concorrência com o Estado no domínio dos acidentes do trabalho, mas obtiveram compensações excepcionais como o seguro obrigatório de veículos, a compra das instalações, a contratação do seu pessoal e um prazo de três anos para liquidar as questões relativas aos acidentes de trabalho. A maioria das instalações, aliás, nem foram vendidas ao governo e o pessoal pôde livremente optar em trabalhar para o governo ou deixar a empresa.

O mercado de seguros já havia sido ampliado pela política governamental de Castelo Branco com a introdução de vários seguros obrigatórios através do Decreto-Lei n. 73, tais como:

a) Prejuízos pessoais a passageiros de avião;

b) Automóveis;

c) Prejuízos pessoais na construção de imóveis urbanos;

d) Bens dados como garantia pelas instituições financeiras públicas;

e) Garantia do cumprimento das obrigações do promotor e do construtor de imóveis;

f) Garantia do pagamento do comprador de uma construção civil;

g) Edifícios divididos em unidades autônomas;

h) Incêndio e transportes dos bens de pessoas jurídicas;

i) Crédito rural;

j) Crédito à exportação por parte das instituições públicas.

Estes seguros impostos pelo Estado à sociedade civil criaram condições de expansão do mercado financeiro já que as companhias estão vinculadas a essa fração do capital.

Os trabalhadores obtêm a satisfação de sua reivindicação histórica da estatização, mas em uma conjuntura na qual esta questão não é prioritária, considerando a diminuição dos salários, a perseguição aos sindicatos e a privação do direito de greve. A intervenção do Estado mantém vínculo com os trabalhadores no atendimento a uma luta histórica, conservando, no entanto, o projeto autoritário de dominação da classe trabalhadora no seu conjunto.

Aos médicos e tecnocratas é reservado o poder de decidir sobre a capacidade e a incapacidade de trabalhar do acidentado no contexto das relações institucionais. Esta medida diminui a importância dos advogados muito presentes no processo de indenização. No entanto, estes se articulam para manter presente a opção pela ação judicial concomitante ao processo administrativo.

Deve-se notar que, mesmo no contexto de um Estado autoritário, as políticas não provêm linearmente de cima para baixo, mas se compõem numa relação de forças e de estratégias que levam em conta os blocos que se formam em torno de cada questão, sem que no entanto se coloque em risco o processo global da acumulação, que é articulada conjunturalmente. Nessa conjuntura o mais importante é manter o processo de acumulação baseado na produtividade e no predomínio das grandes empresas.

A nova lei vai permitir a coleta, mesmo parcial, de dados referentes aos acidentes do trabalho e pela primeira vez a publicação de estatísticas que, mesmo incompletas e manipuladas, provocam um grande impacto na opinião pública. A seguir, analisaremos estes dados apesar das restrições de que foram objeto.

4. O complexo socioindustrial: controle dos trabalhadores, retorno ao trabalho, produtividade e diminuição dos custos

As companhias de seguro jamais deram informações exatas sobre a natureza e a quantidade dos acidentes nem sobre o tratamento prestado ao acidentado. As estatísticas ficavam no nível de cada empresa. Do ponto de vista da solução adotada para os casos de acidente esta consistia fundamentalmente na promoção de um acordo extrajudicial entre o acidentado e o patrão a fim de diminuir os custos da indenização do processo. Por sua parte, o acidentado, com a mediação de um advogado, deveria esperar um tempo considerável para obter o que lhe era devido diante de um tribunal e, assim, diante das necessidades imediatas, tinha interesse em resolver a indenização a curto prazo. Os advogados também cobravam às vezes altos honorários dos acidentados. Não havia informação sindical dos direitos dos segurados. As empresas também não se interessavam por dados estatísticos que lhes fossem desfavoráveis a fim de não pagar maiores prêmios.

Os dados publicados pelo INPS começam a mostrar a ponta de um *iceberg* referente às condições de trabalho extremamente desfavoráveis ao trabalhador no processo de acumulação capitalista brasileiro. A revelação destes dados chegou a levar o presidente da República, general Ernesto Geisel, a declarar em 1974 "que se trata de uma realidade não só de insatisfação mas vexatória para o país"[64]. A questão dos acidentes passa a ser considerada uma vergonha nacional e contribui para minar a legitimidade do governo militar.

Na tabela seguinte apresentamos os dados de incidência de acidentes no período subsequente à estatização.

Estas estatísticas não incluem os acidentes da zona rural nem os acidentes dos trabalhadores não assegurados pela Previdência Social, o que faz supor que esse número seja bastante superior ao revelado. Assim mesmo seu número atinge a cifra de 6.283 por dia de trabalho, ou seja, 4,3 acidentes por minuto em 1975.

A partir de 1976 nota-se uma queda no número de acidentes em razão talvez da nova lei que retém o acidentado mantido pela empresa por 15 dias, e um aumento no número de segurados, o que leva a uma diminuição da proporção de acidentes por segurado. A partir de 1975 novas categorias de empregados podem tornar-se segurados e a população também busca inscrever-se na Previdência, como é o caso das empregadas domésticas.

---

64. Discurso do general in *Anais do XIII Conpat*, Brasília, Departamento Nacional de Segurança e Higiene do Trabalho, 1974, p. 44.

Tabela D-5
Incidência de acidentes segundo a classificação e de mortes por acidentes no Brasil — 1968-1986

Ano	Segurados da Previdência	Acidentes típicos	Acidentes do trajeto	Acidentes do trabalho	Total de acidentes c/ afastamentos	Mortes por acidente
1968	7.520.005	488.697	—	—	—	—
1969	7.057.395	1.050.086	—	606	—	—
1970	7.284.022	1.099.672	14.502	5.937	1.220.111	2.232
1971	7.764.486	1.308.335	18.138	4.050	1.330.523	2.559
1972	8.148.987	1.479.318	23.016	2.389	1.504.723	2.805
1973	10.956.956	1.602.517	28.395	1.784	1.632.969	3.122
1974	11.537.024	1.756.649	38.273	1.839	1.796.761	3.764
1975	12.996.796	1.869.689	44.307	2.191	1.916.187	3.942
1976	14.945.489	1.692.833	48.394	2.598	1.743.825	3.900
1977	16.589.605	1.562.957	58.780	3.013	1.614.750	4.445
1978	18.500.000	1.497.934	48.551	5.016	1.551.501	4.342
1979	22.436.053	1.388.525	52.279	3.823	1.444.627	4.673
1980	23.782.216	1.404.531	55.967	3.713	1.464.211	4.824
1981	24.448.118	1.215.539	51.772	3.204	1.270.465	4.808
1982*	20.668.220	1.117.832	57.874	2.766	1.178.472	4.496
1983*	22.562.301	943.110	56.989	3.016	1.003.115	4.214
1984	25.065.404	901.238	57.054	3.283	961.575	4.508
1985	25.616.500	1.010.340	63.515	4.006	1.077.861	4.384
1986	27.479.500	1.079.015	69.545	5.920	1.154.480	4.578

Fonte: INPS.
* Inexplicavelmente diminuiu o número de segurados em 1982 e 1983.

Entre 1973 e 1979 dobra o número de segurados da Previdência e a população urbana passa de 54,03 milhões a 75,17 milhões de habitantes. Ao mesmo tempo, com a Lei n. 6.367/76 fica a cargo do patrão os cuidados e a remuneração do trabalhador acidentado nos primeiros quinze dias após o acidente, o que leva a uma diminuição nas próprias estatísticas dos acidentes registrados. A tabela seguinte mostra os acidentes de trabalho segundo as consequências.

Conforme indicam os dados, a maioria dos acidentes, ou seja, em média 85%, tem como consequência uma incapacidade temporária, acarretando prejuízo para o trabalhador. Há que assinalar que essa classificação

O TRABALHO DA POLÍTICA

Tabela D-6
Acidentes do trabalho conforme as consequências

Anos	Só assist. méd.		Incapacidade temporária		Incapacidade permanente		Invalidez		Mortes		Total	
	N°	%	N°	%	N°	%	N°	%	N°	%	N°	%
1970	108.493	8,88	1.068.953	87,56	40.463	3,32	484	0,04	2.232	0,18	1.200.111	100,00
1971	132.444	9,66	1.192.957	87,69	42.163	3,17	689	0,05	2.559	0,19	1.330.523	100,00
1972	183.307	12,18	1.292.916	85,90	45.853	3,05	599	0,04	2.805	0,19	1.504.723	100,00
1973	149.811	9,17	1.428.432	87,46	58.009	3,55	820	0,05	3.122	0,19	1.632.696	100,00
1974	156.585	8,82	1.607.357	87,48	64.203	3,57	1.151	0,06	3.764	0,21	1.796.761	100,00
1975	168.371	9,01	1.625.797	86,85	69.111	3,61	1.699	0,09	4.942	0,26	1.916.187	100,00
1976	168.002	9,55	1.521.155	87,20	64.162	3,68	1.765	0,10	3.900	0,24	1.743.825	100,00
1977	206.526	12,57	1.397.912	85,07	34.415	2,09	2.378	0,15	4.445	0,27	1.643.298	100,00
1978	242.443	15,52	1.293.889	82,85	17.104	1,09	3.987	0,25	4.342	0,28	1.561.765	100,00
1979	198.946	13,48	1.250.647	84,73	17.494	1,18	4.298	0,29	4.673	0,32	1.476.056	100,00
1980	207.371	13,77	1.265.468	84,05	23.029	1,53	4.896	0,33	4.824	0,32	1.505.588	100,00
1981	166.613	12,72	1.108.193	84,62	24.434	1,87	5.487	0,42	4.808	0,37	1.309.535	100,00
1982	140.123	11,50	1.042.487	85,52	26.234	2,15	5.582	0,46	4.496	0,37	1.218.922	100,00

Fonte: INPS, *Mensário Estatístico*, diversos números.

depende do critério da perícia médica. A incapacidade temporária significa a perda da capacidade de trabalho parcial ou por um tempo determinado, implicando a impossibilidade de o trabalhador voltar à produção. No entanto, só é dela afastado por um período restrito.

Os acidentes com simples assistência médica se restringem a apenas 10% em média do total de acidentes, fazendo com que o trabalhador volte ao trabalho imediatamente após a consulta. Os casos de incapacidade permanente e de invalidez têm aumentado ao longo do período assinalado, assim como os casos de mortes. Isto demonstra que as condições de trabalho não melhoraram no que tange à provocação de acidentes graves e de mortes, levando à mutilação, à invalidez e à morte em torno de 50.000 trabalhadores por ano. A mortalidade por acidente atinge a cifra média de 3.332 por ano (1970-1975), havendo 267 mortes por milhão de trabalhadores em 1977 com índices mais elevados no Nordeste e Norte (até quatro vezes mais) que em São Paulo.

Os dados da tabela seguinte mostram os índices de acidentes típicos e por trajeto e os óbitos por número de segurados. Até 1976 os números são muito significativos para as três taxas consideradas, sobretudo se compararmos com outros países. Enquanto no Brasil a taxa de mortalidade por acidente é, em média, 30,2% entre 1971 e 1975, na Inglaterra é de 6,1%.

Tabela D-7
Porcentagem de acidentes típicos e mortes ocorridos
em relação à população segurada 1970-1986 — Brasil

Ano	Acidentes típicos por 100 segurados	Acidentes de trajeto por 100.000 segurados	Mortes por 100.000 segurados
1970	15,09	199,09	30,6
1971	16,92	36,7	33,0
1972	18,11	282,4	34,4
1973	14,6	259,1	28,4
1974	15,2	331,7	32,6
1975	14,3	340,9	30,3
1976	11,3	323,8	26,9
1977	9,4	354,3	26,7
1978	8,1	262,4	23,5
1979	6,1	223,0	20,8
1980	5,9	235,3	20,3
1981	5,0	211,8	19,6
1982	5,4	280,0	21,8
1983	4,2	251,2	18,7
1984	3,6	227,6	17,8
1985	3,9	248,0	17,1
1986	3,9	253,0	18,7

Fonte: Tabela D-5.

A partir de 1976 baixa o número de acidentes típicos por segurado, mas não diminui a taxa de acidentes de trajeto e se estabiliza a taxa de mortos em torno de 20 por 100.000 segurados. As condições de trabalho ainda são extremamente ameaçadoras ao trabalhador.

Os acidentes leves são resolvidos no interior da própria empresa, por sua assistência médica e muitos não chegam a ser relatados à Previdência Social. A queda observada não se aplica por medidas preventivas, pois só foram regulamentadas em 1978. Não temos evidências que demonstrem manipulação estatística como a provocada em 1972-1973[65].

Os acidentes típicos do trabalho correspondem a uma média de 98,38% de todos os acidentes entre 1968 e 1975, enquanto os acidentes de trajeto tendem a aumentar e as doenças profissionais chegam a 0,19% com tendência a aumentar. Não é só a fábrica que se torna perigosa para o trabalhador, mas também a rua e o trajeto para o trabalho, tendo em vista as condições de transporte, o tráfego e as distâncias a serem percorridas. É justamente na cidade de São Paulo que estão concentrados os acidentes mais graves e seu maior número.

A distribuição geográfica dos acidentes se realiza conforme o grau de concentração industrial e de centralização do capital. Em São Paulo estão presentes, em média, 44% dos acidentes típicos do trabalho, 70% das doenças do trabalho, 52% dos acidentes de trajeto como também 42% das despesas por acidentes liquidados.

No Rio de Janeiro enumeram-se 13,64% dos acidentes, enquanto no Rio Grande do Sul existem 11,36%, em Minas Gerais 9,11% e no Paraná 5,26%. Os outros dezenove Estados da federação compreendem somente 17,86% dos acidentes contabilizados em 1977[66].

A seguir indicamos a porcentagem de empregados assegurados acidentados por tipo de atividade.

---

65. Ver POSSAS, Cristina, op.cit.

66. Estes dados se referem a 1977 e são retirados do *Mensário Estatístico* do INPS. Cristina Possas mostrou as distorções estatísticas do INPS. Durante três anos (1972, 1973 e 1974) a proporção de acidentados do trabalho na indústria (80,86%), no comércio (5,94%) e em outras atividades (13,20%) permaneceu constante. Segundo as estatísticas o número de assegurados aumentou na mesma proporção (32% em 1973 e 18% em 1974) em todos os setores de atividade como a agricultura, a indústria, o comércio e outros. Ver POSSAS, Cristina. *Saúde e trabalho: a crise da Previdência Social*, Rio de Janeiro, Graal, 1981, p. 131 ss.

Tabela D-8
Porcentagem de empregados segurados e acidentados por tipo de atividade

Riscos graves	1972	1973	1974	1975
RISCOS GRAVES	21,0	17,7	16,8	16,8
Agricultura, floresta, caça, pesca	7,9	6,6	6,4	17,1
Indústria	26,6	24,6	21,3	21,5
Extrativa vegetal	50,7	46,1	39,9	37,8
Extrativa mineral	24,6	22,8	19,7	21,9
Produtos alimentares	25,1	23,3	20,1	18,2
Bebidas	25,9	24,1	20,8	17,6
Tabaco	4,6	4,2	3,6	4,9
Têxtil, fiação e tecelagem	18,5	17,1	14,8	11,6
Calçados e vestuário	10,5	9,7	8,4	11,0
Madeira	37,9	35,0	30,0	35,4
Mobiliária	31,5	29,2	25,3	24,7
Editoras e gráficas	10,8	10,0	8,6	7,2
Couros e peles	20,1	15,5	16,0	15,7
Borracha	21,3	20,0	17,3	18,2
Química e farmácia	18,2	16,9	14,7	12,0
Derivados do petróleo	53,1	49,3	42,6	26,7
Plástico	27,4	25,3	21,9	19,4
Minerais não metálicos	21,7	20,1	17,4	15,5
Metalurgia	31,5	20,2	25,2	22,1
Mecânica e material elétrico	34,3	31,8	27,5	28,5
Construção e reparação de veículos	18,1	16,8	14,5	17,4
Construção civil	34,5	31,9	27,6	29,9
Energia elétrica	2,9	2,6	2,3	3,0
Outros	25,2	23,3	20,2	18,3
Comércio por atacado e armazenagem	10,1	8,5	8,1	8,4
Transportes (ar, rio e mar)	4,5	3,7	3,5	2,7
Transporte terrestre	10,3	8,7	8,2	8,3
Serviços	8,2	6,9	6,5	7,0
Outros trabalhos	10,9	9,2	8,7	5,1
RISCOS LEVES	3,6	3,0	2,9	3,3
Comércio no varejo	4,5	3,8	3,6	4,1
Empresas de seguro e crédito	1,7	1,5	1,5	1,5
Empresas de comunicação	2,7	2,2	2,3	1,9
Saúde, Educação e Cultura	1,8	1,5	1,4	1,8
Serviços	3,5	3,3	2,8	3,5
TOTAL (com ausência do trabalho)	16,2	13,6	12,9	13,1

Fonte: INPS.

Pelos dados da tabela anterior pode-se observar que 1/4 dos trabalhadores da indústria sofrem de acidentes do trabalho, considerando que certos setores têm cifras muito mais elevadas, como a indústria extrativa vegetal (37,8%), madeira (35,4%), construção civil (29,9%) e mobiliária (35,4%). Em um estudo detalhado das estatísticas comparativamente a outros dados Cristina Possas chega à conclusão de que no período de 1970 a 1973 houve uma taxa de 32,1% de acidentes em relação à mão de obra empregada e sem levar em conta a construção civil. A autora tomou em consideração outros dados para considerar o número de trabalhadores[67].

Em relação a 7.812.000 pessoas empregadas na indústria em 1973 há 5.379.867 trabalhadores industriais, excluindo-se os da construção civil, e registraram-se oficialmente 1.320.198 acidentes, o que eleva a taxa de acidentes a 32,14% da mão de obra.

As categorias de trabalhadores mais afetadas são aquelas ligadas à execução de trabalho com os salários mais baixos. Assim é que os serventes da construção civil são os que sofrem maiores problemas pelos traumatismos, pelas varizes, pelas bronquites, pela tuberculose e pelos reumatismos[68]. Quanto mais baixa na escala de trabalho e de salário for a situação do trabalhador, maior é o risco de acidente e maiores são as consequências.

A alta taxa de incidência de acidentados mostra evidentemente que os riscos do trabalho são significativos para a mão de obra brasileira no período em que o crescimento industrial se tornou mais intenso no desenvolvimento da economia nacional.

Os gastos com os benefícios de acidentes do trabalho também indicam a presença significativa destes no contexto da Previdência Social e da própria sociedade. A taxa seguinte dá elementos sobre esses gastos que absorvem quase 100% como o demonstra a tabela seguinte.

---

67. Idem, ibidem, p. 158-59.

68. Ver FINOCCHIARO, José, *Causas e prevenção dos acidentes e das doenças do trabalho*, São Paulo, Lex Editora, 1976.

Tabela D-9
Despesas e receitas dos seguros de acidentes do trabalho
(Lei n. 5.316/67) 1968-1975 (em Cr$ 1000)

Ano	Despesas a	Reserva b	Despesas totais c	Receita d	% c/d
1968	96.378.882	—	96.378.882	97.220.652	99,13
1969	269.544.522	—	269.544.522	356.079.710	75,70
1970	378.019.978	67.727.538	445.747.516	539.268.107	82,66
1971	482.402.524	99.300.275	581.702.799	731.874.225	79,48
1972	701.339.053	166.141.769	867.480.822	993.730.035	87,30
1973	1.001.631.952	171.085.643	1.172.717.595	1.448.675.855	80,85
1974	1.576.236.119	415.622.188	1.991.858.307	2.159.204.670	92,25
1975	2.428.129.131	714.900.390	3.143.029.521	3.221.516.537	97,56

Fonte: Secretaria de Seguros Sociais do INPS.

Já a tabela seguinte refere-se ao conjunto dos benefícios concendidos pela Previdência Social em 1980. Nesse contexto os benefícios relativos aos acidentados do trabalho se tornam menos significativos, atingindo apenas 2,43% das despesas do sistema quanto à prestação continuada. Este quadro reflete a tendência de integrar o seguro de acidentes no conjunto do sistema previdenciário, de acordo com a interpretação de alguns técnicos de que seria apenas um risco a mais da sociedade moderna e não um risco específico da sociedade industrial.

O TRABALHO DA POLÍTICA

Tabela D-10
Benefícios de prestação continuada Brasil — junho de 1980

Especificação	Quantidade	% do Total	Despesas Cr$	% do total das despesas	Valor médio do benefício Cr$
CLIENTELA URBANA					
Aposentadoria por invalidez	1.038.019	13,87	4.907.3773774,00	14,78	4.727,64
Aposentadoria por velhice	247.813	3,31	1.720.238.260,00	5,18	6.941,67
Aposentadoria por tempo de serviço	629.715	8,41	9.072.675.294,00	27,33	14.407,51
Aposentadoria especial	89.011	1,19	1.194.924.125,00	3,60	13.424,45
Aposentadoria Economiários	2.811	0,04	146.154.413,00	0,44	51.993,74
Aposentadoria da Capin	271	0,00	997.245,00	0,00	3.679,87
Pensões	1.157.390	15,46	4.181.061.529,00	12,59	3.612,49
Pensões economiários	1.287	0,02	24.737.019,00	0,08	19.220,68
Pensão especial — ato institucional	584	0,01	3.324.513,00	0,01	5.692,66
Pensão ex-diplomata	19	0,00	396.074,00	0,00	20.846,00
Pensão ex-combatentes	928	0,01	9.491.342,00	0,03	10.227,74
Auxílio-doença	650.038	8,68	3.235.465.849,00	9,75	4.977,35
Auxílio-reclusão	3.391	0,05	11.055.434,00	0,03	3.260,23
Salários-família de segurados	4.844	0,06	762.339,00	0,00	157,44
Renda mensal vitalícia a inválidos	444.825	5,94	902.434.443,00	2,72	2.028,74
Renda mensal vitalícia a idosos	475.368	6,35	963.257.912,00	2,90	2.026,34
Abono de permanência em serviço	125.735	1,68	509.792.951,00	1,54	4.054,50
Subtotal	4.872.049	65,08	26.884.094.516,00	80,98	5.518,03
SERVIÇO PÚBLICO					
Proventos de aposentadorias	5.370	0,07	54.117.800,00	0,16	10.077,80
Pensões	124.522	1,66	446.276.184,00	1,34	3.583,05
Salário-família	2.676	0,04	473.331,00	0,00	176,88
Subtotal	132.598	1,77	500.867.315,00	1,50	3.777,34
ACIDENTES DO TRABALHO URBANO					
Aposentadoria por invalidez	21.747	0,29	171.785.815,00	0,52	7.899,29
Pensão	47.519	0,64	368.158.908,00	1,11	7.747,61
Auxílio acidente	75.450	1,01	241.530.343,00	0,73	3.201,20
Auxílio suplementar	15.188	0,20	21.918.906,00	0,07	1.443,17
Subtotal	159.904	2,14	803.393.972,00	2,43	5.024,23
CLIENTELA RURAL					
Pensão	411.976	5,50	850.748.602,00	2,59	2.089,32
Velhice	1.416.443	18,92	3.125.452.452,00	9,42	2.206,55
Invalidez	179.425	2,40	381.150.389,00	1,15	2.124,29
Amparo previdenciário	308.262	4,12	631.052.114,00	1,90	2.047,13
Acidentes do trabalho	1.334	0,02	4.163.182,00	0,01	3.120,83
Subtotal	2.317.440	30,96	5.002.566.739,00	15,07	2.158,66
Benefícios do plano básico	3.904	0,05	8.242.987,00	0,02	2.111,42
TOTAL GERAL	7.485.895	100,00	33.199.165.529,00	100,00	4.434,90

Fonte: MPAS — Dataprev.

Esta tabela mostra os dados de conjunto do país e já reflete a política de integração dos acidentes do trabalho nos benefícios da Previdência Social, sem distinguir a especialidade desse tipo de atendimento. Nesta tabela detaca-se a importância da aposentadoria por invalidez e seu baixo valor no conjunto dos benefícios tanto dos acidentados como dos não acidentados, o que mostra as duras condições a que é reduzida a força de trabalho. Os auxílios doença são prestados também aos trabalhadores acidentados. Antes de 1976 os auxílios doença específicos para os acidentados do trabalho eram destacados e prestados de forma diferente daqueles generalizados para os segurados da Previdência Social. Os dados abaixo mostram a importância desses auxílios no conjunto das despesas com os benefícios acidentários.

Tabela D-11
Gastos com benefícios com acidente do trabalho em 1977 (em Cr$ 1.000)

Tipo	Montante	%
Auxílio-doença	1.360.616.754	40,26
Aposentadoria por invalidez	349.020.808	10,33
Pensão	844.030.075	24,97
Auxílio-acidente	520.408.287	15,40
Ajuda suplementar	88.065.976	2,39
Pecúlio por redução de incapacidade	90.209.441	2,67
Pecúlio por invalidez	14.354.629	0,42
Pecúlio por morte	86.325.780	2,55
Abono especial	33.942.204	1,01
Total	3.379.567.739	100,00

Fonte: INPS.

A tabela acima não indica a distribuição quantitativa da demanda de auxílios dos trabalhadores acidentados. Embora o auxílio-doença representasse a maioria dos gastos o número maior de pedidos concentrava-se no pecúlio por redução de incapacidade.

Os pedidos de pecúlio representam um pequeno montante a que o trabalhador tinha direito por lesões classificadas de 1% a 10%. Esses pedidos representaram 82,1% de todos os benefícios solicitados, sendo que 53,4% se devem a redução de 1% a 5% da capacidade de trabalho[69].

Esta demanda se inscreve numa estratégia de sobrevivência do trabalhador para compensar os baixos salários e significa também que os acidentes atingem sua força de trabalho, mas mesmo assim são obrigados ao retorno ao trabalho, como o demonstra a tabela abaixo.

Tabela D-12
Reflexos em função de volta à atividade laborativa

Ano	Cura sem sequela	Cura com ou sem sequela		Total de retorno ao trabalho	Sem retorno (invalidez e óbito)
		Retorno mesma atividade	Retorno atividade diversa		
1971	96,68%	99,34%	0,42%	99,76%	0,24%
1972	96,78%	99,46%	0,32%	99,78%	0,22%
1973	96,22%	99,44%	0,32%	99,76%	0,24%
1974	96,22%	99,37%	0,36%	99,73%	0,27%
1975	96,00%	99,23%	0,47%	99,70%	0,30%

Fonte: INPS.

Os dados apresentam que houve 96% de cura sem sequela, mas 90% dos acidentes compreendem afastamento do trabalho, com perda de dias de serviço, e somente 10% dos casos são resolvidos com simples assistência médica conforme consta da Tabela D-5. A interpretação do que seja "sem sequela" pode significar pura e simplesmente a volta ao trabalho e não a marca do acidente já que houve consequência de perda de dias e de tratamento mais cuidadoso para a grande maioria.

Os acidentes com "perda de tempo de serviço" são bastante significativos, assustando o empresariado e o governo. Os dados (Tabela D-13) mostram a magnitude dessa perda, contabilizada em dias.

---

69. In ABREU, Marcelo de P. "Acidente do trabalho: experiência brasileira recente 1968-1976". *Pesquisa e Planejamento Econômico*, v. 8, n. 2, p. 379, ago. 1978.

Tabela D-13
Dias de trabalho perdidos devido a afastamento
relacionado a acidentes de trabalho 1970-1975 — Brasil

Ano	Média de dias de permanência em tratamento (1)	Dias de trabalho perdidos (milhões) (2)	Total de dias de trabalho (milhões) (3)	(2) (3) % (4)
1970	16	17,6	2.214,3	0,83
1971	16	19,8	1.368,0	0,84
1972	17	22,8	2.531,5	0,90
1973	20	20,8	3.355,1	0,80
1974	22	36,9	3.518,8	1,05
1975	26	44,2	3.965,0	1,11

Fontes: INPS, *Mensário Estatístico*, diversos números e *Boletim DNSHT*, vários números.
Admitindo-se como o INPS, 305 dias úteis de trabalho (de oito horas) por ano.*

As reduções da capacidade não impedem que os trabalhadores voltem ao trabalho, pois em 1976 somente 4% dos acidentados recebem algum tipo de benefício da Previdência Social. No entanto, é necessário considerar que grande parte das indústrias pagam os primeiros quinze dias de ausência do trabalho, o que por um lado reduz o número de benefícios, mas por outro contribui para o retorno mais rápido do trabalhador às atividades produtivas. O problema do acidente não aparece a público, sendo absorvido no interior da própria indústria e sob o controle do patrão.

As prestações de mais longa duração como as aposentadorias, pensões e auxílios-acidentes representam 50,7% dos gastos, mas a média do benefício do auxílio-acidente não foi senão de 10,7% entre 1971 e 1976, e quando a aposentadoria por invalidez foi de 1,8% e a de mortes chegou a 5,4%. Tais prestações mais custosas ficam a cargo da Previdência Social e não das empresas, o que mostra o repasse dos custos mais pesados ao conjunto das empresas.

Sob o regime autoritário e em consequência da política de produtividade, a forma utilizada para aumentar a produção consiste na combinação

---

* In ABREU, Marcelo de Paiva, op. cit.

O TRABALHO DA POLÍTICA

do aumento da jornada de trabalho e da cadência do trabalho. O mecanismo de alongamento da jornada se realiza através das horas extras e o aumento da cadência pela submissão do trabalhador ao ritmo da própria máquina. No período chamado "milagre brasileiro", entre 1968 e 1973, é frequente a semana de trabalho de 56 horas. Na indústria automobilística as empresas abandonam a cronometragem das tarefas para deixá-la ao julgamento dos chefes de produção e consequentemente a redução de horas-homem nas respectivas seções, colocando uma competição entre eles. Segundo o testemunho de um agente de produção, "agora todo mundo sai daqui nervoso"[70].

Os trabalhadores estão também conscientes das causas dos acidentes e colocam a questão das horas extras como causa daqueles[71]. Assim, o líder dos trabalhadores metalúrgicos de São Paulo, Joaquim dos Santos Andrade, presidente do sindicato respectivo, declara que 97% das indústrias de São Paulo adotam o regime de trabalho seguinte referente ao ano de 1973: 8 horas de trabalho mais 2 horas suplementares, permitidas pela legislação e mais uma hora e 36 minutos para compensar o sábado, o que totaliza 11 horas e 36 minutos de trabalho por dia[72].

Segundo o rescenseamento de 1970, 33,7% dos operários industriais trabalham, em média, mais que 50 horas por semana e 68,4% trabalham entre 40 e 60 horas[73]. O trabalho além das horas normais representa para os operários uma maneira de compensar o arrocho salarial imposto pela ditadura, e para os patrões representa uma forma de acumulação de capital que combina, ao mesmo tempo, mais-valia relativa pelo aumento da produtividade e mais-valia absoluta pelo prolongamento da jornada

---

70. Ver HUMPHREY, John, *Fazendo o "milagre": controle capitalista e luta operária na indústria automobilística*, Petrópolis, Vozes, 1982, p. 90.

71. Ver declaração dos operários de São Paulo, in *Folha de S.Paulo*, 22.08.74, 1º caderno, p. 11. No trabalho citado Cristina Possas afirma que "conforme as indicações, o que é mais relevante na determinação dos acidentes é o número de horas trabalhadas, e sua gravação não é determinada nem pelo tamanho da empresa nem pelo número de horas trabalhadas: ela depende das condições técnicas da produção" (op. cit., p. 170). Esta afirmação se baseou em um teste de correlação.

72. Ver *Opinião*, n. 57, de 10.12.1973, p. 3.

73. Ver ARROYO, Raimundo, "Relative and absolute pauperization of Brazilian proletariat in the last decade, *Laru Studies*, n. 1, p. 21-40, out. 1976.

paga a níveis muito baixos. Além disso, esse aumento não implica o pagamento da Previdência Social para novos empregados, o que reduz os custos indiretos do patrão.

O trabalho de recuperação do trabalhador acidentado encontra-se, ao mesmo tempo, a cargo da empresa e da Previdência de forma complementar. Esta cuida dos trabalhadores mais gravemente acidentados, cujos custos de readaptação são mais pesados, sobretudo dos benefícios de invalidez e da reabilitação. Por sua parte, a empresa se encarrega cada vez mais da assistência médica ou a realiza através de contratos com "empresas médicas e clínicas médicas" chamadas de *medicina de grupo*. Por meio deste mecanismo a assistência médica ao acidentado se realiza através do setor privado, como aliás a maioria das assistências médico-hospitalares do país, estimulada pela própria política governamental. Assim, a medicina privada se desenvolve de tal maneira que 96,2% dos leitos disponíveis encontram-se nas mãos das empresas hospitalares particulares[74]. Em 1979 somente 2,81% das hospitalizações realizam-se nos hospitais públicos da Previdência Social.

Uma das formas de articular empresa, Estado e assistência médica privada se desenvolveu através de contratos da própria Previdência Social com as grandes empresas multinacionais. Em 1964 o Instituto de Aposentadoria e Pensões dos Industriários (IAM) estabelece uma forma de contrato com a indústria Volkswagen segundo a qual esta recebe uma compensação pelos gastos feitos pela empresa em função dos cuidados médicos dos empregados. Em 1966, o Instituto Nacional de Previdência Social — INPS, que agrupa os antigos institutos específicos, formaliza esses contratos com as empresas, retornando a estas 5% do salário da região por empregado cuidado nos próprios serviços de saúde da empresa ou por ela comprados. Nestas condições realiza-se cada vez mais a mercantilização dos serviços de saúde para os acidentados do trabalho, apesar da estatização do seguro de acidentes. Ou seja, se em 1919 os seguros eram privados e a assistência era de caráter público, em 1979 o seguro torna-se público mas a assistência se privatiza. Inverte-se, assim, a relação

---

74. Brasil, Inamps, *Inamps em dados*, Rio de Janeiro, 1980.

O TRABALHO DA POLÍTICA

entre público e privado, mas uma nova articulação determinada pelas condições do desenvolvimento capitalista, no que tange à produção e ao papel do Estado diante da correlação de forças que estamos analisando. Por um lado, há a pressão das multinacionais para o desenvolvimento da produtividade, por outro a divisão e o enfraquecimento das empresas de seguro no ramo de acidentes do trabalho e uma articulação do Estado em relação à política de reprodução da força de trabalho. Essa nova articulação representa o favorecimento da produtividade e, ao mesmo tempo, a monopolização de um setor de seguros que se integra em uma racionalidade tecnocrática proposta pelo governo. Assim, tanto a estatização do seguro como a privatização da assistência são duas faces do mesmo processo do desenvolvimento capitalista e da intervenção do Estado burocrático-autoritário após o golpe de 1964.

De fato são as multinacionais, as grandes empresas, que realizam contratos com o INPS para a prestação de serviço de saúde sob contrato com as empresas médicas. Este mecanismo favorece a produtividade enquanto mantém sob controle da empresa os pequenos ou os considerados pequenos desgastes da força de trabalho para a recuperação mais rápida do acidentado e manutenção da força de trabalho nas condições mínimas de produção. Com efeito alguns estudos têm mostrado que, sob o controle da empresa; os trabalhadores se veem obrigados a retomar mais rapidamente a produção que sob o controle da Previdência Social. As empresas podem também gozar de mais autonomia e, portanto, de poder em relação ao atendimento do acidentado, já que tanto o médico como os serviços prestados ficam sob o controle do patrão[75].

Em 1965 existiam em São Paulo 10 grupos de prestação de serviços médicos, número aumentado para 150 apenas 13 anos após, ou seja, em 1978[76].

---

75. Em 25 de outubro de 1982, um operário da companhia Cimpal, em Taboão da Serra, morreu nas atividades de produção poucas horas depois de ter consultado o médico da empresa que o fez retornar ao trabalho (in *Folha de S.Paulo*, 27.10.1982, p.19).

76. PÊGO, Raquel Abrantes, "De grupo em grupo a medicina enche o bolso", in Folhetim, *Folha de S.Paulo*, 20.01.1980, p. 8. Sobre a questão da medicina no Brasil, ver LUZ, Madel, *As instituições médicas no Brasil*, Rio de Janeiro, Graal, 1979; DONNANGELO, Maria C. F., *Medicina e sociedade*, São

Em 1975 existem 3.131 contratos para a prestação de benefícios e 1.218 para os acidentes do trabalho no âmbito geral do país, o que mostra a forte presença do mecanismo de articulação público-privado no desenvolvimento da política de assistência ao trabalhador.

Um outro dado significativo desse mecanismo é que em São Paulo, em 1979, o INPS realiza contratos com 807 empresas para a prestação de cuidados a 592.538 empregados, ao mesmo tempo que contrata serviços de 443 instituições de saúde. Por outro lado, no âmbito da Previdência Social, havia somente 214 médicos coordenadores, 89 médicos de primeira linha, 44 dentistas, 13 clínicas odontológicas, 10 agências no âmbito metropolitano e 76 no interior do Estado[77].

E os efeitos da rápida recuperação prestada pelas empresas sobre os acidentes podem ser comprovados através dos dados que seguem. Em junho de 1975, dos 21.819 acidentados cuidados pelo INPS, 93,40% tiveram uma ausência temporária do trabalho; dos 6.585 atendidos pelas empresas e grupos médicos, apenas 51,97% ausentaram-se do trabalho e 48% retornaram ao trabalho na mesma jornada. Segundo a coordenação dos acidentes do INPS, 93% dos acidentados cuidados pela instituição são considerados temporariamente incapazes em relação a 49% dos acidentados atendidos pelos grupos médicos[78].

Conforme a ordem de serviço 05-INPS-SB-059.1.78, de acordo com o Decreto n. 79.037, de 24.12.1976, a assistência médica ao acidentado é delegada aos hospitais contratados e às empresas com redução de 25% do prêmio pago, caso haja este serviço. Fica patente, assim, que a política de atendimento ao acidentado favorece a empresa privada produtiva e a empresa privada prestadora de serviços, com o objetivo do retorno do trabalhador à produção no prazo mais rápido possível.

Paulo, Pioneira, 1975; MELLO, Carlos Gentil e, *Saúde e assistência médica no Brasil*, Rio de Janeiro, Graal, 1979.

77. Relatório ao doutor Altair José Câmara, datado de 10.09.1979 e consultado na coordenação regional do Inamps, em São Paulo, por cortesia do doutor De Luccia.

78. In CASTELLO BRANCO, Renée, "INPS aconselha convênios", in *O Estado de S. Paulo*, de 05.12.1976, citado por OLIVEIRA, Jaime e TEIXEIRA, Sônia, "Medicina de grupo, a medicina da fábrica", Reinaldo op.cit., p. 157.

A recuperação e a reabilitação do acidentado grave para outras funções não são realizados pela empresa, assumindo o Estado os custos elevados dessa reabilitação.

O INPS implanta 26 centros de reabilitação nas capitais dos Estados contratando equipes multidisciplinares. De 1972 a 1976, 51.181 trabalhadores retornam ao mercado de trabalho, após uma passagem pelos centros, mas apenas 5.304 (10,36%) retornam a atividade anterior ao acidente[79].

A principal dificuldade de reabilitação não consiste no próprio processo, mas na reintegração do acidentado, já que não interessa à empresa engajar um trabalhador com a capacidade diminuída, o que afetaria a produtividade.

O processo de reabilitação está a cargo da Previdência Social, com a participação do Sesi e constitui uma assistência de custo elevado, não só pela quantidade de recursos exigidos, mas também pelo período necessário e pelos baixos retornos constatados. Assim, ao Estado cabe a tarefa de realizar esse atendimento que serve ao conjunto dos capitalistas e não a um grupo em particular[80].

A política de prestação de serviços médicos se coloca com a perspectiva de articular as empresas e a mercantilização do atendimento ao acidentado ao setor capitalista mais moderno, mais produtivo e mais hegemônico, através da mediação do próprio Estado, que assim favorece dois mecanismos complementares de acumulação.

Essa articulação entra ou se coloca em contradição com o fato de que milhões de cidadãos (no mínimo 40 milhões) não têm acesso algum a serviços médicos, o que caracteriza a heterogeneidade da formação social mantida pelas políticas do Estado. Ao mesmo tempo a Previdência Social constitui um canal de acesso apenas para os assalariados que têm um contrato formal de trabalho e não podem pagar médicos particulares, o que forma um outro mecanismo articulador de prestação de serviços. Mesmo

---

79. PEREIRA, Odir Mendes, "Reabilitação profissional do acidentado", in *Anais do XVII Conpat*, São Paulo, Fundacentro, 1979, p. 220.

80. Em um estudo de caso, Márcia Regina Costa constata que, de 19 trabalhadores acidentados, os 5 que voltaram ao antigo trabalho foram dispensados logo em seguida (in *Vítimas do capital*, Rio de Janeiro, Achiamé, 1981, p. 75).

os que procuram a Previdência nem sempre têm aí todos os serviços de que necessitam, buscando complementação no atendimento privado.

Dentro da perspectiva da análise aqui adotada há que destacar ao lado da assistência, a política de inspeção ou fiscalização do trabalho, que permanece nas mãos do Estado, mas sem que sua eficácia tenha melhorado em todo seu período de existência. Somente em São Paulo, em 1977, havia 6 médicos e 6 engenheiros na Delegacia Regional do Trabalho para realizar as tarefas de fiscalização, segundo declarações oficiais do juiz Luís Roberto Ruech[81]. Em nível nacional o Departamento Nacional de Saúde e Higiene do Trabalho contava, em 1972, com apenas 44 médicos e 18 engenheiros para fiscalização e pesquisa[82]. Esta atividade aparece, assim, como um elemento simbólico de intervenção do Estado nas condições de trabalho e, na prática, constata-se uma real inoperância deste serviço.

Em relação à política de prevenção, além de congressos, seminários e debates, ela deveria concretizar-se através das Comissões Internas de Prevenção de Acidentes (Cipas) existentes após 1944. No entanto, apesar das comissões, o número de acidentes não tem dimunuído. Elas não estão implantadas no conjunto do país. Em 1972 somente 1.500 empresas possuem comissões e 800 delas estão localizadas em São Paulo[83]. Em 1974 existem apenas 3.000 Cipas registradas em São Paulo, 57 na Bahia, 670 no Rio Grande do Sul, 77 no Pará, 150 em Pernambuco. O próprio delegado regional do trabalho no Rio de Janeiro declara que "não vejo muita vantagem na Cipa"[84].

Desacreditada pelas empresas e pelo governo, essas comissões não possuem poder de decisão sobre as condições efetivas de trabalho, servindo na maioria dos casos para legitimar a boa imagem das empresas e do governo.

Os mecanismos de assistência, reabilitação, fiscalização e prevenção não contribuem para a diminuição dos acidentes e aumentam os custos

---

81. Ver jornal *Movimento*, de 26.12.1977.

82. Declaração do diretor DNSHT, in *O Estado de S. Paulo*, 1º caderno, p. 15.

83. Idem, ibidem.

84. In *O Estado de S. Paulo*, de 27.10.1974, 2º caderno, p. 41.

da Previdência Social. É na perspectiva da redução de custo sem diminuir a produtividade que se desenvolve uma nova política de prevenção de acidentes e de controle dos trabalhadores que a seguir será analisada no contexto da correlação de forças visualizada em 1976.

5. Forças sociais e regulação estatal em 1976

Entre 1967 e 1976 houve um período de endurecimento do regime militar com a promulgação do Ato Institucional n. 5, em dezembro de 1968, período que se prolongou até a metade do governo do general Geisel, em 1976. Entre 1970 e 1974, o país é governado pelo general Médici que mantém um controle autoritário baseado no que Francisco Weffort chama de "gangsterismo de Estado" em seu livro *Por que democracia*.

A repressão se torna a única ou principal via de manutenção da ordem social através de agentes e organizações militares e paramilitares que usam e abusam da força para extrair informações, dizimar a oposição e até destruir adversários. No entanto, essa violência estatal fica obscurecida pelo crescimento da economia denominado "Milagre Brasileiro", baseado em taxas elevadas de crescimento.

O general Ernesto Geisel (1974-1978) deve enfrentar a crise econômica decorrente do esgotamento do modelo anterior e do aumento de preços do petróleo e de uma crise política agudizada com o aumento das pressões da sociedade pela democratização do país. Essas pressões advêm da Igreja, dos estudantes, de organizações profissionais, do movimento operário, principalmente em São Paulo, e da imprensa. Há também fortes pressões de setores da burguesia que desejam negociações. Em 1978[85] o Ato Institucional n. 5 é substituído por novas medidas constitucionais

---

85. Em 11.10.1978 o general Geisel envia ao Congresso (Emenda n. 11) a proposição de modificação da Constituição, que anularia os dispositivos do Ato Institucional n. 5, de 1968. A modificação n. 7/78 consagra o "estado de emergência" e o estado de sítio para controle dos movimentos sociais em lugar da repressão autoritária e simples (in *Revista de Informação Legislativa*, ano 15, n. 60, p. 233-319, out./dez. 1978).

que implicam o estado de emergência que outorga todos os poderes ao chefe do Executivo, devendo passar pelo Congresso. A Lei de Segurança Nacional é mantida, assim como a Lei de Greve, ou melhor, a proibição das greves, já que o seu processo de implantação fica burocraticamente controlado. Trata-se de uma distensão "lenta e gradual" do regime político, que promulga uma anistia em 1979 e realiza eleições para governadores de Estado em 1982, após 19 anos de governadores nomeados. De 1979 a 1984 governa o país o general João Batista de Oliveira Figueiredo, antigo chefe do Serviço Nacional de Informação (SNI) e ligado à repressão aos movimentos guerrilheiros.

A legislação acidentária de 1976 e 1978 representa, ao mesmo tempo, uma política de restrição dos benefícios da Previdência e de estruturação da política de prevenção no interior das empresas. A formulação dessa política não é o resultado de mudanças repentinas, mas baseada em práticas e pressões de diferentes forças da sociedade e no processo político tecnocrático implantado no país.

A questão dos acidentes do trabalho não está ausente da grande imprensa, que denuncia o número elevado de acidentes ocorridos no país[86], sem desvincular, no entanto, essas ocorrências dos autores, culpabilizando-os como "ignorantes, analfabetos, incapazes de avaliar o perigo em que se encontram"[87]. Essa culpabilização coloca a responsabilidade dos acidentes no dorso dos trabalhadores, e provoca uma sensibilidade da opinião pública sobre a displicência do trabalhador e não sobre as condições de trabalho. No entanto, há embutido nessa manifestação da imprensa uma denúncia do perigo advindo do trabalho no Brasil.

Relacionados com o perigo estão os baixos salários, bem como as pressões das empresas para aumentar a produtividade e a implantação de horas extras.

Os governos dos generais Médici e Geisel usam de mecanismos de legitimação do governo através da propaganda de um "Brasil — Grande Potência". Além disso necessitam legitimar-se junto aos trabalhadores e à

---

86. Ver *Correio do Povo*, 10.05. 1967, p. 18, e *Folha de S.Paulo*, 20.10.1968.

87. Ver editorial do *Jornal do Brasil*, de 17.06.1971.

opinião pública. O Estado autoritário mantém o mecanismo das eleições para deputados, mas controla os candidatos no processo eleitoral. Apesar do controle nas eleições de 1970 computam-se 30,3% de votos nulos e brancos, enquanto o partido do governo obtém 40,9% dos votos e o MDB, 37,8%, segundo dados oficiais[88]. Os votos brancos e nulos não deixam de representar uma fórmula de questionamento contra o encaminhamento autoritário do processo político e eleitoral.

Em 1974 constata-se a derrota do governo nas eleições legislativas e nas regiões mais ricas e mais povoadas do país, ou seja, nos Estados do Sul e do Sudeste. No Rio de Janeiro, São Paulo, Espírito Santo e Minas Gerais, em conjunto, o MDB obtém 44,4% dos votos e a Arena apenas 32,8%. Os votos nulos e brancos alcançam 22,8%. Nos Estados do Paraná, Santa Catarina e Rio Grande do Sul, em conjunto, o MDB obtém 43,4% dos votos contra 38,7% para a Arena. No entanto, a Arena vence nas regiões mais pobres do Nordeste com 59,2% dos votos, do Norte com 45,3% e do Centro-Oeste com 50,3%. Nas eleições para o Senado, no conjunto do país, o governo obtém somente 34,7% dos votos em 1974 e 35% em 1978. Estas cifras oficiais do Tribunal Superior Eleitoral mostram o declínio do apoio popular ao governo, sobretudo nos Estados mais industrializados e que contam com uma classe operária mais desenvolvida, e os resultados positivos para o governo podem ser atribuídos ao controle da informação e da propaganda eleitoral através da "Lei Falcão", promulgada em 1976, que proíbe a propaganda eleitoral pela imprensa e só permite apresentar a fotografia e biografia do candidato pela televisão. A perda de legitimidade do governo diante da opinião parece evidente.

Vários programas sociais são anunciados durante os governos Médici e Geisel. Médici tenta manter a lealdade dos trabalhadores rurais com medidas de seguro social para os camponeses e programas para os trabalhadores urbanos como o PIS/Pasep e o Programa Nacional de Alimentação (Pronan). Durante o governo Geisel implantam-se os Cen-

---

88. Para uma análise das eleições de 1966 a 1978, ver LAMOUNIER, Bolívar (org.), *Voto de desconfiança*, Petrópolis, Vozes, 1980; CARDOSO, Fernando Henrique e LAMOUNIER, Bolívar, *Os partidos e as eleições no Brasil*, Rio de Janeiro, Paz e Terra, 1978.

tros Sociais Urbanos[89], continua o Pronan e se desenvolve a prevenção de acidentes de trabalho, como manifesta o discurso presidencial no XIII Congresso Nacional de Prevenção de Acidentes realizado em São Paulo, em outubro de 1974.

A política do governo autoritário e tecnocrático busca, ao mesmo tempo, obter legitimidade, reforçar o mercado de bens duráveis, aumentar a poupança interna para os investimentos e "associar os estímulos para o trabalho e para o aumento da eficácia do trabalhador"[90], integrando-se aos objetivos estratégicos do capital multinacional. É no sentido de se desenvolver a eficiência dos trabalhadores que se estabelece em 1972 o Plano Nacional de Valorização do Trabalhor (PNVT). Trata-se de um dos programas de impacto do governo (Decreto n. 70.871, de 25.02.1972). De acordo com esse plano os Ministérios do Trabalho e da Previdência Social devem coordenar as suas ações para a implantação do treinamento dos trabalhadores e a preparação de técnicos para a segurança do trabalho e implantação do sistema nacional de emprego.

Geisel salienta, em seu discurso no XIII Conpat, que a prioridade do seu governo é "o homem" e destaca a decisão que havia tomado de criar um Ministério da Previdência Social, separando-o do Ministério do Trabalho para que este último se volte "para a expansão do trabalhador". Retoma o seu discurso do 1º de maio quando afirma que dará atenção aos programas preventivos. Segundo ele, os acidentes são um "prejuízo" para o país, e "o que mais importa é a estruturação de esquemas preventivos, através dos quais, sem prejuízo da produção, antes ensejando-lhes maior coeficiente de produtividade, busque-se reduzir ao mínimo, senão eliminar a ocorrência de acidente, tornando-o anomalia excepcional no processo produtivo".

A política de impacto e de legitimação tem como pano de fundo a questão da produtividade, fazendo com que o trabalhador se adapte o mais rapidamente possível às novas exigências da produção. Para as

---

89. Ver FALEIROS, Vicente de Paula, *Saber profissional e poder institucional*, São Paulo, Cortez, 1985, p. 145-55.

90. Ver 1º Plano Nacional de Desenvolvimento (PND), 1972-1974, Brasília, IBGE, 1971, p. 40.

forças sociais envolvidas na questão, há contudo interesses contraditórios e que a seguir serão analisados. Uns buscam a produtividade, outros a diminuição de custos ou a melhora das condições de trabalho.

a) Os tecnocratas

O impacto do número de acidentes e dos custos dos benefícios da Previdência Social é preocupação dos tecnocratas dos Ministérios da Previdência e do Trabalho. Para os primeiros, a estratégia é diminuir os custos e integrar o seguro de acidentes na estrutura geral da Previdência. Para os segundos, é necessário reorganizar as normas de segurança, a fim de adaptá-las às novas condições da produção e da produtividade. Nesse contexto o governo militar já havia tomado algumas medidas, com estes objetivos.

Com efeito, a Lei n. 4.892, de 09.12.1965, deveria estimular a implantação de condições de trabalho mais adequadas com a isenção de imposto para a importação de equipamentos de segurança. O juiz Luís Roberto Ruech declara a respeito que "custa mais barato substituir o doente que importar equipamentos"[91]. A política de pressão para o rebaixamento dos salários tornava mais econômico aos empresários substituir o operário acidentado do que importar equipamentos. É conveniente, no entanto, relativizar essa constatação levando-se em conta que para algumas empresas são elevados os custos dos acidentes.

O governo implanta também algumas medidas para estimular a prevenção de acidente, mas de forma simbólica. Institui medalhas ao mérito (Decreto n. 68.213/71) para as pessoas que se distingam no domínio da segurança no trabalho, e institui uma campanha permanente de prevenção (Decreto n. 68.255/71).

Essas medidas apenas conseguem uma legitimação simbólica, sem maiores efeitos concretos. O mais prático é a obrigação de que as empresas criem serviços profissionais de prevenção, estabelecida dois dias

---

91. In jornal *Movimento*, 26.12.1977.

após o lançamento do PNVT, através das Portarias ns. 3.236 e 3.237, do Ministério do Trabalho. Pela primeira, são oferecidas bolsas de estudo aos profissionais e estímulos ao treinamento de trabalhadores bem como à organização de bibliotecas. Pela segunda, cria-se a obrigação para as empresas de terem um serviço de segurança e higiene do trabalho.

O serviço de segurança e higiene do trabalho deve ser realizado por engenheiros, médicos do trabalho, inspetores do trabalho e enfermeiras do trabalho. O número desses profissionais é determinado conforme o tamanho da empresa a partir de 100 empregados. As pequenas empresas não estão incluídas no programa, mas representam 90% dos estabeleci-mentos, 50% da mão de obra, e são responsáveis pelo maior número de acidentes. No artigo 15 fica estabelecido o prazo de 3 anos para a implan-tação desses serviços.

O governo, dessa forma, intervém no interior da empresa, mas sem ferir o direito de gerência do patrão, pois profissionais são escolhidos por ele, com poder de sugestão. Os serviços de segurança e higiene do traba-lho são assim profissionalizados pelo estabelecimento do "monopólio do especialista", nas expressões de Magali Sarfatti Larson[92].

Mais tarde, na época do general Geisel a execução dessa resolução é suspensa para "exame" a pedido do patronato. O ministro do Trabalho, Arnaldo Prieto, atrasa em um ano a aplicação do processo de profissio-nalização prometido a 1º de janeiro de 1976. Para isto dá a justificativa de que não existem profissionais suficientes no país[93].

Entre o anúncio do PNVT e a efetivação do programa decorrem quase 4 anos e a preparação de pessoal especializado se realiza através da Fun-dacentro. Em 1974 é que se acelera a formação de agentes de segurança no trabalho, num total de 13.423 pessoas. Em 1975 esse número chega a 25.975, mas baixa para 6.846 em 1976.

A estratégia do Ministério da Previdência Social combina a diminui-ção dos custos com o aumento dos recursos, buscando-se o desapareci-

---

92. Ver LARSON, Magali Sarfatti, *The rise of profissionalism*, Berkeley University of California Press, 1977, p. 17.

93. In *O Estado de S. Paulo*, 27.12.1974, 2º caderno, p. 21.

mento dos benefícios de acidentes de trabalho como um sistema especial. Em 1973 o governo envia ao Congresso um projeto que visa aumentar os recursos da Previdência Social através da dilatação do limite de salário de contribuição, da integração dos autônomos ao sistema (com 16% do salário como contribuição) e controle das aposentadorias[94]. Este projeto torna-se a Lei n. 5.890.

A tabela (Tabela D-14) apresenta alguns dados relativos aos gastos de acidentes do trabalho e sua porcentagem em relação às receitas.

Tabela D-14
Despesas e receitas do seguro de acidentes do trabalho
(Lei n. 5.316/77) no período 1968-1973 (em Cr$ 1.000)

Ano	Despesas a	Reserva b	Despesa total c	Receita d	% c/d
1968	96.378.882	—	96.378.882	97.220.652	99,13
1969	269.544.522	—	269.544.522	356.079.710	75,70
1970	378.019.973	67.727.533	445.747.516	539.268.107	82,66
1971	482.402.524	99.300.275	581.702.799	731.874.225	79,48
1972	701.339.053	166.141.769	867.430.822	993.700.035	87,30
1973	1.001.031.952	171.085.643	1.172.717.595	1.448.675.855	80,95
1974	1.576.236.119	415.622.198	1.991.858.007	2.159.204.070	92,25
1975	2.428.129.131	714.900.390	3.143.029.521	3.221.516.537	97,56

Fonte: Secretaria de Seguros Sociais do INPS.

A tabela mostra que as despesas correspondem quase que totalmente à receita, mas as receitas de seguro alcançam apenas 12,71% de toda a receita da Previdência Social em 1975. Os outros benefícios previdenciários absorvem 64,22% dos gastos da Previdência e a assistência médica atinge 28,82%, ficando para a administração 6,71% dos gastos e para a prevenção apenas 0,35%. A recuperação da doença e a compensação do desgaste da força de trabalho representam de longe a maior porcentagem dos gastos. Um tecnocrata do Ministério do Trabalho declara em 1975 que os custos dos acidentes são um peso e são provocados pelo "complexo

---

94. Ver Senado Federal, *Previdência Social, histórico da Lei n. 5.890/13*, Brasília, 1974.

de machismo" dos trabalhadores que não querem utilizar equipamentos de segurança[95], para se mostrarem corajosos. Ao contrário desta opinião, certos técnicos do INPS enfatizam a responsabilidade das empresas pelo grande número de acidentes, como é o caso da construção civil, nos dizeres de Herman Wellish Netto[96].

O ministro da Previdência Social, Nascimento e Silva, destaca que os benefícios diminuem em caso de acidentes e que a política do presidente da República visa a diminuição destes últimos para não prejudicar a economia[97]. A preocupação relativa aos custos esconde a estratégia de fazer com que o trabalhador volte ao trabalho e não se dirija à aposentadoria. Os gastos com aposentadoria e, principalmente, aposentadoria por invalidez, preocupam os tecnocratas que recorrem à imposição do aumento das contribuições e à instituição de novas contribuições para compensar os custos que se mostram explosivos no ano de 1982.

A redução dos custos articula-se a uma política empresarial que visa também a menor participação dos pagamentos à Previdência e redução dos gastos indiretos com mão de obra.

Para justificar a integração dos acidentes do trabalho no conjunto da Previdência os tecnocratas elaboram a teoria do risco social em oposição ao *risco especial* do trabalhador industrial[98]. A razão dessa "evolução" é a seguinte: não é necessário distinguir as incapacidades resultantes dos acidentes das outras incapacidades. No processo de acumulação do capital, com efeito, a perda da capacidade de trabalho por acidente ou por outro

---

95. In *O Estado de S. Paulo*, 18.06.1971, 1º caderno, p. 12.

96. Ver *Jornal do Brasil*, de 10.12.1971, 1º caderno, p.12.

97. In *Jornal do Brasil*, de 15.10.1975, 1º caderno, p. 11. Ver também SILVA, Luís Gonzaga do Nascimento, "Previdência Social no Brasil", in *Cadernos de Estudos Brasileiros*, Rio de Janeiro, Universidade Federal, Fórum de Ciência e Cultura, v. 14, p. 17-26, 1976. Neste artigo o ministro afirma que a Previdência é "um instrumento de paz e de equilíbrio social", retomando o discurso humanista de Geisel, que assinala: "o homem é o objeto central do desenvolvimento". Refere-se também à política de segurança no trabalho como forma de defesa da pessoa e de se evitar "prejuízos astronômicos" à economia, por causa dos acidentes, embora reconheça que o aumento de acidentes também indique o desenvolvimento do país (*sic!*) (in *Jornal do Brasil*, 16.03.1976, p. 9).

98. Ver LEITE, Celso Barroso, "O seguro de acidentes do trabalho ainda tem razão de ser?", *LTR*, v. 41, p. 435-40.

meio constitui um risco, que se amplia na medida em que o trabalhador está ameaçado tanto no trajeto para o trabalho como pela destruição do meio ambiente. Isto decorre da penetração do capitalismo em todos os setores, e leva a uma socialização dos riscos gerais da vida do trabalhador, facilitando uma padronização das prestações de serviços e benefícios e das contribuições. Os trabalhadores reagiram a esta proposta alegando que burocratizaria ainda mais o atendimento.

Com tais justificativas, além de levantar a necessidade da paz social através da eliminação de conflitos na Justiça, o governo apresenta um novo projeto de lei no Congresso em 10.05.1976 no esquema do decurso de prazo (45 dias para apreciação ou aprovação automática de acordo com o artigo 51 da Constituição autoritária).

O projeto visa eliminar os casos residuais de pagamento de indenizações, as tarifas individuais por empresa, as disputas judiciais, e propõe a equiparação das doenças profissionais aos acidentes de trabalho, a variação da taxa de ajuda por acidente (para fixá-la em torno de 40% do salário), o pagamento pela empresa dos primeiros 15 dias de ausência (pagos pelo patrão opcionalmente) e o pecúlio pela diminuição de capacidade.

O projeto busca claramente a redução de custos e conflitos através do controle administrativo do processo de acidente e uma redução das vantagens para os trabalhadores. Usa também uma linguagem moralista de repressão às fraudes, responsabilizando os trabalhadores pela automutilação a fim de obter um pecúlio. O documento ressalta que em Santos houve 200 casos de investigações policiais a respeito.

Em lugar de uma solução judicial busca-se "desjudiciarizar" o processo de acidente, mas controlando-o administrativamente. As doenças profissionais serão enumeradas pela Previdência, o que significa seu prévio controle.

Apesar de Ernesto Geisel acenar para uma abertura política denominada de *distensão*, o projeto em pauta reflete ainda uma disposição autoritária e uma forma tecnocrática de regulação dos conflitos sociais. Por isso mesmo recebe críticas de todos os setores da sociedade civil e dos parlamentares da oposição.

Ao mesmo tempo em que o Ministério da Previdência elabora este projeto, os tecnocratas do Ministério do Trabalho preparam uma série de medidas de prevenção para modificar a Consolidação das Leis do Trabalho (CLT) que data de 1943 e que se encontra defasada das condições de produção do capitalismo oligopolista dos setores modernos da economia. Esta política de prevenção é definida pela Portaria n. 3.214 do Ministério do Trabalho de 06.06.1978[99]. Esta portaria é resultado da Lei n. 6.514, de 22.10.1977, que dá nova redação ao Capítulo V do Título II da CLT.

A forma de discussão da lei segue o processo tecnocrático, já que foi elaborado por uma comissão restrita, sem participação dos trabalhadores, com um formato jurídico formal. Mais adiante analisaremos as modificações introduzidas na prevenção de acidentes quando da apresentação dos resultados. Antes, porém, veremos a manifestação das diferentes forças sociais diante das questões em jogo.

b) Os profissionais

A Resolução n. 3.237 do Ministério do Trabalho abre novas perspectivas no mercado da intervenção profissional no âmbito das empresas, com a possibilidade de novos empregos no controle do processo de segurança e saúde do trabalhador. As empresas deveriam contratar profissionais para fornecer esses serviços. Dois tipos deles são então contratados: os engenheiros e os médicos. Os primeiros destinam-se a supervisionar os equipamentos e, os segundos, o corpo dos trabalhadores. Ambas categorias manifestam-se favoráveis à ampliação do emprego.

A Associação Brasileira de Medicina do Trabalho declara que a Resolução n. 3.237 é muito importante, e cria 17 novos departamentos[100]. Os engenheiros, por sua vez, começam a exigir a sua participação na supervisão

---

99. Ver SAAD, Eduardo Gabriel, "Aspectos jurídicos da segurança e medicina", *LTRS*, v. 41, p. 435-40.

100. In *Folha de S.Paulo*, 29.10.1974, 1º caderno, p. 13.

dos equipamentos. O Conselho Regional de Engenharia e Arquitetura do Rio de Janeiro faz um pronunciamento neste sentido[101].

O presidente da Confederação Nacional da Indústria (CNI) considera que a portaria do Ministério do Trabalho é verdadeiramente empreguista, e que os problemas de segurança do trabalho são uma questão de ordem "doméstica" para os industriais[102].

Os patrões não querem perder o poder de decisão em seus negócios no nível da empresa, vista como "uma ordem doméstica", como a sua casa, no interior da qual eles têm o direito de dispor e de impor a direção, o ritmo e a forma de produção. O profissionalismo lhes aparece como uma ameaça, em se tratando de um pessoal novo que eles não conhecem bem. Somente as grandes empresas é que possuem um sistema "profissionalizado" de controle da saúde e da segurança dos trabalhadores, mas os profissionais são diretamente escolhidos pela empresa. Desaparece a autonomia profissional e sua competência fica subordinada às determinações gerais das empresas no sistema de relações assalariadas.

c) A burguesia industrial

Os patrões buscam, antes de tudo, desenvolver uma política de aumento da produtividade, sem no entanto aumentar os custos da mão de obra e sem perder o controle e a gerência da empresa. Os acidentes de trabalho tornam-se questões importantes, tanto como fator de custo como fator de conflito. Os custos derivam dos prêmios a serem pagos, e da perda da produção e dos equipamentos. Os acidentes têm uma incidência na produção e na produtividade da empresa pela possibilidade de diminuição do ritmo da produção e pelos efeitos psicológicos e políticos sobre os trabalhadores que se podem mobilizar por novas condições de trabalho. As tarifas são também um pleito importante para as empresas, já que influenciam a determinação do "nível de risco" de suas atividades. Conforme a classificação, a empresa terá chance de se apresentar como

---

101. In *Tribuna da Imprensa*, 28.10.1974, 1° caderno, p. 5.

102. In *Jornal do Brasil*, 11.04.1974, 1° caderno, p. 7.

mais ou menos perigosa, o que afeta não só a sua imagem, como os custos e a possibilidade de esconder um maior número de acidentes.

A partir de 1969 destaca-se o elevado custo dos acidentes e, em 1975, o próprio governador de São Paulo sublinha a questão, afirmando que o país tem perdido 250.000.000 de homens/hora de trabalho[103].

Os custos de acidentes seriam tão elevados que superariam o montante das exportações.

A preocupação do governador reflete também uma determinação política de diminuir os custos, o que se expressa através de um grupo de economistas do governo que afirmam que "a essência da política nesse momento é de diminuir os custos do capital para o empresário"[104]. O governador, no entanto, não se refere ao empresário, mas ao país como forma de obter a coesão de todos na luta pela diminuição dos custos da expansão do capital, buscando cimentar a vontade coletiva geral em torno de uma política particular.

Os patrões encontram-se influentes nos principais postos econômicos do governo, como no Banco Nacional de Desenvolvimento Econômico (BNDE), no Conselho de Desenvolvimento Industrial (CDI) e no Conselho Monetário Nacional (CMN), orientando a política de crédito, monetária e de desenvolvimento industrial. Essa presença garante-lhes a orientação geral da política econômica conforme os seus interesses, mas não elimina as contradições e a heterogeneidade estrutural.

Para as grandes empresas é mais fácil, às vezes, modernizar equipamentos que contratar profissionais, mas para as pequenas e médias empresas, tanto a modernização quanto a contratação têm custos elevados.

O departamento de economia da Fiesp publica em 1971 um documento sobre os acidentes do trabalho redigido por Jorge Duprat Figueiredo, empresário e diretor da Fundacentro, mostrando sua influência nas empresas[105]. Figueiredo, empresário, é diretor de um organismo governamental,

---

103. In *Diário de Notícias*, 10.10.1972.

104. SUZIGAN, Wilson *et al.*, *Crescimento industrial no Brasil, incentivos e desempenho recente*, Rio de Janeiro, Ipea/Inpes, 1974, p. 11. Ver também BACHA, Edmar L. *et al.*, *Análise governamental de projeto de investimento no Brasil*, Rio de Janeiro, Ipea/Inpes, 1974.

105. Ver FIGUEIREDO, Jorge Duprat, "Acidentes do trabalho e sua influência nas empresas do país". *Caderno Econômico*, São Paulo, Fiesp/Ciesp, n. 119, 1971.

realizando-se na prática um "anel" entre empresa e Estado[106]. Estes "anéis" implicam tanto alianças táticas como estratégicas.

No documento citado, além da ideologia humanista, ressalta-se que: "Com o desenvolvimento industrial rápido em nosso país, o fator custo se tornou uma das maiores preocupações das empresas modernas em expansão"[107].

Entre os custos da empresa destaca-se a perda de jornadas de trabalho, tanto por parte do acidentado como do supervisor e de outros trabalhadores que diminuem seu ritmo de produção em razão dos acidentes. A administração também se vê envolvida na questão. Mesmo que recuperado, assinala Figueiredo, o trabalhador voltará ao trabalho com maior preocupação e em uma cadência mais lenta[108].

Os custos indiretos dos acidentes de trabalho são, em geral, quatro vezes mais elevados que os custos diretos. No Brasil, as jornadas perdidas por acidente de trabalho podem equivaler a uma guerra, segundo o departamento de economia da Fiesp.

A tabela seguinte apresenta um panorama da média das jornadas perdidas em razão dos acidentes de trabalho.

Tabela D-15
Média das jornadas perdidas por acidentes de trabalho que acarretaram alguma ausência

Anos	Média das jornadas perdidas
1972	17
1973	20
1974	22
1975	26
1976	21
1977	20

Fonte: INPS.

---

106. CARDOSO, Fernando Henrique, *Autoritarismo e democratização*, Rio de Janeiro, Paz e Terra, 1975, p. 203.

107. FIGUEIREDO, Jorge Duprat, op. cit., p. 13.

108. Idem, ibidem, p. 16 e 17.

As jornadas perdidas afetam o processo de acumulação de capital e os tecnocratas tentam corrigir essa distorção através da contratação de profissionais o que, por sua vez, acarreta custos para as empresas. A indústria reage a essa proposta e pede ao ministro do Trabalho uma redução de 60% no número de profissionais previstos na Portaria n. 3.237[109], o que é praticamente aceito pelo governo através da Norma n. 4, de 08.06.1978. O número de profissionais é determinado conforme um critério mais complexo de riscos, o que permite reduzir o seu número, conforme a empresa.

Os empresários valorizam o trabalho dos profissionais a fim de obter "um perfil médico de seus empregados" conforme a declaração de um executivo da Companhia Belgo-Mineira[110]. As tarefas dos médicos do trabalho visam "adaptar os trabalhadores às funções que irão exercer na empresa" ou que estão exercendo[111]. Para realizar essa tarefa de adaptação, as empresas exigem sobretudo o exame de seleção, para "detectar o fator humano predisposto ao acidente" — afirma o documento citado.

Os engenheiros cumprem tarefas de controle do trabalho para obtenção de maior produtividade com os equipamentos disponíveis, diminuindo o risco para o equipamento e força de trabalho.

Com esses novos atores nas empresas, 25.000 empregos deveriam ser criados e deveriam diminuir os custos do acidente e do acidentado para a Previdência Social, bem como do prêmio para a empresa[112].

Se uma solução de "compromisso" foi encontrada com relação ao número de profissionais, a reivindicação patronal de não pagar os primeiros

---

109. In *O Estado de S. Paulo*, 04.01.1975.

110. In *O Estado de Minas*, 10.05.1975.

111. Ver MAKARON, Pedro Elias, et alii, "Aspectos da atuação e da interação do médico do trabalho", in *Anais do XVI/Conpat*, São Paulo, Fundacentro, p. 213, 1979.

112. Ver uma experiência nesse sentido em "Dá lucro prevenir acidentes e doenças", in *Indústria e Desenvolvimento*, v. 3, n. 1, p. 14-17, jan. 1975. Em um primeiro exemplo a indústria reduziu de 2,99% para 1,3% do salário os custos das tarifas. A Lei n. 6.297/75 permitiu às empresas uma redução no imposto do dobro gasto com a formação de mão de obra. Entre 1974 e 1978, a Fundacentro treinou 10.717 médicos do trabalho, 11.389 engenheiros do trabalho, 23.342 supervisores do trabalho, 702 enfermeiros e 660 auxiliares de enfermagem. In *Política de ação do campo da segurança e medicina do trabalho*, Ministério do Trabalho, 1979, p. 29.

O TRABALHO DA POLÍTICA

15 dias de ausência do trabalho não foi satisfeita. A burguesia industrial reagiu também contra as novas tarifas e contra a punição prevista para as empresas no artigo 16 do projeto, que propunha uma multa elevada em caso de morte ou de invalidez do acidentado. O problema das tarifas leva a um divisor de águas entre os empresários, como veremos mais adiante, mas o artigo 16 foi completamente eliminado, já que previa uma multa de até 30 vezes o valor de referência em caso de não observância de normas de segurança do trabalho que causasse a morte ou a incapacidade do trabalhador.

A Associação Brasileira de Prevenção de Acidentes (ABPA) se manifesta contra as tarifas considerando que não teriam nenhum efeito preventivo e que não adiantaria transformar o seguro-acidente em seguro social, pois apenas modificar-se-iam as estatísticas para esconder o verdadeiro número de acidentes[113].

Os empresários interessados na manutenção de tarifas individuais formaram um grupo de pressão e, conforme um documento do Ministério da Previdência e Assistência Social (MPAS), buscaram, por todos os meios, impedir a aprovação do projeto[114]. Esses empresários, provenientes das grandes empresas com mais de 100 operários, defendem a tarifa individual, buscando prêmios mais baixos, ainda que a preço de se esconder o número de acidentes ou da melhora da prevenção. O documento menciona grupos organizados para obter a diminuição de até 30% do valor das tarifas normais.

O governo não mantém a tarifação individual, mas baixa de 0,5% para 0,4% do salário o montante de desconto a ser pago pelas empresas cujos riscos sejam considerados leves. As porcentagens dos riscos considerados médios e graves foram mantidas em 1,2% e 2,5% respectivamente, o que beneficia as empresas dedicadas ao comércio e serviços.

A batalha pela diminuição dos custos por parte das empresas tem como alvo todos os pontos sensíveis a isto: os descontos, a contratação

---

113. In jornal *Movimento*, 11.10.1976, p. 8.

114. Ministério da Previdência e Assistência Social, *Desfazendo equívocos sobre a lei de seguros de acidentes do trabalho*, Brasília, MPAS, 1976, p. 1.

de profissionais, as multas, o pagamento das jornadas de trabalho. Eles obtêm a eliminação das multas, a diminuição do número obrigatório de profissionais, uma diminuição dos custos das tarifas relativas aos riscos leves, mas não a eliminação do pagamento dos primeiros 15 dias de ausência. Essa política não contradiz, entretanto, a estratégia de retorno rápido ao trabalho, já que o controle do trabalhador fica à mercê da empresa. As empresas que pressionam pela tarifação individual não são atendidas, o que demonstra certa autonomia do Estado frente à disputa intercapitalista, embora atenda relativamente o conjunto das exigências do processo de acumulação.

d) Os trabalhadores

A primeira reação dos trabalhadores ao projeto de lei é a reivindicação, por parte da Confederação Nacional dos Trabalhadores da Indústria, para que o ministro do Trabalho o retire do Congresso, alegando que não fora consultado a respeito.[115]

Mesmo uma organização de pelegos como a CNTI não foi consultada pelo governo na elaboração de um projeto específico, o que mostra a expulsão dos trabalhadores dos processos decisórios do Estado autoritário militar-tecnocrático. Os projetos de lei chegam às classes subalternas como fatos consumados, sem negociação. Não é somente a CNTT que pede a retirada do projeto, mas os dirigentes sindicais do núcleo mais questionador dos trabalhadores de São Paulo. Uma comissão de dirigentes sindicais se dirige ao ministro Jarbas Passarinho para solicitar a retirada do projeto, mas este se compromete somente a transmitir ao presidente da República as reivindicações apresentadas[116].

Quando as reivindicações partem da burguesia o governo aceita discuti-las, mas quando são apresentadas pelos trabalhadores ele responde que "não negocia sob pressão", restando aos trabalhadores somente a pe-

---

115. In *Jornal do Brasil*, 02.10.1976, p. 1.
116. In *O Estado de S. Paulo*, 05.09.1976, 1º caderno, p. 21.

tição, a crítica e a rebelião, ou a revolta nos limites restritos estabelecidos pelo regime.

Os trabalhadores utilizam também a estratégia de solicitar modificações no projeto considerando que sua retirada é impossível nas relações de forças então existentes. Propõem a mudança no conceito de acidente e doença profissional, e pedem a diminuição do prazo da prescrição e alterações na prestação do pecúlio em caso de aposentadoria por invalidez. Os trabalhadores criticam também a tarifação como forma de diminuir o estímulo à prevenção.

Essas demandas, com exceção da questão do pecúlio, não são atendidas. Não resta aos trabalhadores outra alternativa que solicitar ao presidente da República não sancionar a lei[117], o que também não é atendido.

As reivindicações sem resposta mostram a combinação de uma prática autoritária com um discurso humanista, excluindo os trabalhadores dos processos decisórios e dos resultados de mandatos. Os tecnocratas afirmam que a proposta do governo é um assunto eminentemente "técnico"[118], que não é passível de modificação, aliando a tecnocracia com o autoritarismo.

Para transformar um tema "técnico" em tema "político" teria sido necessária uma poderosa organização dos trabalhadores em nível nacional. No entanto, as greves entre 1973 e 1977 ficam praticamente limitadas a São Paulo (34 greves) e aos setores mais modernos da economia (metalurgia, eletrônica e química) e circunscritas a um movimento de resistência quase clandestino contra o rebaixamento dos salários pela política governamental[119].

A luta pelas condições de saúde não se manifesta somente contra o projeto de lei apresentado. Em 1969 os próprios acidentados manifestam-se contra o Decreto n. 893/69 que atrasa a ação para definir a prestação

---

117. In *O Estado de S. Paulo*, 21.10.1976, 2º caderno, p. 26.

118. Ver *Jornal do Brasil*, 03.10.1976, 1º caderno, p. 11.

119. Para análise do movimento operário nesse período, ver MOISÉS, José Álvaro, "Problemas Atuais do Movimento Operário", In KRISCHKE, Paulo (org.), *Brasil: do milagre à abertura*, São Paulo, Cortez, 1982, p. 53-83.

devida em caso de acidente[120]. Os trabalhadores da construção civil do Rio de Janeiro exigem que suas organizações de classe se posicionem constantemente para garantir a sua segurança, fazendo pressões sobre o governo do Estado para que obrigue as empresas da construção civil a implantar barreiras de proteção para os operários (lei dos tapumes)[121].

Os trabalhadores fazem manifestações para melhorar o adicional de insalubridade, tendo em vista as péssimas condições de trabalho. Os metalúrgicos, os gráficos e os trabalhadores do setor de material elétrico apoiam o projeto do deputado Paulo Torres para modificar o referido adicional e reivindicam uma lei para que a questão da insalubridade seja obrigatoriamente incluída na legislação do trabalho[122].

Os trabalhadores da indústria da borracha, por sua parte, reivindicam a implantação das comissões internas de prevenção de acidentes (Cipas) nas empresas com mais de 30 operários[123].

Durante a XIII Convenção de Prevenção de Acidentes de Trabalho, os sindicatos presentes pedem maior controle e maior fiscalização das empresas, assim como a presença igualitária de patrões e operários nas Cipas, eleições livres dos representantes operários, envio de relatórios corretos sobre os acidentes, instituição de cursos para os representantes dos trabalhadores e obrigação de se criar Cipas para as empresas de mais de 30 operários[124].

Essas reivindicações são feitas de maneira a não atiçar a repressão do Estado e das empresas, pois ela se generaliza no nível do aparelho estatal policial mas se particulariza nas empresas através das demissões. O operário que faça uma queixa oficial contra as condições de trabalho da sua empresa e que tenha por resultado uma fiscalização corre o risco da demissão. Um médico do trabalho que realizou inspeções em 39 indús-

---

120. Em relação à manifestação dos acidentados, ver *Correio Brasiliense*, de 01.09.1971, p. 1.

121. In *Jornal do Brasil*, 03.11.1971, anexo, p. 1.

122. Ver *Diário de Brasília*, de 23.07.1974, p. 2, e de 06.03.1974, p. 7.

123. Ver *Jornal do Brasil*, de 30.10.1974, 1º caderno, p. 3.

124. Ver *Anais do XII Conpat*, Brasília, Departamento Nacional de Segurança e Higiene do Trabalho, 1974, p. 893.

trias, em 1972, constatou demissões isoladas em 16 delas e em 13 outras os queixosos foram demitidos[125].

Nestas condições de repressão, de autoritarismo, de tecnocracia, a burguesia não aceita nenhuma crítica ou contestação, mantendo a submissão dos trabalhadores e condições inadequadas de saúde através da coerção.

e) O debate parlamentar

O projeto de lei do governo é encaminhado ao Congresso dentro do processo de decurso de prazo, ou seja, para ser aprovado ou rejeitado em, no máximo, 45 dias. Como o governo possuía a maioria dos votos, estava seguro da aprovação e os tecnocratas não desejavam modificações no texto, considerando-o "técnico".

Conforme o encaminhamento autoritário, o projeto é mais um ato administrativo que deve obter homologação do que um projeto legislativo a ser negociado entre as forças representativas no Congresso Nacional.

Desta forma não houve modificação importante na lei aprovada no Parlamento e as existentes foram consentidas pelos tecnocratas e pelo Poder Executivo.

Já fizemos uma análise detalhada do projeto e da lei sancionada pelo presidente da República, destacando as modificações exigidas pelos patrões no sentido de se abolir as multas aplicadas às indústrias em caso de morte ou de invalidez por acidente e a diminuição de 0,5% para 0,4% o prêmio do seguro das empresas de riscos leves.

Os trabalhadores com remuneração variável tiveram seus benefícios modificados na lei comparativamente ao projeto original: neste estava previsto que a ajuda-acidente seria baseada sobre o salário dos 12 últimos meses, e na lei ficou baseado sobre os 12 maiores salários dos últimos

---

125. DANTAS, Joaquim C. P. *Compra e venda da saúde*, documento apresentado ao II Simpósio sobre Política da Saúde, Brasília, nov. 1981, mimeo.

18 meses, o que traz desvantagem diante da inflação e para aqueles que ganham menos. Foi também introduzido um novo artigo determinando que as prestações não podem ser inferiores aos salários mínimos regionais, o que beneficiaria os trabalhadores que, por incrível que pareça, recebem salários inferiores ao mínimo.

Os trabalhadores com lesões permanentes que tenham reduzido a capacidade de trabalho conforme a lista elaborada pelos tecnocratas podem beneficiar-se de ajuda mensal, o que não estava previsto no projeto. A lei introduz também um pecúlio em caso de aposentadoria por invalidez no montante de 15 vezes o valor de referência estabelecido pela Lei n. 6.205, de 29.04.1975.

Pela nova lei as empresas também puderam beneficiar-se de empréstimos a taxas reduzidas para comprar equipamentos de segurança financiados pelo Fundo de Apoio ao Desenvolvimento Social (FADS).

Os parlamentares da oposição tentaram pressionar para que o prazo de 45 dias fosse estendido a fim de ganhar um tempo no debate[126]. O governo controla o Parlamento e a ação da oposição tem mais um caráter simbólico para marcar posição, e nesse período continuam as cassações de mandatos de parlamentares da oposição. Os pertencentes à Arena devem obedecer às ordens do Executivo sob pena de perder os favores do poder central. Para a oposição existe a repressão através da privação dos direitos políticos e para a situação existe a ameaça da perda de favores. Além disso as dissidências são controladas pelo governo através das lideranças.

O senador Montoro tenta ainda demonstrar uma posição de força contra o projeto, quando anuncia o apelo de 58 federações sindicais e de 1.100 sindicatos para reexame daquele[127]. Assim mesmo não é atendido.

Uma terceira forma de ação da oposição foi a utilização do próprio regimento da casa para introduzir modificações no projeto, pedir informações e anexar outros projetos[128].

---

126. Ver, neste sentido, a solicitação do senador Franco Montoro, do MDB, ao presidente da República feita em 23.09.1978, in *Diário do Congresso Nacional*, de 24.08.1977, p. 581.

127. In *Diário do Congresso Nacional*, 06.08.1976, p. 5122.

128. Ibidem, p. 4408.

Apesar do apoio de certos parlamentares (entre os quais Jarbas Passarinho) da situação à tarifação individual, o projeto do governo é aprovado. Quatro meses depois da sua apresentação no Parlamento, em 19.10.1976, é sancionado pelo general Ernesto Geisel através da Lei n. 6.367/76.

Na Câmara dos Deputados, 35 projetos de lei referentes a acidentes do trabalho são apresentados pelos deputados (dos quais 3 da situação), entre 1970 e 1976, foram arquivados ou rejeitados. No Senado 16 projetos tiveram a mesma sorte[129]. Somente o projeto apresentado pelo Executivo foi aprovado.

6. Os resultados

Com as leis de 1976 (Previdência Social) e de 1977 (prevenção) completadas com as normas regulamentadoras de prevenção de 1978 confirma-se a articulação de um complexo socioindustrial estabelecido pelo governo autoritário-arbitrário visando as políticas de retorno ao trabalho, aumento de produtividade, diminuição dos custos da Previdência, diminuição dos custos da produção passando pela profissionalização da prevenção. É necessário também ressaltar que persiste o controle administrativo da Previdência sobre as doenças e os acidentados. No entanto, alguns tecnocratas ainda ficam insatisfeitos com os resultados, pois os acidentes não foram completamente integrados no sistema previdenciário.

Nascimento e Silva, ministro da Previdência Social, observa que a lei de 1976 representa, de um lado, uma economia de tempo e de conflitos e, de outro, uma diminuição de custos. Os conflitos seriam provocados pelas demandas de pecúlio propiciadas pela antiga lei e pela discussão das tarifas. A economia de custos se refere à tarifação. Segundo o ministro essa diminuição terá repercussões na arrecadação do INPS da ordem de Cr$ 2.200.000,00 (dois bilhões e duzentos milhões de cruzeiros) a Cr$

---

129. Compilação feita a partir dos dados do Prodasen obtidos a nosso pedido. Vários projetos se referem à integração dos trabalhadores rurais e domésticos ao seguro de acidentes do trabalho. Outros propõem um controle dos trabalhadores através da participação nas Cipas.

3.200.000,00 (três bilhões e duzentos milhões de cruzeiros). Isto mostra, diz o ministro, "como os empresários serão favorecidos"[130].

No conjunto, o capital se beneficia dessa legislação embora com uma certa perda para o grupo de empresários que defende a tarifação individual e constituído pelas maiores empresas, pois poderia obter vantagens com a compra de equipamentos de prevenção a uma taxa de juros mais baixa.

A profissionalização da problemática do acidentado se desenvolve tanto no nível da prestação de benefícios e assistência como da prevenção. O corpo do acidentado é submetido ao saber dos peritos da empresa, da Previdência, do Judiciário, assim como as condições de trabalho são examinadas pela especialidade de engenheiros de segurança, de médicos do trabalho e de inspetores de segurança. Os interesses patronais de diminuição dos custos da mão de obra e de manutenção dos direitos de administração da fábrica são mantidos pela mediação desses serviços regulados pelo Estado. O Estado incentiva convênios para manter serviços médicos nas empresas e deixa o acidentado ao encargo da empresa nos 15 primeiros dias de ausência do trabalho. Os serviços de prevenção são mediatizados pela ação profissional segundo determinações da política em vigor.

A nova lei faz a distinção entre *doenças profissionais* e *doenças do trabalho* através de uma classificação tecnocrática. São doenças profissionais (§ 1º do art. 2) "aquelas inerentes ou particulares a um ramo determinado de atividade e presentes na relação organizada pelo Ministério da Previdência e Assistência Social". Este artigo bem mostra a intervenção tecnocrática que se traduz no regulamento da lei (Decreto n. 79.037, de 24.12.1976) e no anexo que define os "agentes patógenos" e não as condições inadequadas de trabalho. A Previdência Social também estabelece uma lista de situações nas quais o aposentado tem direito a um aumento de benefícios (anexo II), a relação de situações que dão direito a uma ajuda suplementar (anexo III) com a perda da capacidade visual, auditiva, fonética, estética, locomotora, respiratória e das funções dos membros. Os trabalhadores

---

130. In *Jornal do Brasil*, 03.10.1976, 1º caderno, p. 11.

são reduzidos a pedaços, a peças "substituíveis" reparadas conforme o critério dos especialistas ou monetarizadas através de adicionais a cada parte sua que tiver sido danificada.

O regulamento estabelece a relação de empresas de riscos leves, médios e graves. Entre aquelas com riscos leves se encontram as que prestam serviços e as empresas de comunicação, educação e difusão. Como sendo de riscos médios estão a maior parte das indústrias de fumo, têxteis, vestuário, madeira, papel, gráficas e farmacêuticas. De riscos graves são consideradas as indústrias de extração mineral e vegetal, a agricultura, as indústrias do setor metalúrgico, químico, petrolífero (estes três do setor dinâmico da economia) e a construção civil. Os riscos assim são preestabelecidos e permitem aos patrões repassar os custos diferenciados dos descontos e prêmios aos consumidores, mantendo-se a heterogeneidade estrutural da economia.

Se a nova lei abre o mercado de trabalho a certos profissionais, ela o fecha a outros, como os advogados. Em 1967 ficou estabelecido que as ações de acidente poderiam ser reclamadas indiretamente por um advogado ou diretamente pelo interessado. No projeto enviado ao Congresso a presença do advogado não era considerada "necessária". A lei, em sua redação final, considera que a presença do advogado não é "obrigatória". É compreensível que o Congresso, composto em grande maioria de advogados, defenda essa presença, transformando-a de inútil em opcional.

Em relação aos benefícios dos trabalhadores já foi notado que a padronização (interesse tecnocrático) da ajuda suplementar em 20% e da ajuda-acidente em 40% do salário de contribuição produz o nivelamento por baixo, reduzindo os custos e as providências administrativas. Em 1976, somente 29,21% dos acidentes foram classificados a uma taxa inferior a 40% do salário de contribuição[131].

Em relação à política de prevenção, as novas medidas da Consolidação das Leis do Trabalho (CLT) mudam certas relações no interior da empresa e o número de empresas atingidas pela lei. As pequenas

---

131. Ver ESCOTEGUY, J. A. C., "Acidentes do trabalho dos segurados do INPS em 1976", in *Revista Brasileira de Saúde Ocupacional*, São Paulo, Fundacentro, v. V, n. 17, jan./mar. 1977.

empresas de menos de 50 operários ficam excluídas da regulamentação da prevenção, mantendo a sua heterogeneidade, e as medidas trazem, ao menos simbolicamente, alguns ganhos para os trabalhadores, às vésperas das eleições legislativas de 1978. Isto se deve a que as empresas serão submetidas a normas de controle ambiental e de inspeção. Os delegados regionais do Ministério do Trabalho ficam com mais poder de fiscalização sobre as empresas no que diz respeito à "medicina do trabalho". No artigo 160 é previsto que nenhum estabelecimento possa funcionar sem inspeção prévia do Ministério do Trabalho. A partir dessa inspeção a autoridade desse ministério pode impedir a continuação de um trabalho se é julgado por ela que existe um grave perigo para os trabalhadores (artigo 161).

O controle do risco fica nas mãos do Ministério do Trabalho, assim como o controle da saúde fica nas mãos do Ministério da Previdência Social sob o saber profissional dos especialistas. O sindicato pode apenas solicitar a interdição de um trabalho perigoso, o que lhes confere somente o direito de petição.

As determinações da Portaria n. 3.237 são incluídas na lei, o que obriga as empresas a possuir serviços de segurança.

Em relação às Comissões de Acidentes de Trabalho (Cipas) os trabalhadores conseguem a paridade com as representantes dos empregadores mas as funções destas comissões são reduzidas a *consultas*, a *sugestões* e a *comunicações*. Os trabalhadores não adquirem a estabilidade no trabalho como membros da comissão, mas somente o direito de não serem demitidos "arbitrariamente", isto é, "sem fundamento disciplinar técnico, econômico, ao arbítrio do patrão", o que significa que, nestes casos (quase todos), o arbítrio não é arbitrário.

As empresas com mais de 50 operários são obrigadas a constituir as Cipas. Antes dessa legislação o limite era para 100 operários. Deve-se recordar, no entanto, que os trabalhadores solicitavam Cipas para empresas com mais de 30 empregados. As empresas são também obrigadas a fornecer equipamentos de segurança, exame médico, iluminação, ventilação e segurança das instalações.

Na lei fica definida a insalubridade e a empresa é obrigada ao pagamento de um adicional de 30% em função dessa condição. Os limites da insalubridade devem ser definidos pelos profissionais, e não pelos trabalhadores, que poderão pedir uma perícia a respeito (artigo 195).

Através dessa legislação realiza-se uma adaptação da velha legislação de 1943 às novas exigências da produção e da acumulação capitalista que expõem os trabalhadores a novos produtos químicos, a novas cadências e a novas condições físicas.

As principais mudanças da legislação acidentária aos trabalhadores rurais serão estudadas no ponto seguinte.

7. A exclusão e a incorporação dos trabalhadores rurais

O modo de produção capitalista, no caso brasileiro, transforma não somente a produção industrial como a agricultura. Penetra cada vez mais nas zonas rurais transformando as fazendas em empresas e os trabalhadores em assalariados. Além disso a tecnologia capitalista moderna, induzida pelas multinacionais, modifica a agricultura não só pelo uso de máquinas agrícolas mas também pelo uso de adubos e defensivos. Ao mesmo tempo a propriedade da terra vai-se concentrando nas mãos de um número mais reduzido de proprietários.

A concentração das propriedades imobiliárias rurais pode ser vista através do seguinte indicador: 5% das maiores propriedades ocupam 70% da área cadastrada pelo governo, contrariamente ao fato de que 50% das propriedades nem mesmo chegam a ocupar 4% da área cadastrada[132].

A estrutura agrária mantém a sua heterogeneidade pela combinação da grande e da pequena propriedade, do latifúndio e do minifúndio. É o latifúndio que utiliza cada vez mais a mão de obra assalariada para a produção de monoculturas de exportação (café, soja, cacau, cana-de-açúcar).

As relações de trabalho na agricultura são muito complexas com a combinação de formas diversificadas de vínculos de trabalho. Um

---

132. Para uma análise da formação do proletariado agrícola, ver GNACCARINI, José César, *Latifúndio e proletariado*, São Paulo, Pólis, 1980.

mesmo trabalhador pode ser assalariado em um período e em um lugar determinado e trabalhar ao mesmo tempo em sua terra, como pequeno proprietário, em outro período. Ele pode trabalhar sozinho ou com toda a sua família, e no interior da família pode haver uma divisão interna do trabalho. Lembramos essa complexidade a fim de situar a implantação da política de assistência ao trabalhador rural acidentado estabelecida somente em 1974, pela Lei n. 6.195.

Em 1975, segundo uma estimativa, a força de trabalho agrícola compreendia 4,9 milhões de assalariados, que representavam 32% da mão de obra agrícola. Os assalariados temporários correspondiam a 22% desse total, dedicando-se como *boias-frias* à plantação ou à colheita em lugares diferentes conforme as necessidades, morando preferencialmente nas periferias da cidade. Essas transformações expulsam o trabalhador da terra onde trabalha e exigem intermediários na contratação de mão de obra rural, que exploram ainda mais os operários.

No capítulo anterior referimo-nos à implantação da legislação trabalhista no campo no governo João Goulart, mas que não foi aplicada. A Lei n. 5.389, de 03.06.1978, define a regulamentação das relações de trabalho na agricultura com a definição de que se trate de patrão e trabalhador rural. O salário mínimo é aplicado à zona rural (com exceção das crianças abaixo de 16 anos) e desse salário pode-se deduzir a alimentação (25%) e habitação (20%), assim como os empréstimos concedidos pelo patrão. O governo anuncia a regulamentação do acidente de trabalho rural através de uma lei especial (artigo 19).

A principal reivindicação dos trabalhadores do campo sempre foi uma reforma agrária profunda, que transformasse a propriedade da terra, e é reforçada no discurso que o presidente da Confederação dos Trabalhadores da Agricultura (Contag) faz no XIII Congresso de Prevenção de Acidentes no Trabalho em 1974[133]. Ele observa também que a mão de obra deve permanecer assalariada, mesmo com a reforma agrária, e que consequentemente "há necessidade de proteção em relação aos acidentes". As mudanças nas relações de propriedade no campo nunca foram

---

133. In *Anais do XIII Conpat*, Brasília, Departamento Nacional de Segurança e Higiene do Trabalho, 1974, p. 333.

aceitas pelas classes dominantes que, ao contrário, sempre buscaram a sua concentração.

A legislação de 1967 excluiu expressamente os trabalhadores rurais da lei de acidentes. Para obter uma compensação nesses casos eles deveriam recorrer à via judiciária, a única possível, pois o seguro não era obrigatório para o patronato agrícola.

A Contag propunha ao governo um seguro-acidente mantido pelo Funrural, que atendia uma parte da Previdência Social dos trabalhadores do campo. O Funrural é financiado por uma contribuição de 2% sobre o valor comercial dos produtos agrícolas e por uma contribuição das empresas urbanas no valor de 2,4% dos salários. Para financiar acidentes do trabalho o governo acrescentou uma contribuição de 0,5% sobre o valor comercial dos produtos agrícolas.

A política do Funrural, no entanto, é fundamentalmente assistencialista com a prestação de benefícios e de uma precária assistência médica. Os benefícios estão sempre inferiores ao salário mínimo que nem sempre é pago ao trabalhador rural. Esta população foi por muito tempo privada do dinheiro que era controlado pelo patrão através dos descontos de mercadorias vendidas na própria fazenda. Assim era também privado do acesso ao serviço de saúde, a não ser sob a forma de favor. A nova lei representa um mecanismo de integração desses trabalhadores no circuito do consumo.

A lei do Funrural foi implantada de forma autoritária pelo presidente Médici em 1971, dentro do contexto de uma série de políticas de "impacto" dirigidas a alvos específicos. O governo e seu partido, a Arena, haviam ganho as eleições nas zonas rurais devido aos "currais eleitorais" e o Funrural foi um meio para isso.

É no período eleitoral de 1974 que o governo anuncia a legislação de acidentes de trabalho nas zonas rurais, usando os mecanismos assistenciais dos sindicatos rurais, que se transformam em distribuidores de benefícios e serviços com a implantação do Funrural, o qual lhes faculta a realização de convênios com o Inamps e hospitais particulares[134].

---

134. Ver ALMEIDA, Célia Maria, "A propósito do Funrural", in *Saúde em Debate*, n. 14, p. 32-34, 1982.

Essa estratégia política permite ao governo alcançar dois objetivos com uma só medida: legitimar-se junto à população rural, reforçando-se o apoio eleitoral, e desmobilizar os sindicatos rurais que se reduzem ao assistencialismo[135].

O patronato agrícola foi também beneficiado com o direito de acesso aos benefícios do Funrural, cujos custos foram transferidos aos consumidores.

Os benefícios da nova legislação aparecem desiguais para os rurais em relação aos trabalhadores urbanos[136]. A ajuda para casos de doença associada a acidente para o trabalhador urbano corresponde a 92% do salário de contribuição e, para o trabalhador rural, a 75% do salário mínimo. A pensão por morte para o trabalhador urbano é igual ao salário de contribuição e para o trabalhador rural é reduzida para 50% do salário mínimo. Na aposentadoria por invalidez, mantém-se a mesma diferença relativa a auxílio-doença. Os trabalhadores rurais não têm direito ao auxílio-acidente e à ajuda suplementar.

A política de ajuda aos trabalhadores rurais situa-se, assim, abaixo do mínimo necessário à reprodução da força de trabalho, e estabelece uma profunda desigualdade entre os próprios trabalhadores, no que diz respeito ao acesso aos benefícios sociais[137], estabelecendo a categoria de cidadãos de segunda classe.

A prestação de assistência do Funrural se faz de forma articulada entre o público e o privado e serviços do próprio sindicato, mantendo-se a heterogeneidade estrutural na produção de serviços de saúde.

A tabela seguinte mostra a situação dos convênios de assistência médica do Funrural em 1977.

---

135. Em 1972, havia 1.191 sindicatos rurais com 1.430.429 associados. Em 1975 o número de sindicatos elevou-se a 1.323 e o de associados a 2.435.729, segundo dados da Contag.

136. Ver PAIXÃO, Floriceno, *Trabalho e previdência rural*, Porto Alegre, Síntese, 1981, p. 139.

137. Além das discriminações já enumeradas, a lei acidentária rural restringe o seu domínio ao trabalhador *empregado* e não leva em conta o acidente fora do local de trabalho e no período de repouso. A Contag, quando do XVI Congresso de Prevenção de Acidentes, reivindicou o fim das discriminações e criticou as perdas dos benefícios já conquistados na Lei n. 7.076, de 1944. In *Anais do XVI Conpat*, São Paulo, Fundacentro, p. 74, 1977.

Tabela D-16

Assistência médica e odontológica do Funrural em 1977, conforme a natureza dos convênios

Organismos	N.	%
Sindicato Rural (patronal)	1.647	16,6
Sindicato dos Trabalhadores Rurais	2.456	24,6
Governo dos Estados	1.200	12
Fsesp (Fundação de Saúde Pública)	228	2,3
Outros	4.437	44,5
Total	9.968	100

Fonte: Boletim do Funnrral.

Fica evidente, no quadro acima, a presença hegemônica do setor privado (44,5%) na prestação de assistência aos trabalhadores rurais, o que se compatibiliza também com o modelo de assistência aos trabalhadores urbanos.

O número de acidentes do trabalho na zona rural não é conhecido nem sistematicamente coletado, mas, conforme estimativas de um estudo feito em São Paulo, os acidentes e as doenças do trabalho estariam presentes em 7,3% da mão de obra agrícola[138].

A análise da inclusão dos trabalhadores rurais nas políticas de acidentes do trabalho permite ver a sua articulação ao mesmo tempo com o processo de acumulação de capital no campo e na cidade, de legitimação eleitoral e de desmobilização dos trabalhadores.

Se os trabalhadores rurais não fossem assalariados ser-lhes-ia impossível o acesso à Previdência Social, que paradoxalmente foi introduzida na zona rural pela transformação desses trabalhadores em assalariados. O regime de assalariamento é consequência da penetração do capitalismo no campo, que se acelera na conjuntura política do Estado autoritário. Ao mesmo tempo esse Estado impõe de cima para baixo uma legislação assistencial que facilita a capitalização rural e sua farsa eleitoral. Os trabalhadores rurais, ainda sem uma organização combativa em nível nacional

---

138. Ver LORENA, Carlos, "Prevenção de acidentes do trabalho rural", in *Anais do XVI Conpat*, São Paulo, Fundacentro, 1977, p. 57.

e na maioria analfabetos, percebem a assistência monetarizada como uma forma de acesso ao consumo, ainda que mínima.

A discriminação entre trabalhadores urbanos e rurais mostra a articulação política e econômica da heterogeneidade da formação social através de mediações da política social, numa conjuntura de correlação de forças desfavoráveis aos trabalhadores, em face da aliança estratégica do Estado com as multinacionais e a tecnocracia.

8. Síntese e conclusões

A estrutura industrial se modifica completamente nos anos 60 com a penetração maciça dos capitais multinacionais e com a transformação do processo de acumulação baseado então na produção de bens de consumo duráveis e na produtividade dos trabalhadores. Esta se torna a questão central do processo de acumulação nessa conjuntura.

A prevenção dos acidentes vincula-se à manutenção da produtividade, principalmente nas indústrias de ponta. As organizações patronais produzem vários documentos com a finalidade de demonstrar os custos elevados do acidente e os prejuízos causados à produtividade pelas perturbações devidas aos acidentes e às doenças profissionais. Normas claras e precisas de controle das condições de trabalho vão ser estabelecidas somente em 1978, pois os patrões põem mais ênfase no uso de equipamentos que na mudança das condições ambientais e sociais da produção.

As comissões internas de prevenção tornam-se obrigatórias para a empresa com mais de 50 operários após longas negociações entre tecnocratas e empresários, mas elas não detêm nenhum poder decisório restringindo-se a dar sugestões e sem a garantia de estabilidade no emprego daqueles que denunciam as más condições de trabalho. O Estado obriga as empresas a contratar médicos, engenheiros, enfermeiros e inspetores de segurança, mas os patrões acabam ganhando a redução desses profissionais ao mínimo e sob o controle dos proprietários das empresas. Cabe ao Estado a formação desses agentes que se integram à política de retorno ao trabalho dos acidentados. Para os profissionais abre-se uma nova fonte de emprego, mas formam-se também associações profissionais que pressionam os patrões e um código de ética profissional é elaborado pelas associações de médicos do trabalho. O governo militar-tecnocrático resultante do golpe de 1964 estabelece, em poucos meses, duas políticas contraditórias em relação ao seguro de acidentes, privatizando-os e, em seguida, estatizado-os. Tal divergência reflete os conflitos da sociedade e também dos agentes do Estado, mostrando que este não constitui um bloco monolítico. A concorrência entre as companhias de seguro enfraquece o poder econômico daquelas que detinham o monopólio do seguro de acidentes, que se torna intolerável para a maioria das seguradoras. A estatização representa uma perda para as companhias interessadas, mas não compensadas pela introdução do seguro obrigatório para automóveis. O Estado absorve o pessoal ocupado nas companhias estatizadas, compra as suas instalações e lhes concede um prazo considerável para desativar o setor.

Com a completa intervenção do Estado nesse setor, os serviços e os benefícios manifestam uma expansão e o número de empregados assegurados aumentam.

Os seguros de acidentes do trabalho são integrados ao sistema geral da Previdência Social de forma a obter uma padronização das contribuições e serviços, mas ainda conservam a característica de um seguro especial. Essa tentativa tecnocrática visa a redução dos custos dos benefícios a todo preço, e a legislação de 1976 corta alguns benefícios devidos aos trabalhadores acidentados, limita o campo de aplicação em relação às doenças profissionais e estabelece um controle administrativo da inclusão de doenças profissionais asseguradas. Com a nova lei as empresas devem ocupar-se do trabalhador acidentado nos quinze primeiros dias seguidos ao acidente, o que deveria contribuir também para a diminuição de custos e para o retorno ao trabalho. As tarifas são classificadas em quatro tipos, e não mais individuais, o que beneficia o conjunto da burguesia industrial em detrimento de certas grandes indústrias que tiraram vantagem da tarifa diversificada. O INPS oferece reduções ao montante que as empresas lhe devem a fim de que possam elas mesmas organizar serviços médicos em seu interior ou em convênio com a medicina privada, formando-se assim um complexo socioindustrial que favorece as grandes empresas e a assistência privada à saúde.

Dentro do processo de racionalização tecnocrática são criados vários centros de reabilitação no país para oferecer o retorno ao trabalho do trabalhador acidentado com o concurso de uma equipe multidisciplinar que encontra aí outra fonte de empregos.

A apresentação e a aprovação da lei no Congresso Nacional se processa de forma autoritária, por decurso de prazo. Através desse autoritarismo e do controle militar sistemático das organizações operárias, os trabalhadores são excluídos do processo de decisão. A oposição, tolerada, levanta alguns questionamentos e reivindicações, os quais não foram levados em conta pelos tecnocratas que apresentam a questão dos acidentes como um problema técnico e não político. Em relação aos trabalhadores rurais, o governo estabelece uma política assistencialista mas discriminatória, diante de uma conjuntura eleitoral e de mudança de capitalismo no campo. A articulação política e econômica dessa política social manteve a heterogeneidade estrutural do capitalismo brasileiro dentro da forma do Estado autoritário, mas que não deixou de refletir os conflitos manifestos entre grupos capitalistas e de setores do aparelho do Estado no confronto com certas demandas trabalhistas, que eram controladas pelo aparelho repressivo.

SEGUNDA PARTE

Questões teóricas

Capítulo 5

Acumulação de capital e legislação social*

A problemática teórica colocada pela intervenção do Estado nas condições de trabalho, e em particular na regulamentação dos acidentes de trabalho, leva-nos a considerar a questão da legislação social do Estado capitalista. Como já demonstramos antes, essa legislação é um fato histórico, relacionado ao mesmo tempo com o desenvolvimento das forças sociais e com a forma de Estado. Neste capítulo pretendemos aprofundar a problemática, já anunciada na introdução, das relações entre o desenvolvimento e as transformações do contexto econômico e social, as forças sociais e a forma de Estado, e a regulamentação das condições de trabalho. Tais regulamentações fazem parte de um processo global de regulação estatal das condições gerais da produção e dos conflitos sociais. O conceito de regulação visa compreender o processo concreto das transformações das relações sociais e dos mecanismos de intervenção do Estado nessas relações. Michel Aglietta, em seu trabalho *Regulação e crise do capitalismo*, afirma que: "O estudo da regulação do capitalismo não deve ser a pesquisa de leis econômicas abstratas. São os estudos da transformação das relações sociais que dão lugar a novas formas econômicas e não-econômicas, simul-

---

* Tradução de Leda Aguiar Nascimento, com supervisão do prof. Danilo Lobo, Oficina de Tradução, LET, UnB.

taneamente; estas formas são organizadas em estruturas e reproduzem uma estrutura dominante, o modo de produção"[1].

Em nossa perspectiva, essa regulação apresenta a articulação entre o processo de acumulação do capital, as complexas lutas de classe e as formas de organização política do Estado e da sociedade. Assim, não se compreende a regulação como um mecanismo automático de restabelecimento de um equílibrio perturbado por uma modificação temporária ou uma imperfeição do mercado[2]. A regulação é um processo contraditório, que define um modo de articulação das relações complexas de uma totalidade social estruturada histórica e institucionalmente.

Para bem entender estas relações complexas em relação à política dos acidentes de trabalho, devemos analisar as transformações do capitalismo brasileiro, as relações de forças e as formas de intervenção do Estado. As transformações da legislação social, que estudamos na primeira parte deste livro, estão profundamente ligadas às modificações do processo de articulação. Neste capítulo, especificamos a natureza e a forma dessas ligações. A fim de situar o contexto da formulação de certas perspectivas de análise da política social, recordamos aqui, resumidamente, a problemática da acumulação do capital.

O processo de acumulação consiste na valorização do capital pela utilização da força de trabalho e da tecnologia na produção das mercadorias. Como observa Marx, a produção capitalista tem o caráter de valorizar o capital, produzindo mercadorias que comportam trabalho não pago e cuja venda proporciona uma porção de valor que nada custa ao capitalista: "Produzir a mais-valia, tal é a lei absoluta deste modo de produção. A força trabalhadora, pois, só permanece vendável enquanto

---

1. Ver AGLIETTA, Michel. *Regulación y crisis del capitalismo*, México, Siglo XXI, 1979, p. 8. A teoria da regulação concebe as relações sociais no capitalismo como um processo complexo e dinâmico, e não como reflexos de determinismos abstratos de leis trans-históricas. O processo é articuladamente político e econômico com as mediações dos conflitos, da particularidade do capitalismo brasileiro e das formas e instituições do Estado. O conceito de regulação não se confunde com o de reprodução e funções.

2. Ver a concepção funcionalista, por exemplo, em JOHNSON, Harry, *Introdução sistemática ao estudo da Sociologia*, Rio de Janeiro, Lidador, 1967. Para uma análise desta concepção, ver AGLIETTA, M., op. cit.; e FALEIROS, Vicente de Paula, *A política social do Estado capitalista*, São Paulo, Cortez, 1980, Capítulo 1.

conserva os meios de produção como capital, reproduz o seu próprio equivalente como capital e cria, além disso, para o capitalista, uma fonte de consumo e um excedente de capital"[3].

Assim, o capital não é uma coisa, uma quantidade de dinheiro, mas uma relação conflituosa na qual ele se valoriza, acumula-se e desacumula-se à medida que incorpora ou perde a mais-valia. Para realizar essa valorização é o capital que comanda o processo de trabalho, para que esse trabalho possa fecundar o capital nas condições de lutas particulares.

É por meio do trabalho que a matéria-prima é transformada em produto, mas o trabalho está subordinado ao capital. A relação de subordinação do trabalho ao capital no modo de produção capitalista se faz por meio do contrato entre o trabalhador "nu", despojado e isolado dos meios de produção, e o capitalista, proprietário dos meios de produção. Por esse contrato, o capitalista assegura ao trabalhador seu meio de subsistência, para mantê-lo em condições sociais nas quais possa reconstituir sua energia e retomar seu trabalho. Esse contrato se faz em uma correlação de forças, de lutas e de formas diferentes de Estado.

Os capitalistas necessitam, para valorizar o capital, não só de meios materiais, mas também de uma organização que combine esses meios com a energia da força de trabalho e do processo da produção. Nessas condições gerais, o capital, ao mesmo tempo, consome a força de trabalho, a destrói e a renova. Assim, a força de trabalho é um valor de uso, é algo útil para o capital. Os trabalhadores não se colocam diante do capital em uma relação econômica na qual podem determinar, por exemplo, por meio da lei da oferta e da procura, o peso da força de trabalho e até mesmo o seu contrato mas também forçam o capital a certas condições de absorção da força de trabalho. O trabalho necessário à reprodução dos meios de subsistência é considerado: "como necessário para o trabalhador, visto que é independente da forma social de seu trabalho; necessário para o capital e para o mundo capitalista, porque este mundo tem como base a existência do trabalhador"[4].

---

3. In MARX, K., *O capital*, Paris, Les Éditions Sociales, 1979, Livro I, p. 440.

4. Idem, ibidem, p. 162. Ver também BERTHOUD Amaud, *Travail productif et productivité du travail chez Marx*, Paris, Maspero, 1974.

O processo de acumulação é contraditório, não somente por ter de articular várias formas de produção (o que vamos ver um pouco mais adiante), mas também em seu processo de desenvolvimento.

A prolongação da jornada de trabalho foi uma estratégia capitalista. As mudanças técnicas, a transformação da tecnologia implicam a utilização dos meios de produção que proporcionalmente reduzem a mão de obra e implicam uma intensificação do trabalho. É a mais-valia relativa. Essa mudança não é linear e se baseia nas relações entre os capitais autônomos, que determinam uma taxa geral de lucro, conforme condições históricas determinadas, o que implica uma articulação da produção e dos capitalistas. Para que a taxa de lucro seja mantida, é preciso que as condições gerais de reprodução do capital, em seu conjunto, sejam mantidas e que a jornada média de trabalho seja regulada em toda a sociedade.

A competição entre os capitais autônomos, a divisão complexa dos capitais em ramificações implicam uma variação da taxa de lucro por meio das transformações que os capitais introduzem nas normas de produção e nos procedimentos técnicos, à medida que o capitalismo modifica a sua base tecnológica, é possível que haja mais lucro para um capitalista ou para um setor, o que acarreta mudanças nos outros ramos capitalistas ou maior concentração do capital que destrói os capitalistas não competitivos. Essa competição, essas mudanças tecnológicas, além das lutas de classes, levam dita taxa de lucro a uma baixa tendencial[5].

Não é apenas enquanto processo tecnológico que o capital se transforma, mas sobretudo enquanto processo produtivo, levando a crises de superprodução ou de recessão.

É a partir desse contexto que vários autores analisam a origem da legislação social e do Estado. Não como processo histórico, mas como função do capital.

Segundo Altwater[6], as unidades autônomas de capital criam, pela sua interação, as condições de existência do capital total: as condições

---

5. Ver COGOY, Mário, SWEEZY, Paul e MATTICK, Paul, *Teoria de acumulação capitalista*, Porto, Publicações Escorpião, 1977.

6. In ALTWATER, E., "Remarques sur quelques problèmes posès par l'nterventionnisme étatique", in VICENT, J. M., *L'Etat contemporain et le marxisme*, Paris, Maspero, 1975, p. 136.

médias de exploração, a mesma taxa de mais-valia, a taxa de lucro médio. Em um mercado de concorrência, o jogo da concorrência exige certos limites para o seu desenvolvimento, mas leva também à destruição das próprias condições de possibilidade da concorrência. Em consequência, afirma Altwater:

> "O capital não pode produzir, só com as unidades de capital, as condições sociais necessárias à sua existência. Ela necessita, neste nível, de uma instituição especial, que fuja destas contingências e cujos comportamentos não sejam determinados pela necessidade de um superproduto que seja, pois, uma instituição particular independente da sociedade burguesa e superior a ela, e que, ao mesmo tempo, provê as necessidades internas à estrutura capital, mas que ele ignora. Disso resulta que a sociedade burguesa desenvolve no Estado uma forma específica que exprime os interesses gerais do capital"[7].

Nessa perspectiva funcionalista, o Estado tem como papel manter as condições gerais de produção e garantir a existência da classe trabalhadora enquanto objeto de exploração, aí incluído pela legislação social. A legislação social torna-se, assim, o instrumento de conservação da base econômica da exploração capitalista. Aliás, certos textos de Marx a respeito do desenvolvimento da legislação social na Inglaterra permitem essa interpretação. Marx afirma que:

> "Quando regula o trabalho nas fábricas, nas manufaturas etc., a legislação fabril é considerada apenas intervenção nos direitos de exploração exercidos pelo capital. Toda regulamentação do trabalho a domicílio, entretanto, se apresenta como ataque direto ao pátrio poder ...
> "O desenvolvimento histórico da indústria moderna criou a necessidade de generalizar a lei fabril a toda produção social, no início uma lei de ex-

---

7. Idem, ibidem, p. 138. As citações de Altwater, nessa passagem, são as seguintes: (X) MARX e ENGELS, *L'Ideologie Allemande, Marx-Engels Werker*, III, Berlim, 1954, p. 62, e (XX) *O Estado*: "todavia, nada mais é que a forma de organização que a burguesia deve necessariamente colocar em funcionamento, tanto exterior como interiormente, para proteger sua propriedade e seus interesses e por meio da qual toda a sociedade burguesa se constitui" (M. E. W., III, p. 62).

ceção restrita à fiação e à tecelagem, primeiras manifestações da produção mecanizada"[8].

A legislação social torna-se, assim, um meio de generalizar as mesmas condições de exploração para o capital como um todo, mesmo que certos capitais sejam sacrificados. Além disso, se a legislação elimina a concorrência entre os capitalistas para lhes impor certas restrições, ela lhes garante o direito de explorar o trabalho. A legislação social não é, pois, uma "proteção" dos trabalhadores, como o proclamam os discursos governamentais, mas a regulação da exploração trabalhadora a um nível mais geral, contraditoriamente restringindo-a enquanto coíbe a depredação total da força de trabalho e sua desvalorização, e amplia e generaliza as condições de exploração para o conjunto dos capitalistas, atendendo, como o assinala Marx, as reivindicações de igualdade que as indústrias regulamentadas exercem, isto é, a igualdade no direito de explorar o trabalho.

A partir da produção capitalista, segundo Altwater, seriam necessárias instituições "para responder às demandas geradas pelo processo do trabalho que não podem ser satisfeitas com as condições capitalistas que unem o processo do trabalho e de criação do valor"[9]. Para Suzanne de Brunhohf, essas "instituições não capitalistas" de caráter mais ou menos estatal asseguram a reprodução da força de trabalho do exército de reserva, privado dos meios de subsistência, "nos limites da manutenção de uma insegurança fundamental do emprego, e nas formas que garantem a conservação da disciplina do trabalho"[10].

O salário adiantado pelo capitalista não inclui, segundo Brunhohf, a reprodução da força de trabalho que se encontra fora das necessidades de restauração das energias necessárias à produção: "Instituições não-

---

8. MARX, Karl, *O capital*, Rio de Janeiro, Difel, v. 1, 1982, p. 559-61.

9. Para OFFE, a legislação social corresponde à "forma pela qual o Estado tenta resolver o problema da transformação duradoura de *trabalho não assalariado* em *trabalho assalariado*", resultante da desorganização/reorganização e mobilização da força de trabalho no processo de industrialização (in OFFE, Claus, *Problemas estruturais do Estado capitalista*, Rio de Janeiro, Tempo Brasileiro, 1984, p. 15).

10. Ver BRUNHOHF, Suzanne de, *Etat et capital*, Paris, Maspero, 1976, p. 8.

capitalistas são, pois, *indispensáveis* para assegurar a gestão do estoque de força de trabalho do qual o capitalista tem necessidade, mas que ele mesmo não pode assegurar diretamente"[11].

Esse conjunto de instituições é chamado por Patrice Grevet de "o sistema de conservação" da força de trabalho, visto que há, segundo o autor, uma "disjunção" entre as necessidades mais estreitas, imediatas e uniformes. compreendidas pelo salário no processo de produção e outras que não estão incluídas nesses limites[12] e que são tomadas como necessidades desconexas socialmente., Essa forma de manutenção é, consequentemente, segundo o autor, "não mercantil", isto é, ela não é condicionada por um capital particular, mas estabelecida segundo um reconhecimento social e político direto[13].

Nessas perspectivas considera-se o Estado e o sistema capitalista a partir de uma óptica produtivista, no sentido de desenvolver a acumulação de capital pela regulação dos produtores e das mercadorias. Predomina, assim, uma consideração abstrata do modo de produção capitalista, a partir da estrutura, da função geral do capital. Nesta estrutura a instância política teria a *função* de "manter a ordem global, mantendo a coesão da unidade de uma formação", segundo a expressão de Nicos Poulantzas, em seu texto de 1968[14], baseado na separação entre as estruturas e práticas em dois sistemas distintos: as relações das estruturas e as relações sociais. Estas últimas nada mais são que efeitos das estruturas. As políticas sociais são, nesta perspectiva, apenas uma consequência das relações das práticas de classe que são o efeito de sua própria "função de dominação", significando que para manter o seu poder político as classes dominantes fazem certas concessões econômicas às classes dominadas. O autor afirma que:

> "no Estado capitalista, a autonomia do político pode permitir a satisfação de interesses econômicos de certas classes dominadas limitando, ainda que

---

11. Idem, ibidem, destacado por mim.

12. Ver GREVET, Patrice, *Besoins populaires et financement public*, Paris, Éditions Sociales, 1976, p. 48-49.

13. Idem, ibidem, p. 174.

14. Ver POULANTZAS, Nicos, *Pouvoir politique et classes sociales*, Paris, Maspero, Petite Collection, 1972, v. I, p. 86.

eventualmente, o poder econômico das classes dominantes, enfraquecendo, quando for preciso, sua capacidade de realizar seus interesses econômicos a curto prazo, com a única condição, entretanto, possibilitada pelo Estado capitalista, de que seu poder político e o aparelho do Estado permaneçam intactos"[15].

A legislação social se inscreve na luta das classes, mas a luta das classes não se articula com relações estruturais, e se mantém conforme a "função" que deve permanecer na estrutura. Essa legislação decorre da função de dominação do Estado, como um mecanismo dessa dominação, que é uma *concessão* aos interesses das classes dominadas.

Tanto do ponto de vista econômico apresentado por Altwater (acumulação), como do ponto de vista político (dominação) segundo a obra de Poulantzas de 1968, é a função que prevalece sobre a forma, e o Estado "deriva" (em inglês *derive*) da incapacidade dos capitais individuais de cumprir a função de manter as condições econômicas ou políticas de reprodução da força de trabalho no conjunto da sociedade[16].

Sem considerar a articulação histórica concreta das formas de Estado, essa perspectiva se situa em um nível de abstração tal, que poderíamos perceber a mesma legislação e as mesmas funções por toda parte onde houvesse um Estado capitalista. As exigências do capital são, no entanto, simultaneamente estruturais e históricas, a partir das relações entre as forças sociais em todos os níveis da sociedade. São essas relações que caracterizam a sociedade capitalista e fazem parte da própria estrutura da sociedade, não estão separadas dela.

Desenvolvendo dialeticamente o seu pensamento sobre a generalização da lei de fábrica, o próprio Marx observa que "ela generaliza, ao mesmo tempo, a luta direta travada contra esta dominação" (poder do capital)[17]. A generalização da legislação social não está desvinculada dos

---

15. Ver POULANTZAS, Nicos, op. cit., v. II, p. 10-11.

16. Sobre o debate teórico do problema da derivação do Estado, ver por exemplo, HOLLOWAY, John e PICCIOTTO, S., *State and capital, a marxist debate,* Austin, University of Texas Press, 1978; e VINCENT, J. M. *et al., L'État contemporain et le marxisme,* Paris, Maspero, 1975.

17. Ver MARX, Karl, *Le capital,* Paris. Éditions Sociales, 1976, Livro 1, p. 359.

O TRABALHO DA POLÍTICA

processos sociais e instituições, e visa "reprimir os excessos do sistema capitalista"[18], para "proteger a classe trabalhadora física e moralmente"[19], e "foi arrancada à força do capital".[20] O desenvolvimento técnico, segundo Marx, não pode ser considerado separadamente dos caracteres sociais que assume no sistema capitalista, e o caráter fundamental da reprodução capitalista é a conservação da mesma relação social — capital assalariado — "é assim que a acumulação apenas reproduz essa relação"[21]. Essa relação não é uma relação de igualdade, como se apresenta no mercado. Marx observa, no seu tempo, que "essa relação se reproduz sob condições cada vez mais favoráveis a uma das partes, para os capitalistas, e mais desvantajosas para a outra, os assalariados"[22]. Essa relação, no entanto, é conflituosa e variável.

O Estado, para preservar essas relações desiguais existentes na produção, desenvolve formas legais onde tais relações figuram como igualitárias por meio do contrato de trabalho e dos mecanismos de proteção, que aparecem na forma de "proteção aos fracos", como lei de exceção[23] para corrigir os abusos da produção e do mercado.

As relações sociais de produção[24] são *relações* contraditórias que também se articulam no nível da organização do Estado e da legislação social. O Estado capitalista é o Estado de uma sociedade dividida em classes e grupos que perpassa não só a própria estrutura da produção capitalista como todos os aparelhos de Estado. As classes não são simples suportes separados das estruturas, mas realmente definidos pelas relações de produção. Nossa perspectiva de análise é, pois, a de situar a

---

18. Idem, ibidem, p. 348.

19. Idem, ibidem, p. 359.

20. Idem, ibidem, p. 437.

21. Idem, ibidem, p. 438.

22. Ver MARX, K., *El capital*, Inédito, Livro 1, Capítulo VI, México, Siglo XXI, 1979, p. 104.

23. Ver nos discursos políticos analisados nas páginas anteriores e também o discurso de M. Júlio Barata, ministro do Trabalho do governo militar, "O Direito do Trabalho no Brasil, Fator de Segurança e Estímulo do Desenvolvimento Nacional", in *Anais do Seminário de Direito do Trabalho*, Brasília, Câmara dos Deputados, v. 1, p. 30, 1978.

24. Para a crítica da tese de POULANTZAS, ver CARDOSO, Míriam Limoeiro, *Ideologia do desenvolvimento, Brasil: JK-JQ*, Rio de Janeiro, Paz e Terra, 1978.

problemática do Estado e da legislação social no processo de acumulação enquanto processo histórico contraditório, e complexo que envolve Estado e sociedade[25].

A legislação do trabalho, em particular, a legislação dos acidentes é um processo complexo que se desenvolve no nível da produção pela generalização de práticas contraditórias do patronato, seja de compensação, de controle, ou de desenvolvimento de serviços e de equipamentos face aos trabalhadores e suas condições de trabalho. Segundo Gramsci, "a hegemonia vem da fábrica e, para ser exercida, ela só precisa de uma quantidade mínima (hoje ampliada)* de intermediários profissionais da política e da ideologia"[26]. A hegemonia consiste justamente na articulação do consenso e da coerção nas relações de forças das classes dominantes e dominadas, para obter a subordinação das classes dominadas e a aceitação das classes dominantes, na combinação de direção e dominação[27].

Essas relações sociais modificam-se no próprio interior da fábrica, e Gramsci o demonstra através da análise do fordismo e do taylorismo. Para garantir o processo contraditório da acumulação, o *patronato* reúne diferentes formas de coerção e de consenso face os trabalhadores e diferentes formas de regulação das crises[28]. Hegemonia e regulação se articulam.

Essas formas e instituições de coerção, de consenso e de regulação fazem parte das relações sociais de exploração. Em um primeiro momento, o patronato utiliza mecanismos para compensar o *trabalhador* individual

---

25. Ver MAGALINE, A. D., *Luta de classes e desvalorização do capital*, Lisboa, Moraes Editora, 1977.

* Acréscimo meu.

26. GRAMSCI, Antonio, *Maquiavel, a política e o Estado moderno*, Rio de Janeiro, Civilização Brasileira, 1980.

27. Ver GRAMSCI, Antonio, *Gramsci dans le texte*, Paris, Éditions Sociales, 1975, p. 147-50.

28. Em 1976, POULANTZAS afirma "que é preciso desfazer-se de uma concepção economista-formalista que considera o econômico como sendo composto de produção, de natureza ou essência quase aristotélica, espaço autorreprodutível e autorregulado por uma espécie de combinatória interna. Além de ocultar o papel da luta de classes, que se situa no próprio centro das relações de produções, esta concepção nos leva também a considerar o espaço ou o campo do econômico (e em consequência, o do Estado) como imutável, possuindo limites intrínsecos traçados pelo processo da pretendida autorreprodução/combinatória, por meio de todos os modos de produção" (in POULANTZAS, Nicos (org.), *La crise de l'Etat*, Paris, PUF, 1976, p. 31).

acidentado pela produção, para, em um segundo momento, intervir nas *condições* de trabalho. A política de compensação ao trabalhador acidentado no nível da empresa toma a forma da assistência direta pelos serviços estabelecidos pelo patrão sob a égide do paternalismo e do clientelismo, ao mesmo tempo em que se utilizam os mecanismos de assistência da população, financiados pelo Estado ou pela sociedade civil e as normas jurídicas da formalização da culpabilidade.

Os custos exigidos pela compensação passam por uma regulação jurídica, e os conflitos entre patrões e trabalhadores no que diz respeito ao pagamento da compensação levam o patronato a uma prática de indenização sob a forma mercantil das *garantias* dos riscos específicos. Da órbita jurídica e paternalista, a compensação dos trabalhadores acidentados passa às mãos das empresas de seguro. O acidente é considerado, então, como risco *geral* da produção industrial que se torna "natural" e não excepcional. O seguro transforma a perda da capacidade de trabalho em objeto de lucro. O seguro é a forma capitalista de garantia de segurança da propriedade, quando está ameaçada pelos riscos previsíveis. Essa garantia é calculada segundo um custo médio socializado pelo pagamento dos *prêmios* de seguro.

O patronato transfere às companhias o ajuste da problemática dos acidentes de trabalho, em relações complexas que implicam a intervenção do Estado, o que será analisado um pouco mais adiante. Não se trata de uma troca harmoniosa, mas da *regulação* de relações complexas do processo de acumulação e de lutas políticas em um contexto global. O patronato não tem interesse em aumentar os custos da produção e nem em perder o direito de comando no processo da produção. O trabalhador acidentado é visto como se estivesse fora da produção para ser compensado de um risco da produção. A indenização não altera em nada as condições da produção e o patronato se desembaraça, por esse meio, dos trabalhadores que não são rentáveis no processo produtivo, podendo substituí-los por um outro mais produtivo no mercado de trabalho. O cumprimento do "contrato" capitalista nas condições mais favoráveis ao patronato é o pleito fundamental da legislação social capitalista, o que permite a continuidade de relações de produção desiguais sob a aparência de um contrato entre iguais ou de compensação da desigualdade considerada temporária.

A resistência patronal à modificação das condições de produção e do seu controle do processo de obtenção da mais-valia implica a conservação do contrato e das condições políticas de imobilização da classe trabalhadora em nível da fábrica e da sociedade em conjunto. A repressão na fábrica realiza-se pela punição das faltas, pela demissão e pela recusa de admissão. À medida que os equipamentos e as máquinas tornam-se cada vez mais caros e mais complexos devido ao desenvolvimento tecnológico, e a mão de obra mais especializada, os riscos de acidentes podem atingir um capital fixo de custo muito elevado. Os custos de mão de obra são relativamente mais baixos em uma composição orgânica de capital intensivo. As grandes empresas são as primeiras a desenvolver mecanismos de prevenção por meio do estabelecimento de normas internas, da utilização de equipamentos de segurança e de um serviço profissional. As normas de segurança e os serviços profissionais não impedem que novos produtos perigosos sejam produzidos e que o ritmo do trabalho seja intensificado em vista da produtividade. A prevenção torna-se um meio de controle profissional dessas condições para a obtenção do máximo de produtividade.

A reabilitação dos trabalhadores acidentados exige custos consideráveis que ficam a cargo do Estado, mas a reincorporação ao ambiente de trabalho não é garantida pelo patronato como um direito, a não ser a nível simbólico em pequena escala. O trabalhador readmitido por lei pode ser logo em seguida demitido. O patronato mantém o controle das condições da produtividade, estabelecendo normas de admissão e produção. A disciplina da fábrica e a situação de insegurança em que se encontram os trabalhadores são condições da acumulação articuladas às relações de classes.

As práticas de indenização ou de prevenção dentro da fábrica, ou na sua forma mercantilizada, por meio das empresas de seguro particulares só são "generalizadas" no conjunto da produção nas três condições seguintes: na articulação das diferentes formas de produção e dos setores de produção capitalista no processo de acumulação, na relação de forças do cenário político e nas formas de organização do Estado. Estes dois últimos pontos serão demonstrados em seguida. No que concerne à ar-

O TRABALHO DA POLÍTICA

ticulação dos modos de produção e dos setores, é preciso levar em conta as condições de desenvolvimento do capitalismo latino-americano e a correlação de forças sociais.

O desenvolvimento capitalista na América Latina não seguiu um processo linear de passagem do ateliê à grande indústria moderna, primeiramente e antes de tudo devido ao seu condicionamento pelos centros dominantes da economia mundial. Trata-se de um capitalismo inserido, ao mesmo tempo, no capitalismo mundial (e dirigido exclusivamente para as metrópoles durante a época colonial) e com determinações internas específicas e particulares[29]. Tais particularidades não significam um novo modo de produção, mas uma forma particular do modo de produção capitalista em geral.

O processo de industrialização desses países não eliminou, de uma só vez, processos diferentes de utilização da mão de obra, como a escravidão e o assalariamento. É preciso ir mais longe. O modo de produção capitalista articula-se de maneira "simbiótica"[30] e contraditória numa heterogeneidade estrutural. O desenvolvimento capitalista dos setores de maior importância, mais avançados, não elimina, no capitalismo periférico, as formas de produção pré-capitalistas, mas, ao contrário, articula-se com elas e as transforma para garantir o processo de acumulação. As economias agroexportadoras voltadas para o exterior, por exemplo, dependem da produção dos meios de subsistência e de transportes, que combinam, de maneira desigual, várias formas de produção. Os canavieiros que produziram os seus modos de vida numa economia de subsistência faziam parte do mesmo processo de acumulação, caracterizando assim a heterogeneidade estrutural[31]. O mais importante é que o excedente pro-

---

29. Heinz Sonntag utiliza a expressão de "bidirecionalidade" para expressar essa realidade "Havia una teoría política del capitalismo periférico", in SONNTAG, Heinz Rudolf e VALECILLOS, Héctor (org.), *El Estado en el capitalismo contemporáneo*, México, Siglo XXI, 1980, p. 151.

30. Expressão de Sérgio de la Pena, in AGUILAR, M., Alonzo *et. al., En torno al capitalismo Latino-Americano*, México, Instituto de Investigaciones Económicas, 1975, p. 17.

31. Ver CARDOSO, Ciro Flamarion S., "As concepções acerca do 'Sistema Econômico Mundial' e do 'Antigo Sistema Colonial': a preocupação excessiva com a 'Extração de Excedentes'", in LAPA, José Roberto do Amaral, *Modos de produção e sociedade brasileira*, Petrópolis, Vozes, 1980, p. 123.

duzido pelos trabalhadores rurais é apropriado pelos capitalistas, pela sua inserção estrutural no modo de produção capitalista. Este se coloca, ao mesmo tempo, na dinâmica do processo tecnológico, de mercado, de financiamento e de propriedade que depende do exterior.

O modelo de consumo das classes dominantes dos países periféricos reproduz as formas e os modelos estrangeiros. Assim, a articulação heterogênea não é apenas uma combinação de temporalidades diferentes ou de espaços diferentes; mas de relações sociais de exploração e de dominação. São essas diferentes relações de desigualdade que se articulam historicamente, numa estrutura complexa, com diferentes modos de controle de trabalho[32], que não devem ser compreendidos como resultado exclusivo das relações mercantis, mas como sendo determinados pelas relações de produção. Nesta perspectiva, a heterogeneidade não consiste numa diferenciação de certos setores da economia pela introdução de tecnologias ou de outros processos que os modernizem, o que caracteriza uma concepção dualista do desenvolvimento e do subdesenvolvimento.

As economias agroexportadoras não se transformam em economias urbano-industriais de maneira linear, mas sim combinando esses diferentes processos por meio da intervenção política do Estado que tem em conta a acumulação na sua totalidade. Vania Bambirra diz que "todas as vezes que o Estado interveio para defender o setor de exportação, ele o fez não apenas para proteger os interesses oligárquicos de maneira específica, mas também, principalmente, para tentar proteger os interesses do sistema no seu conjunto"[33]. Nesta perspectiva, uma política específica para os setores industriais, como a dos acidentes de trabalho, não pode ser dissociada da articulação global com os outros setores e formas da economia e dos interesses da oligarquia. É o que fizemos ao situar a problemática de formulação da política dos acidentes de trabalho, em sua articulação de conjunto, estudando o contexto oligárquico das primeiras

---

32. Ver GERMANI, Gino, *Politique, société et modernisation*, Bruxelles, Duculot, 1972. Germani afirma que "a própria noção de subdesenvolvimento está ligada à coexistência de regiões que atingiram, num momento dado, níveis diferentes" (p. 39).

33. Ver Bambirra, Vania, *El capitalismo dependiente Latino-Americano*, México, Siglo XXI, 1977, p. 59.

leis, o processo de industrialização tardia e o capitalismo monopolista. A internacionalização do capital, a presença das multinacionais na economia brasileira de pós-guerra não homogeneizou os processos de produção, mas, ao contrário, fez eclodir as diferenças para manter as desigualdades. Nos anos de expansão da economia (1968-1973), por exemplo, o salário real da indústria aumentou em média 4,88%, ao passo que o salário mínimo teve uma diminuição média de 0,98% e o salário médio da agricultura aumentou apenas 0,10%[34]. O aumento dos salários da indústria foi inferior ao aumento da produtividade, como já vimos. A articulação das multinacionais com as formas atrasadas do ponto de vista tecnológico lhes permite, por meio de relações sociais paternalistas, uma superexploração dos trabalhadores[35].

Essas desigualdades, essa heterogeneidade, implicam políticass desiguais, mas articuladas de tal maneira que o processo de interação das desigualdades seja mantido, em função da garantia de uma hegemonia. Quando a oligarquia possuía o controle econômico, a formulação de políticas articulava-se sob a hegemonia da oligarquia em conflito e articulação com o capital industrial e financeiro. Quando a hegemonia passou às multinacionais, as políticas se articularam sob a sua hegemonia com novos tipos ou conflitos. A burguesia nacional, sendo fraca, dependente e associada aos capitais estrangeiros, tentou valorizar certos interesses que lhe são específicos no próprio nível do Estado.

Esse movimento politicamente articulado leva a uma superdimensão do Estado e de certas instituições na formulação das políticas. O Estado deve estruturar e desestruturar mecanismos complexos que possam tornar compatíveis uma série de medidas políticas de acordo com o desenvolvimento desigual do processo econômico e com as pressões políticas das forças sociais. O Estado combina, assim, os mecanismos de assistência, de paternalismo, de repressão, com as prestações de serviço de forma

---

34. Ver o trabalho de LANGONI, Carlos Geraldo, "O Homem e o Campo", in *Fundação Milton Campos*, Fundação Milton Campos, 1976, p. 362.

35. Ver ARRUDA, Marcos; SOUZA, Herbet e AFONSO, Carlos, *Multinationals and Brazil*, Toronto, Brazilian Studies, 1975.

desigual, oferecendo ao cidadão, não a igualdade de direitos sociais, mas sim formas de acesso desiguais aos benefícios que administra. Nas políticas dos acidentes de trabalho as diferenças entre os trabalhadores rurais e urbanos são conservadas num sentido discriminatório em relação aos trabalhadores rurais. A política de assistência médica favorece as grandes empresas, e a política de prevenção não atinge as pequenas unidades de produção.

A análise dessas políticas não será completa se não levarmos em consideração, dentro de cada conjuntura, as relações de forças que manifestam as relações estruturais na dinâmica social dos conflitos e choques de interesse conforme o pleito em questão.

Capítulo 6

Forças sociais e processo político

O processo de acumulação de capital é contraditório, não somente devido à relação entre o desenvolvimento tecnológico e as formas sociais de propriedade e de apropriação, mas também devido às lutas entre capitalistas e trabalhadores e outras forças sociais. Essas lutas manifestam-se no próprio interior da empresa e no conjunto da sociedade, nas condições oferecidas pelo desenvolvimento específico do capitalismo. Considerar as lutas como "o motor" da história, sem levar em conta essas condições concretas, conduz-nos a entender o processo social como o resultado da vontade dos homens. Marx faz a seguinte observação: "Os homens fazem sua própria história, mas eles não a fazem arbitrariamente, nas condições escolhidas por eles, mas nas condições recebidas e herdadas do passado"[1].

As condições de expansão do capital são cada vez mais sociais pela interdependência e complexidade da produção, pela dimensão das empresas e concentração da mão de obra e pela exigência de mecanismos políticos de controle social. O processo de cooperação imposto pelo desenvolvimento industrial implica o nascimento de grandes concentrações de operários, que também contribuem para a expansão do comércio. Na América Latina, o desenvolvimento da urbanização está ligado à expor-

---

1. In MARX, K., *Le 18 Brumaire de Louis Bonaparte*, Paris, Éditions Sociales, 1969, p. 15.

tação, ao mercado capitalista mundial e, ao mesmo tempo, é estimulado pelo processo de industrialização[2]. A urbanização, por sua vez, contribui para a divisão do trabalho, não somente entre o campo e a cidade, mas também no processo de produção.

Essa concentração industrial e urbana torna mais complexas as lutas sociais que se organizam não somente no interior da fábrica, mas também na cidade, considerada como um novo espaço de agrupamento social. Os pleitos das lutas de bairro e as questões urbanas se transformam em questão social. A expansão da industrialização, e sobretudo a expansão do sistema de assalariamento, vão modificar as condições das lutas sociais.

O processo de acumulação depende de um processo de estabilização de manutenção da ordem social tanto no nível da empresa quanto no nível geral da "cidade", da sociedade. Segundo Clauss Offe,

> "a perspectiva que abrange os bloqueios, particulares do capital e a que corresponde ao capital como um todo (que nunca se reflete em nenhum capital particular) opõem-se mutuamente. O que aparece, sob um certo ponto de vista, como a absorção parasitária de um valor e, nesse mesmo sentido, como uma ameaça ao processo de acumulação do capital, sob outro aspecto, aparece como um pré-requisito a este fim. A estabilização do processo de acumulação depende, assim, do poder das forças sociais que se articulam e impõem interesses objetivos a fim de manter a ordem social capitalista *contra* interesses mesquinhos e específicos dos capitalistas individuais"[3].

O mesmo autor observa que algumas empresas são passíveis de restrições, mas essas medidas somente podem ser impostas pelo poder do Estado e pelo estabelecimento de um consenso político ao mesmo tempo operacional em relação às prioridades do capital: subsídios, preços, impostos, questões regionais. Offe conclui: "quanto mais concreta é uma política, maior é a gravidade e o número de seus efeitos de popularização e os conflitos que ela implica"[4].

---

2. Ver Singer, P., *Economia política da urbanização*, São Paulo, Brasiliense, 1979.

3. OFFE, Clauss, "La abolición del control del mercado y el problema de la legitimidad", in SONNTAG, Heinz Rudolf e VALECILLOS, Héctor, op. cit., p. 66.

4. Idem, ibidem, p. 70.

As lutas e conflitos do processo de acumulação e as lutas e conflitos específicos que cercam cada política estão articulados e manifestam-se de maneira contraditória em todas as conjunturas políticas e nas condições impostas pelo desenvolvimento do capitalismo e da organização política específica. Piven e Cloward[5] mostram sua ligação com o restabelecimento da ordem pública. A prestação de auxílio aos pobres é, ao mesmo tempo, segundo os autores, um meio de manter a ordem e um "meio de colocá-los em condições de trabalho". Nesse mesmo sentido, Navarro, referindo-se ao estudo da política de saúde e de cuidados médicos, afirma que, para compreender essas políticas nas sociedades ocidentais, "é preciso, primeiramente, compreender as forças que determinam as sociedades"[6].

Os conflitos existentes em volta de certas políticas em cada sociedade e seu controle ou institucionalização pelo Estado no esforço de obter um consenso político para a manutenção da ordem social são condicionados pelas estruturas das classes. Além disso, a organização das forças sociais nas sociedades dependentes não reproduz as dos países hegemônicos.

No capitalismo dependente brasileiro, a burguesia não se transformou em uma classe hegemônica capaz de dirigir toda a sociedade, segundo os seus interesses, pelo desenvolvimento de um consenso centrado em seu projeto de transformação social[7]. A burguesia brasileira tornou-se um grupo fundamental dentro do processo de desenvolvimento capitalista, mas não é suficientemente autônoma para tornar-se capaz de decidir qual o processo ou o modo de desenvolvimento do país. Ela está condicionada pelas relações de dominação e de exploração do capitalismo internacional

---

5. In PIVEN, Frances FOX e CLOWARD, Richard, *Regulating the poor*, Nova York, Vintage Books, 1971, p. 22.

6. NAVARRO, Vicente, *Medicine under capitalism*, Nova York, Prodist, 1976, p. XIII.

7. Ver acima, GRAMSCI, A., *Gramsci dans le texte*, op. cit., p. 146-49; e BUCI-GLUCKSMANN, Christine, *Gramsci e o Estado*, Rio de Janeiro, Paz e Terra, 1980, p. 126-49. Sobre o caráter da "debilidade" da burguesia nacional, há praticamente um consenso dos analistas da sociedade: Ver, por exemplo, FERNANDES, Florestan, "Problemas de conceptualización de las clases sociales en América Latina", in ZENTENO, Raúl Benitez (org.), *Las clases sociales en América Latina*, México, Siglo XXI, p. 191 ss.

e do imperialismo. Ela precisou associar-se a esse capital internacional, não tendo forças nem condições econômicas para impor um desenvolvimento autônomo que pudesse homogeneizar toda a sociedade. O caráter não autônomo dessa burguesia é o resultado da dominação internacional e da heterogeneidade estrutural, anteriormente analisada. Tal heterogeneidade também é fruto da incapacidade da burguesia de transformar-se em força hegemônica.

Essa burguesia que se implanta com o sistema de assalariamento, pela exploração do trabalho assalariado na produção de mercadorias, desenvolve-se somente a partir de uma aliança contraditória com a oligarquia da cana de açúcar e do café, que utiliza o trabalho escravo até o final do século XIX.

No período colonial a estrutura de classes pode se caracterizar, de modo abstrato, como uma sociedade polarizada pelos senhores e os escravos. Os senhores são os proprietários da terra, dos engenhos e dos escravos, objetos de venda e de compra, submetidos a toda espécie de repressões. Os assalariados existentes gravitam em torno do *engenho*, e o sistema político é controlado pelos senhores que, pela força, imobilizam qualquer movimento de ameaça à ordem estabelecida.

Os escravos não dispõem de outro meio para lutar além da fuga ou da revolta, com as consequências e possíveis riscos de prisão e de morte. Apesar da repressão, os negros organizaram a luta armada e fundaram uma república em Palmares, no Estado de Alagoas, aniquilada pelas forças do governo.

A origem da burguesia agrária pela transformação da produção agrícola em empresas e pela introdução do sistema de assalariamento não eliminou as formas de produção de subsistência e os vários tipos de contratos de arrendamento. A burguesia industrial se constitui nos interstícios do comércio internacional e da expansão do café, substituindo as importações pela produção nacional, mas conservando as ligações com a oligarquia. As indústrias têxteis nacionais somente puderam fazer concorrência ao capital inglês sob a condição de terem recorrido à proteção do Estado.

O TRABALHO DA POLÍTICA

A burguesia se forma, assim, a partir dos capitais comerciais e agrícolas aplicados na substituição de produtos importados[8]. Ela mantém relações com a oligarquia e o mercado mundial, seja para o consumo, seja para a obtenção de matérias-primas, de financiamento e de tecnologia.

Os conflitos entre as classes dominantes manifestam-se de maneira clara na oposição da oligarquia à industrialização, na batalha em torno da "indústria artificial" e também na tentativa de obter algumas vantagens por parte de grupos e setores junto ao Estado. A oligarquia dividiu-se em blocos regionais e ideológicos no que diz respeito à elaboração de políticas e à repartição do poder.

A presença do capital internacional, primeiramente britânico e, em seguida, americano, alemão, francês, canadense, japonês, sueco, holandês, sofre modificações. Ele tende, após a Segunda Guerra Mundial, sobretudo na década de 1950, a internacionalizar-se, a ocupar os espaços de produção, associando-se com frequência ao capital nacional. Os conflitos existentes entre a burguesia internacional e a burguesia interna não desaparecem, mas a presença hegemônica da primeira, por sua dimensão e sua importância, confere-lhe o peso político mais significativo.

O fracionamento econômico e político das classes dominantes também é determinado por uma aliança de interesses e de articulação para a manutenção da ordem estabelecida e o desenvolvimento do processo de acumulação de capital, condicionado pelo capitalismo internacional. Essa aliança consolida-se por intermédio do Estado, que mantém as estruturas de dominação política por um autoritarismo interno, quando há ameaças gerais à ordem estabelecida.

Esse autoritarismo, combinado a uma modernização proveniente de cima, ou "modernização conservadora", é considerado como "o regime padrão"[9] da América Latina, firmando-se pela eliminação da articulação

---

8. Ver DEAN, Warren, *A industrialização de São Paulo*, São Paulo, Difel, s/d, p. 57 ss.; e MARTINS, José de Souza, *Conde Matarazzo, o empresário e a empresa*, São Paulo, Hucitec, 1976.

9. Ver MALLOY, James, "Authoritarianism and corporatism in Latin America: the modal pattern", in MALLOY, James (org.), *Authoritarianism and corporatism in Latin America*, Pittsburgh, University of Pittsburgh Press, 1977, p. 3-19.

dos grupos de interesse e o estabelecimento das formas e sistematização de relações entre os grupos e o Estado por um aparelho rígido. Essa estrutura de dominação não pode ser analisada segundo o esquema clássico do pluralismo político.[10] Essas formas de coerção, entretanto, não estão separadas das relações internacionais e das relações entre classes dominantes e classes dominadas. O autoritarismo é uma forma de coerção do bloco no poder que está sempre presente nas relações sociais da sociedade civil, estendendo-se dos latifúndios às fábricas. O autoritarismo não é um tipo ideal de Estado, abstrato, nem um típico modelo formal sem história. É nas relações políticas já presentes na escravidão ou naquelas de proprietários e senhores com a população, a fim de manter a ordem, que se formam as políticas autoritárias.

Essa coerção não é uma forma que permanece inalterável ao longo das lutas e conflitos de classes dominantes. As pressões da oligarquia sobre as classes subalternas pela repressão física é diferente da repressão aos movimentos operários por meio das listas negras dos empresários e do medo da demissão. A utilização das Forças Armadas nunca foi afastada, tendo-se modificado ao longo da história segundo o grau da ameaça pressentida pelas classes dominantes. Quanto maior a ameaça percebida pelas classes dominantes, tanto maior será a utilização do exercício da manutenção da ordem estabelecida. A ameaça não deve ser somente extirpada após os acontecimentos, mas também contida por meios legais. O autoritarismo não se apresenta totalmente despido. Ele se combina com mecanismos de legitimação, como o paternalismo, a doação, a distribuição de favores, que se intensificam no momento das eleições para conquistar a lealdade das classes dominadas. Essas formas de se obter consenso aparecem como um bem às classes dominadas, despossuídas e desorganizadas. A política autoritária quer mostrar que a dominação também sabe compreender, recompensar, perdoar, com uma distribuição discricionária de dons e favores a clientelas específicas. O clientelismo é uma forma de legitimar o autoritarismo.

---

10. Ver, por exemplo, WIARDA, Howard, "Corporation in Iberican World", *The Review of Politics*, v. 36, n. 1, p. 36, jan. 1974; e LINZ, Juan, "Regimes autoritários", in O'DONNELL, Giullermo *et al.*, *O Estado autoritário e os movimentos populares*, Rio de Janeiro, Paz e Terra, 1979.

O processo de manutenção do autoritarismo está mais ligado a uma "guerra de posições" do que a uma "guerra de movimentos", segundo a expressão de Gramsci[11]. As classes dominantes e suas frações ocupam os espaços de decisão para manipular os recursos e o poder. Tal ocupação dos espaços é chamada de anéis entre classes e frações dominantes e entre tecnocratas, segundo a expressão de Fernando Henrique Cardoso[12]. Nessas condições, os tecnocratas não são autônomos como administradores, como elite administrativa para decidir a respeito de uma política. Eles se encontram em um contexto de relações de forças, em um contexto autoritário em que podem constituir-se como força específica e institucional em relação a certas políticas, como é o caso dos acidentes de trabalho. Os políticos, pelo intermédio do Parlamento, também formam, em momentos de funcionamento do Poder Legislativo, uma força que às vezes se opõe ao Poder Executivo e aos tecnocratas. Estes últimos se dividem segundo os "anéis" estabelecidos e os postos ocupados, os acordos pessoais, o tipo de ministério. Assim, na elaboração da política dos acidentes de trabalho, os tecnocratas do Ministério da Indústria e do Comércio opuseram-se aos tecnocratas do Ministério da Previdência Social.

A existência de autoritarismo nessa guerra de posições não faz do Estado um organismo exclusivo e homogêneo das classes dominantes. Os conflitos políticos das frações nacionais e internacionais das classes dominantes, da fração financeira, industrial, comercial, agrícola, as divisões entre políticos e tecnocratas, entre os próprios tecnocratas, que se manifestam sobretudo nas políticas particulares, demonstram claramente o caráter contraditório do Estado. Por outro lado, os conflitos em torno das políticas específicas não impedem a conservação de interesses gerais graças à garantia do Estado de manter a ordem e o processo de acumulação. Esse fato também se produz pela superdimensão do aparelho político. Trata-se igualmente do efeito de exclusão limitada das classes

---

11. Ver GRAMSCI, Antonio, op. cit., p. 592-94; e ANDERSON, Perry, *Sur Gramsci*, Paris, Maspero, 1978.

12. CARDOSO, Fernando Henrique, *Autoritarismo e democratização*, Rio de Janeiro, Paz e Terra, 1975. A expressão *anel* significa um tipo de aliança tática de grupos e personalidades da sociedade civil e do Estado através de consultas, troca de cargos e favores, ligações pessoais e de parentesco.

subalternas em certos benefícios e de um controle estratégico que as reduz à imobilização política.

O processo de unificação das classes dominantes não é o fruto de um acordo político, claro, mediado pelas organizações políticas ou pelos partidos, mas por um jogo de influência de personalidades, de amizades, de blocos regionais. Essas manobras são realizadas sob a hegemonia de uma força principal, isto é, a oligarquia, a burguesia associada ou as multinacionais. Assim, na Velha República, a burguesia nascente estava subordinada à oligarquia, que, por todos os meios, impedia a implantação de leis trabalhistas. Na conjuntura de 1964 a 1978, é sob uma nova hegemonia, a do capital internacional, que o processo de elaboração das políticas é articulado.

Nas presentes circunstâncias, de relação desigual de forças e sem a mediação das organizações políticas autônomas, as lutas das classes dominadas se tornam muito difíceis e complexas. Uma força social consiste justamente em combinar uma organização e as energias da mobilização[13]. A estrutura de dominação, aqui analisada, reduziu as possibilidades de formação dos aparelhos políticos, das organizações, que podem transformar as classes dominadas em forças "por si próprias", mobilizáveis segundo os seus interesses a curto e/ou a longo prazo.

Os camponeses, isolados nas fazendas, sem comunicação uns com os outros, analfabetos, não têm outra forma de oposição do que a revolta ou as estratégias individuais de obtenção de pequenas vantagens por meio de entendimentos pessoais[14]. Somente nos anos 1960, os camponeses entram no cenário político, reivindicando a reforma agrária, o que modifica o "equilíbrio" da dominação. O governo responde pela implantação de certos direitos trabalhistas a fim de afastar a "ameaça" da reforma agrária.

---

13. Enquanto Castells enfatiza a mobilização (fração da população efetivamante mobilizada), Lojkine privilegia a organização (base social/organização) para definir uma força social (ver CASTELLS, Manuel, *Luttes urbaines*, Paris, Maspero, 1975, p. 42; e LOJKINE, Jean, *O Estado capitalista e a questão urbana*, São Paulo, Martins Fontes, 1981, p. 299).

14. Ver DUQUE, Ghislaine, *Casa nova: interventions du pouvoir et stratégies paysannes*, tese de doutorado, Paris, École Pratique des Hautes Études en Sciences Sociales, 1980.

A Previdência Social dos trabalhadores rurais estabelece um regime discriminatório entre camponeses e trabalhadores urbanos, desfavorável aos primeiros, como já demonstramos. Essa inclusão discriminatória foi realizada em um período de eleições para manter uma clientela eleitoral por intermédio da máquina do Estado.

O proletariado reprimido pela polícia, até mesmo dentro das fábricas (listas negras, por exemplo), desenvolveu durante a Velha República uma estratégia de ação direta, de inspiração anarquista; mas ele se dividiu em vários pequenos partidos políticos de duração efêmera. As greves de 1917 representaram uma "ameaça" às classes dominantes, que reagiram com a repressão, estabelecendo, entretanto, uma legislação de acidentes de trabalho. As classes dominantes não negociam com os trabalhadores, mas eles reagem por meio de mecanismos de reconhecimento político de certos direitos dos trabalhadores para controlar os conflitos, de maneira a dissolvê-los no âmbito de suas instituições específicas. As greves de 1917 ultrapassam o domínio restrito da fábrica para ameaçar a cidade, isto é, a sociedade e o sistema de dominação.

Após 1930, os conflitos regionais absorvem as energias dos trabalhadores, mas sucedendo a tentativa de formação da "frente comum" e a rebelião de 1935, o autoritarismo do Estado Novo elimina os espaços de conflito, utilizando-se do corporativismo e da repressão. É somente após a guerra que o movimento operário se reorganiza, aos poucos, em torno das lutas salariais, para ser novamente dizimado a partir de 1964. Ele chega a organizar pactos horizontais que vêm representar um perigo para a ordem social. Mas as alianças dos oprimidos em grande escala não são toleradas.

As modificações nas estruturas de dominação autoritária não são automáticas, resultados de um modelo ideal inelutável, mas de articulações das forças no conjunto da sociedade em que condicionam não somente o ritmo da apresentação de certas leis sociais, mas também a sua oportunidade. Essas leis sociais inscrevem-se em um contexto, sem negociação direta com as classes dominadas, mas como um mecanismo de controle dos conflitos dentro de limites impostos pela heterogeneidade estrutural e pela dependência econômica, mas com uma dinâmica institucional própria.

A institucionalização das relações sociais nos aparelhos do Estado é um mecanismo de consenso e controle dos conflitos sociais,[15] como é o caso da Justiça do Trabalho. Em uma estrutura de dominação autoritária, a Justiça do Trabalho não permite a negociação livre, uma vez que os juízes têm o direito de impor um acordo. Até mesmo os benefícios sociais são acompanhados por um controle político (além do controle econômico), o que produz um efeito de subordinação das classes dominadas, seja pelo processo burocrático de encaminhamento das reivindicações, seja pela concentração do poder nas mãos dos profissionais ou burocratas.

É justamente nessas relações sociais de controle político e ideológico que se constituem as modernas classes médias assalariadas, cujos interesses identificam-se com uma expansão dos serviços públicos de controle no âmbito das organizações privadas. O processo de profissionalização do controle social pode tomar a forma extrema do monopólio dos especialistas pela manutenção do poder de decisão entre as mãos de certos agentes que estabelecem critérios de seleção, de aptidão ou inaptidão dos indivíduos pertencentes à população-alvo de uma política social. Por esse motivo, os profissionais podem constituir-se como uma força específica em relação a uma determinada política.

As forças sociais não se definem por uma relação direta e unívoca entre classe e organização, mas por mediações complexas como os movimentos sociais, os *lobbies*, os partidos, os sindicatos, as frentes comuns, os blocos regionais, os "anéis", as associações profissionais. São as relações de forças mediadas em um determinado momento que definem uma conjuntura política. Essas relações complexas modificam-se segundo as alianças e divisões, mas também segundo o peso econômico de cada força, isto é, segundo a sua situação nas relações globais de força.

As políticas sociais são mecanismos contraditórios que, ao mesmo tempo em que controlam os conflitos sociais, podem suscitar lutas e movimentos novos pela aglutinação de uma população-alvo ou pelo estabelecimento de direitos e benefícios sociais que mobilizam as pessoas

---

15. Ver FALEIROS, Vicente de Paula, *A política social do Estado capitalista*, São Paulo, Cortez, 1980, Capítulo IV.

interessadas, transformando-as em categorias mobilizáveis no cenário político.

Na sociedade brasileira, os trabalhadores urbanos manifestam-se nos momentos de abertura política em prol do aumento dos salários, dos direitos políticos e sociais, mas os baixos níveis dos salários foram sempre o principal objeto da luta. O bloco no poder nem sempre deu satisfações a essa reivindicação específica, nem sempre negociou-a. Na estratégia de dominação, ela é substituída por outras medidas ou respostas a reivindicações que são prioritárias para o bloco no poder. As políticas dos acidentes de trabalho constituíram objeto de atenção do bloco dominante que visava substituir por etapas políticas outras reivindicações dos trabalhadores, mesmo que essas últimas não tenham sido acompanhadas de pressões como em 1967. Assim, elas se transformam em objeto de preocupação do poder, que se utiliza de um discurso humanitário.

As políticas sociais não são, portanto, o resultado mecânico e inexorável de uma infraestrutura, mas o resultado de uma relação social ao mesmo tempo política, ideológica e econômica. As relações sociais na fábrica são políticas e as relações das forças sociais no cenário político são relações econômico/ideológicas.

Capítulo 7

Formas e mecanismos de intervenção do Estado

No decorrer desse estudo, distinguimos as dimensões da análise da estrutura econômica e social das forças sociais e das formas e mecanismos da intervenção do Estado mas que estão articuladas. Estas formas foram historicamente caracterizadas como liberal, corporativista, populista e autoritária-tecnocrática. Não se trata, no entanto, da definição de tipos ideais, mas de abordagem estrutural e histórica das relações do capital, do Estado e das forças sociais. Tais relações mudam historicamente nos países dependentes do capitalismo internacional na articulação da integração do país a esse capitalismo com a heterogeneidade estrutural aí existente e as relações de forças internas. O Estado latino-americano deve, assim, ser situado numa "lógica histórica", segundo a expressão de Joachim Hirsch[1], e não num formalismo abstrato.

O Estado não deve ser representado como o instrumento exclusivo de uma classe social ou como um meio de articulação no nível nacional dos interesses internacionais[2], ou ainda como um instrumento dos interesses monopolistas. O Estado brasileiro deve ser incluído na dinâmica

---

1. In HIRSCH, Joachim, "Eléments pour une théorie matérialiste de "l'État", in VINCENT, J. M. et al., L'État contemporain et le marxisme, Paris, Maspero, 1975, p. 25-94.

2. Ver SANTOS, Theotônio dos, "Crisis de la teoría del desarrollo", in JAGUARIBE, Hélio et al., La dependencia político-económica de América Latina, México, Siglo XXI, 1976, p. 181.

contraditória das relações internacionais e das relações internas. O Estado é, ao mesmo tempo, o articulador do processo contraditório das relações de classe e das forças internas. Ele concilia as exigências da manutenção da heterogeneidade estrutural com a manutenção da ordem interna, e principalmente das relações de dominação e de exploração pela exclusão e/ou integração das classes e grupos dominantes. Segundo Zylberberg, a formação de um Estado central patrimonial emerge numa sociedade em que o poder socioeconômico é preponderante sem que a nação esteja constituída. Para ele, o Estado nacional populista desenvolve-se com o aparecimento de uma nação e o Estado monista corporativista é o instrumento de dominação modernizada que reprime a nação e ocupa sozinho o campo político[3].

O processo de formação do Estado e de organização dos mecanismos de integração internacional não está ligado apenas à formação de um mercado interior, mas também ao processo contraditório da conservação das relações desiguais e da articulação econômica interna e externa.

O Estado dominado pela oligarquia deve manter e conservar o fluxo das exportações, e resolver os conflitos dos blocos regionais. O discurso liberal importado não delimita uma posição de classe em luta pelo poder, no confronto entre "conservadores" e "liberais", mas atua como racionalização ideológica em prol da manutenção da hegemonia dos grupos ligados à economia agroexportadora.

Esse liberalismo está voltado para a defesa de mercado externo, visando as exportações, e para a defesa do "contrato" de trabalho a fim de garantir relações "livres" na produção, fundamento da economia exportadora. Os discursos da oligarquia contra a legislação social caracterizam-se pela defesa da "locação dos serviços" regida pelo Código Civil. A burguesia emergente defende a liberdade do operário de trabalhar para o patrão de sua escolha, com a idade que desejar e pelo tempo a que se propuser. Esse discurso defende as longas jornadas de trabalho, o uso da mão de obra das crianças e das mulheres, e dos baixos salários. Tal discurso re-

---

3. Ver ZILBERBERG, Jacques, "État, corporatisme, populisme: contribution a une sociologie politique de l'Amérique Latine", in *Etudes Internacionales*, v. VII, n. 2, p. 218, jun. 1976.

presenta também "a formação de um sistema ideológico no sentido de conceituar e legitimar a autoridade do Estado como um princípio tutelar da sociedade"[4] e não como a expressão de uma ordem burguesa.

Já analisamos o caráter de subordinação da burguesia à oligarquia e as relações conflitantes, mas não antagonistas, de seus interesses. A burguesia defende o protecionismo do Estado em relação ao mercado interno e sua intervenção nos conflitos sociais. Essa divergência entre o discurso liberal e a prática política é vista, por Wanderley Guilherme dos Santos, como duas das mais importantes tradições do pensamento político brasileiro: "a tradição do liberalismo doutrinário e a do autoritarismo instrumental"[5].

No liberalismo da Velha República, as eleições ocorrem, mas com a exclusão da maioria da população (só 2% votavam) e sob o controle autoritário dos chefes ou dos caciques da política local. A repressão atinge todo e qualquer tipo de oposição e a imprensa livre não existe, apesar da garantia desses direitos na Constituição. Com tal controle político, o contrato ou a locação de serviço se realiza em uma relação desigual entre o patrão e o trabalhador.

Numa descrição das formas de intervenção do Estado, Claus Offe e Volker Ange distinguem as políticas de compensação dos fracos das políticas de investimento na infraestrutura e das que introduzem o acordo obrigatório entre as partes[6].

Os mecanismos de intervenção do Estado no liberalismo oligárquico com relação à política social visam a garantia do contrato, como o demonstramos, e a conservação da "proteção" dos mais fracos por meio da assistência pública. Nesta perspectiva, as regulamentações das condições de trabalho ou dos acidentes de trabalho não são feitas conforme

---

4. Ver LAMOUNIER, Bolívar, "Formação de um pensamento político autoritário na Primeira República: Uma Interpretação", in FAUSTO, Boris (org.), *O Brasil republicano*, São Paulo, Difel, 1978, v. 2, p. 356.

5. Sobre o liberalismo no Brasil, ver SANTOS, Wanderley Guilherme dos Santos, *Ordem burguesa e liberalismo político*, São Paulo, Duas Cidades, 1978, p. 93.

6. Ver OFFE, Claus e ANGE, Volker, "Theses on the Theory of State", in *New German Critique*, n. 6, p. 138-46, 1975.

os interesses imediatos do patronato, e sim dentro de uma articulação complexa das formas sociais e institucionais. O controle do trabalho é considerado uma "exceção" nas regras liberais. Exceção ou não, esse controle é introduzido no momento em que os processos de acumulação e de lutas o exigem.

A indenização dos trabalhadores acidentados pelas companhias de seguro privado é, ao mesmo tempo, uma "compensação" e uma resolução de um conflito que não interfere no contrato de trabalho, nem nas condições de trabalho. A intervenção do Estado é apenas um processo de regulamentação da compensação, com uma taxa inferior às estabelecidas nos contratos, a fim de não tirar a motivação para o trabalho. A compensação do acidente se faz pelas regras estabelecidas pelo Estado, que garantem, ao mesmo tempo, o mínimo para os trabalhadores e o processo de acumulação das companhias privadas. Ela não inclui os trabalhadores agrícolas, o que permite aos proprietários rurais a ausência de limites legais à exploração.

É preciso destacar, mais uma vez, que a compensação dos acidentados de trabalho por meio de indenizações não ocorreu automaticamente, mas sim no momento em que os trabalhadores se manifestaram no cenário político e os atores do Estado construíram instituições adequadas.

A regulamentação da compensação das vítimas de acidentes de trabalho insere-se na perspectiva oligárquica de atrair a mão de obra dos imigrantes para a cultura do café e para legitimar-se junto aos imigrantes. Assim, os seguros para os acidentes de trabalho proporcionados pelas companhias privadas não são efeito do liberalismo, mas apenas da regulação de uma forma de indenização, sem que haja ocorrido uma interferência do Estado no contrato e nas condições de trabalho.

A partir de 1930, com a transformação da relação das forças sociais, a mudança do grupo detentor do poder e a crise da oligarquia, é o Estado que organiza o conjunto das classes dominantes, e que impõe uma centralização política aos grupos regionais da oligarquia. Ele cria, pela repressão e pelos aparelhos de cooptação a integração dos trabalhadores.

O Estado corporativista representa uma nova articulação política do bloco dominante frente às classes dominadas, sobretudo frente aos trabalhadores urbanos, para integrá-los ao aparelho de Estado. O mecanismo de integração não é mais uma compensação concedida aos "fracos", mas sim o controle do contrato de trabalho pelo Estado, por intermédio da Justiça Trabalhista, e a extensão da garantia social a certas categorias de trabalhadores (por exemplo, o salário mínimo).

O Estado se encarrega do seguro para a velhice e cria sindicatos oficiais, numa relação vertical de controle da filiação sindical, do número de sindicatos, de suas funções[7].

Com a implantação dos sindicatos oficiais, o Estado reduz o poder de pressão dos trabalhadores e a regulamentação do contrato de trabalho realiza-se sob a tutela estatal, na Justiça Trabalhista. Os juízes do trabalho podem impor um contrato às partes. Assim, o Estado obriga as partes em conflito a entrarem em acordo, ou seja, ele impõe um acordo, um contrato, dentro dos limites tolerados pelo processo de acumulação. Ele tira dos trabalhadores o direito de greve e a liberdade de organização sindical. Ao mesmo tempo o Estado estabelece um programa de assistência aos trabalhadores, por meio do sindicato e dos programas de previdência social, habitação, alimentação.

As relações entre o capital e os trabalhadores tornam-se despolitiza-das, controladas pelos órgãos burocráticos do Estado. A despolitização implica, pois, a desativação dos conflitos sociais e das organizações autônomas das classes dominadas. A ideologia da colaboração de classe substitui a ideologia do conflito e da representação liberal.

A formação do mercado interno, a generalização da condição de trabalhadores na cidade por meio do assalariamento, implicam também a implantação e a extensão da política de seguro social. Esse seguro contribui para a manutenção do mercado pelo consumo e reprodução da força de

---

7. Phillipe Schimitter define o corporativismo como "um sistema de representação de interesses no qual as unidades constituintes estão organizadas em um número obrigatório e não competitivo de categorias singulares hierarquizadas, ordenadas e funcionalmente diferenciadas, reconhecidas ou autorizadas pelo Estado e que detêm um monopólio deliberado representativo no interior desta categoria respectiva em troca da observação de certos controles e da seleção dos líderes e articulação de suas demandas e apoios" (in "Still the century of corporatism", *The Review of Politics*, v. 36, n. 1, p. 86).

trabalho excluída do mercado de trabalho. Essas massas de trabalhadores se tornam "massas-clientelas", por meio da transformação da Previdência Social em mecanismo de distribuição de empregos e de recursos sob a forma de proteção pessoal.

Em relação aos acidentes de trabalho, as empresas de seguros privadas são mantidas, mas ao mesmo tempo limitadas, numa negociação de vantagens resultantes das pressões e submissões das classes dominantes frente ao Estado que articula um equilíbrio instável de compromisso. O Estado não intervém diretamente num setor em que a burguesia nacional se implantou com lucros consideráveis, a despeito de seu discurso de proteção aos trabalhadores. O Estado intervém nas condições gerais de acumulação que não poderiam ficar a cargo da burguesia, como é o caso dos grandes investimentos em eletricidade, siderurgia e transportes.

O Estado corporativista introduz controles burocráticos "para colocar o trabalhador sob a proteção do Estado" e, assim, legitimar-se junto às massas urbanas. O Estado apresenta-se como o protetor dos pobres com a extensão de certos benefícios a categorias determinadas.

Na forma populista, os mecanismos de extensão de benefícios passam por uma rede de relações pessoais que se superpõem às relações institucionais, segundo um sistema de lealdade dos líderes populares em relação ao chefe do governo. O populismo é uma forma de mobilização das massas pelo governo em relação a símbolos, programas ou benefícios. Essa mobilização faz parte das estruturas verticais implantadas pelo corporativismo. O populismo não destrói as formas de organização corporativista, mas as adapta aos novos dados internacionais e nacionais de democratização, de formação dos partidos políticos e de liberalização das manifestações de massas.

No momento em que as massas podem manifestar-se, em que o direito de greve é parcialmente restabelecido e em que a organização sindical torna-se menos rígida, o controle da mobilização das massas deve ser também mais flexível, e os limites da negociação do contrato são impostos, indiretamente, por meio dos líderes "populares" ou dos líderes dos partidos políticos "populares". Os limites e a contenção das reivindicações de massa passam também por um discurso desmobilizador, reduzindo as demandas a um nível imediato possível na ordem existente para garantir a legitimidade do poder.

As reivindicações são, assim, canalizadas por uma rede de relações, de alianças, de pactos, ou por uma ideologia de reformas, de participação, de moralização. A reforma parcial ou a participação limitada são mediações desmobilizadoras ligadas a um apelo nacionalista. Apesar desse apelo para o desenvolvimento, o crescimento, a reforma, a presença de capitais estrangeiros intensifica-se por meio de maior penetração no mercado interno e da internacionalização da economia.

O Estado tenta estabelecer acordos e contratos com os líderes das massas. Há então um aumento dos salários e a formação de um consenso em torno de certos projetos nacionais. Para obter tal apoio das massas o Estado se utiliza da expansão de certos serviços para os trabalhadores de maneira todavia limitada. A criação dos serviços de reabilitação profissional e o desenvolvimento da participação na Previdência Social são as formas utilizadas pelo Estado populista para responder às pressões dos trabalhadores para as companhias de seguro e para o capital internacional são também articulações institucionais.

Quando as pressões e as reivindicações das massas não podem ser controladas nos limites dos grupos e das associações populares, ou por meio dos apelos ideológicos da união nacional e das reformas, as classes dominantes mudam as correlações de força no interior do Estado por meio de um novo bloco mais autoritário. O Estado militar e tecnocrático retoma a repressão para abalar a unidade popular e desenvolver a intervenção econômica e política do poder público, orientando a economia rumo à hegemonia das multinacionais[8]. A "manutenção" da ordem pública está relacionada a uma nova ordem econômica, pela articulação global da heterogeneidade estrutural sob a hegemonia das multinacionais, como já analisamos.

O Estado militar tecnocrático, não obstante o seu discurso em favor da empresa privada e do liberalismo, não aceita as pressões das massas

---

8. O'DONNELL se refere à aliança do Estado "burocrático-autoritário" com as multinacionais como uma *profundización* (aprofundamento) dessa relação (in op. cit., p. 23-95).

nem a negociação, servindo-se do *slogan*: "Não negociamos sob pressão". A contenção do movimento popular é, ao mesmo tempo, contenção dos salários, para chegar a um outro nível de acumulação. O Estado impõe, então, contratos aos trabalhadores. Os aumentos de salários são concedidos por decreto e os tecnocratas elaboram leis, sem participação da população, despolitizando as decisões pela linguagem técnica. A legitimidade política do Estado se faz pelo combate à desordem (comunismo), pelo crescimento econômico, pela racionalização administrativa, e em seguida por uma abertura gradual para a sociedade civil, sem que o controle militar seja abandonado.

O contexto favorece também um aprofundamento das relações entre os serviços, as políticas públicas e as multinacionais, para a formação de um complexo socioindustrial que visa, principalmente, o desenvolvimento dos serviços de "reconstituição" da mão de obra e de prevenção, com o apoio do Estado, no interior da empresa. É o Estado que controla os seguros para os acidentes de trabalho, até então nas mãos de companhias nacionais: o que permite a uniformização dos seguros e dos serviços, e a redução dos custos de uma Previdência Social muito clientelista e populista.

As formas e mecanismos de repressão, de legitimidade e de manutenção da acumulação, por parte do Estado, são historicamente determinadas e não são formas abstratas, gerais, a-históricas[9]. Em compensação, essas formas de ação demonstram que o Estado goza de uma certa autonomia em relação aos capitalistas individuais e aos grupos capitalistas, enquanto organizador geral da sociedade como um todo, principalmente de uma sociedade em que a burguesia nacional é dependente e fraca. O Estado é capaz de impor certas restrições a grupos multinacionais, como ocorreu em 1962 com a imposição de restrições à remessa de lucros para o exterior. Mesmo o Estado militar-tecnocrático, no caso dos acidentes de trabalho, não aceitou os interesses de um grupo de multinacionais para manter a tarifação individual, relativa aos prêmios de seguro dos acidentes de trabalho.

---

9. Ver POULANTLAS, Nicos e MILLIBAND, Ralph, *Debate sobre o Estado capitalista*, Porto, Crítica e Sociedade, 1975.

A análise da intervenção do Estado na regulação das políticas sociais demonstra que essa autonomia é limitada pela estreita ligação entre a estrutura política e econômica. A intervenção do Estado no Brasil está, em primeiro lugar e antes de tudo, ligada à manutenção do processo de acumulação, ou seja, à manutenção das relações sociais de produção. Essas relações de exploração e de dominação implicam um contrato que não se estabelece entre parceiros iguais, mas entre os indivíduos desigualmente posicionados na estrutura de produção, com forças desequilibradas. Ao longo da história do capitalismo brasileiro, a intervenção do Estado não alterou a profunda desigualdade dessas relações apesar da manutenção do contrato de trabalho. O Estado chegou até mesmo a impor esta desigualdade por um autoritarismo muito repressivo, usando da força para submeter os trabalhadores a condições mais duras de salário e de trabalho. A intervenção nos acidentes de trabalho por meio da política de indenização, de reabilitação e de prevenção permite a regulação de certos conflitos e a eliminação da concorrência pelo "estabelecimento de condições exteriores gerais do modo de produção capitalista, seja contra os ataques dos trabalhadores, seja contra os ataques dos capitalistas individuais", como diz Engels[10]. Essas condições são denominadas "exteriores" devido à sua ausência de ligação imediata com o processo de produção particular, mas implicam o controle de certas condições gerais, ou seja, as relações *sociais* de produção. Tal intervenção é exterior, também, pelas restrições que ela impõe aos direitos de comando do capitalista numa determinada correlação de forças. É a essas restrições que o capitalista resiste para não perder o seu poder de decisão na disciplina do trabalho e nas condições de trabalho. Estas restrições são institucionalizadas pelos agentes estatais num processo complexo de lutas, pressões, divisões e compromissos de classes, frações de classe e grupos específicos assim como de coalizões e colisões de setores governamentais. O Estado não é, portanto, instrumento do capital ou de uma classe, mas a articulação de uma hegemonia.

As políticas sociais de previdência e de saúde dos trabalhadores de fora, "exteriores" à produção, se operacionalizam por meio da *regula-*

---

10. ENGELS, F., *Anti-Dühring*, Paris, Ed. Sociales, 1973, p. 305-19.

mentação da compensação dos trabalhadores inaptos ao trabalho, ou por meio de um sistema de compensação pela diminuição dos prêmios de seguro, pelos subsídios à importação de equipamentos, pela distribuição das medalhas para a eliminação dos acidentes. As empresas privadas, em primeiro lugar, e a Previdência Social, em seguida, se encarregaram da compensação concedida aos trabalhadores e aos patrões. A intervenção no *interior* da fábrica, pela prevenção, só é feita pelos agentes escolhidos pelo patrão (médicos, engenheiros), profissionalizados, de acordo com relação de controle dos trabalhadores e sem possibilidade de alterar as condições de trabalho, se as mudanças não forem justificadas pela produtividade. A inspeção do trabalho nunca deu resultado devido à corrupção e à ineficácia dos meios empregados pelo Estado para impor condições de trabalho adequadas ao conjunto de uma economia heterogênea. Nas relações de forças analisadas aqui, as Comissões *Internas* de Prevenção de Acidentes são ainda uma regulação bem limitada. Somente a mobilização e participação dos trabalhadores poderão mudar tais relações *internas* da produção. Pela mobilização, organização e alianças no cenário político, eles também podem articular mediações capazes de transformar as condições *externas* da produção.

Considerações finais

Conclusões são o ponto de chegada de uma reflexão e ponto de partida para novas perguntas, depois de um processo de análise histórico e teórico, buscando a fecundação de um pelo outro, na descoberta de *relações* entre o processo global de desenvolvimento do capitalismo periférico no Brasil, as forças sociais em pugna e as formas de intervenção do Estado. Não pretendemos isolar variáveis, mas estabelecer relações contraditórias e, por isso mesmo, dinâmicas, destacando, para fins de análise, quatro conjunturas: a de hegemonia oligárquico-liberal da Velha República, a de hegemonia burguesa-rural-corporativista da era de Vargas, a de hegemonia burguesa-populista no pós-guerra e a de hegemonia militar-burguesa-multinacional após o golpe de 1964. Essa quadripartição levou em conta a articulação do processo político de regulação da segurança do trabalho com o processo de mudança econômica e de relações de força na cena política. As políticas sociais tiveram inflexões importantes em cada uma dessas conjunturas e em particular a de acidentes de trabalho, passando pela indenização, recuperação, fiscalização e prevenção num processo aguçado de enfrentamentos e lutas de interesses.

Nesse longo período a regulação da questão da segurança e da saúde do trabalhador foi objeto de litígio das forças sociais implicadas no processo: a burguesia como um todo e suas frações, os trabalhadores urbanos e rurais e/ou frações respectivas, os tecnocratas, os profissionais, os partidos políticos e as companhias de seguro. A cada conjuntura o litígio se define de forma diferenciada, conforme o processo de acumulação, suas crises, as relações entre Estado e sociedade e as relações de força e de pressão dos grupos organizados social e politicamente e das manifestações das massas urbanas e rurais.

Se, num primeiro momento, parece ter havido uma profunda evolução da política de acidentes do trabalho baseada na passagem de um seguro privado a um seguro estatal e do regime de indenização ao de prevenção, a análise profunda que fizemos mostra que não se trata de uma progressão linear. Em 1967, por exemplo, no prazo de seis meses apenas, houve a privatização completa e em seguida a estatização dos seguros de acidentes do trabalho num movimento conflituoso e complexo. Assim, as medidas de política social configuraram litígios constantes e não constituem garantias fixas uma vez por todas. Dependem, como vimos, de articulações complexas do processo e, portanto, crises da acumulação capitalista com a dinâmica conjuntural da sociedade e do Estado na regulação das relações entre capital e trabalho num país periférico.

No contexto do primeiro momento, a implantação de uma política de indenização, articulada pela aliança burguesia financeira (seguradoras) e burguesia industrial sob as condições impostas pela hegemonia da oligarquia, e definida no bojo das pressões do movimento anarquista, significou ao mesmo tempo: a) um deslocamento dos conflitos relativos aos acidentes de trabalho da esfera da empresa para a esfera das seguradoras, esvaziando certas lutas trabalhistas; b) uma "desjuridização" do processo legal relativo aos acidentes pela eliminação da teoria da prova da culpa, tornando mais aceitáveis pela sociedade os riscos relativos à industrialização, ou seja, "naturalizando-os"; c) uma compensação dos prejuízos causados ao indivíduo, caso a caso, a um valor bastante inferior ao do salário, desvalorizando assim a mão de obra inapta ao trabalho; d) a transformação da perda da capacidade de trabalho num valor mercantil através do mecanismo de prêmio/cobertura mediado pelo mercado de seguros que visa o lucro nessa operação. Ao mesmo tempo articula-se o seguro *privado* com a assistência *pública* que atende os acidentados nas Santas Casas de Misericórdia e com "assistência policial". Aí os cuidados dispensados são de baixa qualidade. As implantações dos seguros servem ao Estado como isca para atrair imigrantes estrangeiros para a lavoura de café e para dar uma resposta, ao menos simbólica, às lutas operárias e de vários segmentos das classes médias e emergentes para implantação de um código trabalhista, que, no seu todo, foi então postergado.

Sob a hegemonia do bloco militar-industrial oligárquico dirigido por Getúlio Vargas as forças dominantes articulavam um pacto de sustentação ao grupo agrário (exportações de café) e de transição à industrialização. Mantém-se, então, a política de indenização completa e corrigida pelas seguintes medidas: a) extensão dos seguros de acidentes a novas categorias de trabalhadores; b) aumento do prêmio da indenização; c) limitação do número de companhias privadas autorizadas a realizar seguros no domínio dos acidentes de trabalho, o que indica um controle do Estado sobre a questão: d) organização das primeiras normas de prevenção e de mecanismo de fiscalização (ainda sem aplicação sistemática); e) obrigação, para as grandes empresas, de implantar comissões de prevenção de acidente (Cipas); f) regulamentação das perícias em caso de acidentes; g) obrigação, para as empresas, de prestarem atendimento aos acidentados; h) equiparação dos conceitos de acidentes do trabalho e de doença profissional. Tais medidas, no entanto, não levam à diminuição das ocorrências de acidentes, que ao contrário aumentam com o desenvolvimento da indústria. Os lucros das companhias de seguros de acidentes se elevam com o mercado cativo para poucas. À medida que o governo estimula a industrialização, busca a adesão das massas urbanas e implanta institutos de previdência, programas de restaurantes e habitações operárias. Os sindicatos, no entanto, ficam sob a tutela do Estado, sob uma regulamentação corporativista.

Sob a hegemonia do bloco burguês industrial em alianças com as multinacionais que se implantam no país predominam as políticas de seguros privados para indenização por um número reduzido de companhias com maior controle e concorrência do Estado. Assim: a) o Estado intervém no domínio dos seguros de acidentes através dos institutos de previdência em concorrência com as seguradoras, e até oferecendo prêmios menores para os empresários; b) o Estado busca captar o interesse do empresariado pelo seguro estatal, enfraquecendo as seguradoras; c) os institutos de previdência implantam ou conveniam serviços para atendimento aos acidentados; d) o Estado intervém no processo de perícia sobre o corpo dos acidentados; e) o Estado legisla sobre a reinserção do trabalhador acidentado na empresa ainda que de forma muito limitada e pouco operacionalizada; f) há organização de um complexo socioindustrial (estatal-industrial) para cuidado dos trabalhadores (Sesi-Sesc) através da prestação de serviços assistenciais; g) garante-se a presença de trabalhadores no controle dos institutos de previdência (participação tripartite). Nota-se uma articulação da política de segurança e saúde do trabalhador com o processo de industrialização em detrimento até de certas vantagens do capital financeiro no domínio dos seguros de acidentes do trabalho.

Sob a hegemonia do capital multinacional e do Estado militar tecnocrático, a partir de 1964, os seguros de acidentes do trabalho são estatizados após um breve período de total privatização em 1967. Essa estatização, contudo, não ampliou os benefícios aos trabalhadores, mas contribuiu para: a) diminuição das tarifas e prêmios para as indústrias; b) uma compensação negociada de vantagens às companhias estatizadas (por exemplo, troca pela obrigatoriedade do seguro de automóveis); c) a unificação tecnocráfica dos institutos de previdência; d) a eliminação da participação dos trabalhadores na administração dos institutos de previdência; e) ao reforço dos cuidados privados do corpo do acidentado através dos grupos médicos em convênios com as empresas; f) ao desenvolvimento da prevenção de especialistas em segurança do trabalho; g) ao controle tecnocrático da prestação de benefícios aos acidentados para diminuição de seus custos e das demandas judiciais; h) ao controle tecnocrático das doenças profissionais. A aliança do Estado com as multinacionais se traduz numa política social de incentivo à produtividade das grandes empresas combinada com a forte repressão dos movimentos sociais e com um discurso humanista de valorização do trabalhador.

Estas regulamentações foram objeto de conflitos entre as forças presentes, resultando em compromissos e articulações do Estado com interesses da oligarquia, do capital financeiro, do capital industrial, dos trabalhadores, profissionais e tecnocratas, sob a hegemonia do bloco dominante. A oligarquia e a burguesia agrária não se interessavam pela legislação social a não ser para atrair imigrantes, mantendo o clientelismo e os custos mínimos na produção agrícola. A burguesia industrial sofre

O TRABALHO DA POLÍTICA

pressões diretas dos trabalhadores para regular a questão da saúde nas fábricas, mas articula seguros e serviços gerais para as indústrias, isto é, socializa custos e esvazia conflitos através do Estado e a custos reduzidos e sem perder o controle da empresa, da demissão/admissão de trabalhadores e das condições da produção. As companhias de seguros, por sua vez, usufruíram de um filão rentável de lucros, maximimizando os prêmios, diminuindo serviços e indenizações e se valendo até de fraudes em desvantagem dos trabalhadores.

Os trabalhadores, nas suas reivindicações e lutas, buscavam valorizar a sua força de trabalho ainda que acidentada, e a obter a estatização dos seguros. Essa batalha foi ganha mas sob controle do Estado sobre os seguros e com compensação às companhias. Os tecnocratas se mostraram favoráveis à estatização, mas também ao controle administrativo dos custos, das perícias e dos conflitos. Os profissionais viram nessa área a possibilidade de ampliar empregos.

As pressões das forças sociais pelo Estado que intervêm no domínio da saúde e segurança do trabalhador segundo as relações de hegemonia presentes na conjuntura. Em uma situação de enfraquecimento das forças da sociedade civil, a intervenção estatal é superdimensionada pelo controle que exerce de cima para baixo sobre o conteúdo mesmo da política social e da mobilização social através da repressão e do clientelismo. Nesse caso a política de acidente do trabalho não é mediatizada entre patrões e trabalhadores e outras forças sociais, mas por via autoritária, articulada pelo bloco dominante imposta pelo Estado. Assim ocorreu em 1967, por exemplo. Mas uma política específica suscita conflitos, manifestações na cena social e política, mobilização de facções. Quando elas se exprimem com certa autonomia, os confrontos se agudizam e os ganhos e vantagens se tornam objeto de embate público. No contexto do pós-guerra os trabalhadores puderam obter, por exemplo, a participação na administração dos institutos de previdência.

O Estado, entretanto, em razão da sua articulação com o processo de acumulação, intervém estrategicamente na garantia das *relações sociais* de exploração capitalista, embora construa compromissos historicamente determinados de prestação de serviços e benefícios aos trabalhadores. As relações de exploração, por sua vez, são mantidas pela difusão da ideologia de que não são desiguais, desvantajosas, mas contratuais.

No contexto dos países periféricos é fundamental, ainda, manter-se a heterogeneidade estrutural das formas de produção que é regulada pela implantação de direitos de inclusão de determinados benefícios de forma diferenciada, de acordo com processo global de hegemonia e com as pressões e articulações dos grupos, frações e facções dominantes. Os trabalhadores rurais foram excluídos de uma política de saúde e segurança no trabalho em todo o processo aqui analisado, excluídos que foram até do assalariamento que se acentuou com a modernização da agricultura e formação de empresas agrícolas a partir dos anos 1970.

Desta forma a intervenção estatal não homogeneíza as condições de produção e as condições de acesso da força de trabalho aos direitos e benefícios, a não ser através de um processo complexo de hegemonização econômica e generalização das lutas políticas pela organização unificada do bloco dominado. Essa unificação, no entanto, foi sempre torpedeada pelo Estado. A política de saúde e segurança dos trabalhadores está articulada com o processo de desenvolvimento do bloco dominante e das instituições estatais nas conjunturas de maior ou menor pressão dos trabalhadores. As práticas consideradas mais "avançadas" de prevenção e reinserção ao trabalho foram implantadas pelas empresas economicamente mais desenvolvidas (tamanho, tecnologia, faturamento) em cada conjuntura extirpando ameaças de conflito e de queda da produtividade e dos aumentos dos custos da produção.

A intervenção do Estado não é automática, linear, mecânica em função exclusiva dos interesses hegemônicos. Ela se constrói e se define em uma relação complexa com as forças sociais em movimento e com a maior ou menor eficácia da combinação de repressão e legitimação. O momento, o ritmo, o conteúdo e os mecanismos das políticas sociais estão em relação com esse processo complexo, mas coordenado pelo Estado.

Em relação à saúde e segurança do trabalhador a intervenção do Estado se traduz mais em compensações do desgaste que em mudança das condições de trabalho. Ao invés de intervir nas condições coloca especialistas sob o comando dos próprios empresários. Os trabalhadores, assim, não têm o controle de seu corpo, das condições de trabalho, da definição de doenças profissionais, dos perigos inerentes à produção e nem possuem a informação e o saber sobre os riscos das suas atividades. Recusar o trabalho perigoso lhes é recusado.

Ao mesmo tempo, a intervenção estatal articula os mecanismos de ação públicos e privados através da formação de complexos socioindustriais que levam em conta assistência, seguro, produtividade, tecnologia, fiscalização, prevenção. No primeiro momento vimos a combinação do seguro privado com a assistência pública, para, nos anos 1970, transformar-se em seguro público com assistência privada. Tais combinações variam com o tempo nas diferentes conjunturas.

A política de saúde e segurança do trabalhador é articulada com a segurança do capital através do Estado, que se apresenta como "razão universal" do conjunto da sociedade, mas que por isso mesmo, em momentos determinados, é capaz de impor certas restrições a determinados setores capitalistas, expandir outros, obter o consenso para algumas propostas comuns e a adesão dos setores e grupos dominados a uma política específica e simbolicamente importante para eles.

À questão de se o Estado responde à lógica do capital ou das pressões sociais não se pode contestar de forma simplista. O próprio processo de acumulação se modifica historicamente, entra em crises, e se formam diferentes blocos políticos nessas conjunturas nacionais e internacionais. Tentamos acompanhar esse processo complexo no que tange às políticas de saúde e segurança no trabalho ao longo de 1970 anos e, ao mesmo tempo que se mantiveram os processos de garantia das relações de exploração, essas mesmas relações se foram transformando na luta dos trabalhadores e no enfrentamento das divisões do bloco dominante e na articulação do Estado. O processo político brasileiro tem um formato específico de resolução das questões sociais passando pelo discurso liberal, pelas tenazes corporativistas, o apelo populista, a forma autoritária e a distribuição clientelista de benefícios articulando repressões e legitimação. O Estado capitalista é o Estado contraditório de uma sociedade dividida em classes e blocos, e cujas mediações políticas são também contraditórias e que se revelam nas lutas e regulações aqui analisadas. Nessas lutas e mediações é que a lógica do processo de acumulação se mostra, de fato, como uma lógica histórica.

Bibliografia geral

1. Artigos, livros e teses

ABRANCHES, Fernando F. de. *Do seguro mercantilista de acidentes de trabalho ao seguro social*. São Paulo: Sugestões Literárias, 1974.

_____ et al. *Empresa pública no Brasil*: uma abordagem multidisciplinar. Brasília: Ipea/Semor, 1980.

ABREU, Marcelo de Paiva. Acidentes do trabalho: a experiência brasileira recente — 1968-76. *Pesquisa e Planejamento Econômico*, Rio de Janeiro, v. 8, n. 2, p. 367-88, ago. 1978.

AGLIETTA, Michel. *Regulación y crisis del capitalismo*. México: Siglo XXI, 1979.

AGUILLAR, Alonso. Heterogeneidad Estructural y Capitalismo del Desarrollo. In: AGUILLAR, Alonso et al. *En Torno al Capitalismo Latinoamericano*. México: Unam, Instituto de Investigaciones Económicas, 1975, p. 21-57.

_____ et al. *En torno al capitalismo Latinoamericano*. México: Unam, Instituto de Investigaciones Económicas, 1975.

ALFORD, Robert R. Paradigms of Relations between State and Society. In: LINDBERG, Leon N. *Stress and contradictions in modern capitalism*. Toronto: Lexington Books, 1975, p. 145-60.

ALMEIDA, Gil. Da proteção acidentária do empregado doméstico. *Justitia*, ano XXXVII, v. 89, p. 115-209, 2º trim. 1975.

ALMEIDA, José. *Industrialização e emprego no Brasil*. Rio de Janeiro: Ipea/Inpes, 1974.

ALTHUSSER, L.; BALIBAR, E. *Lire de Capital II.* Paris: Maspero, 1975, v. 31. (Petite Collection.)

ALTWATER, E. Remarques sur quelques problèmes posés par l'interventionnisme etatique. In: VINCENT, J. M. *L'État contemporain et le marxisme.* Paris: Maspero, 1975, p. 135-71.

ALVES, Aluísio. Acidentes do trabalho — Rio de Janeiro. Separata da *Revista do Serviço Público*, Rio de Janeiro: Imprensa Nacional, v. 12, n. 2, jan. 1949, 43 p.

AMORIM, Maria Stella de (org.). *Sociologia política.* Rio de Janeiro: Zahar, 1970.

ANDERSON, Perry. *Sur Gramsci.* Paris: Maspero, 1978. (Fm/Petite Collection.)

ANDRADE, Régis. Perspectives in the study of Brazilian populism. *Laru — Brazilian Studies. Working Paper*, Toronto, n. 23, nov. 1977.

ANTUNES, Ricardo. *Classe operária, sindicatos e partidos no Brasil.* São Paulo: Cortez/ Autores Associados, 1982.

ARAÚJO, Braz J. Intervenção econômica do Estado e democracia. In: MARTINS, Carlos Estevam (org.). *Estado e capitalismo no Brasil.* São Paulo: Hucitec/Cebrap, 1977.

ARAÚJO, Rosa M. B. de. *O batismo do trabalho*: a experiência de Lindolpho Collor. Rio de Janeiro: Civilização Brasileira, 1981.

ARROYO, Raymundo. Relative and Absolute Pauperization in the Brazilian Proletariat in the Last Decade. *Laru Studies*, n. 1, out. 1976.

ARRUDA, Marcos; SOUZA, Herbet; AFONSO, Carlos. *Multinationals and Brasil*, Toronto: Brazilian Studies, 1975.

BAER, Werner. *A industrialização e o desenvolvimento econômico do Brasil.* Rio de Janeiro: FGV, 1979.

BANBIRRA, Vania. *El capitalismo dependiente Latinoamericano.* 4. ed. México: Siglo XXI, 1977.

BANDEIRA, Luiz A. M. Origens e evolução do PTB. In: *Encontros com a Civilização Brasileira*, n. 4, p. 95-115, out. 1978.

BARRETO, João de Barros. Prevenção dos acidentes de trabalho. In: *Arquivos de Higiene*, v. 3, n. 2, p. 243-64, set. 1979.

BEIGUELMAN, Paula. *Os companheiros de São Paulo.* São Paulo: Símbolo, 1977.

BELLUZZO, Luiz G.; COUTINHO, Renata (orgs.). *Desenvolvimento capitalista no Brasil.* São Paulo: Brasiliense, 1982. 2 v.

BENEVIDES, Maria V. de Mesquita. *O governo Kubitschek*. Rio de Janeiro: Paz e Terra, 1976.

_____. *A UDN e o Udenismo*. Rio de Janeiro: Paz e Terra, 1981.

BERLINGUER, Giovanni. *Medicina e política*. São Paulo: Cebes-Hucitec, 1978.

BERLINCK, H. *Tratado de seguros*. São Paulo: Casa Duprat, 1918.

BERTHOUD, Arnaud. *Travail productif et productivité du travail chez Marx*. Paris: Maspero, 1974.

BLOOMFIELD. J. J. *Problemas de higiene industrial no Brasil*. Rio de Janeiro: Serviço Especial de Saúde Pública, 1950.

BONAVIDES, Paulo. *De Estado liberal ao Estado social*. Rio de Janeiro: Fundação Getúlio Vargas, 1972.

BONELLI, Regis; WERNECK, Dorothea F. F. Desempenho industrial: auge e desaceleração nos anos 70. In: SUZIGAN, Wilson *et al. Indústria*: política, instituições e desenvolvimento. Rio de Janeiro: Ipea/Inpes, 1978.

BOZZINI, Luciano *et al. Médecine et société*: les années 80. Laval, Canadá: Les Editions Albert Saint-Martin, 1981.

BRAGA, José C. de S.; PAULA, Sérgio Goes de. *Saúde e Previdência*: estudos de política social. São Paulo: Cebes-Hucitec, 1981.

BRAGA, Marigildo de Camargo. *Acidentes do trabalho*. Rio de Janeiro: Alba, 1964.

BRAVERMAN, Harry. *Travail et capitalisme monopoliste*. Paris: Maspero, 1976.

BRUNHOFF, Suzanne de. *État et capital*. Paris: Maspero/Presses de l'Université de Grenoble, 1976.

BUCI-GLUCKSMANN, Christine. *Gramsci e o Estado*. Rio de Janeiro: Paz e Terra, 1980.

BUSS, Paulo Marchiori *et al.* Assistência médica na Previdência Social. *Textos de Apoio*. Rio de Janeiro: Fundação Oswaldo Cruz, n. 1, 1981.

CÂMARA, Paulo da. *A luta pela socialização do seguro de acidentes do trabalho no Brasil*. Rio de Janeiro: Editora Gráfica Laemmert, 1964.

CANO Wilson. *Raízes da concentração industrial em São Paulo*. São Paulo: Difel, 1977.

CARDOSO, Ciro Flamarion. As concepções do sistema econômico mundial e do antigo sistema colonial: a preocupação excessiva com a extração de excedente. In: LAPA, José Roberto do Amaral. *Modos de produção e realidade brasileira*. Petrópolis: Vozes, 1980.

CARDOSO, Fernando Henrique. Dos governos militares a Prudente — Campos Sales. In: FAUSTO, Boris (org.). *O Brasil republicano*. São Paulo: Difel, 1977, v. 1, p. 16-50.

_____. *Autoritarismo e democratização*. Rio de Janeiro: Paz e Terra, 1975.

CARDOSO, Fernando Henrique; FALETTO, Enzo. *Dependência y desarrollo en América Latina*. 14 ed. México: Siglo XXI, 1978.

_____. LAMOUNIER, Bolívar (org.). *Os partidos políticos e as eleições no Brasil*. Rio de Janeiro: Paz e Terra, 1978.

CARDOSO, Míriam Limoeiro. *Ideologia do desenvolvimento*: Brasil JK-JQ. Rio de Janeiro: Paz e Terra, 1978.

CARONE, Edgard. *O tenentismo*. São Paulo: Difel, 1975.

CARVALHO, Hilário da Veiga de. *Acidentes do trabalho*. São Paulo: Martins, 1947.

_____. *O fator humano na indústria*. São Paulo: Instituto Roberto Simonsen, 1966.

CASTELLS, Manuel. *Luttes urbaines*. Paris: Maspero, 1975. (Petite Collection.)

CASTRO, Araújo. *Acidentes do trabalho*. Rio de Janeiro: Freitas Bastos, 1930.

CESARINO JÚNIOR, A. F. *Higiene e segurança do trabalho no Brasil* — Estudo Jurídico. São Paulo: Fiesp, Serviço de Publicações, 1959.

CHALMERS, Douglas A. The Politicized State in Latin America. In: MALLOY, James M. *Authoritarianism and Corporatism in Latin America*. Pittsburgh: University of Pittsburgh Press, 1979, p. 23-43.

CHASIN, José. *O Integralismo de Plínio Salgado*: forma de regressividade no capitalismo hipertardio. São Paulo: Ciências Humanas, 1978.

COGOY, Mario; SWEEZY, Paul; MATTICK, Paul. *Teoria da acumulação capitalista*. Porto: Escorpião, 1977.

COHN, Amélia. *Previdência Social e processo político no Brasil*. São Paulo: Moderna, 1981.

COMBLIN, Joseph. The National Security Doctrine. In: WEIL, Jean-Louis *et al. The Repressive State*. Toronto: Brazilian Studies, Colection Documentis, III, 2, s/d, p. 35-63.

CORDEIRO, Hésio. *A indústria da saúde no Brasil*. Rio de Janeiro: Graal, 1980.

COSTA, Márcia Regina. *As vítimas do capital* — os acidentes do trabalho. Rio de Janeiro: Achiamé, 1981.

CUTRIGHT, Phillips. Political structure, economic development and National Social Security Programs. *The American Journal of Sociology*, v. LXX, n. 5, p. 537-50, mar. 1965.

DANTAS, Joaquim C. P. *Compra e venda de saúde*. Brasília: II Simpósio Sobre Política Nacional de Saúde, 1981, 7 p. (Mimeo.)

DASSA, Sami. Travail salarié et santé des travailleurs. *Sociologie du Travail*, n. 4, p. 390-99, out./dez. 1976.

DEAN, Warren. *A industrialização de São Paulo*. São Paulo: Difel, 1971.

_____. A industrialização durante a República Velha. In: FAUSTO, Boris (org.). *O Brasil republicano*. São Paulo: Difel, 1977.

DERIZ, Liliana. Formas de Estado y desarrollo del capitalismo en América Latina. *Revista Mexicana de Sociologia*, v. XXXIX, n. 2, p. 427-41, 1977.

DIAS, Everaldo. *História das lutas sociais no Brasil*. São Paulo: Alfa-Ômega, 1977.

DIEESE. *Dez anos de política salarial*. São Paulo: Dieese, 1975.

DOELINGER, Carlos von; CAVALCANTI, Leonardo. *Empresas multinacionais na indústria brasileira*. Rio de Janeiro: Ipea, 1979.

DONNANGELO, Maria-Cécilia F.; PEREIRA, Luiz. *Saúde e sociedade*. São Paulo: Duas Cidades, 1979.

DORE, Gérald. La *Politique sociale comme pratique de classes*. Tese (doutorado em Sociologia). Québec: Université Laval, 1978.

DREIFUSS, Renê Armand. *1964*: a conquista do Estado. Petrópolis: Vozes, 1981.

DUQUE, Ghislaine. *Casa Nova*: interventions du pouvoir et stratégies paysannes. Tese (doutorado). Paris: École Pratique des Hautes Études en Sciences Sociales, 1980.

EASTON, David. *Uma teoria da análise política*. Rio de Janeiro: Zahar, 1968.

_____ (org.). *Modalidades de análise política*. Rio de Janeiro: Zahar, 1970.

ERICKSON, Kenneth Paul. *Labor in the political process in Brasil* — corporation in a modernizing nation. Tese (doutorado). Ann Arbor: University Microfilms International, 1970.

ESPÍRITO SANTO, Benedito Rosa. Setor estatal e desenvolvimento. In: ABRANCHES, Sérgio Henrique *et al. Empresa pública no Brasil*: uma abordagem multidisciplinar. Rio de Janeiro: Ipea/Semor, 1980.

ETIZIONI, Amitai. *Organizações modernas*. São Paulo: Pioneira, 1980.

EVERS, Tilman. *El Estado en la periferia capitalista*. México: Siglo XXI, 1979.

FALEIROS, Vicente de Paula. *A política social do Estado capitalista*. São Paulo: Cortez, 1980.

_____. ROLAND, Marc; VENTELOU, Denise; L'ADDS, Mercier. *Les assistés sociaux*: des travailleurs surexploités. Québec: Université Laval, École de Service Social, GRAP, Cahier 2, 1980.

FAORO, Raymundo. *Os donos do poder*. Porto Alegre: Globo, 1975.

FAUSTO, Boris. *A revolução de 1930*. São Paulo: Brasiliense, 1978.

_____. *Trabalho urbano e conflito social* — 1890-1920. São Paulo: 1977.

_____. *O Brasil republicano*. São Paulo: Difel, 1977, 1981. v. I e III.

_____. Expansão do café e política cafeeira. In: FAUSTO, Boris (org.). *O Brasil republicano*. São Paulo: Difel, 1979, p. 196-248.

FERNANDES, Eurico. Dez anos de perícias médicas para as seguradoras brasileiras. *Industriários*, n. 13, fev. 1950.

FERNANDES, Florestan. Problemas de conceptualización de las clases sociales en América Latina. In: ZENTENO, Paul Benítez (org.). *Las clases sociales en América Latina*. México: Siglo XXI, 1977, p. 191-277.

FERRANTE, Vera L. B. *FGTS*: ideologia e repressão: São Paulo: Ática, 1978.

FINOCCHIARO, José. *Causas e prevenção dos acidentes e das doenças do trabalho*. São Paulo: Lex, 1976.

FLEISCHER, David. *Repertório bibliográfico dos senhores deputados, abrangendo o período de 1946-1967*. Brasília: Câmara dos Deputados, 1981.

FOOT, Francisco; LEONARDI, Victor. *História da indústria e do trabalho no Brasil*: das origens aos anos 20. São Paulo: Global, 1982.

FORJAZ, Maria C. S. *Tenentismo e Aliança Liberal*. São Paulo: Pólis, 1978.

FOSTER, John W. *Anarquistas e comunistas no Brasil*. Rio de Janeiro: Nova Fronteira, 1977.

FRAGOSO, Augusto (general). Segurança Nacional e Justiça Militar. *Cadernos de Estudos Brasileiros*, Rio de Janeiro: Universidade Federal, Forúm de Ciência e Cultura, v. 12, p. 37-124, 1975.

FRIEDMAN, Milton. *Capitalism and Freedom*. Chicago: The University of Chicago Press, 1962, p. 27.

FUNDAÇÃO GETÚLIO VARGAS. *A Previdência Social no Brasil e no estrangeiro*. Rio de Janeiro: FGV, 1950.

FUNDAÇÃO MÍLTON CAMPOS. *O homem e o campo*. Brasília, 1976.

FURTADO, Celso. *La economía Latinoamericana desde la conquista Ibérica hasta la revolución cubana*. México: Siglo XXI, 1975.

_____. *Formação econômica do Brasil*. 15. ed. São Paulo: Editora Nacional, 1977.

_____ *et al.* The internationalization of capital. Toronto: *Laru Studies*, v. II, n. 1, 1977.

GERMANI, Gino. *Politique, société et modernisation*. Bruxelas: Duculot, 1972.

GNACCARINI, José César. *Latifúndio e proletariado*. São Paulo: Pólis, 1980.

GOLEMBIEWSKI, Robert *et al. A method ólogical primer for political scientists*. Chicago: Rand McNally & Company, 1969.

GOMES, Angela M. de C. *Burguesia e trabalho*: política e legislação social no Brasil — 1917-1937. Rio de Janeiro: Campus, 1979.

_____ *et al.* Confronto e compromisso no processo de constitucionalização — 1930-1935. In: FAUSTO, Boris (org.). *O Brasil republicano*. São Paulo: Difel, 1981, v. III.

GORENDER, Jacob. O conceito de modo de produção e a pesquisa histórica. In: LAPA, José R. do Amaral. *Modos de produção e realidade brasileira*. Petrópolis: Vozes, 1980, p. 43-67.

GRACIOSA, Walter Borges. O seguro de acidente do trabalho nos institutos. *Industriários*, n. 40, p. 22-35, ago. 1954.

GRAMSCI, Antonio. *Gramsci dans le texte*. Paris: Éditions Sociales, 1975.

_____. *Maquiavel, a política e o Estado moderno*. Rio de Janeiro: Civilização Brasileira, 1980.

GREFE, Xavier. *La politique sociale*. Paris: PUF, 1975.

GREVET, P. *Besoins populaires et financement public*. Paris: Éditions Sociales, 1976.

GUIMARÃES, Reinaldo (org.). *Saúde e medicina no Brasil*. Rio de Janeiro: Graal, 1979.

GUNDER FRANK, André. El desarrollo del subdesarrollo. *Monthly Review*, Edição Especial, 1967.

HARDING, Timothy Fox. *The political history of organized labor in Brazil*. Tese (doutorado). Ann Arbor: Standford University, 1973. (University Microfilms.)

HATZFELD, Henri. *Du paupérisme à la sécurité sociale*. Paris: Armand Colin, 1971.

HOBSBAWM, E. J. La Marginalidad Social en la Historia de la industrialización Europea. *Revista Latinoamericana de Sociología*, v. 5, n. 2, 1969.

HOLLOWAY, John; PICCIOTO, Sol. *State and capital*. Austin: University of Texas Press, 1978.

HUNTER, Donald. *The deseases of occupations*. Londres: The English University Press, 1969.

IANNI, Octávio. *A ditadura do grande capital*. Rio de Janeiro: Civilização Brasileira, 1977.

IBASE. *Saúde e trabalho no Brasil*. Petrópolis: Vozes, 1982.

JOHNSON, Harry. *Introdução sistemática ao estudo da Sociologia*. Rio de Janeiro: Lidador, 1967.

KINZO, Maria D'Alva Gil. Novos partidos: o início do debate. In: LAMOUNIER, Bolívar (org.). *Voto de desconfiança*. São Paulo: Cebrap/Vozes, 1980.

KLEIN, Lucia; FIGUEIREDO, Marcus. *Legitimidade e coação no Brasil pós-64*. Rio de Janeiro: Forense Universitária, 1978.

KOVÀL, Boris. *História do proletariado brasileiro 1857 a 1967*. São Paulo: Alfa-Ômega, 1982.

KRISCHKE, Paulo (org.). *Brasil*: do milagre à abertura. São Paulo: Cortez, 1982.

LACERDA, Maurício de. *A evolução legislativa do direito social brasileiro*. Rio de Janeiro: Nova Fronteira, 1980.

LAMOUNIER, Bólivar. *O futuro da abertura*: um debate. São Paulo: Cortez/Idesp, 1981.

_____. *Voto de desconfiança*. São Paulo: Cebrap/Vozes, 1980.

LAPA, José Roberto do A. *Modos de produção e realidade brasileira*. Petrópolis: Vozes, 1980.

_____. *A história em questão* — historiografia brasileira contemporânea. Petrópolis: Vozes, 1976.

LANDRY, Réjean (org.). *Introduction à l'analyse des politiques*. Québec: Les Presses de l'University Laval, 1980.

LARSON, Magali Sarfatti. *The crise of professionalism*. Berkeley: University of California Press, 1977.

LEAL, Victor Nunes. *Coronelismo, enxada e voto*. São Paulo: Alfa-Ômega, 1978.

LEFEBVRE, Henri. *De l'État*. Paris: Union Generále d'Éditions, 4 v. (Collection 10/18.)

LEGARE, Anne. *Les classes sociales au Québec*. Montréal: Les Presses de l'Université du Québec, 1977.

LEITE, Celso Barroso. O seguro de acidentes do trabalho ainda tem razão de ser? *LTR — Revista de Legislação do Trabalho*, v. 41, n. 4, p. 435-440, abr. 1977.

_____. *Acidente do trabalho e Previdência Social*. Rio de Janeiro: Ed. Mimeo, s/d, 7 p.

_____. A nova lei brasileira de seguro de acidentes do trabalho. *Revista de Informação Legislativa*, Brasília, ano 13, n. 52, p. 154-68, out./dez. 1976.

_____. *A proteção social no Brasil*. São Paulo: Edições LTR, 1972.

LEME, Marisa Saens. *A ideologia dos industriais brasileiros*. Petrópolis: Vozes, 1978.

LEONARDI, Victor. Primeiras fábricas e formação do capital industrial. In: MENDES JR., Antônio; MARANHÃO, Ricardo. *Brasil História*. São Paulo: Brasiliense, 1981. v. 3.

LEVINE, Robert M. *O regime de Vargas*: os anos críticos — 1934-1938. Rio de Janeiro: Nova Fronteira, 1980.

LEWKOWICZ, Ida. *Aspectos do pensamento dos industriais têxteis (1919-1930)*. Tese (mestrado) — Departamento de História da USP: São Paulo, 1978.

LIMONGI. J. Papaterra. Legislação do Trabalho. *Boletim do Departamento Estadual do Trabalho*, v. 6, n. 24, p. 411-37, 3° trim. 1917.

LINDBERG, Leon *et al. Stress and contradiction in modern capitalism*. Toronto: Lexington Books, 1975.

LINDBLOM, Charles. *The policy marking process*. Nova Jersey: Prentice Hall, 1980.

LINZ, Juan. Regimes autoritários. In: O'DONNELL, Guilhermo *et al. O Estado autoritário e os movimentos populares*. Rio de Janeiro: Paz e Terra, 1979.

LOJKINE, Jean. *O Estado capitalista e a questão urbana*. São Paulo: Martins Fontes, 1981.

LUPORINI, Cesare. Crítica de la política y de la economía política. In: MARRAMAO, Giacomo *et al. Teoria marxista de la política*. México: Siglo XXI, 1981, p. 69-141.

LUZ, Madel. *As instituições médicas no Brasil*. Rio de Janeiro: Graal, 1979.

LUZ, Nicia Vilela. *A luta pela industrialização do Brasil*. São Paulo: Difel, 1961.

MADEIRA, Felícia R.; SINGER, Paul I. Estrutura de emprego e trabalho feminino no Brasil. *Caderno*, São Paulo: Cebrap, n. 13, 1975.

MAGALHÃES, Juracy. *Memórias provisórias*. Rio de Janeiro: Civilização Brasileira, 1982.

MAGALHÃES, J. M. *Problemas do bem-estar social e produtividade no Brasil*. Rio de Janeiro: Serviço de Documentação do Ministério do Trabalho, Indústria e Comércio, 1957.

MAGALINE. A. D. *Lutte des classes et dévalorisation du capital*. Paris: Maspero, 1975.

MALLOY, James. *The politics of social security in Brasil*. Pittsburgh: University of Pittsburgh Press, 1979.

_____. Previdência Social e classe operária no Brasil. *Estudos Cebrap*, n. 15, jan./mar. 1976.

_____. *Authoritarianism and corporatism in Latin America*. Pittsburgh: University of Pittsburgh Press, 1979.

MARAGLIANO, Rubens. *A Previdência Social e sua Lei Orgânica*. São Paulo: Fiesp, Serviços de Publicações, 1958.

MARAM, Sheldon Leslie. *Anarquistas, imigrantes e o movimento operário brasileiro*. Rio de Janeiro: Paz e Terra, 1979.

MARRAMAO, Giacomo *et al. Teoría marxista de la política*. México: Siglo XXI, 1981.

MARANHÃO, Ricardo. *O governo Juscelino Kubitschek*. São Paulo: Brasiliense, 1981.

_____. *Sindicato e democratização*. São Paulo: Brasiliense, 1979.

MARTINS, Carlos Estevam (org.). *Estado e capitalismo no Brasil*. São Paulo: Hucitec/Cebrap, 1977.

MARTINS, Heloísa H. T. de Souza. *O Estado e a burocratização do sindicato no Brasil*. São Paulo: Hucitec, 1979.

MARTINS, José de Souza. *Os camponeses e a política no Brasil*. Petrópolis: Vozes, 1981.

_____. *Conde Matarazzo, o empresário e a empresa*. São Paulo: Hucitec, 1976.

MARTINS, Luciano. *Pouvoir et développement économique*. Paris: Anthropos, 1976.

MASGRAVIS, Laima. *A Santa Casa de Misericórdia de São Paulo*. Tese (doutorado) — Departamento de História da USP, 1972.

MARX, Karl. *El capital*, Inédito, Livro I, Capítulo VI. México: Siglo, XXI, 1979.

_____. Salaire, prix et profic. In: MARX, K.; ENGELS, F. *Oeuvres choisies*. Moscou: Editions du Progrès, 1970, v. 2.

_____. *Le capital*. Paris: Éditions Sociales, 1976. 3 v.

_____. *Le 18 Brumaire de Louis Bonaparte*. Paris: Éditions Sociales, 1969.

MATTICK, Paul. *Crises et théorie des crises*. Paris: Éditions Champ Libre, 1976.

MEILLASSOUX, Claude. *Femmes, greniers et capitaux*. Paris: Maspero, Textes à l'Appui, 1975.

MELLO, Carlos Bandeira. Comentários sobre a primeira mesa-redonda promovida pelo IRB. *Revista do IRB*, v. IX, n. 50, p. 86-91, ago. 1948.

MELLO, Carlos Gentile. *Saúde e assistência médica no Brasil*. São Paulo: Cebes Hucitec, 1977.

MELLO, João M. C. *O capitalismo tardio*. São Paulo: Brasiliense, 1982.

MENDES JR, Antônio; MARANHÃO, Ricardo. *Brasil história*. São Paulo: Brasiliense, 1981, v. 3.

MENDES, Renê. Trabalho & Saúde no Brasil. *Revista de Cultura Vozes*, ano 74, n. 3, p. 189-98, abr. 1980.

MENDONÇA, Carlos R. L. de. Evolução e atual posicionamento do seguro de acidentes do trabalho no Brasil. *Revista do Tribunal Regional do Trabalho*, 8ª Região, v. 7, n. 13, p. 331-42, jul.-dez. 1974.

MERGLER, Donna; DESNOYERS, Luc. Milieu du travail et société: eléments d'analyse de la situation Québécoise. In: BOZZINI, Luciano *et al. Médecine et société*: les annés 80. Laval, Canadá: Les Éditions Albert Saint-Martin, 1981, p. 235-70.

MESA-LAGO, Carmelo. *Social security in Latin America*. Pittsburgh: University of Pittsburgh Press, 1978.

METALL, Rudolf Aladar. O rumo do seguro social brasileiro. *Revista do IRB*, v. 5, n. 24, p. 66-74, abr. 1944.

MILLIBAND, Ralph. *El Estado en la sociedad capitalista*. México: Siglo XXI, 1973.

MITTIDIERI, Jorge. Segurança, higiene e medicina do trabalho. *Indústria & Produtividade*, v. 7, n. 76, p. 19-21, set. 1974.

MOISÉS, José Álvaro. Problemas atuais do movimento operário. In: KRISCHKE, Paulo (org.). *Brasil*: do milagre à abertura. São Paulo: Cortez, 1982, p. 53-83.

_____. *Greve de massa e crise política*. São Paulo: Polis, 1978.

MORAES, A. Carlos de. Acidente, um problema de educação. *Indústria & Produtividade*, v. 8, n. 94, p. 64-65, maio 1976.

MORAES, Evaristo de. *Os acidentes do trabalho e sua reparação*. Rio de Janeiro: Livraria Leite Ribeiro & Maurilló, 1919.

MORAES FILHO, Evaristo de. *O problema do sindicato único no Brasil*. São Paulo: Alfa-Ômega, 1978.

_____. *O socialismo brasileiro*. Brasília: Editora da Universidade de Brasília, 1981.

MUTTI, Antonio; SEGATTI, Paolo. *A burguesia de Estado*. Rio de Janeiro: Zahar, 1979.

NAVARRO, Vicente. *Medicine under capitalism*. Nova York: Prodist, 1977.

NOGUEIRA, Diogo Pupo. *Serviços médicos de empresas industriais no município de São Paulo*. Tese (doutorado) — Faculdade de Higiene e Saúde Pública da USP, São Paulo, 1967.

_____. *A indústria em face das leis do trabalho*. São Paulo: Escolas Profissionais Salesianas, 1936.

NOVAIS, Fernando. Estrutura e dinâmica do antigo sistema colonial. *Caderno*, São Paulo: Brasiliense/Cebrap, n. 17, 1978.

O'DONNELL, Guillermo. Reflexiones sobre las tendencias de cambio del Estado burocrático-autoritario. *Revista Mexicana de Sociologia*, v. XXXIX, n. 1, 1977.

_____. Corporatism and the Question of the State. In: MALLOY, James. *Authoritarianism and corporatism in Latin America*. Pittsburgh Press, 1979.

_____ et al. *O Estado autoritário e os movimentos populares*. Rio de Janeiro: Paz e Terra, 1979.

OFFE, Claus. La abolición del control de mercado y problema de la legitimidad. In: SONNTAG, Heinz Rudolf. *El Estado en el capitalismo contemporáneo*. México: Siglo XXI, 1980, p. 62-88.

_____. The theory of the capitalist State and the problem of policy formation. In: LINDBERG, Leon *et al. Stress and contradiction in modern capitalism*. Toronto: Lexington Books, 1975, p. 12545.

_____; RONGE, Volker. Theses on theory of the State. *Nova German Critique*, n. 6, p. 138- 46, outono 1975.

OLIVEIRA, Francisco de. *A economia da dependência imperfeita*. Rio de Janeiro: Graal, 1977.

_____. A economia brasileira: crítica à razão dualista. In: OLIVEIRA, Francisco de; SÁ JR., Francisco. *Questionando a economia brasileira*. São Paulo: Brasiliense/Cebrap, 1976.

_____; MAZZUCHELLI, Frederico. *Padrões de acumulação, oligopólios e Estado no Brasil: 1950-1976.* In MARTINS, Carlos Estevam (org.). *Estado e capitalismo no Brasil.* São Paulo: Hucitec/Cebrap, 1977, p. 111-39.

_____; SÁ JR., Francisco. *Questionando a economia brasileira.* São Paulo: Brasiliense, Cebrap, 1976.

OLIVEIRA VIANA, Francisco José. *Problemas de política objetiva.* Rio de Janeiro: Record, 1974.

_____. *Instituições políticas brasileiras.* Rio de Janeiro: Record, 1974, v. II.

OPITZ, Oswaldo. *Estatização do seguro de acidentes do trabalho.* Rio de Janeiro: Borsoi, 1968, 3 v.

OSZLAK, Oscar; O'DONNELL, Guillermo. *Estado y políticas estatales en América Latina*: hacia una estratégia de investigación. Buenos Aires, Cedes/Clacso, 1976, doc. Cedes/GE. Clacso n. 4, mimeo.

PAIVA, Joel Ruthênio. *Acidentes do trabalho projeto de lei*: justificação e comentários. Rio de Janeiro: Imprensa Nacional, 1943.

PAIXÃO, Floriceno. *Trabalho e previdência rural.* Porto Alegre: Síntese, 1981.

PARKER, Phyllis R. *1964*: o papel dos Estados Unidos no golpe de Estado de 31 de março. Rio de Janeiro: Civilização Brasileira, 1977.

PARREIRAS, Décio. Protege o teu capital, protegendo o teu operário. *Anais* da 6ª Semana de Prevenção de Acidentes do Trabalho, 23 a 28 novembro de 1953, p. 77-79.

PEIXOTO, Afrânio *et al. Acidentes do trabalho.* Rio de Janeiro: Guanabara, 1934.

PELLETIER, Michel; VAILLANCOÜRT, Yves. *La politique sociale et les travailleurs.* Montréal, Éd. Mimeo. 1978, 5 v.

PEREIRA, Astrogildo. *Formação do PCB (1922-1928).* Lisboa: Prelo Editora, 1976.

PINHEIRO, Paulo Sérgio. *Política e trabalho no Brasil.* Rio de Janeiro: Paz e Terra, 1977.

_____; HALL, Michael M. *A classe operária no Brasil documentos 1889-1930.* São Paulo: Alfa-Ômega, 1979, v. I e II.

PIRES, José P. L. F. *Acidentes do trabalho.* São Paulo: Ed. Paulista, 1966.

_____. *Comentários à nova legislação sobre acidentes do trabalho.* São Paulo: Instituto Paulista de Direito Fiscal e Trabalhista, 1968.

PIVEN, Frances F.; CLOWARD, Richard. *Regulating the poor.* New York: Vintage Books, 1972.

POSSAS, Cristina. *Saúde e trabalho*: a crise da Previdência Social. Rio de Janeiro: Graal, 1981.

POULANTZAS, Nicos. *L'État, le pouvoir et le socialisme*. Paris: PUF, 1978.

_____. *Pouvoir politique et classes sociales*. Paris: Maspero, 1972. 2 v. (Petite Collection.)

_____ (org.). *La crise de l'État*. Paris: PUF, 1976.

_____; MILLIBAND, Ralph. *Debate sobre o Estado capitalista*. Porto: Crítica e Sociedade, 1975.

QUIJANO, Aníbal; WEFFORT, Francisco. *Populismo, marginalización y dependencia*. San José: Educa, 1976.

REIN, Martin. *Social policy*. New York: Random House, 1979.

RENAUD, Marc. On the structural constraints to State intervention in health. *International Journal of Health Services*, v. 5, n. 4, 1975.

_____. Crise de la médecine et politiques de santé: les leçons de l'historie. *Possibles*, v. 1, n. 2, p. 31-51, inverno 1977.

_____. Réforme ou illusion? Une analyse des interventions de l'État Québécois dans le domaine de la santé. *Sociologie et Sociétés*, v. 9, n. 1, p. 127-52, abr. 1977.

REZENDE, Fernando *et al. Aspectos da participação do governo na economia*. Rio de Janeiro: Ipea/Inpes, 1979.

RIMLINGER, Gaston. *Welfare policy and industrialization in Europe, America and Russia*. New York: John Wiley & Sons, 1971.

RODRIGUES, Ana M. M. (org.). *A Igreja na república*. Brasília: UnB, 1981.

RODRIGUES, José Albertino. *Sindicato e desenvolvimento no Brasil*. São Paulo: Símbolo, 1979.

RODRIGUES, Edgar. *Trabalho e conflito* — 1906-1937. São Paulo: Mundo Livre, 1975.

RUSSOMANO, Victor M. *Comentários à Lei de Acidentes do Trabalho*. Rio de Janeiro: José Konfino, 1967.

SAEZ, Décio. *Industrialização, populismo e classe média no Brasil*. São Paulo/Campinas: Brasiliense/Unicamp. Caderno 6, 1976.

SANTA ROSA, Virgínio. *O sentido do tenentismo*. São Paulo: Alfa-Ômega, 1976.

SANTOS, Maria José. Apêndice B — aspectos demográficos. In: VILLELA, Annibal; SUZIGAN, Wilson. *Política de governo e crescimento da economia brasileira*. Rio de Janeiro: Ipea/Inpes, 1973.

O TRABALHO DA POLÍTICA

SANTOS, Roberto. *Leis Sociais e Custo da Mão de Obra no Brasil.* São Paulo: LTR/Edusp, 1973.

SANTOS, Theotônio dos. Crisis de la teoría del desarrollo. In: JAGUARIBE, Hélio et al. *La dependencia político-económica de América Latina.* México: Siglo XXI, 1976, p. 147-88.

SANTOS, Wanderley Guilherme dos. *Ordem burguesa e liberalismo político.* São Paulo: Duas Cidades, 1978.

SCHAFF, Adam. *História e verdade.* São Paulo: Martins Fontes, 1978.

SCHIMITTER, Phillip. *Interest conflict and political change in Brazil.* Standford University Press, 1971.

_____. Still the century of corporatism. *The Review of Politics,* v. 36, n. 1.

SCHWARTZMAN, Simon. *As bases do autoritarismo brasileiro.* Rio de Janeiro: Campus, 1982.

SARRANO, Jônatas. *Filosofia do direito.* Rio de Janeiro: Drummond Editora, s/d.

SILVA, José Gaziano. *O que é a questão agrária.* São Paulo: Brasiliense, 1980.

_____ (org.). *Estrutura agrária e produção de subsistência na agricultura brasileira.* São Paulo: Hucitec, 1980.

SILVA L. G. Nascimento. *Rumos para o Brasil moderno.* Rio de Janeiro: Apec, 1970.

_____. Previdência Social no Brasil. *Cadernos de Estudos Brasileiros,* Rio de Janeiro, Universidade Federal, Fórum de Ciências e Cultura, v. 14, p. 17-26, 1976.

SILVA, Sérgio. *Expansão cafeeira e origem da indústria no Brasil.* São Paulo: Alfa-Ômega, 1978.

SIMÃO, Azis. *Sindicato e Estado.* São Paulo: Dominus Editora, 1966.

SIMONSEN, Roberto C. *Evolução industrial do Brasil e outros estudos.* São Paulo: Editora Nacional, 1973. (Seleção de Edgard Carone.)

SINGER, Paul. *Economia política da urbanização.* São Paulo: Brasiliense, 1979.

_____; MAZZUCHELLI, Frederico. Força de trabalho e emprego no Brasil, 1920-1969. São Paulo: Cebrap, Caderno 3, 1971.

SKIDMORE, Thomas. Politics and economy policy making in authoritarian Brasil, 1933-1971. In: STEPAN, Alfred. *Authoritarian Brazil.* New Haven: Yale University Press, 1933.

SONNTAG, Heinz; VALECILLOS, Héctor. *El Estado en el capitalismo contemporáneo.* México: Siglo XXI, 1980.

SOARES, Glaucio A. D. *Sociedade e política no Brasil*. São Paulo: Difel, 1973.

SOARES, O. Ramagem. Como melhorar as condições de vida dos operários. *Arquivos de Higiene*, v. 7, p. 263-75, nov. 1937.

SOUZA, Maria C. C. de. *Estado e partidos políticos no Brasil 1930-1964*. São Paulo: Alfa-Ômega, 1976.

SODRÉ, Nélson Werneck. *História da burguesia brasileira*. Rio de Janeiro: Civilização Brasileira, 1976.

SPINDEL, Arnaldo. *O Partido Comunista na gênese do populismo*. São Paulo: Símbolo, 1980.

STEIN, Stanley. *Origens e evoluções da industria têxtil no Brasil*. Rio de Janeiro: Campus, 1979.

STEPAN, Alfred. *Authoritarian Brasil*. New Haven, Yale University Press, 1973.

SUSSEKIND, Arnaldo L. *Previdência Social Brasileira*. Rio de Janeiro: Freitas Bastos, 1955.

SUZIGAN, Wilson *et al*. *Crescimento industrial no Brasil* — incentivos e desempenho recente. Rio de Janeiro: Ipea/Inpes, 1974.

_____. *Indústria*: política, instituições e desenvolvimento. Rio de Janeiro: Ipea/Inpes, 1978.

TAVARES, Maria da Conceição. *Da substituição de importações ao capitalismo financeiro*. Rio de Janeiro: Zahar, 1979.

TELLES, Jover. *O movimento sindical no Brasil*. São Paulo: Livraria Ciências Humanas, 1981.

THERET, Bruno; WIEWIORKA, Michael. *Critique de la théorie du capitalismo monopoliste d'État*. Paris: Maspero, 1978.

TIMIO, Mario. *Clases sociales y enfermedad*. México: Nueva Imagem, 1980.

WEFFORT, Francisco. Democracia e movimento operário: algumas questões para a história do período 1945-1964. *Revista de Cultura Contemporânea*, ano I, n. 1, p. 7-14, jun.-set. 1978.

_____. Clases populares y desarrollo social. In: QUIJANO, Aníbal; WEFFORT, Francisco. *Populismo, marginalización y dependencia*. San José: Educa, 1976.

_____. *O populismo na política brasileira*. Rio de Janeiro: Paz e Terra, 1978.

WEIL, Jean-Louis *et al*. The Repressivo State. *Brazilian Studies*, Toronto, Collection Documents, RI, 2, s/d, p. 35-63.

WHTTAKER, Reg. Images of State in Canada. In: PANICH, Leo. *The Canadian State.* Toronto: University of Toronto Press, 1977.

VIANNA, Luiz Werneck. *Liberalismo e sindicato no Brasil.* Rio de Janeiro: Paz e Terra, 1978.

VIEIRA, Evaldo. *Autoritarismo e corporativismo no Brasil.* São Paulo: Cortez, 1981.

VILLELA, Annibal Villanova; SUZIGAN, Wilson. *Política do governo e crescimento da economia brasileira* — 1889-1945. Rio de Janeiro: Ipea/Inpes, 1973.

VINCENT, J. M. *et al. L'État Contemporain et le Marxismo.* Paris: Maspero, 1975.

WIRTH, John. *Minas Gerais:* o fiel da balança. Rio de Janeiro: Paz e Terra, 1982.

ZERMENO, Sérgio. Estado y sociedad en el capitalismo tardio. *Revista Mexicana de Sociología*, v. XXXIX, n. 1, p. 61-117, 1977.

ZOCCHIO, Alvaro. *Cipa:* histórico, organização, atuação. São Paulo: Atlas, 1980.

ZYLBELBERG, Jacques. État, corporatisme, populisme: contribution à une sociologie politique de l'Amérique Latine. *Études Internationales*, v. VII, n. 2, p. 213-51, jun. 1976.

2. Coletâneas de textos históricos

A Revolução de 30: *Textos e Documentos.* Brasília: Editora Universidade de Brasília, 1982. 2 v.

CARONE, Edgard. *A Primeira República:* 1889-1930 — Texto e Contexto. São Paulo: Difel, 1976.

_____. *A Quarta República:* 1945-1964 — Documentos. São Paulo: Difel, 1974.

_____. *A Segunda República:* 1930-1937. São Paulo: Difel, 1974.

_____. *A Terceira República:* 1937-1945. São Paulo: Difel, 1976.

_____. *Movimento operário no Brasil:* 1937-1944. São Paulo: Difel, 1979.

_____. *Movimento operário no Brasil:* 1945-1964. São Paulo: Difel, 1981, v. 2.

_____. *O pensamento industrial no Brasil:* 1880-1945. São Paulo: Difel, 1977.

KHOURY, Iara Aun. As *greves de 1917 em São Paulo e o processo de organização proletária.* São Paulo: Cortez/Autores Associados, 1981.

KLINGHOFFER, Hans. *La pensée politique de Getúlio Vargas*. Rio de Janeiro: Imprensa Nacional, 1942.

PINHEIRO, Paulo Sérgio; HALL, Michael M. *A classe operária no Brasil* — condições de vida e de trabalho, relações com os empresários e o estado — Documentos. São Paulo: Brasiliense/Funcamp, 1981, v. 2.

_____. *A classe operária no Brasil*: 1889-1930, documentos, v. I: O Movimento Operário. São Paulo: Alfa-Ômega, 1979.

RODRIGUES, Edgar. *Trabalho e conflito-pesquisa 1906-1937*. Rio de Janeiro: Mundo Livre, s/d.

_____. *Novos rumos* — História do movimento operário e das lutas sociais no Brasil: 1922-1946. Rio de Janeiro: Mundo Livre, s/d.

SIMONSEN, Roberto. *Evolução industrial do Brasil*. São Paulo: Editora Nacional/Edusp, 1973. (Seleção, notas e bibliografia de Edgard Carone.)

STREET, Jorge. *Ideias sociais de Jorge Street*: introdução, notas bibliográficas e textos selecionados por Evaristo de Moraes Filho. Brasília: Senado Federal, 1980.

3. Relatórios das associações de classe patronais

CENTRO INDUSTRIAL DO BRASIL. Parecer sobre o melhor meio de satisfazer as obrigações resultantes da lei de acidente. Rio de Janeiro, 5 de junho de 1919.

CENTRO DAS INDÚSTRIAS DO ESTADO DE SÃO PAULO (Ciesp). Circulares, 1934-1945.

CONFERÊNCIA DE TERESÓPOLIS. *Carta da Paz Social*. Janeiro de 1946.

FEDERAÇÃO AGRÍCOLA DO ESTADO DE SÃO PAULO. Memorial da Faresp ao líder da maioria na Câmara dos Deputados a propósito da extensão das leis trabalhistas ao campo. São Paulo, 1956.

_____. Relatório, 1973.

FEDERAÇÃO DAS INDÚSTRIAS DO ESTADO DE SÃO PAULO/CENTRO DAS INDÚSTRIAS DO ESTADO DE SÃO PAULO (Fiesp/Ciesp). *Boletim Informativo*, 1949 a 1978.

FEDERAÇÃO DAS INDÚSTRIAS DO ESTADO DE SÃO PAULO E ASSOCIAÇÃO COMERCIAL. Sugestões à CLT, 26.02.1943.

FEDERAÇÃO DAS INDÚSTRIAS DO RIO DE JANEIRO. Relatório da Diretoria, 1931.

FEDERAÇÃO INDUSTRIAL DO RIO DE JANEIRO. Relatório da Diretoria, Rio de Janeiro, 1936.

FIGUEIREDO, Jorge Duprat. Acidentes do trabalho e sua influência nas empresas do país. *Caderno Econômico*, São Paulo, FIESP/CIESP, n. 9, 1971.

NOGUEIRA, Pupo O. *Como as indústrias deverão executar as leis sociais e trabalhistas.* São Paulo: Escolas Profissionais Salesianas, 1934.

SINDICATO DE SEGURADORES DO RIO DE JANEIRO. Estudo desenvolvendo o memorial de 20 de abril do corrente ano apresentado ao ministro do Trabalho, Dr. Waldemar Falcão. Rio de Janeiro: outubro de 1939.

4. Publicações oficiais

BRASIL. Coleção das leis da República dos Estados Unidos do Brasil. Atos do Poder Legislativo, 1930-1978.

_____. Coleção das leis da República dos Estados Unidos do Brasil. Atos do poder Executivo, 1930-1978.

_____. Congresso Nacional. Anais da Assembleia Nacional Constituinte, 34.

_____. Congresso Nacional. Anais da Assembleia Nacional Constituinte, 1946.

_____. Conselho Nacional do Trabalho. Relatório do Secretário-Geral interino, Rio de Janeiro, 1927.

_____. Instituto Brasileiro de Geografia e Estatística. *Anuário Estatístico do Brasil*, 1946, 1949, 1962.

_____. IBGE. Recenseamentos de 1920, 1940, 1960 e 1980.

_____. Leis, decretos. Acidentes, segurança e medicina do trabalho: coletânea de leis, decretos e portarias por Eduardo Gabriel Saad. São Paulo: Fundacentro, 1975.

_____. Ministério da Educação e Cultura. Divisão de Higiene. *Como fazer para diminuir o número de acidentes.* Rio de Janeiro, Imprensa Nacional, 1945.

_____. Ministério da Previdência e Assistência Social — INPS. Benefícios e Acidentes do Trabalho. Secretaria de Seguros Sociais, 1976.

_____. Desfazendo equívocos sobre a Lei do Seguro de Acidentes do Trabalho. Braslia, 1976.

_____. Secretaria de Seguros Sociais. Lei n. 5.316, de 14.09.67 *x* Lei n. 6.367, de 19.10.76. Brasília, s/d.

_____. Instituto Nacional de Assistência Médica da Previdência Social. *Inamps em Dados*. Rio de Janeiro, 1980.

_____. *Mensário Estatístico*, 1966 a 1980.

_____. *Boletim Estatístico de Acidentes do Trabalho*.

_____. Seguro de Acidentes do Trabalho. Lei n. 6.367. Brasília, Coordenadoria da Comunicação Social, s/d.

_____. *Mensário Estatístico*, Número Especial, 1972.

_____. *Mensário Estatístico*, Número Especial, 1977.

_____. Coordenação de Estatística, Movimento de Acidentes do Trabalho. Exercícios de 1971 a 1978.

_____. Ministério da Saúde. Legislação Federal do Setor Saúde. Brasília, 1977. 3 v.

_____. Ministério do Trabalho e Previdência Social — IAPI. Relatório de Atividades -1965. Rio de Janeiro: 1966.

_____. Ministério do Trabalho e Previdência Social — INPS. Livro Branco, Rio de Janeiro, 1968.

_____. Ministério do Trabalho e Previdência Social. Ministro Jarbas Passarinho. Resposta às dez principais objeções à integração do seguro de acidentes do trabalho da Previdência Social. Brasília, 1967.

_____. Ministério do Trabalho, Indústria e Comércio. *Boletim da Divisão de Higiene e Segurança do Trabalho*, 8 números, 1953 a 1960.

_____. Ministério do Trabalho e Previdência Social. Integração do Seguro de Acidentes do Trabalho na Previdência Social. Brasília, 1967.

_____. Ministério do Trabalho. Secretaria de Segurança e Medicina do Trabalho. Política de Ação do MTb no Campo da Segurança e Medicina do Trabalho. Brasília, 1979.

_____. Ministério do Trabalho. Fundacentro. *Boletim Estatístico*, 1 (jan. 1979 a jul. 1980).

_____. Presidência da República. I Plano Nacional de Desenvolvimento 1972-1974. Brasília, 1971.

O TRABALHO DA POLÍTICA

_____. Presidência da República. II Plano Nacional de Desenvolvimento, Brasília, 1974.

_____. Presidência da República. III Plano Nacional de Desenvolvimento 1980-1985, Brasília, 1980.

_____. Ministério do Trabalho. Centro de Documentação e Informática. *Informes*, 1 a 9, 1979.

_____. Presidente — 1947-1964. Mensagens Presidenciais, Brasília, Câmara dos Deputados, 1978. 2 v.

_____. Presidente — 1965-1979. Mensagens Presidenciais 1965-1979. Brasília, Câmara dos Deputados, 1979.

_____. Presidência da República. Estado-Maior das Forças Armadas. Escola Superior de Guerra. Problemas de Segurança Social no Brasil. Doc. c/81-58-530. Rio de Janeiro, 1958.

DOCUMENTOS PARLAMENTARES. Legislação Social. Rio de Janeiro: Tipografia do Jornal do Comércio, 1919-1920. 3 v.

FALCÃO, Waldemar. *O Ministério do Trabalho no Estado Novo* — Relatório das atividades nos anos 1938, 1939, 1940. Rio de Janeiro: Imprensa Nacional, 1941.

GOVERNO DO ESTADO DE SÃO PAULO. Departamento Estadual do Trabalho. Representação dirigida ao sr. Paulo de Morais Barros, secretário de Estado dos Negócios da Agricultura, Comércio e Obras Públicas pelo sr. Luis Ferraz, diretor do Departamento Estadual do Trabalho. São Paulo, 1913.

MAGALHÃES, Agamênon. *O Ministério do Trabalho, Indústria e Comércio, seus serviços, orientação e atitude diante dos problemas da nossa economia social.* Rio de Janeiro: s/d, 1937.

SENADO FEDERAL. Previdência Social. Brasília: Subsecretaria de Edições Técnicas, 1974. 2 v.

_____. Acidentes do trabalho. *Boletim Informativo*, Brasília, ago. 1976.

VARGAS, Getúlio Domelles. O Trabalhador brasileiro, a política social do governo e a guerra. *Boletim do Ministério do Trabalho Indústria e Comércio*, ano 1, n. 2, p. 122-35, maio 1943.

5. Jornais e periódicos

Boletim do Ministério do Trabalho, Indústria e Comércio, 1933-1942 e 1943-1945.

Brasil Rural, n. 157, 1955.

Cipa Jornal, 1950 a 1970.

Comércio & Mercados, v. 9, n. 96, ago. 1975.

Diário do Congresso Nacional, abril de 1952 a agosto de 1953; agosto 1967 a dezembro de 1967; junho a novembro de 1976.

Dirigente Industrial, v. 14, n. 14, out. 1973.

Dossier de Imprensa da Câmara de Deputados, 1971-1978.

Folha de S.Paulo, 1967 e 1976.

Jornal do Brasil, 1967 e 1976.

Opinião, 09.01.1976, p. 4-5.

Revista Industriários, ns. 1 a 114.

Revista do IRB, 1940 a 1972.

Revista do Seguro, 1919 a 1967.

Revista do Trabalho, 1933 a 1940.

Saúde Ocupacional e Segurança, n. 1, 1966 a 1978.

Vida Industrial, v. 22, nov. 1973.

6. Anais de congressos

CONGRESSO DE DELEGADOS ELEITORES DO IAPI, 4°, DF, 15.06.1957 a 19.06.1957. *Anais*. Rio de Janeiro, 1957.

CONGRESSO BRASILEIRO DE PREVIDÊNCIA SOCIAL, 1°, DF, 04 a 08.08.1953. *Anais*, Rio de Janeiro, 1954.

CONGRESSO BRASILEIRO DOS PROBLEMAS MÉDICO-SOCIAIS DO APÓS-GUERRA (II CONGRESSO MÉDICO-SOCIAL BRASILEIRO), 1945. *Anais*, Salvador, v. 2, 1947.

CONGRESSO MÉDICO BRASILEIRO, 9°, *Anais*, Porto Alegre, 1926. 3 v.

CONGRESSO NACIONAL DE PREVENÇÃO DE ACIDENTES, 5°, São Paulo, 1966. *Anais*, Brasília, Departamento Nacional de Segurança e Higiene do Trabalho, 1966.

CONGRESSO NACIONAL DE PREVENÇÃO DE ACIDENTES DO TRABALHO, 6°, Blumenau, 1967. *Anais*, Brasília, Departamento Nacional de Higiene e Segurança do Trabalho, 1967.

CONGRESSO NACIONAL DE PREVENÇÃO DE ACIDENTES DO TRABALHO, 8°, Salvador, 1969. *Anais*, Brasília, Departamento Nacional de Higiene, Medicina e Segurança do Trabalho, 1969.

CONGRESSO NACIONAL DE PREVENÇÃO DE ACIDENTES DO TRABALHO, 9°, Recife, 1970. *Anais*, Brasília, Departamento Nacional de Segurança e Higiene do Trabalho, 1970.

CONGRESSO NACIONAL DE PREVENÇÃO DE ACIDENTES DO TRABALHO, 13°, São Paulo, 1974. *Anais*, São Paulo, Fundacentro, 1975.

CONGRESSO NACIONAL DE PREVENÇÃO DE ACIDENTES DO TRABALHO, 14°, Rio de Janeiro, 1975. *Anais*, São Paulo, Fundacentro, 1976.

CONGRESSO NACIONAL DE PREVENÇÃO DE ACIDENTES DO TRABALHO, 15°, Belo Horizonte, 1976. *Anais*, São Paulo, Fundacentro, 1977.

CONGRESSO NACIONAL DE PREVENÇÃO DE ACIDENTES DO TRABALHO, 16°, Porto Alegre, 1977. *Anais*, São Paulo, Fundacentro, 1978.

CONGRESSO NACIONAL DE PREVENÇÃO DE ACIDENTES DO TRABALHO, 17°, São Paulo, 1978. *Anais*, São Paulo, Fundacentro, 1979.

CONGRESSO NACIONAL DE PREVENÇÃO DE ACIDENTES DO TRABALHO, 18°, Salvador, 1979. *Anais*, São Paulo, Fundacentro, 1980.

CONGRESSO NACIONAL DE PREVENÇÃO DE ACIDENTES DO TRABALHO, 19°, São Paulo, Fundacentro, 1980.

SIMPÓSIO SOBRE POLÍTICA NACIONAL DE SAÚDE, 1°, Brasília, Câmara dos Deputados, Conferências, 1980. v. 1.

REUNIÃO PLENÁRIA DA INDÚSTRIA, 2ª, 1955, Carta de Princípios, Rio de Janeiro, 1955.

SIMPÓSIO SOBRE POLÍTICA NACIONAL DE SAÚDE, 2°, Brasília, Câmara dos Deputados, 1982.

JORNADA DE ECONOMIA RURAL, São Paulo, 1947. *Anais*, São Paulo, Secretaria da Agricultura, 1947.

ANEXO 1

Personalidades entrevistadas

A. F. Cesarino Júnior: advogado do trabalho, consultor da Fiesp, professor e autor de livros sobre direitos trabalhistas.

Alberto Lobato: gerente técnico da Sulamérica Seguros em São Paulo.

Carlos de Luccia: Médico, chefe da equipe de perícia de acidentes do trabalho do Inamps em São Paulo.

Celso Barroso Leite: presidente do Centro de Estudos da Previdência Social e secretário do MPAS. Participou da elaboração da legislação de 1937 e de 1976.

Domingos do Nascimento Raposo Monteiro: gerente da DJ4, diretor-gerente da companhia de corretagem Corsetec, que trabalha para a Brasil Seguros.

Edgar Carone: historiador, professor de História, autor de vários livros sobre História do Brasil.

Eduardo Gabriel Saad: diretor da Fundacentro.

Ester Menezes Blair: Coordenadora regional de Benefícios do INPS em São Paulo.

Joaquim Augusto Junqueira: Presidente da ABPA.

Moacyr Velloso Cardoso de Oliveira: Secretário do MPAS. Participou da elaboração de legislação de 1944.

Raul Ferreira: Coordenador de Benefícios do INPS no Rio de Janeiro.

Socorro della Bianca: diretora do CRP em João Pessoa.

ANEXO 2

Siglas utilizadas

ABPA — Associação Brasileira de Prevenção de Acidentes.
ABDR — Associação Brasileira de Reabilitação.
ADP — Ação Democrática Parlamentar.
AP — Ação Popular.
Arena — Aliança Renovadora Nacional.
BNDE — Banco Nacional de Desenvolvimento Econômico.
BNH — Banco Nacional da Habilitação.
Cacex — Carteira do Comércio Exterior.
Camde — Campanha da Mulher Democrática.
CDI — Conselho do Desenvolvimento Industrial.
CGT — Confederação Geral dos Trabalhadores.
Ciesp — Confederação dos Industriários do Estado de São Paulo.
Cipa — Comissão Interna de Prevenção de Acidente.
CLT — Consolidação das Leis do Trabalho.
CMN — Conselho Monetário Nacional.
Conpat — Congresso de Prevenção dos Acidentes do Trabalho.
Contag — Confederação dos Trabalhadores da Agricultura.
CNTI — Confederação dos Trabalhadores da Indústria.
CNI — Confederação Nacional da Indústria.
DCN — Diário do Congresso Nacional.
DNHST — Departamento Nacional de Higiene e Segurança do Trabalho.
DRT — Delegacia Regional do Trabalho.
FAS — Fundo de Apoio ao Desenvolvimento Social.
FGTS — Fundo de Garantia por Tempo de Serviço.
Fiesp — Federação das Indústrias do Estado de São Paulo.

Fierj — Federação das Indústrias do Estado do Rio de Janeiro.

FMP — Frente de Mobilização Popular.

Fundacentro — Fundação Jorge Duprat Figueiredo de Segurança e Medicina do Trabalho.

Funrural — Fundo de Assistência ao Trabalhador Rural.

Iapas — Instituto de Administração da Previdência Social.

IAPB — Instituto de Aposentadoria e Pensões dos Bancários.

IAPC — Instituto de Aposentadoria e Pensões dos Comerciantes.

IAPI — Instituto de Aposentadoria dos Industriários.

IAPM — Instituto de Aposentadoria e Pensões dos Marítimos.

IAPTC — Instituto de Aposentadoria e Pensões dos Transportadores de Carga.

Ibad — Instituto Brasileiro de Ação Democrática.

IAMPS — Instituto de Assistência Médica da Previdência Social.

INPS — Instituto Nacional de Previdência Social.

IPES — Instituto de Pesquisas Econômicas e Sociais.

IPM — Inquérito Policial Militar.

IRB — Instituto de Resseguros do Brasil.

LOPS — Lei Orgânica da Previdência Social.

MDB — Movimento Democrático Brasileiro.

MPAS — Ministério da Previdência e Assistência Social.

MTIC — Ministério do Trabalho, Indústria e Comércio.

MTPS — Ministério do Trabalho e Previdência Social.

OS — Ordem de Serviço.

Pasep — Plano de Assistência dos Funcionários Públicos.

PC — Partido Comunista.

PIS — Plano de Integração Social.

PND — Plano Nacional de Desenvolvimento.

PNVT — Plano Nacional de Valorização do Trabalhador.

Polop — (Partido) Política Operária.

PR — Partido Republicano.

PS — Partido Socialista.

PSD — Partido Social-Democrata.

PSP — Partido Social-Progressista.

PTB — Partido Trabalhista Brasileiro.

Prodasen — Processamento de Dados do Senado.

Sesc — Serviço Social do Comércio.

Sesi — Serviço Social da Indústria.

UDN — União Democrática Nacional (Partido).

Cromosete
Gráfica e editora ltda.
Impressão e acabamento
Rua Uhland, 307
Vila Ema-Cep 03283-000
São Paulo - SP
Tel/Fax: 011 2154-1176
adm@cromosete.com.br